陕西师范大学人文社会科学高等研究院资助出版（项目编号2018GY006）

"中国文学人类学原创书系"编委会

主　编
叶舒宪

副主编
李永平

编　委
冯晓立　刘东风　徐新建
彭兆荣　程金城

陕西师范大学人文社会科学高等研究院资助出版（项目编号2018GY006）

中国文学人类学原创书系
叶舒宪　主编

中国古代神圣建筑

萧兵　著

陕西师范大学出版总社

图书代号：SK20N0724

图书在版编目（CIP）数据

中国古代神圣建筑/萧兵著．—西安：陕西师范大学出版总社有限公司，2019.12
（中国文学人类学原创书系/叶舒宪主编）
ISBN 978-7-5695-0923-6

Ⅰ．①中… Ⅱ．①萧… Ⅲ．①礼仪—风俗习惯—研究—中国 Ⅳ．①K892.26

中国版本图书馆CIP数据核字（2019）第145441号

中国古代神圣建筑
ZHONGGUO GUDAI SHENSHENG JIANZHU

萧　兵　著

责任编辑	雷亚妮
责任校对	刘存龙
装帧设计	锦　册
出版发行	陕西师范大学出版总社
	（西安市长安南路199号　邮编710062）
网　　址	http://www.snupg.com
印　　刷	西安牵井印务有限公司
开　　本	720mm×1020mm　1/16
印　　张	21
字　　数	342千
版　　次	2019年12月第1版
印　　次	2019年12月第1次印刷
书　　号	ISBN 978-7-5695-0923-6
定　　价	95.00元

读者购书、书店添货或发现印刷装订问题，影响阅读，请与营销部联系、调换。
电话：（029）85307864　传真：（029）85303879

总 序

2018年，正值中国改革开放40周年纪念之际，陕西师范大学出版总社推出"中国文学人类学原创书系"，对改革开放的时代大潮在人文学界催生的这个新兴学科，给出一个较全面的回顾与总结，以便继往开来，积极拓展人文学科的教学与研究新局面，可谓恰逢其时。

50后这代人的青春岁月，激荡在汹涌澎湃的"文革"浪潮之中。"文革"后的改革开放，相当于天赐给这一代知识人第二次青春。1977年恢复高考，我们在1978年春天步入大学校园，那种只争朝夕、如饥似渴的求学景象，至今仍历历在目。改革开放带来"科学的春天"，也第一次带来人文科学方面的世界景观。正如改革的基本方向是向发达国家学习市场经济模式一样，人文学者们也投入全副精力，虚心学习借鉴国际上先进的理论与研究方法。"神话－原型批评"就是当时的新方法论讨论热潮中，最早进入我们视野的一个理论流派。1986年我编成译文集《神话－原型批评》时，先将长序刊发在《陕西师范大学学报》上，文中介绍原型理论的宗师弗莱的观点时讲道：

> 物理学和天文学形成于文艺复兴时期，化学形成于18世纪，生物学形成于19世纪，而社会科学则形成于20世纪。系统的文

学批评学知识到了今天才得以发展。……正像自然科学体系的建立有赖于把握自然界本身的规律。一部文学作品,它所体现的规律性因素不是作家个人天才创造发明的,而是在文学的历史发展中,在文化传统中所形成的,这种规律性的因素就是原型。

从文学史的考察中可以看到,文学作为一个有机整体,植根于原始文化,最初的文学模式必然要追溯到远古的宗教仪式、神话和民间传说中去。"这样说来,探求原型实际上就是一种文学上的人类学"。

当时无论如何也不曾想到,这样一段话,居然能够准确地预示这一批学人后来几十年学术探索的方向。"文学人类学"这个名称,也就由此在汉语学术界里发端。10年之后的1996年,在长春召开的中国比较文学学会第五届学术年会上,中国文学人类学研究会宣告成立(首任会长为萧兵先生),如今简称"文学人类学研究会"。从研究文学的神话原型,到探索华夏文明的思想、信仰和想象的原型,这一派学者如今正式提出的大小传统理论和文化文本符号编码理论,可以说早已全面超越了当年所借鉴学习的原型批评理论,走出文学本位的限制,走向融通文史哲、宗教、艺术、心理学的广阔领域。

从1986到2018,整整32年过去了,我们也经历了自己人生从而立到花甲的过程。如今我们要解读的是5000多年前的先于华夏文明国家的"文化文本",阐发的是河南灵宝西坡仰韶文化大墓的神话学内涵。这是当年完全没有预料到的。是问题意识,先把我们引入文化人类学的宽广领域,再度引入中国考古学的全新知识世界,这样的跨越幅度,的确是当初摸索文学人类学研究范式时所始料未及的。

从原型批评倡导的文学有机整体论,拓展到文化符号的有机整体论、史前与文明贯通的文化文本论,这就是我们努力探索近40年的基本方向。自从西周青铜器上出现"中国"这个词语,至今不过3000年时间。2018年2月4日,我第二次给国家图书馆"文津讲坛"开设讲座,题目是"九千年玉文化传承"。今日的学者能够在9000年延续不断的文化大背景中研究"中国"和"中国文学",这就是从先于文字的文化大传统,重新审视文字书写小传统的一套完整思路。相信这样一种前无古人的理论思路和研究范式，是本土学者对西方原型批评方法的全面超越和深化，这将会引向未来的知识更新格局。

本丛书要展示这40年的探索历程，以萧兵先生为首的这一批兴趣广泛的学人是如何一路走来，并逐渐成长壮大的。本丛书将给这个新兴学科留下它及时的也最有说服力的存照。希望后来者能够继往开来，特别注重不断发展和完善中国版的文化理论和文学理论，包括作为文史研究当代新方法论的三重证据法和四重证据法。

是为丛书总序。

叶舒宪
2018年2月7日于北京太阳宫

目录

第一章 "大房子",最早的礼制建筑

"大房子"的种类 ·· 001
"大房子"——太室 ·· 004
长房 ·· 008
集体会所和祭祀厅 ·· 010

第二章 火塘与灶:屋室神圣中心

圆形"火烧面"和屋室中点 ·· 018
火塘:家火崇拜的普遍性 ·· 020
从火塘到灶 ·· 026
"灶灭其火,维家之祸" ·· 029
火坛 ·· 031
灶神及其性别 ·· 036
火作为蓄育的力量 ·· 038
"司火"要职 ·· 044
火的祈禳与洁清功能 ·· 048

第三章　寂寞的奥与中霤

什么是"奥" ······ 051
"屋漏",作为丧葬专属区 ······ 054
"屋漏"与尸体的盥浴、出入 ······ 058
奥的地位变化 ······ 059
奥可能来自镇屋石 ······ 065
中霤:天窗与天井 ······ 068
中霤与囟形 ······ 074
中霤的重要地位 ······ 076

第四章　祭天祀地的圆方台坛

祭日神坛 ······ 080
圜丘及其象征 ······ 082
祭台、神山和宇宙层次——三成 ······ 085
天地祭台的可参照物 ······ 088
方地、方田到方台 ······ 095
营造神圣祠殿就是再造和革新世界 ······ 099
考古发现的方形台坛 ······ 101
西亚神圣方形台坛 ······ 104
"曼荼罗"的启示 ······ 113
美洲方形神圣建筑 ······ 113
与方台相关的禁忌与卫护 ······ 117
方台亦与太阳崇拜相关 ······ 124
太阳崇拜与金字塔 ······ 128

第五章　社与社祭

从社土到社石:杀人石 ······ 138
禖社:交游与蕃育之所 ······ 139

一组典型的祺社 ………………………………………… 140
社祭的良机：高禖与上古"婚季"的叠合 ………… 143
社与大石文化 …………………………………………… 148
社树或社丛 ……………………………………………… 155

第六章 "亚"形的分析

"亚"形旧说 ……………………………………………… 160
"亚"与宗庙、明堂、郊宗等的关系 ………………… 164
地下的"亚"室 ………………………………………… 170
美洲的"亚"形：生死之界分 ………………………… 175
作为职官的"亚" ……………………………………… 180
城墉与"亚"形 ………………………………………… 193

第七章 争议不息的明堂

"前明堂"或"夏商明堂" ……………………………… 198
周代：明堂五室 ………………………………………… 201
上古的"四合院" ……………………………………… 206
商周"明堂"存在的可能性 …………………………… 212
明堂与祖庙 ……………………………………………… 214
光明之向往 ……………………………………………… 218
传说里的黄帝明堂 ……………………………………… 222
明堂的南向 ……………………………………………… 224
明堂与五行 ……………………………………………… 226
天室、太室与大室 ……………………………………… 231
大室上的圆形穹顶 ……………………………………… 234
《楚帛书》的"十"字布局 …………………………… 237
《管子·幼官图》与"亚"形 ………………………… 239
美洲明堂式建筑 ………………………………………… 242
重屋："原始楼"或"通天台" ……………………… 251

多层的"通天屋" ······ 258

"有顶无墙"的准明堂 ······ 264

第八章 轮居十二室的秘密

"十二室－十二月"模式中的秘密 ······ 267

轮居：模拟太阳行程 ······ 270

《楚帛书》的十二月神 ······ 280

闰：第十三月王居门中 ······ 282

"隐避"造成神秘感 ······ 283

轮居避免伤害 ······ 284

禁制与隐匿，不仅仅要"轮居" ······ 287

汲取能量，更新自我的生命 ······ 292

第九章 三位一体的灵台、辟雍、泮宫

灵台观象是君主的特权 ······ 294

汉唐明堂辟雍遗址 ······ 300

古代动物园与观象台之"灵沼" ······ 305

献俘杀人之所 ······ 310

水牢：灵台、均台、夏台与重泉、圜土 ······ 314

圜土囚人利用"中"的威力 ······ 318

作为参照物的圆形台坛 ······ 322

第一章 "大房子",最早的礼制建筑

"大房子"的种类

讨论神圣建筑最好从"大房子"讲起。

所谓"大房子",指的是原始民族(或带原始性的人类共同体)的大型建筑。主要有如下几种:(1)公共住宅(communal house);(2)会议房屋(assembly house, meeting house, council house);(3)男子公所(men's house,或称男性俱乐部,何新等拟诸泮宫);(4)妇女公所(women's house);(5)首领住宅(chief's house)。

有人称之为"前明堂"。但照我们看,二者异大于同。

其中跟明堂关系较大的是(2)和(5)。(2)相当于大地湾F901。公共住宅里最出名的是以印第安易洛魁人集体房屋为代表的"长房"①,但它的形制跟方形、"亚"形的原始明堂并不同,这里从略,有关者见下文。首领住宅多据中心,或如姜亮夫所说:"大酋之居,较平氏为广阔,而酋长亦即祭司长,军事首脑,故其所居之明堂,亦至神秘。"②其中之神秘,就是它往往以"小宇宙"与"大宇宙"相感应。

---

① 汪宁生:《民族考古学论集》,文物出版社1989年版,第211页。
② 姜亮夫:《楚辞通故》(第二辑),云南人民出版社1999年版,第545页。

原初人类造房子，绝不仅仅是制作一处躲风避雨的藏身之所，而往往是在模仿"创世"，尤其是那种带着宗教圣所性质的"明堂"或"大房子"，在他们看来正如宇宙。"正像城市或者圣殿一样，通过宇宙生成的象征意义或者仪式方法，人类的住宅也得以全部或者部分地得到圣化。"①

更深入一些看，"房子并不是一个物件，不是一个用来居住的机器，它是人类借助于对诸神的创世和宇宙生成模式的模仿而为自己创造的一个宇宙"②。这在带宗教性的"大房子"结构中已见出端倪。

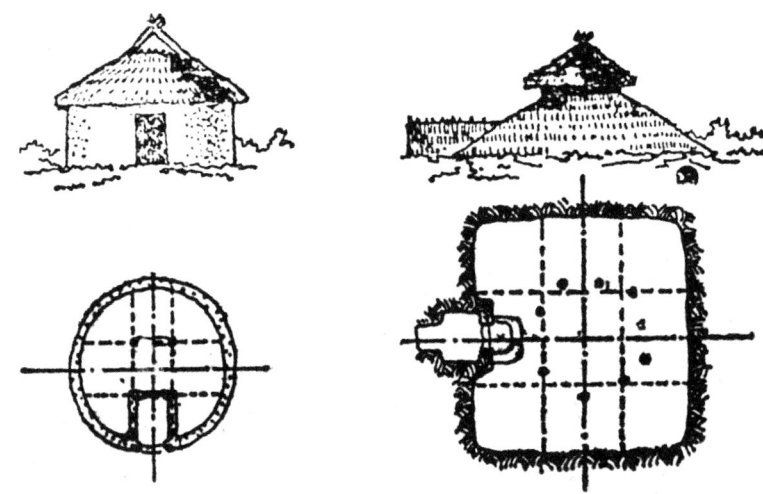

图1-1 原始"明堂"之构拟（采自王世仁）

（左：西安半坡F22；右：临潼姜寨F14）

就实用或技术层面而言，人类居住的房屋，总是由简单向复杂、由自然向人工、由卑陋向华美发展的。从所谓巢居、穴居、半穴居或风篱、棚架、帐幕到有完全的遮蔽、隐奥和通风、通光装置的地面建筑，是一种革命性的演化。考古学所见，仰韶文化的房屋已经是一种结构、功能都相当合理，初具建筑学或建筑艺术规模的居住兼多种用途的人造盒式空间。但是，正如文化人类学家所指出的那样，跟中国作为宗教礼制性建筑的明堂联系较为直接和紧密的是居住群落中的"大房子"，虽然它们绝不是一回事。

---

① ［罗］米尔恰·伊利亚德：《神圣与世俗》，王建光译，华夏出版社2002年版，第25页。
② ［罗］米尔恰·伊利亚德：《神圣与世俗》，王建光译，华夏出版社2002年版，第25页。

据汪宁生等介绍，历年发现具有"会所"性质的"大房子"主要有：陕西西安半坡1号"大房子"，仰韶文化①；陕西华县泉护村"大房子"，仰韶文化②；陕西临潼姜寨5座"大房子"（为小房围绕），仰韶文化③；甘肃秦安大地湾405号"大房子"，仰韶文化④；河南偃师二里头早商宫殿遗址⑤；陕西岐山凤雏封闭性院落建筑群⑥。

这种"大房子"，往往跟半定居、定居生活联系在一起。"房屋的居住者和所有者的日益固定，又为社会生活创造了机会。大群的人第一次固定地住在一起，共同的兴趣和普遍的喜爱社交，产生了公共集会场所的需要，由此引导出公房建筑。在公房里，人们举行会议，歌手和说故事者使整个部落得到欢娱。"⑦

"大房子"的用途颇多。除了集会、祭祀以外，少数的被酋长独占，也有的变成"公所"而带有俱乐部性质。其中有的较特殊者为男女欢会之所，西南边疆民族称之为"公房"或"歌房"，但不是我们的讨论重点。

图1—2　云南E型铜鼓鼓面图案（采自宋曼、汪宁生等）

农庄中大型房屋有很多种。此图中为富人住宅和饮宴场面（汪宁生认为是"夸富宴"）。左边似祭祀房，右边是晒谷架，其余为渔猎、种植和祭祀场面。

---

① 参见中国科学院考古研究所、陕西省西安半坡博物馆编：《西安半坡》，文物出版社1963年版，第13—20页。
② 参见黄河水库考古队华县队：《陕西华县柳子镇第二次发掘的主要收获》，载《考古》1959年第11期。
③ 参见西安半坡博物馆、临潼县文化馆：《临潼姜寨遗址第四至十一次发掘纪要》，载《考古与文物》1980年第3期。
④ 参见赵建龙：《秦安大地湾405号新石器时代房屋遗址》，载《文物》1983年第11期。
⑤ 参见中国科学院考古研究所二里头工作队：《河南偃师二里头早商宫殿遗址发掘简报》，载《考古》1974年第4期。
⑥ 参见陕西周原考古队：《陕西岐山凤雏村西周建筑基址发掘简报》，载《文物》1979年第10期。
⑦ ［德］Julius.E.利普斯：《事物的起源》，汪宁生译，四川民族出版社1982年版，第11页。

"大房子"——太室

摩尔根《古代社会》所说"伟大的野蛮阶段的中期",西半球有"人格化的神,以及一群装束特殊、自成体系的祭司",还有用土坯或用修整的石块涂以砂子石灰浆所筑成的群居院落;东半球有使用土坯和石块建造的类似于堡寨的大型集体群居住宅。①

这就是"长房"或"大房子"。马克思《摩尔根〈古代社会〉一书摘要》强调其军事意义:"堡垒型的共同住宅是介于低级阶段围以木栅的村落和高级阶段绕以城垣的城市之间的东西。……在防御上有所改善,这表现在建筑了一种印第安人通常难以攻破的大房屋上。"②

这样,管理与保卫"大房屋"的阶层就可能合二而一成为"亚"称职业集团。

顾颉刚认为明堂为聚众之"大室"(其说已近于"大房子"),而聚众会议的"大室"也可以是祖庙。他说:

> 凡行政不能不集众;集众愈多,屋之容量必当特广而后可以应其需要。《书·洛诰》曰:"王入大室祼",是周有大室也。《春秋》文十三年《公羊经》"世室屋坏",《谷》《左》作"大室"("世"与"大"通,故"大子"亦称"世子"——案:此王国维已言之),是鲁有大室也。此固祖庙,然古人视祭祀最重,故其集众亦最多,《诗·大雅·文王》所谓"殷士肤敏,祼将于京",《周颂·清庙》所谓"济济多士,……骏奔走在庙"是也。③

对于屋室之"中"而言,最重要的就是"大室"(即"太室"或"世室"),与"大房子"已经不同。大室实际就是"中室",是"中心之中心";而它在《逸周书》里被称为"太庙"。顾氏这个看法要比古人通达得多。清孙诒让《周礼正义》卷五一就简洁地揭示出"当大室之堂谓之大庙"的原因:

---

① [美]路易斯·亨利·摩尔根:《古代社会》(上册),杨东莼、马雍、马巨译,商务印书馆1983年版,第35页。
② [德]马克思:《摩尔根〈古代社会〉一书摘要》,中国科学院历史研究所翻译组译,人民出版社1978年版,第54页。
③ 顾颉刚:《史林杂识初编》,中华书局1963年版,第148页。

"以明堂有宗祀之礼,故谓之庙。"

但是,如上所说,明堂只在中央"大室"可以祭祖这一点上与太庙相同,宗庙却与明堂之制大有区别。

石兴邦认为,"酋长住屋"与集会祭祀"殿堂"一体化的"大房子",是明堂前身,是宗族萌发的"宗邑性聚落"的标志。甘肃秦安大地湾"大房子"(F901)就是代表性的。

> 大地湾901号大型房屋呈多间式结构,已具有中国最早庙堂建筑的雏形:呈多间式长方形横列开间,前有庙堂,后有居室,左右各有厢房,左右前方各开一门,屋中设立大型高台火塘,这种结构显系后世前堂后室、前朝后寝之类庙堂宫室建筑之滥觞。①

石兴邦认为,其基本作用已与明堂一致:"若从其规模,以及尊卑等级、宗教色彩来看,它和后世国家中,作为祭祀礼仪、册命、祭政合一的明堂的作用一样,是王者享上帝、祀鬼神、朝诸侯、布政事的地方。"② 这里已是"中心庙堂"。前面的排柱,可以悬挂各氏族旗帜。火塘前"石坛",能够供牲祭享。这是一种颇具代表性的意见,我们觉得还有待进一步证成。它至多是"前明堂"。

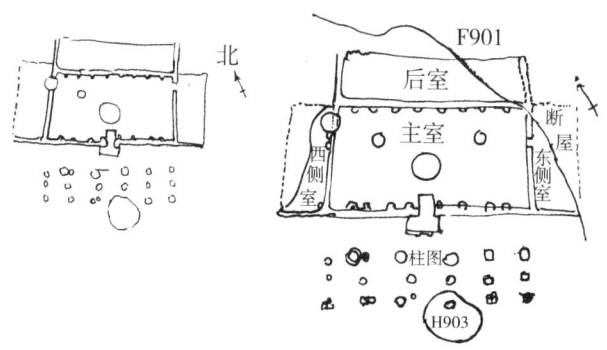

图1-3 甘肃秦安大地湾F901"大房子"建筑平面图

大地湾文化属仰韶文化晚期,约公元前5000年。两种平面图,左面简化而易晓。

---

① 石兴邦:《中国文化与文明形成和发展史的考古学探讨》,见黄盛璋主编:《亚洲文明》第3集,安徽教育出版社1995年版,第6页。
② 石兴邦:《中国文化与文明形成和发展史的考古学探讨》,见黄盛璋主编:《亚洲文明》第3集,安徽教育出版社1995年版,第6—7页。

大地湾房屋面积共 290 平方米，前堂使用了直径 90 厘米的圆柱，地面是人造轻骨料，硬度竟相当于 100 号水泥砂浆，物理、化学性能也接近，被报道后轰动一时。这确有可能是"部落首领们集会议事和举行宗教活动的中心会堂"①，是礼仪性"大房子"。但无法证明它是明堂（明堂一般呈"亚"形，强调光明，暗示太阳崇拜）。严文明还怀疑房子前两排巨柱"很可能是代表各氏族或部落的图腾柱"②，与石兴邦的"建旗"假设略有区别。

王宇信等特别重视其"经过多层特殊处理，坚硬平整，色泽光亮，裂纹极少"的混合土地面，认为其合乎"静洁足以享上帝、礼鬼神"的特殊要求。③

至于堂前排柱，王宇信等也以为"可能是代表各氏族部落的图腾柱，更可能是挂设各宗系旌旗的立柱"，调和了石兴邦、严文明二说。柱子还有两排青石地面，"则可能是贡献牺牲的祭台"。以 F901 为中心而形成的大广场，"当然也是举行重大的集体活动时使用的神圣空间"。④

陆思贤进一步推测，其"主殿、左右侧室、后室、前沿附属建筑，复原总平面略呈'十'字形"⑤，暗示其与明堂"亚"形相通。然则在前排柱洞所表示的"大柱"性质未澄清以前，我们无法推定有"前室"，因为其前有"大门"明白呈现；即使有主室前房屋，也与后面的组合（略呈"凸"字形）隔离。

王宇信等也将它与明堂、大室联系起来：

> 将大地湾 901 号大房子与中国古代"明堂"、"大室"之类的庙堂宫室建筑格局相对比，我们说 901 号大房子内位于中央的前堂，其面积达 130 平方米，可谓之"大室"；以其后有居室而且坐南朝北，以有三个正门而言，又可谓之"明堂"；再以其左右

---

① 严文明：《中国新石器时代聚落形态的考察》，见《庆祝苏秉琦考古五十五年论文集》编辑组编：《庆祝苏秉琦考古五十五年论文集》，文物出版社 1989 年版，第 31 页。
② 严文明：《中国新石器时代聚落形态的考察》，见《庆祝苏秉琦考古五十五年论文集》编辑组编：《庆祝苏秉琦考古五十五年论文集》，文物出版社 1989 年版，第 31 页。
③ 李学勤主编：《中国古代文明与国家形成研究》，云南人民出版社 1997 年版，第 29、31 页。
④ 李学勤主编：《中国古代文明与国家形成研究》，云南人民出版社 1997 年版，第 32 页。
⑤ 陆思贤：《神话考古》，文物出版社 1995 年版，第 271 页。

有厢房，还可以谓之"大庙"。《尔雅·释宫》曰："室有东西厢曰庙，无东西厢有室曰寝，庙中路谓之唐，堂途谓之陈"。① 这似乎有些推扩太甚。

目前还极难看到原始明堂的真面。下文王世仁的构拟只是一种尝试。前举大地湾聚落遗址，其中心部位是一组长方形的非居住房屋（F901）②。由房屋遗存看它的平面布局，中间有很大的主室，左右有侧室，后面有后室，可惜前面的建筑不大清楚。或说这已是"亚"形明堂"四出式的对称式布局"③，恐怕不确。但是主室中央有大火塘却至可注意。"南室（前室）四面开敞，与后世明堂的向南一室'四面宏达'颇相一致。南室与主室设三门相通，中门设有门斗，三门的设置显然是为了某种礼仪性的要求。F901中出土了大量的大型、异形陶器群以及营建抄平用的平水（原始水平仪）。从这几点看，F901显然不是一般的生活用房，而可能是用于集会、祭祀或举行某种仪式的礼仪建筑。"④ 这主要是从结构来说。再看功能的比照：

> 从行政角度讲，它是当时酋长首领们集会议事、布政之宫；从祭祀角度论，它是人们举行祭祀活动的中心庙堂——大庙大室或宗庙大室，是祭政合一、权力中心所在。⑤

汪宁生非常反对把明堂跟"大房子"等同起来，更反对把明堂理想化、繁复化，但是承认二者之有机联系乃至对应，也承认上古的明堂具有一套适应当时社会需要的功能：

> 明堂原是公众集会之处和各种集体活动的中心，具有祭祀、议事、处理公共事务、青年教育和训练、守卫、养老、招待宾客及明确各种人社会身份等功能。进入文明社会以后，明堂更成为

---

① 李学勤主编：《中国古代文明与国家形成研究》，云南人民出版社1997年版，第31页。
② 参见甘肃省文物工作队：《甘肃秦安大地湾901号房址发掘简报》，载《文物》1986年第2期。
③ 曹春平：《明堂初探》，载《东南文化》1994年第6期，第73页。
④ 曹春平：《明堂初探》，载《东南文化》1994年第6期，第73页。
⑤ 李学勤主编：《中国古代文明与国家形成研究》，云南人民出版社1997年版，第31—32页。

>　统治者祭祀和布政施教之处。①

这是较为实事求是的。

河南灵宝西坡铸鼎原发现大型仰韶文化遗址，据说大到 40 万平方米，已发掘 1 万平方米以上。时代距今约 8000 年。发掘的聚落包含十几所"大房子"。有一所"大房子"，方形，内涂朱砂，还有 4 所房子与之相对。所谓"相对"，不是相连，更非四向且四出。有人以为即原始明堂。许顺湛等认为，这可能是黄帝部落的宗庙，并不可靠。遗址或为"邦都"，中心建的是"酋邦"（chief state）宗庙。

2006 年在河南驭龙阁遗址发现仰韶文化大墓，墓中无尸骨，仅有草木灰。有的学者认为这是黄帝部落的遗存。他们接近羌人火葬习俗，所以有墓无尸。黄帝"驭龙升天"，无非是火葬"升遐"或登天的象征讲述。有人用此证明黄帝时宗教思想已相当发达，非常可能建有"明堂"。但这缺乏证据。

长　房

"大房子"序列中有一种"长房"（印第安语称 Ho-deno-sote），印第安易洛魁人有这种房子，自称"长房里的人"（Hode-no-san-nee），或译"长屋之名"。

摩尔根在介绍易洛魁人氏族时说："他们建造长形的群居宅院，其大足可住在五家、十家，乃至二十家，每一座宅院过着共产主义的生活；但他们不知道用石头或土坯来建造房屋，也不知道利用金属。"② 马克思说，这是"长形的共同住宅，而每个家族的家务管理都遵守着共产原则"③。

---

① 汪宁生：《明堂考略》，见《汪宁生论著萃编》（上），云南民族出版社 2001 年版，第 317 页。

② ［美］路易斯·亨利·摩尔根：《古代社会》（上册），杨东莼、马雍、马巨译，商务印书馆 1983 年版，第 68 页。

③ ［德］马克思：《摩尔根〈古代社会〉一书摘要》，人民出版社 1978 年版，第 77 页。

到了联盟时期,长房或长屋成为"联盟的代称"[①];酋长的协佐(副手)叫作"长宫之支柱",长宫(房)是"易洛魁联盟的象征"。[②] 他们也因此闻名于世。联盟会议就在此召开。

这种长房功能或用途很多,当然跟明堂不同,但是由于它可以兼为(或者说转变成)集体会所、酋长住所、男子俱乐部等等,与所谓"前明堂"的性能相近,而可能演变为明堂。

另一点是,北美内华达高山地区麦独人的一种长形住屋,跟考古学家所复原的一种半坡人的房舍基本相同。

图 1-4 原始社会的长方形"大房子"

(上图为西安半坡人的房舍复原图,下图为美洲内华达山区屋舍)

这种房屋可以延长或连接为"大房子",多用于氏族群居、典礼、聚会,是最早的礼制建筑。这种"大房子"有带顶盖的阶道,可能是穴居的纪念。

---

① [美]路易斯·H.摩尔根:《印第安人的房屋建筑与家室生活》,秦学圣、汪季琦、顾宪成译,文物出版社1992年版,第53页。
② [美]路易斯·亨利·摩尔根:《古代社会》(上册),杨东莼、马雍、马巨译,商务印书馆1983年版,第129页。

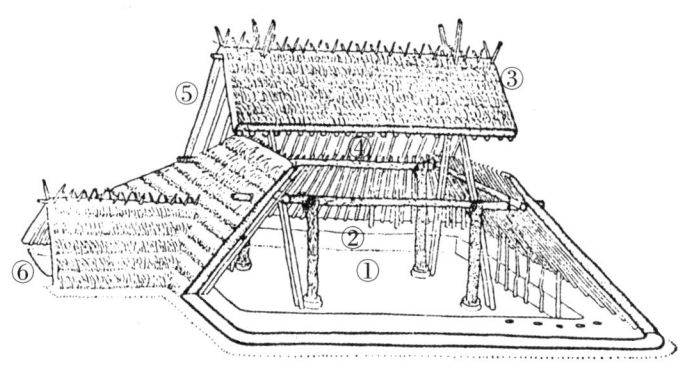

图 1-5　西安半坡"大房子"复原剖面图

①活动中心；②四壁斜面（可以坐卧）；③撑起的屋顶；④镂空的椽子；⑤照明通气孔道；⑥有"人"字顶盖的阶道。

集体会所和祭祀厅

这种兼为祭祀房或会议厅的"大室"，也有人认为是真正的"大房子"（其实不一定）。

西安半坡发现方形"大房子"（F1），面积约达160平方米，或认为"是氏族成员的共同住宅"[①]。它位于整个村落的中心，与之大致同期的有20多座或圆或方的小房子（彼此间距离大致相等），它们众星拱月一般朝着这座"大房子"。这跟后来的明堂多数朝南，并以"大室"为中心的布局已有一脉相通之处。虽然其作为"世界之中"的规模与性质还不明晰，而且我们更有兴趣的是村中空地的用处，但它已具有"前堂后室"或"前庙后寝"的格局。杨鸿勋便认为，"前部大空间可能是聚会或举行仪式的场所"，后部"三个小空间仍为生活起居服务，应是卧室的性质"，可能是氏族"老祖母"、首领或被抚养人员的宿舍。[②] 它虽然不一定就是典型的"大房子"，但可以演变成明堂。

[①] 石兴邦：《新石器时代村落遗址的发现——西安半坡》，载《考古通讯》1955年第3期。
[②] 参见杨鸿勋：《仰韶文化居住建筑发展问题的探讨》，载《考古学报》1975年第1期。

图 1-6　西安半坡的"大房子"F1 复原图（采自杨鸿勋）

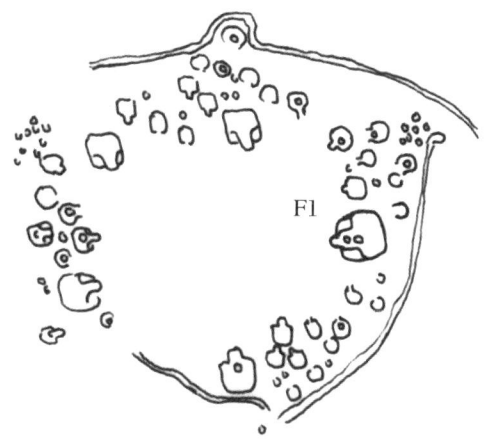

图 1-7　西安半坡房屋布局平面图

刘敦桢等说，这座处在居住区中心，"规模相当大、平面约为 12.5 米 × 14 米近于方形的房屋，可能是氏族的公共活动——氏族会议、节日庆祝、宗教活动等等的场所"①。汪宁生也说：

> 我们同意《西安半坡》作者的意见，认为它属于公共活动场所的可能性较多。……它无疑应属于集会房屋。四周众多的小房子面向着它，这与上述一些民族（如新西兰的毛利人）的集会房屋多位于村落中心广场之上适可相印证。房下埋有人头及粗陶罐，或为建造房屋时举行某种仪式所遗。原始居民在建筑房屋（特别是与宗教活动密切相关的集会房屋）时，常要举行一系列仪式的。

---

① 刘敦桢主编：《中国古代建筑史》，中国建筑工业出版社 1980 年版，第 24 页。

房屋后部又有三个小房间,似有少数人在此居住……有些民族(如新西兰毛利人、苏门答腊的巴答人)集会房屋中常常是有专供首领、客人居住的房间的。①

王世仁认为,这所"大房子"F1面积达175平方米,内柱直径约45厘米,整个空间如此巨大,不可能是住所,"因为当时早已脱离了群婚而对偶婚的住所又不需要如此之大"(案:对偶婚并不排除"集体宿舍",有的"临时夫妻"按对分别住在某种"大房子"里);但"它位于整个居住区的中部",确有"可能是公共集会的会堂,而原始氏族公社公共集会的主要内容之一就是祭祀——祭天、祭神和祭祖",所以它跟原始明堂有一定相通之处。特别是它具备"祭祀要求的两大要素——方位和次序"②,正好是南北正向,使其与明堂的位序相应更加明显化。但是,祭祀房仍然不等于明堂。典型明堂还必须是"亚"形的。

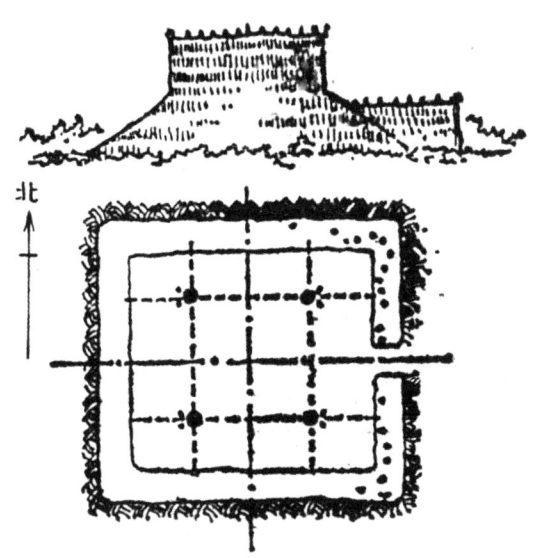

图 1-8　半坡遗址"大房子"之构拟(采自王世仁)

这是一种独特的构拟。它基本上是方形,四分,属于"井"形布局(但有不同意见)。

---

① 汪宁生:《中国考古发现中的"大房子"》,载《考古学报》1983年第3期,第286页。
② 王世仁:《明堂形制初探》,见《中国文化研究集刊》(第四辑),复旦大学出版社1987年版,第7页。

杨鸿勋则以目前所知较早的西安半坡"前堂后室"的"大房子"（F1）为例，指出，这时屋室的"核心"或聚落的"中心"已初步形成，具有一定的"向心性"和"凝聚力"了。他说：

> "大房子"的出现，使原始聚落的建筑群形成了一个核心，它反映着团结向心的氏族公社的原则。当原始公社解体，奴隶制确立之初，原始社会所留下的建筑遗产中，最高水平的"大房子"必然被奴隶主所霸占，使之发生质的转变，从而出现历史上第一座统治阶级的宫室。《考工记》记载"夏后氏世室"，寓于一栋建筑之中的"前朝后寝"的布局，正是脱胎于原始社会的"大房子"，这由因袭夏制的早商奴隶主宫室遗址，似乎已得到初步的证明。①

正如王国维、顾颉刚等所说，"世室"就是"大室"，"大室"源于"大房子"，慢慢地才演变成"中心之中心"，演变成标准型的明堂。

群团及其代表人物往往希望融入宇宙，尤其宇宙中心，跟天地的运行同步。《中庸》第二十七章云："大哉圣人之道，洋洋乎发育万物，峻极于天。"

明堂便以其"大"，沟通着人与宇宙。

婆罗洲（加里曼丹岛）的恩加朱·达雅克人认为，人生的每一"里程"（亦即由"过渡仪式"来反映和保护的生老病死诸阶段）都不过是宇宙创生过程的"重复"或"模仿"。笔者在《中庸的文化省察》里曾努力论证这种宇宙生命的交感观念。初民的"村落与屋舍是代表着宇宙世界，并认为它们位居世界的中心"②，酋长的"大房子"更是中心之中心。这是因为初民通常认为，人或人生都无非是宇宙及其创生的缩微形式。人跟宇宙本质上是一体化的（这就是原始"天人合一"观念）。人也只有跟宇宙融为一体才能够存在，才能够完成自己的生命。所以，他们的生存空间——居室、村落、庙宇或城市、宫殿——都必须处于宇宙中心才能与天合一，与神同在，或者获得宇宙的灵力与元气。在他们那里，"个人和集体的生活具有一种

---

① 杨鸿勋：《仰韶文化居住建筑发展问题的探讨》，载《考古学报》1975 年第 1 期，第 65—66 页。
② ［美］阿兰·邓迪斯编：《西方神话学论文选》，朝戈金、尹伊、金泽等译，上海文艺出版社 1994 年版，第 192 页。

宇宙创生论的结构：每个人的一生都建立了一种循环，这种模式也就是世界的永恒创造、毁灭和再生的模式"①。这也应是"大房子"的首选功能。

据戈登淮塞（A.Coldenweiser）《考古学》（1937，纽约）与汪宁生有关"大房子"的论文介绍，新西兰的毛利人（Maoris）的"集体会所"颇为成熟与典丽，许多元素或要点已接近明堂（有位女学者认为，毛利人远祖来自中国）。录其要点如下：（1）每村一座，位于村落公共广场中心或显要之处；（2）大如宫殿，可容纳1500人左右；（3）雕梁画栋，刻工精美，可看作美术馆或画廊；（4）房屋入口右窗下招待客人，对面为村落首领固定位置；（5）最高首领在房屋中柱（实即宇宙轴）处卧息，普通人不能触及（有如"火塘"或帐篷中柱）；（6）部落集会及祭仪中心；（7）不能在此进食，否则亵污神圣，侮慢"圣屋"中人；（8）牵涉若干宗教仪式及礼俗。

图1-9　大洋洲玛瑞湖附近乌拉玛人"男子公所"

大洋洲乌拉玛人称"男子公所"为"达布文内"，可聚集的人员很多。妇女不得入内。中央走廊的一边放置猎来的敌人头骨（祖先头骨不放在此），还有野猪头骨，以示武勇。

---

① ［美］阿兰·邓迪斯编：《西方神话学论文选》，朝戈金、尹伊、金泽等译，上海文艺出版社1994年版，第194页。

笔者曾在新西兰参观过毛利人的"公所"("大房子")和"首领住所",确实富丽堂皇,宽敞宜人。然而它的形制与中国明堂大异:既非具"四出"(小室、阼阶之类)的正方形,窗户也不巨大。只有祭祀一点与世界其他神圣建筑同具。集会功能方面,毛利人公所能够大量集众,中国明堂则主要召见诸侯、使节、权贵等代表性人物。

严文明综述新石器时代后期聚落遗址的大型房屋说:"'大房子'一般有60—120平方米,有火塘,有两个对称的土床。这房子显然也是住人的(案:疑为酋长居处),但鉴于其中除土床以外的空地甚大,又似乎并非仅供食宿起居之用,还应有某些公用的功能,即供公众集会议事或举行宗教活动。"①

如果"大房子"供酋长、巫师一类代表性人物住居,而且用于重要议事和某些祭祀活动的话,那么这种"大房子"确实可能是明堂的一个遥远的前身。

根据这些材料,凌纯声认为,即令是商周明堂,也不过是此类"集会房屋",或者仅是"男子公所"之类。②我们觉得,至少后一说大大缩小、降低了明堂的规格、结构与功能。

"大房子",有时是巫师的神圣居室,特别是"巫酋"的尊严住所。"这种房屋,时常是全村的集会场所,有时还是供奉神祇的地方。总之,首领住宅常成为全村政治的或宗教的中心。"③

据宋恩常介绍:

> (佤族)作为氏族宗教首脑的窝朗或芒那克绕,一般居住一种特殊的建筑物尼阿木依吉(或者尼阿亭),它的含义是鬼神的房屋或者大房屋。窝朗或芒那克绕所住的房屋,反映了窝朗或芒那克绕所处的地位,它体现人同鬼神、生人同死人的一种特殊联系,是氏

---

① 严文明:《中国新石器时代聚落形态的考察》,见《庆祝苏秉琦考古五十五年论文集》编辑组编:《庆祝苏秉琦考古五十五年论文集》,文物出版社1989年版,第29页。
② 参见凌纯声:《中国的封禅与两河流域的昆仑文化》,载《"中央研究院"民族学研究所集刊》1965年第19期。
③ 汪宁生:《民族考古学论集》,文物出版社1989年版,第102页。

族信仰守护人的象征。①

"木依吉"是佤族始祖神、天神或创世大神,"大房子"(尼阿木依吉)本来属于他。

尼阿木依吉拥有宗教象征的性质,赋与浓厚的宗教色彩,在屋脊的两端和中央均安置一种木燕,呈交叉状,在靠主火塘的屋脊上,在两雀交叉之间有一用树干刻成的裸体男人像作骑马式,能看出人像的手、足、眼、鼻和生殖器等器官。另外在"门"上也刻有裸体男像。在房屋的四壁以牛血、石灰或木炭颜料绘制人形、牛头、麂子等原始图画,据说是供木依吉欣赏的牺牲。这种尼阿木依吉,在孟连一些佤族地区甚至还建于母系氏族的公墓里。②

或说,所谓"燕子",实在是为他们啄开"混沌"之洞,引出人类的"小米雀","刻的鸟形甚匀称,眼、嘴、翅膀、尾巴等刻得很清楚"。③

酋长居所当然是"大房子"的一种形式,可以兼具其若干功能。但二者有所不同,标准的"大房子"功能要多样一些,成为原始明堂的高级"大房子"性质与用途更加繁复。

如汪宁生所说:"远古时期大型房屋有各种不同的用途,有的是作为公共活动场所的集会房屋或男子公所(或有少数是妇女公所),有的是首领住宅,并非所有大型房屋都是供许多家庭集体居住的公共住宅。"④

但这都不是明堂,其成熟、大型而功能较重要(例如集会与祭祀)者,可以看作明堂的雏形或"前明堂"。我们认为,明堂必须满足以下(主要)条件:(1)一般说已进入成文史或旧称"文明"时期,如中国的夏代,至少也是成熟的酋邦或部落联盟,是君主或准君主掌控及表达其圣俗权威性与合法性的礼制性建筑。(2)主要用于重要集会、朝觐(外交)与祭祀(早

---

① 宋恩常:《云南少数民族研究文集》,云南人民出版社1986年版,第114页。
② 宋恩常:《云南少数民族研究文集》,云南人民出版社1986年版,第114页。
③ 罗之基:《佤族社会历史与文化》,中央民族大学出版社1995年版,第408页。
④ 汪宁生:《民族考古学论集》,文物出版社1989年版,第114—115页。

期有时兼为祖庙，前庙后寝，庙堂一体），间或用来颁布重要政令、历法和重大奖惩措施等。（3）跟"光明"或"太阳崇拜"联系在一起，不然不会叫作"明堂"，一般应有较便捷而宽敞的采光措施（例如重屋天窗，类中霤中心开孔；大窗或四向开门，朝南或朝东；甚至无墙），其宗教功能是主要的。（4）其标准型为一大室，四隅各一室，平面构成"亚"形（至少有四通道、四台阶或四大门。这在殷商可能已出现，他们的大墓已初具"亚"形，但地面上的尚未发现）。

第二章 火塘与灶：屋室神圣中心

圆形"火烧面"和屋室中点

1992年，陕西绥德县小官道村发现龙山文化房屋遗址，墙壁底部枣红色壁饰，AF4"后室中央有一椭圆形图饰，底涂枣红色，再涂黑色，故黑中泛红，其东西1.3米、南北1.5米，比地面略低0.03米，边沿有手抹凸棱一周"[1]。发掘者认为，其系模拟并崇拜灶火的遗迹。其部位及形状显系仿灶坑形状，但无任何垒炉及火烧痕迹，显然不是实用的灶坑火塘，这或与当时人类因崇拜火而其象征火有关。

这不由得使我们想起梁思永所介绍的安阳后冈龙山文化遗址的"圆形白灰面"来——那据说是被"圣火"烧过的。但也有人认为其表示"中霤（神）"。[2]

它们甚至具有"宇宙中心"的象征功能。它们绝不会无缘无故设置在室之中央！火塘或灶，仅仅为了烧火煮食吗？

事情也许比这复杂得多。原初信仰是不能光根据现代人的心理和逻辑

---

[1] 陕西省考古研究所陕北考古队：《陕西绥德小官道龙山文化遗址的发掘》，载《考古与文物》1983年第5期。
[2] 郭政凯：《绥德小官道龙山文化房屋中心图案的意义》，载《考古与文物》1990年第5期。

去推论的。实用功能的灶坑与信仰功能的灶坑完全可以并行不悖,小官道AF4就是证明。这就与西南兄弟民族灶室里既有实用的葫芦,又有非实用的葫芦(神)一样,火塘既可以用来煮饮又是神圣中心。

甲金文的"寮"字,中间或下部有⚬。徐中舒认为此即火塘之象,烧火其中,围坐烹食,夜则取暖。"寮"犹言"大家"。单门独户亦用一火塘作为家庭的"世界中心"。长屋合居者,几个火塘就有几个小家。"后代每称多人共居之屋曰寮,如称僧屋曰僧寮,称官舍曰寮寀。今闽粤一带尚有住地曰寮者,如火烧寮、寮步墟、寮竹关等。又屋中围火塘取暖之同伴曰寮,后引申同官曰同寮(亦作僚)。"①

徐中舒说,作为穴居的遗迹,屋顶中央开孔,叫作"中霤",用来采光和通气,其下就是火塘或"原始灶",神灵或其意旨也往往以此为"通道",所以是不可侵犯之所。②

伊利亚德注意到仰韶文化那些中心设有火塘、灶坑的圆形房屋,认为那可能已被当作宇宙的模型或缩影。

它以柱子(如蒙古包的中心柱)支撑屋顶,房屋中间有一个作为炉灶的坑。可能在屋顶、炉灶的上方穿了一个排烟的洞。房屋应该是以持久材料盖成的,在今天,蒙古包也有着同样的结构。渗透于蒙古包和北亚民族帐篷里的宇宙的象征意义是众所皆知的:天空被认为是一个巨大的帐篷(如《敕勒歌》云:"天似穹庐,笼盖四野。"),中间有一根柱子(即帐篷杆)支撑着,或是顶上有一个排烟孔,如同世界之柱(宇宙轴)或天洞北极星。这个洞也被称作"天窗"。西藏人则称他们屋顶的洞为"天福"或"天门"。③

---

① 王辉:《殷人火祭说》,见四川大学学报编辑部、四川大学古文字研究室编:《古文字研究论文集》(第十辑),四川人民出版社1982年版,第264页。
② 徐中舒:《徐中舒历史论文选辑》(下),中华书局1998年版,第798—799页。
③ [美]米尔恰·伊利亚德:《宗教思想史》,晏可佳、吴晓群、姚蓓琴译,上海社会科学院出版社2004年版,第40页。

图 2-1　蒙古包中柱：宇宙轴（鞠广才摄）

或说其牵强附会，那不过是实用的原始居室而已。但如果不局限于技术层面，不为实用性思维所束缚，而尊重我们祖先的想象力的话，就会知道：初民往往把他们的家室（或者坟室）当作小小的宇宙，其中点／中心／中杆就是宇宙中轴或支撑点，他们想尽一切办法让自己融入宇宙——中国古代称为"天人合一"——使自己的行为与宇宙运行合拍，让自己有一个更理想的诗意栖居。

火塘：家火崇拜的普遍性

在上古，几乎所有亚欧大陆古老族群，希腊人、拉丁人、雅利安-印欧人、中国人，都崇拜火，祭祀以"灶"为平台的"家火"。"每家在他的里院或屋门旁，皆有永燃不熄的火。……家人每天早晚必祭祀它，在饭前亦必祭告。……家火当即代表祖先"。[①] 灶，相当于边疆民族家中最尊贵的"火塘"。如前所说，它一般处于原初家室的"中心"，受到虔诚的崇拜。

饶宗颐论述各古族崇火之习云：

"火"是人类文明的火花，没有火就没有光和热，和日常生

---

① 李玄伯：《中国古代社会新研》，开明书店1948年版，第15页。

活关系最为密切，火有它的神秘性，许多民族都崇拜火，用火薰烧作为人神交通的媒介，演变为礼仪这一模式。①这种"人神交通"的方式之一就是利用火塘、灶的火或者烟。

西、亚、中、印都一样有火的神明，印度称曰agni，华曰祝融，西亚则有Išum、Er-ra、Gir-ra诸名。西亚在公元前2600年已出现火神。②较早时期，火神与灶神乃至日神及其祭祀往往合一。

汉籍传说，黄帝的陶正宁封子掌火，能作五色烟（《太平御览》卷868火部引《列仙传》）。祝融见于夏世（《周语》：夏之兴也，融降于崇山），时代更早。③

这里主要介绍与灶相关的火崇拜——祝融就以火神、太阳神兼着灶神，这无非是火或灶火的人格化。然而人们记住了火神却遗忘了灶火。鲁迅指出，一般人都害怕灾祸，尤其是水灾，所以记得住回禄却忘记了燧人氏；只知道祝融是火神而不知其亦为灶神。

明堂、社庙、"大房子"、祖屋或设火、火塘，有掌火者。主管此原始明堂或社室的人也可能从掌火者升等而来，他们都称为"亚"，掌握大型墓室祭祀的巫祝也可能因此称"亚"。金文每见"亚"形中有人名或人形奇字，李白凤以为其最初应即"看守'火塘'或'社坛'的"，后来演化为"世袭神巫之职"④，所以后来"亚"字也变成职称，例如《诗经·周颂·载芟》的"侯主侯伯，侯亚侯旅"，《尚书·牧誓》的"亚族师氏"，《尚书·酒诰》的"百僚众庶，惟亚惟服"。特别是《逸周书·尝麦解》说"少祝导于亚祝"，更证明"亚祝"原来是掌火、掌亚，亦即掌管火塘或明堂的巫官，此说也有可以说通之点，但不一定完全正确。

杜在忠认为金文"亚醜"之"醜"，也兼为火神，起于火官，其人形首部三矢形，似为发饰，拟作三神光的象征，应属巫师之象。⑤比较合理。

---

① 饶宗颐：《澄心论萃》，上海文艺出版社1996年版，第251页。
② 饶宗颐：《澄心论萃》，上海文艺出版社1996年版，第251页。
③ 饶宗颐：《澄心论萃》，上海文艺出版社1996年版，第252页。
④ 李白凤：《东夷杂考》，齐鲁书社1981年版，第59页。
⑤ 杜在忠：《关于夏代早期活动的初步探析》，见中国先秦史学会编：《夏史论丛》，齐鲁书社1985年版。

王迅借以推论说,"那么,'醜'就表示一位首部放射神光的巫祝,为火神的象征,可能表示铜器的主人或其前辈任司火官职,并且为祝融职"①。这是发挥了"亚"为掌火的巫祝之说(更可能掌酒)。

他又略采朱芳圃"亚"为火塘之说,"亚为象形,鬼为假借,癋为形声"(此说据《左传》襄公二十九年)②,推论其从火塘转为火官;以为"亚醜"为祝融后裔族徽。③其实这是根据不足的。理由很简单:"亚"不一定是火塘,而更可能为某种庙堂或墓室;即令是火塘、灶,也不一定会转变为火官、火正,火官、火正也不仅是祝融及其后裔(这不等于否认祝融曾兼为日神、火神、灶神)。何况"醜"字最重要的部件——酉(酒)和鬼——都没有得到有内在联系的解释。

图 2-2　彝族正厅的三脚架火塘

火塘是屋室也是世界的中心,连其中置锅的三脚架都是圣物,神圣不可侵犯。

中国西南边疆民族的"火塘崇拜"最为人知。杨福泉、郑晓云曾概述西南民族火塘作为家庭象征之性质时说:

---

① 王迅:《东夷文化与淮夷文化研究》,北京大学出版社1994年版,第87页。
② 朱芳圃:《殷周文字释丛》,中华书局1962年版,第16页。
③ 王迅:《东夷文化与淮夷文化研究》,北京大学出版社1994年版,第87页。

一个家庭需要有一个火塘作为取暖及煮饭的工具，但在一座新房建成或是一个小家庭从父母的家庭中分离出来时举行隆重的置火塘或点火礼时，火塘的意义就已经超越了作为工具的范畴。它事实上成了一个小家庭的象征。①

　　独龙族、基诺族、彝族等的家庭火塘及其继承、转移尤为典型。有的民族还有大家庭"总火塘"、小家庭"小火塘"的区别。"没有火塘就不能享用氏族同有的土地，其当家者也不能以小家庭当家者的身份参与氏族的宗教活动与民主议事。"②宗教活动和过渡仪式等常在火塘边举行。"如火塘祭祀等是以家庭为单位进行的，祈求的是家泰人安。只要家庭存在，便不会拆除火塘。"③这样，火塘自然成为家庭与家庭生活的中心。

　　例如，保持原始性风习较多的独龙族，他们的家居"长屋"非常有名。"长屋"是大家庭（或说原有"总火塘"），每分出一个小家庭，就增加一间房子（这样越加越多），就建造一口小火塘。

> 家庭公社之下包括二至三个以男家长为主的原始共产制大家庭，独龙语称为"仲"。大家庭内多数是父、子、孙三代共住在一排长长的屋子里。按传统的习惯，在这种大家庭里，凡已娶妻的男子，便要在屋内设一个火塘（有的则加盖新室），长屋中有几个火塘，像象征着有几个小家庭，这种火塘分居制，独龙语称为"卡尔信"。火塘周围是夫妻及子女食宿的地方。④

　　这种简单明了的制度证明，"火塘"是家庭的符号，也是家庭生活的重心。

　　印第安"圆屋"的火塘制是良好的参照系。摩尔根曾引约翰·斯密司的报道说，弗吉尼亚鲍哈坦印第安人的圆形房子，"在房子的屋顶正对火塘的上面有一个洞，可以出烟"⑤。他复制的斯密司速写，虽然有美化之嫌，

---

① 杨福泉、郑晓云：《火塘文化录》，云南人民出版社1991年版，第30—31页。
② 杨福泉、郑晓云：《火塘文化录》，云南人民出版社1991年版，第32页。
③ 杨福泉、郑晓云：《火塘文化录》，云南人民出版社1991年版，第32页。
④ 刘达成：《"太初之民"今昔——丛山深谷访独龙》，载《化石》1980年第3期，第20—21页。
⑤ ［美］路易斯·H.摩尔根：《印第安人的房屋建筑与家室生活》，秦学圣、汪季琦、顾宪成译，文物出版社1992年版，第146页。

仍然可以看出火塘处在室中,其上高踞着发号施令的酋长,暗示着其神圣与权威的地位。这里是"大房子"似的集体宿舍,印第安人"在火塘边沿房子里边并排睡在(棚床)上面"①。火塘—出烟孔占据家屋—世界的中心,世界上一些民族都持有这种观念(这也令人想起中国的"中霤")。

西纳坎特卡族的居室比较独特。它有三重,分别代表太阳(男性)、星星和月亮(女性)。由于屋顶迎纳天光,地位显赫。巫医(伊洛尔)在盖屋时会特别在屋顶的四面与中央倾洒酒和鸡汤,以祭享天神。室内火炉与炊事部分乃是女性或阴性的空间,那火炉一般就设在屋宇中心之下。②这是另一种情况,但以火塘为"世界中心",则是普遍的。

据汪宁生论"大房子"文的记述,世界(尤其是太平洋文化区)"原始"或"后进"民族集体居室多有公共火塘或公用炉灶——那是生活和宗教活动中心区。像易洛魁印第安人母系氏族集体,几个小家庭合用一个炉灶;奴特卡-印第安人(Nutkas-Indians)马喀(Makah)部落"长屋",住五六个小家庭,却只有一个炉灶。澳大利亚昆士兰北部可容三十人左右的"大茅屋",中间有公共火塘。这些多属"总火塘"。苏门答腊卡约人(Gajos)和亚拉士人(Alas)父系氏族有"干栏式长房",每个个体称为

图2-3 美国弗吉尼亚印第安人火塘(约翰·斯密司的素描,采自摩尔根)

---

① [美]路易斯·H.摩尔根:《印第安人的房屋建筑与家室生活》,秦学圣、汪季琦、顾宪成译,文物出版社1992年版,第146页。
② [日]吉田祯吾:《宗教人类学》,王子今、周苏平译,陕西人民教育出版社1991年版,第106页。

bileq，意为"同灶"，或称"同米"，即"同锅吃饭"。① 云南基诺族父系社会"长房"，"本身称'的看'，意为'一家子'；每个小家庭称为'的究'或'葛究'，意为'一个火塘'"②。耿马芒美的拉祜族称呼一个家庭也是"一个土锅"。③ 这极像古希腊罗马呼"家"为"灶"，而近时同伴犹称"同伙"。"同伙"，就是聚集在一起共用一堆"火"的亲密群体；在一口锅里捞饭吃，意思也一样。在军队中，此俗保存更多。

古代希腊罗马，家不仅是血缘组合，还是个祭祀团体。家的中央，建有"祭坛"，点着长明火，极像火塘。只是现存的火塘，还有很多世俗或实用功能，例如可以炊煮、烧水，有时还用以取暖。因全家人往往以火塘为中心围坐，希腊人称家庭为"环圣火旁者"（参见古朗士等）。现代在欧美的家庭，就是晚饭后一家人围坐在壁炉前聊天、听音乐、看电视。

李玄伯说："家火当即代表祖先，因古人言语中，祖先与家火，常常互相混用，演司火似乎就是代表始祖。"④

家火、族火或邦火之祀，东起印巴次大陆，西至环地中海地区，都有形制略有不同的分布。所以，李氏怀疑其创造于印欧人共同的祖先雅利安人，也许发祥于中亚，以后向四方传播。此说还得不到确证。中国在远古时期就有火塘的崇拜与祭祀，住屋中心的"白灰面"或"火烧面"可追溯到新石器时代中期。

利普斯还说：

> 自黎明时期起，火就是"家"这一概念中的重要因素，其重要仅次于屋顶。它给简陋的住所以人类的生趣。它是人的标志，无论这种人多么原始；因为没有动物能控制或保持这个神赐的礼物。当我们离家出外而为思乡病所困扰时，我们时常回忆的就是作为欢乐聚会象征的火塘。⑤

---

① 参见［法］E.M.勒布、R.汉·格顿：《苏门答腊民族志》，林惠祥译，载《南洋问题资料译丛》1960年第3期，第97页。
② 汪宁生：《基诺族的"长房"》，载《社会科学战线》1982年第3期。
③ 汪宁生：《中国考古发现中的"大房子"》，载《考古学报》1983年第3期，第276页。
④ 李玄伯：《中国古代社会新研》，开明书店1948年版，第15页。
⑤ ［德］Julius.E.利普斯：《事物的起源》，汪宁生译，四川民族出版社1982年版，第21页。

各族都有一些相当复杂的保存、管理、迁动和重燃火种的仪式与技术，都是跟火/火炉/火塘的崇拜有密切关系的。

从火塘到灶

家庭、社会都跟"火"分不开，而家火、社火的设置和崇拜又跟宫室之中的明堂制度之雏形几乎是同步发生。它是原始宫室、"大房子"、宗庙或明堂的中心点：中霤－火塘。

利普斯说，"房顶和火，是'家'的概念中两个基本因素"（案：汉字"家"虽然突出了"干栏式"房屋或"地穴"里的猪，然而房顶也是显目的）；而"帐篷、茅棚或房屋中间的火，是家庭生活的中心，是温暖的源泉，是可口食物的制作者"。火焰还能刺激灵感，诱发神话，从而"把古老的故事带进生活，把家庭的圈子拉得更紧"[①]。明堂最初也可能以火为中心。"前明堂"是家庭和氏族的集体生活空间的扩大与神圣化，自然会在某一时期把象征光明、带来温暖与幸福的火当作崇拜重心。这也是跟原始人保存、利用火种的习惯与制度分不开的。明堂之"明"首先源自太阳，但如果晚间聚会或祭祀，"明"就来于大火塘中的明火。而火与太阳往往能够相互置换，有的地方径称"太阳火"，太阳神、火神、灶神常常互兼。

火塘进步成为灶（灶主要特征是有"围"，使火力集中且安全）。高蒙河从考古实物考察先秦陶灶的发展时指出："它们主要集中在黄河流域特别是陕晋豫地区，这一方面说明这一区域是陶灶最主要的发生区和使用区；另一方面也告诉我们，陶灶并没有在此基础上得以更大时空范围内的应用。"[②] 这是因为这一地区相对先进，炊具专门的分工比较细致，形制也较火塘之类进步；还因为黄土地区比较干燥，不需要像西南地区那样尽量利用火塘的热力来使居室暖和、干燥。但这不能抹杀灶及灶火的神圣性与神秘性。至今南北方老百姓都害怕或忌讳"倒灶"。而上古灶神之尊

---

① [德]Julius.E.利普斯：《事物的起源》，汪宁生译，四川民族出版社1982年版，第22页。
② 高蒙河：《先秦陶灶的初步研究》，载《考古》1991年第11期，第1021页。

显[1],也可证明此点。高氏说，与常见的三空足式炊具相辅相成的炊具是"长期和广泛存在于先秦时代房屋中的火塘、灶面及灶台等地灶"[2]，它们跟独立灶一样是神圣的。

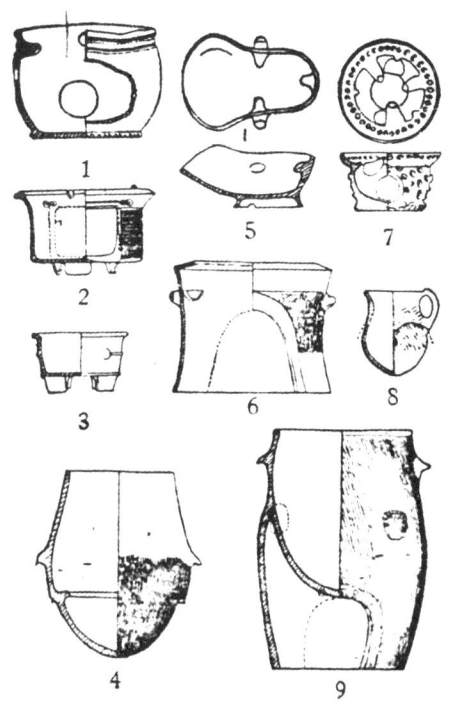

图 2-4 先秦各种陶灶（采自高蒙河）

"中心"观念与"中心象征系统"在成文史前就已形成，而且有多种繁复的显现（参见《中庸的文化省察》），显现为相互关联的标志或符号。它们跟"神圣空间"的形成是同步的。

初民的居室（家）就是他的"小宇宙"，跟人类、万物所处的"大宇宙"异质同构，它们相互模拟、相互影响、相互交流。灶火必须永远不灭，永远清洁，以保证家庭与世界的明亮和健全。屋室"中柱"，帐幕"中杆"，或者"屋极"（圆屋中心）、天窗（古中霤），特别是火塘或灶，都是"家庭－宇宙中心"之系统构成，神圣不可侵犯，不可触动，不可污染。这也是"火

---

[1] 杨堃：《灶神考》，载《汉学》1944年第1期。
[2] 高蒙河：《先秦陶灶的初步研究》，载《考古》1991年第11期，第1021页。

崇拜"的重要仪节。

火塘与其正上方的天窗（通气孔或原始中霤）相对应，相交流，沟通天地，交际人神，是人类跟天地来往的神圣信息通道。火塘之火，往往要取自上天，即"太阳火"。它们是"十"字或"亚"形的交叉点、中枢，也是"大房子"、明堂中央大室的"核心"，不问其是否属"物质性存在"，都是"中心的中心"，"神圣之神圣"。

火塘有时还像"天梯"或"宇宙轴"那样成为天庭与人间的萨满式通道。例如，云南独龙族"认为火塘与天有直接的联系，火塘中的火神是从天上来的，火塘是天地之间的连接物，因而认为火塘是一个家庭中最尊贵、最大的主人"①。

居于屋室之中的火塘/灶/中霤是中心象征系统的重要义项：人类跟宇宙、神灵，可以利用火塘之火、烟等交流信息。据说有的巫师能够从火的颜色、亮度、热力与火焰形态中辨识出"天神"的意旨与主人家的吉凶状况（此与祀"家火"之习相关），只是这种占卜技术与风习失传已久。

众所周知，华夏古代有所谓"柴燎""禋祀"之祭，有如后世在天井烧柴。"禋"之言烟，这也是把种种变形的火塘、火堆及其生出物看成是一种中心通孔，以便把人意随着烟气传给上天。

简单说，火塘或灶火，作为世界中心符号，是"神圣十字"构形的交叉点，也是"亚"形的中点。朱芳圃曾提出"火塘"是"亚"字的初型：

> 原始社会有祀火之俗，于室之中央砌一✚形之塘，燃火其中，昼夜不息，视为神圣之所，无敢跨越。现今西南兄弟诸族，遗俗尚存，可资参证。故亚为殷代宗彝中习见之图铭，盖所以象征祖先之神所凭依也。②

虽然"亚"形并不是火塘的典型形态，但火塘确实是某些"亚"形居室的中心；在这个意义上，可以把有火塘的亚室看作原始明堂或庙寝的一种形态。据称，火塘有时与采光而不漏水的中霤垂直，它们都标识世界中心。此可备一说，参考价值很大。

---

① 杨福泉、郑晓云：《火塘文化录》，云南人民出版社1991年版，第30页。
② 朱芳圃：《殷周文字释丛》，中华书局1962年版，第16页。

它是明堂的实质"中心",甚至可以暂不顾其是否在各个时期都有物质性存在。明堂的中心是"大室",原即"大房子"或"家""家庙",其"中心"本应该燃着不灭的"塘火"或"家火"。

"灶灭其火,维家之祸"

"火"与"灶"地位如此之显赫,除了"火"本身的伟力与神秘之外,还因为"火塘"处于屋室(例如"亚")之中心,象征着宇宙永恒之火必须长明,生命之火永远不会熄灭,也不能熄灭。

在云南寻找倭族文化之根的日本学者鸟越宪三郎也强调火塘在稻米文化的高床式建筑"里屋"中的核心地位。他说,日本山岳部族老人"接受不了把火搞灭的作法,直到最近他们还认为把火搞灭是不吉利的前兆,并因此感到惶恐不安"①。这确实在云南各民族中还可见到。据称,这是保存火种风习的宗教升华。"即使在生火已十分简单的今天,许多民族还是保留了禁忌火塘里的火种熄灭的传统习俗,由家中长者照看火塘里的火种。有的民族在搬家时也由长者沿途照看老房里取出的火种,防止中途熄灭。如火种万一熄灭,人们就视之为极其不祥的征兆。"②

火塘或灶火是不能熄灭、不可侵犯的。③"在马来民族中,火炉的火是不得跨过的;在印度的土达族中,当一盏灯点起的时候便对它顶礼"。④这样,火塘就对原始群团保存不易获得的火种起到了重要的作用,在火塘里保留"隐火"就带有实际和象征的意义。

古朗士论述希腊罗马的"家火"崇拜说:

> 希腊人或罗马人的屋内皆有一个祭台,祭台上常有燃着的煤块及炭块。屋主人有使此火日夜长燃的宗教职责。此火若熄,则

---

① [日]鸟越宪三郎:《倭族之源——云南》,段晓明译,云南人民出版社1985年版,第89—90页。
② 杨福泉、郑晓云:《火塘文化录》,云南人民出版社1991年版,第23页。
③ [法]拉法格:《宗教和资本》,王子野译,生活·读书·新知三联书店1963年版,第48页。
④ [英]Edward Clodd:《世界幼稚时代》,俞松笠译,商务印书馆1933年版,第98页。

其屋人必有不幸。每天晚上，将煤块埋在灰烬中，以使缓烧而不灭；每天早起，第一件事就是加添木柴使此火重新大燃。只在某一家族断绝之时，其火方熄。故在古人语言中，某族断熄与某族之火断熄，其义相等。①

这跟中国所谓"灶灭其火，维家之祸"同出一辙，显然是有关"火塘"的原初信仰的保存跟祖先崇拜、自然崇拜互为表里。在希腊古代作品里，"有时用圣火作祖先讲，有时又用祖先做圣火讲"②。

古代印度的"火天"阿耆尼（Agni）是火的人格化。《梨俱吠陀》歌颂道："你就是生命，人类的保护者！"特别应予注意者，火天本来也是灶火，跟灶君菩萨一样，又是"人与神之间的传达者；它自己也是司祭者"③。它守护家庭、牲畜、饮食，同时辟除邪魅。它所寄寓的火台（灶）非常神圣，决不能损坏。

在萨满教观念里，"火种不灭，就意味着香烟不断，子孙繁衍，世代兴旺"；诅咒他人的话是"你家的灶火熄灭了"。蒙古人家如果幼儿遭到不幸，有的地方家人就说："家里的灶火熄灭了！"④这跟华夏汉人所说的"倒灶""断了香火"完全一样。

《蒙古秘史》卷六载，成吉思汗责备与其作对的人说："我父罕汝，咎由何起而吓我哉？……奈何倭我平坐之床，散我上腾之烟而吓之哉？"⑤语似不可解。《亲征录》作："与其惊畏我，何不使我众炀爨而息，安榻而卧，使我痴儿，痴妇得宁寝乎？"道润梯步注云："'散其烟'，等于'毁其炉灶'，即灭其家之意。"⑥或得其真。证之以卷二，别克帖儿说："且休毁我炉灶"⑦，可实其义。原文作"火炉木塔"，旁注为"火盘"，新注："即

---

① [法]古朗士：《希腊罗马古代社会研究》，李玄伯译，商务印书馆1938年版，第12页。
② [法]古朗士：《希腊罗马古代社会研究》，李玄伯译，商务印书馆1938年版，第18页。
③ [德]W.施密特：《原始宗教与神话》，萧师毅、陈祥春译，上海文艺出版社1987年版，第65页。
④ 乌丙安：《神秘的萨满世界——中国原始文化根基》，上海三联书店1989年版，第48页。
⑤ 道润梯步：《新译简注〈蒙古秘史〉》，内蒙古人民出版社1979年版，第152页。
⑥ 道润梯步：《新译简注〈蒙古秘史〉》，内蒙古人民出版社1979年版，第156页。
⑦ 道润梯步：《新译简注〈蒙古秘史〉》，内蒙古人民出版社1979年版，第39页。

设在蒙古包正中的炉灶。它是表示家道或家系的象征。被看作是神圣的东西。毁了炉灶,就意味着全家灭亡。"① 它甚至可能影响宇宙的稳定与安全。

詹承绪等介绍说:"在兴建新房举行迁居仪式,搬运象征祖先神位的锅庄石,必须由主妇负责,并由她从旧居中取来火种,在新房的火塘里点燃第一把火。据说,这样才能人丁兴旺,庄稼丰收。"②

严汝娴、宋兆麟还详尽地描写了纳西族建房适居时的"升火"仪式:

达巴从火塘里取出火把,在室内四处烘烤,并且持一碗水,不断向室内泼水。认为这是用火和水打扫房间,可以驱除恶鬼,主人以后居住才能平安无事。达巴还要念经,请山神、家神到来。然后,讲述洪水故事。……还念道:"火塘是房子的心脏,今后一年三百六十天,火永远不会熄灭,火永远用不完。"③

这就是从正面阐述灶火不能熄灭的理由。

火　坛

所谓"坛火"或"火坛",即火之圣坛,疑由火塘、灶火演进而来。古罗马的"圆形圣殿",最初不过是祭祀女灶神维斯塔(Vesta)的灶台,或灶台形神坛。

印度的火天阿耆尼本是坛火。古印度天神有三步:他—坛火—光明。光明就是太阳。印度崇拜阿耆尼,如同崇拜"火所从来的太阳一般"④。坛火,跟中国的火坛一样,与太阳对应,而且相互交通,最初却不过是非常普通的、类似炉灶那样的祭坛。

波斯的拜火教(即琐罗亚斯德教,在中国称祆教)崇拜的圣坛,既像灶火又像烽火台。花剌子模(义为"太阳的国土")有"火宫"遗址,"当

---

① 道润梯步:《新译简注〈蒙古秘史〉》,内蒙古人民出版社1979年版,第42页。
② 詹承绪、王承权、李近春等:《永宁纳西族的阿注婚姻和母系家庭》,上海人民出版社2006年版,第148页。
③ 严汝娴、宋兆麟:《永宁纳西族的母系制》,云南人民出版社1983年版,第154—155页。
④ [英]Edward Clodd:《世界幼稚时代》,俞松竺译,商务印书馆1933年版,第99页。

时的人们就在那里膜拜圣火"。① 那就是"氏族住宅"正中的圣火，跟考古学常见的火烧（圆）面一样，没有任何生活用品发现，土壤被火烧硬，这里肯定"长久保持着不灭的火"②。而在中亚地区，"一切之火，从厨房中的火到庄严的大祭坛上的火，都被视为神圣；而须注意看顾，勿使火受污辱"③。

祆教的火坛很有名。他们崇拜太阳与光明之神阿胡拉·马兹达。

由火塘到火坛，可以领略人类对火的古老崇拜。

据说，远古的拜火者向波斯国王费里敦（又译阿弗里敦）宣讲火的伟大，"火可以作为上帝与其造物的中介者，它具有光明神的特征"。④

伊利亚德介绍说：

> 圣火的维持、洁净以及创立，在马兹达教中尤为重要。对于每一个信奉马兹达教的国王来说，创立圣火就是最高的宗教行为，即修建神庙，为其捐献财物，设置祭司。⑤

他还说："阿胡拉·马兹达从那无限的光产生了斯瓦列纳（Xvarenah，光一样的生殖液——笔者注）并将它保存于水与火中。……太阳是这种神圣液体的根源。"⑥ 太阳、火与光，都被看作生殖的力量，生命的源泉，"火坛都是且一直是马兹达教的宗教核心"⑦。

据元文琪译文："在伊朗雅利安人眼中，熊熊燃烧的火焰闪耀着生命和欢乐，是纯洁和真诚的体现，同时象征着光明和未来。火光给人以鼓舞

---

① [苏]阿甫基耶夫：《古代东方史》，王以铸译，生活·读书·新知三联书店 1956 年版，第 624 页。
② [苏]A.B. 阿尔茨霍夫斯基：《考古学通论》，楼宇栋、淘沙、张锡彤等译，科学出版社 1956 年版，第 50 页。
③ [美]W.M. 麦高文：《中亚古国史》，章巽译，中华书局 2004 年版，第 98 页。
④ [古代阿拉伯]马苏第：《黄金草原》（一、二卷），耿昇译，青海人民出版社 1998 年版，第 764 页。
⑤ [美]米尔恰·伊利亚德：《宗教思想史》，晏可佳、吴晓群、姚蓓琴译，上海社会科学院出版社 2004 年版，第 279 页。
⑥ [美]米尔希·埃利亚德：《神秘主义、巫术与文化风尚》，宋立道、鲁奇译，光明日报出版社 1990 年版，第 151 页。
⑦ [美]米尔恰·伊利亚德：《宗教思想史》，晏可佳、吴晓群、姚蓓琴译，上海社会科学院出版社 2004 年版，第 268 页。

和力量，令人奋发向上，执着地追求美好的理想。"① 所以他们要永久地在火坛上，在神庙中供奉"不灭之火"（Perpetual fire），其原来面目就是长明的灶火。至今，我们还可以在波斯古钱币上看到燃着长明火的火坛、祭火台或者拜火神庙。

中亚某些地区有供火的祭祀台，其神圣略同火塘而出于火坛。

伯恩施坦也认为这类祭祀台反映着萨满教和拜火教的风俗。他说：

   在七河地曾发现塞克时期的烛台、祭桌和青铜斧，因此早就有人注意到这里存在着萨满教——拜火教风俗。②

七河地拜火圣物时代稍晚于花剌子模的拜火教遗迹。这种风俗一直延续到粟特时期。他们同样既崇拜太阳（火／光明），也祭祀与保卫灶／家火。

然而，追本溯源，崇拜圣火，本质上是崇拜太阳。火本来就是太阳的本质属性，是光，是热，是力。所谓拜火教原来就是"太阳教"。在古代波斯，"火之重要，殆不亚于太阳，因为它也传播光明"，火是太阳神阿胡拉·马兹达的儿子。③ 拜太阳因而拜火，拜火也就是拜太阳。斯基泰人崇拜太阳甚于拜火，这是几乎一切北方游牧部落的共同信仰。牙帐东升，拜日之始出。因为"一切火的崇拜都起源于太阳崇拜"④，这样，斯基泰"方形祭盘"可以看作拜日四方台坛的微型化。

更准确地，一般居于中心的圣火——阿耆尼、阿波罗三足架、火塘、波斯拜火坛、斯基泰祭祀盘——都是太阳的微缩版、符号、象征物或标识。或者说，它们与太阳异质同构，上下对应，相互交流（所以"圣火"一般要取自太阳，从钻木到钻燧取火都是如此）。

亚里士多德《论天》介绍毕达哥拉斯的自然哲学思想说：

   他们说，居于中心位置的是火。……他们的观点是：最宝贵的地方才适合最宝贵的事物；他们说，火比地更宝贵，限制比中

---

① ［伊朗］贾利尔·杜斯特哈赫选编：《阿维斯塔——琐罗亚斯德教圣书》，元文琪译，商务印书馆2005年版，第434页。
② ［苏］伯恩施坦：《中亚境内天山、七河地区的古代文化》，黄振华译，见张志尧主编：《草原丝绸之路与中亚文明》，新疆美术摄影出版社1994年版，第138页。
③ ［美］W.M.麦高文：《中亚古国史》，章巽译，中华书局2004年版，第98页。
④ ［德］Julius.E.利普斯：《事物的起源》，汪宁生译，四川民族出版社1982年版，第328页。

间体更为宝贵,而圆周和中心都是限制。根据这个理由,他们认为居于圆的中心的不是大地,而是火……①

可以说,这"中心火"暗指太阳,这是初始的太阳中心学说,也许还诱导着哥白尼的理论。但这"中心火"依然是由宗教民俗上的居所或城邦的"中心圣火"升华而来。对于初民,居室就是宇宙。还有一种说法,"'中心火',不是太阳,太阳同样是环绕'中心火'的星体之一"。说到底,"这个'火',其实(仍)来自祭火"②,实即家火/灶火。

艾修斯在《哲学家意见集成》里介绍毕氏学派的菲罗劳斯的学说道:处于(宇宙)中央的是中心火团。他称这个火团为整个天体的火炉、宙斯之家、诸神的母亲、自然的祭坛、支持者和尺度。③这不是太阳及与它对应的家室火塘又是什么呢?

阿波罗(Apollo)是太阳神。他"原来是光与火的神,供在三脚的火盆中",人们用"三脚盆"占卜,其术似波斯。尤值得注意的是,阿波罗也是"灶火的保护者","家庭、城市和殖民地的保护者"。进一步说,"他也是家畜的保护者"。④因为火(尤其太阳火)被认为是一切生命的赐予者,邪恶的驱除者。

火——太阳与光明,冲破混沌与黑暗,给人类带来理性、智慧或光明(中国的"哲学"原义即是"光明学")。阿波罗就是兼掌诗歌、音乐和预言的智慧之神,这就因为太阳是最高的智慧与最大的光明。⑤

火在波斯的祆教经典里逐渐升华为"灵体",或者说火的精灵及其抽象是最重要的灵体。

---

① 汪子嵩、范明生、陈村富等:《希腊哲学史》(第1卷),人民出版社1988年版,第350—351页。

② 洪涛:《逻各斯与空间——古代希腊政治哲学研究》,上海人民出版社1998年版,第173页。

③ 参见汪子嵩、范明生、陈村富等:《希腊哲学史》(第1卷),人民出版社1988年版,第349页。

④ [德]W.施密特:《原始宗教与神话》,萧师毅、陈祥春译,上海文艺出版社1987年版,第66页。

⑤ 参见萧兵:《楚辞审美观琐记》,见梁启超、王国维等:《楚辞二十讲》,华夏出版社2009年版,第343—349页。

琐罗亚斯德呀!

得助于众灵体的光芒和灵光,我(阿胡拉·马兹达)支撑着天空,使其高高在上,光照[整个宇宙],像拱顶一样笼罩着大地及其四周。①

元文琪引《帕拉维语词典》说,灵体的意思是"天国里永恒的精神体",亦即"自然万物在天国的原型"②,这就很像"道"(logos)。元文琪说,这很像是柏拉图所说的"理念"(idea),或者说"理念论"之神话学背景,它们都被认为是万物的"原本""原型"。但"灵体""理念"不可能脱离具体事物(亚里士多德说,一般只能存在于个别之中),它原来即是火、太阳,其他构成宇宙的"元素"(elements)、"道路"(way)或者"语词"(word),都被涵化在太阳的灵体与本性之中。

这样,太阳所赋予"灵力"与光明的神圣建筑,如火塘、火灶、火坛以及明堂等等,就会给享用者、崇拜者以幸福、寿命、智力,乃至权力、财富与地位。君王们如此重视明堂,与此有潜在的联系。

前举利普斯《事物的起源》提出,屋顶与火塘是家的两大神圣要素,在古代中国就是中霤与灶。它们都属于"中心象征"系统。

洪涛论述印欧民族的"火"观念说:

火,意味着什么?神的降身。祭火,意味着神的在场,意味着隙地的定居者的团体是神意的结果。③

火塘,与其相联系的中心气孔、天窗、中霤、中心柱,都是神圣在场、人类也在场的现实证明,又是天人、神民之间交往的通道,比拟为神的使者赫尔墨斯(Hermes)是有道理的。

火是什么?是神意的使者,是赫耳墨斯,是预言家、先知和诗人(案:西方上古,三者名称可通),是哲学家和理论家,火就是逻各斯(语言、

---

① [伊朗]贾利尔·杜斯特哈赫选编:《阿维斯塔——琐罗亚斯德教圣书》,元文琪译,商务印书馆2005年版,第211页。
② [伊朗]贾利尔·杜斯特哈赫选编:《阿维斯塔——琐罗亚斯德教圣书》,元文琪译,商务印书馆2005年版,第490、492页。
③ 洪涛:《逻各斯与空间——古代希腊政治哲学研究》,上海人民出版社1998年版,第33页。

路或"道")的活动。①

这种宗教观念,影响了哲学与自然科学。例如赫拉克利特说,世界或宇宙,"它过去、现在和未来永远是一团永恒的活火,在一定的分寸上燃烧,在一定的分寸上熄灭"②。洪涛认为,"最高统治者的'火',定然来自传统之祭火"。"在希腊神话中,'火'被看作敞开人类空间的本原,被看作神的使者,是神在的表征,也是一切权力的最终根源。"③所以,火塘、火灶、火坛乃至明堂都被认为是天人、神民交际的通道和保证。

灶神及其性别

由火塘演进的灶与灶神信仰发生在西周之前。在远古之时,火塘地位是特别高的,初民取火不易,火种不易保存。迁居的时候,一般要由氏族的"大祖母"或"圣处女"捧持、保护火种。一旦造屋搭棚或立幕,火种或火塘立即置于居处中央,或捂或燃,都由女人负责。女人掌管炊煮,直到分配食物——"礼起于饮食"——掌握勺子是一项大权,尤其在食物匮乏之时(读张贤亮《绿化树》便知)。一般认为,这是实行母系制度的氏族、部落的习俗,像印第安人,"大房子"火塘虽多,但仍由女家长分配熟食,不让大权旁落;但也有人说,掌握火种和勺子,提高了妇女的崇高地位和权力。爨灶"先炊"实在就是老妇之祭,烧锅、燔柴本是一体化的。因此最古老的灶神有髻,或老妇,或美女,比奥与奥神神气多了。

只是时代变迁,妇女的权位被孔武有力、善于垦荒与稼穑的男人篡夺。随着女性与灶神地位的式微,本来地位不甚高的奥神冒了上来,可能"僭越"于灶神之上(在民间,灶神依然重于奥神,详后)。

埃利希·诺伊曼说:"女性团体所主持的秘教仪式,其主要内容是对

---

① 洪涛:《逻各斯与空间——古代希腊政治哲学研究》,上海人民出版社1998年版,第34页。
② 北京大学哲学系外国哲学史教研室编译:《古希腊罗马哲学》,商务印书馆1982年版,第21页。
③ 洪涛:《逻各斯与空间——古代希腊政治哲学研究》,上海人民出版社1998年版,第154页。

火的监护和看管。女性的统治地位被象征地置于房屋的中心，这就是炉灶，温暖的、制作食物的地方，'灶台'，那也是最初的圣坛。"①

据称，在蒙古统一民族形成之前，他们就信仰火与火神了，"以其古老形式而出现的火神是女性的，所以也用其简化形式（意为'火母'）或 γal-un gan eke（意为'火母皇后'）取而代之。另外还有一种名称为 γolumta eke，意为'火灶之母'，或'灶母'"②。

其他如，"对火神的修饰语是'红丝绸面庞之母，其酥油是主要成分'"，"装饰以红色丝绸"，"我的火母，你有许多灼热的火舌，长有带叉舌头的火母，由风助火势"……③

或说，"火母是由'佛教大师所创造，由霍尔穆斯达腾格里天神所点燃'。当天可汗（腾格里可汗）尚未出人头地和地母尚幼小的时候，火母便诞生了，后者是通过在成吉思汗家族的圣山上打火镰而产生的……然后又由棕色地母拨旺和划出了皱纹"④。

《仪礼·特牲馈食礼》："尸卒食而祭饎爨雍爨。"郑注："雍，孰肉。以尸享祭灶有功也。旧说云：宗妇祭饎爨享者，祭雍爨用黍肉而已，无笾豆俎。《礼器》曰：燔燎于爨。夫爨者，老妇之祭，盛于盆，尊于瓶。"

贾疏据郑等说，"时人以为祭火神"——火神跟灶神是可以相兼或互为置换的——"乃燔柴"；但他又据《礼记·礼器》及郑注，说这也是"先炊"，即"老妇之祭"。可见，火神或灶神，先火或先炊，都可以是"老妇"或"少女"。因为最初是由主持家政的主妇保存、点燃或更换火种的（与以母系计算血统谱系相一致），甚至在迁徙、游耕或游牧、行军之时，也是由"老妇"携带并保护火种（就像怀抱婴儿那样）；后勤供应，尤其炊煮之事，

---

① ［德］埃利希·诺伊曼：《大母神——原型分析》，李以洪译，东方出版社1998年版，第294页。
② ［意］图齐、［德］海西希：《西藏和蒙古的宗教》，耿昇译，天津古籍出版社1989年版，第446页。
③ ［意］图齐、［德］海西希：《西藏和蒙古的宗教》，耿昇译，天津古籍出版社1989年版，第447页。
④ ［意］图齐、［德］海西希：《西藏和蒙古的宗教》，耿昇译，天津古籍出版社1989年版，第447页。

本都是女人的天职。那时，"围着锅台转"是极其严肃与光荣的责任。

不灭的火塘往往是氏族、部落或家庭生命和活力的神圣象征。"赫士梯亚是女神之一，这个名字的本义是指炉灶，而转义则指房屋、住宅，她相当于罗马的维斯达，在希腊人中赫士梯亚负有保护每个家庭和每个城市的圣火之责；……她在得尔佛的祭坛是特殊的尊敬的对象，它是希腊的'公共炉灶'；假如庙里的火熄灭了，就到它这儿来取烧焦的木头，以便重新把庙里的火点起。"①

古代罗马的女灶神维斯塔是非常严厉的处女守护神，掌管家火以及城邦圣火的事务。她的专祭女巫号称"维斯塔贞女"，终身不嫁，把身体与贞操献给圣火，事实上却是"神妓"，社会地位崇高无匹。②

如同印欧文化区由家中妇女掌持家火及其祭祀仪式③，纳西族支系摩梭人，实行"走婚"（似"对偶婚制"），妇女当家，职责之一是掌握灶炊，守望圣火。她的住房在院落中心（称"一梅"），建有大火塘，她"如守护者一般日夜看护着象征着祖先的火塘，让火塘中的火世世代代不熄灭。在火塘的'上方'即靠近祖宗牌位的一方，是当家妇女当然的座位，他人不能随便去坐"。④

这跟华夏汉人"先炊"为"老妇"，"灶有髻"，而罗马灶神维斯达也是女性一致。

宋兆麟认为："先有火神，次有火塘神，最后才有灶神。"⑤却不一定。"大神"也可以由身边最切近的事物衍生，然后才与火或天火结合。

火作为蕃育的力量

火本来是一种几乎所有动物都畏惧的毁灭力量，为什么却能象征蕃育呢？

---

① ［法］拉法格：《宗教和资本》，王子野译，生活·读书·新知三联书店1963年版，第48页。
② 参见萧兵：《神妓、女巫和破戒诱引》，载《民族艺术》2002年第1期。
③ 参见李玄伯：《中国古代社会新研》，开明书店1948年版，第15页。
④ 杨福泉、邓晓云：《火塘文化录》，云南人民出版社1991年版，第55页。
⑤ 宋兆麟：《巫与巫术》，四川民族出版社1989年版，第104页。

自然火烧毁森林之后，似乎什么都消灭了，却留下香味扑鼻的兽肉。猿人由此学会用火燔烧死兽，把生食变成熟食，把自然变成文化，使自己的血肉，特别是脑髓进化得更加神速。再加上过火林地的草木迅即郁郁葱葱（后来人类由之发明了"刀耕火种"技术），于是初民便以为新的生命力量是由火中涅槃而出的。而灶火更是加速了人类生命力量的茁长（一种理论认为，洞穴用火提高了人类性生活的质量和婴儿的成活率与生长率）。

土耳其学者阿·伊南在《萨满教今昔》中讲道："萨满教徒所举行的每个仪式都必须有火。"富育光解释说："萨满教信仰者认为，火中生万物，神火可以荡涤一切尘垢，驱赶邪恶魂灵，使福寿和光辉永驻人间。"[1]

太阳"圣火"具有特殊巨大的蕃育力量。"以太阳为生殖者是一种极为广泛的思想方法。……在古埃及，生命有如从太阳泄出的光线，或从创造之神的生殖器流出的精液。"[2] 有人认为，明堂包含庙寝，十二室是君主轮居的密室，犹如子宫。寝息或睡眠在温暖而隐蔽的母腹中，太阳每天注以光线，使君主得到再生或更大的生命能量。

火，更能使土地肥沃，庄稼丰盛。

饶宗颐比较中国与西亚的用火习俗说：

> 西亚亦用火石，即黑曜石（Ka-izi-isati），中国钻燧取火（见《管子·轻重己》等书）神话人物有燧人氏（见《尸子》、《尚书大传》），西亚祭祀必烧火（supa），和殷代的燎、焚相同。最有趣的是西亚的火（Isum）被解说为烧焦了草木的土地（sconchedearth）可以肥沃；代表"烧"的火神 Erra 和代表肥沃的地母神 Mamma 可以取得恰当的结合。谚云："火不烧山地不肥。"古代益烈山泽和火耕正是这个道理。[3]

这就是注解"司爟"之"时则司火令"的时候，郑玄要说"焚莱之时"

---

[1] 富育光：《萨满教与神话》，辽宁大学出版社1990年版，第41页。
[2] ［美］米尔希·埃利亚德：《神秘主义、巫术与文化风尚》，宋立道、鲁奇译，光明日报出版社1990年版，第132页。
[3] 饶宗颐：《澄心论萃》，上海文艺出版社1996年版，第253页。

的缘由。火能够使万物生长，使田土肥沃。

如前所说，森林大火后的"兽肉"和土地迅速"返青"，教会人们熟食、火猎法与火种（刀耕）以及利用灰肥的技术。北方游牧民族也因而认为，火是世界上最纯洁、最光明又最富有生命旺气的圣物。凡是经过火烧的东西，才算是最纯正而无邪的。① 这也许跟北方的严寒相关，火能够保护并强化他们的生命。

再进一步说，由于火自太阳派生（灶火之神与太阳神同格），太阳是生命的源泉，"万物生长靠太阳"，光明与火因而被当作蕃育的力量。

波斯祆教经典《亚什特》说：

> 得助于众灵体的光芒和灵光，妇女才会怀孕；得助于众灵体的光芒和灵光，女人的子宫才会吸纳男人的精液；得助于众灵体的光芒和灵光，孕妇才能顺利地分娩。②

这种观念很可能导源于婆罗门教。《梨俱吠陀》中，"生主（Prajapati，意即造物主）被描绘为'金色的胎儿'（Hiranyagarbha）亦即'太阳的精子'。《婆罗门书》（案：《梵书》）显然将精液（Semenvirile）认为是太阳神的显现。'当人类之父将彼作为精子射入子宫时，以彼为精子射入子宫的即是太阳。'因为'光便是生殖的力'。"③ 这样，最大限量地接受太阳光的明堂及其轮居者，将能获得更大的蕃育力与生命力。只是明堂是否跟高禖庙寝那样是王后或嫔妃的最佳受孕场所，还不很清楚。

神话史的"太阳授孕""天光赐子"等，都与这种观念相关。透光的天窗、中霤，有时也被看作生殖的通道。"依据传说，成吉思汗的祖先生自某个神性的存在者。这个神从帐篷的出烟口降临，他像一个光柱射到成吉思汗母亲的身体内。"④ 这就像宙斯化为"太阳光精液"给幽闭在闷宫中的达娜

---

① 富育光：《萨满教与神话》，辽宁大学出版社1990年版，第43页。
② ［伊朗］贾利尔·杜斯特哈赫选编：《阿维斯塔——琐罗亚斯德教圣书》，元文琪译，商务印书馆2005年版，第214页。
③ ［美］米尔希·埃利亚德：《神秘主义、巫术与文化风尚》，宋立道、鲁奇译，光明日报出版社1990年版，第131页。
④ ［美］米尔希·埃利亚德：《神秘主义、巫术与文化风尚》，宋立道、鲁奇译，光明日报出版社1990年版，第136—137页。

厄授孕。太阳光的授孕或感生功能,是泛草原萨满教的普遍信念。

萨满的灵魂被譬之于一团火,它的光穿过黑暗使每一样东西显露出来;它被认为是发散出强大的太阳光一般的金色光线的火焰。若不具有这种光线所赋予的知识,萨满便不会有力量,因为他"是太阳光的一部分"。像阳光一样,萨满的灵魂也是金黄的;换句话说,他代表了太阳的生殖特性。①

南美洲的德桑纳人(Desanas)的原初信仰以为:"全部创造由'太阳—父亲'的金黄色光线中流出,创造者太阳……太阳父亲发挥其能力施与光、暖、保护尤其是生育。太阳的能量通过具有精液特性的暖和和金黄的光线表现出来。……归根结底,一切宇宙的能,普遍的生命以及一切丰饶都有赖于太阳父亲。"②

这样,一切与太阳相关的存在,诸如火、灶(火塘)、中霤(天窗),乃至阳光雨露,都被当成了生命的根源。

蒙古的幼子或有"斡惕赤斤"(Ottechigin)的尊号。这跟火的原初信仰、崇拜,及其神圣载体,都是一致并且互补的。例如,蒙古火神古老的名字是"翰得罕·噶拉罕",意为"新生火王"。专家认为,这是突厥语借词,"新生儿"在母语里原指"火王","此字后来鉴指'新生儿',这是因为在蒙古人中,始终是由最年幼的儿子继承祖传蒙古包,因而也就继承了祖传之家灶"③。这体现了所谓"少子继承权"。所以,灶实际上就是毡帐,就是食物,就是财产,就是族裔。它有蕃育或增殖生命、财富的功能。灶神往往兼着财神。

这里的重要原因之一,是火和火之载体炉灶与生殖崇拜相关。某种"烤

---

① [美]米尔希·埃利亚德:《神秘主义、巫术与文化风尚》,宋立道、鲁奇译,光明日报出版社1990年版,第169—170页。
② [美]米尔希·埃利亚德:《神秘主义、巫术与文化风尚》,宋立道、鲁奇译,光明日报出版社1990年版,第168页。
③ [意]图齐、[德]海希西:《西藏和蒙古的宗教》,耿昇译,天津古籍出版社1989年版,第446页。

炉"曾与子宫互拟,被看作"生命变形的神圣容器"①。在古罗马等地,"变形、面包的产生、营养与女性的联系如此明显,以至一句古老的谚语说:'炉灶即母亲。'"②如上所说,炉灶、火塘之神多系女性,与此相关。

在萨满文化圈里,炉火还表示"大地的中心",有时竟与"世界脐"相叠合,而肚脐跟产门有时可置换(妈妈哄孩子说他是肚脐眼中生出的)。例如布里亚特人,"祭火的神坛上标志着大地的方位,炉火成了大地的中心,通常认为炉火是大地的肚脐"③。蒙古的火神祈祷经,要"为脐带和胎藏祝福的祈祷,为生儿、长寿、荣耀、财富和势力的祈祷"。祈祷生育、财富与生命都以火神——灶神为对象。因为跟南方火塘一样,灶也往往被蒙古人看作蕃育的象征。他们的灶神也是女性,称为"火母"。④

而在西南地区,火塘还被看作"心脏",身体与生存活动的中心;它是一个"人",必须专门为其安装"火的心脏",一般要安在村寨中心点或"居住空间的中心"⑤。

乌丙安还介绍说:"按照古老的萨满教习俗,新娘回到新郎家时,新郎家族的亲戚不停地往灶火中投放马肉上的脂肪,使炉火高旺。……还有的地方新娘要向灶火叩拜,还要把脂肪或奶油放到烧柴上少许,然后添入灶火,把火吹旺。赫哲族人婚礼中,新娘到婆家后,把带来的火粥、火酒和烟叶向灶火中投入少许。"⑥正因为火、灶火是保障蕃育的力量,火旺就是家族与人丁兴旺,所以向灶火投食,"人们认为这样就可以由女火神保佑多生孩子,人丁兴旺"⑦。

阿波罗最重要的祠庙、神谕和预言的发布地在德尔斐(Delphi)。

---

① [德]埃利希·诺伊曼:《大母神——原型分析》,李以洪译,东方出版社1998年版,第295页。
② [德]埃利希·诺伊曼:《大母神——原型分析》,李以洪译,东方出版社1998年版,第295页。
③ 乌丙安:《神秘的萨满世界——中国原始文化根基》,上海三联书店1989年版,第55页。
④ [意]图齐、[德]海西希:《西藏和蒙古的宗教》,耿昇译,天津古籍出版社1989年版,第453页。
⑤ 杨福泉、郑晓云:《火塘文化录》,云南人民出版社1991年版,第119页。
⑥ 乌丙安:《神秘的萨满世界——中国原始文化根基》,上海三联书店1989年版,第50页。
⑦ 乌丙安:《神秘的萨满世界——中国原始文化根基》,上海三联书店1989年版,第50页。

Delphi 一词的来源与含义都十分复杂。或说，它本来是地母得墨忒尔（Demeter）生下的雌蛇的名字。

"神秘的洞穴则是一张嘴（stomion），这个词还表示'阴道'"，还涉及神圣的"人体中心"——肚脐（omphalos）。"虽然，肚脐的象征与生殖的意思有关，但它主要还是象征着'世界的中心'。"[1] 这就是"世界脐"，是世界性的"中心象征"系统之一（参见笔者的《中庸的文化省察》）。

这里埋着一块"圆锥形神石"，形似乳房，也叫肚脐。据说这块像中国的"祖石"的神石上端有个肚脐眼似的圆坑。但是最初这里却是"张着的嘴巴"那样的一个洞坑，或说是乳房。它本来就是火塘、灶穴。阿波罗作为灶神的"圣体"三脚架就放在这里（这跟"生殖孔"之说并不矛盾，"灶"曾被看作蕃育之源，详前）。

阿波罗专祭女巫在这里发布并且解释"神谕"，这里被希腊人认为是智慧与知识、"理性"与"命运"的源泉（尽管它让希腊人吃了不少苦头）。其背景，正是因为人们深信，太阳不但是生命，而且是智慧的来源。

"圣火"的自然来源除了太阳之外，还有雷火。

雷电之神因陀罗（Indra）曾被看作"圣火"之神，黑暗与邪恶的辟除者。

前琐罗亚斯德时期，波斯的大神密特拉（Mittra），是太阳或光明之神，兼司雷火〔由波斯传到罗马后，称为密斯特拉（Mistra）〕。

密特拉是誓言或契约之神。在光明面前，一切卑暗与欺瞒都无所遁形。所以中国人等都要"指天誓日"，违约就要死在"火箭"或雷电之下，"天打五雷轰"。

"只要承诺崇拜他（《耶斯特》10.4—6），信徒就不会遭受毁约。但他也是战神，具有暴力和残忍的一面（他用他的狼牙棒〈*Vazra*〉狂暴地屠杀恶魔和那些不信神的人，这一特征很接近因陀罗）。他还是太阳神，与光有关（10.142）。他有千耳千眼（10.141），也就是说他是全视全知的，像任何一位主神一样。他也是宇宙的抚养者，能确保土地和牲畜的繁

---

[1] ［美］米尔恰·伊利亚德：《宗教思想史》，晏可佳、吴晓群、姚蓓琴译，上海社会科学院出版社2004年版，第230页。

殖（10.61以下）。"① 就像火或灶火一样，密特拉被看作蕃育力量。或说古波斯语的密斯拉（Mithra）、密特拉，后来的称呼"梅赫尔"（Mehr），跟印度《吠陀》神话的"密多罗"（Mitra）同源，本身就有"光芒""太阳"及"友好""誓约"的意思。② 密特拉不但像雷神因陀罗，还有些像《梨俱吠陀》里的伐楼那（Varuna），后者是"秩序的守护者"，周围有许多暗探，并且也有一千只眼睛，能远见一切。③

"司火"要职

这样，保护火种、看守家火者地位甚高。最初，一般由德高望重的族长（尤其是女性）掌持。

先看蒙古的风俗。《蒙古秘史》卷十有帖木格－斡惕赤斤，成吉思汗说他是"我诸弟之幼者"。《元史》卷一〇七作"铁木哥－斡赤斤"。《蒙古秘史》中成吉思汗说："我与母及斡惕赤斤以万百姓。"为什么单单提到最幼之弟的继承额，这是"少子继承权"的著名案例，事涉专门，姑略。

这里的关键词是"斡（惕）赤斤"（Ottchigin），意为"守护家中炉灶的人"。《蒙古源流》原文作 Utchuken。

拉施特《史集》说，"铁木哥"（Tmūken）是名字，"斡惕赤斤"意为"灶火和禹儿惕之主"，幼子也称"斡惕赤斤"④。正因为幼子有独特的继承权，所以才获得"守灶火者"的重要称号。如道润梯步所说，"末子是守护灶者，也就是家系的代表"；"'升烟'即意味着炉灶的存在……犹言不要断了你好父家的香火"。那珂通世即译为："使汝好父之末弟，升烟于营盘者"。炉灶设在蒙古包正当中，犹火塘，守火即保家者。

清代洪钧《元史译文证补》："二孙求赏赉，帝曰：'所有之物，已

---

① ［美］米尔恰·伊利亚德：《宗教思想史》，晏可佳、吴晓群、姚蓓琴译，上海社会科学院出版社2004年版，第277页。
② 元文琪：《二元神论：古波斯宗教神话研究》，中国社会科学出版社1997年版，第131页。
③ 金克木：《梵语文学史》，人民文学出版社1992年版，第26页。
④ ［波斯］拉施特主编：《史集》第一卷第二分册，余大钧、周建奇译，商务印书馆1983年版，第71页。

尽归拖雷，彼系家主。'（他西书谓蒙古俗，幼子得父遗广，故翰赤斤之名，惟幼子得称，义为守灶，解见《秘史》注。拖雷以幼子从父，俨如家主，其后帝崩，遂监国。《亲征录》谓太上皇时为太子，皆即斯义，未可斥其诬妄。）"①

可见，"灶火"及"守灶者"在北方游牧民族及草原萨满文化圈中地位之崇高。这有些像华夏汉人的"司爟"。

在志费尼的《世界征服者史》中，这位"幼子"叫作翰赤斤或帖木格翰惕赤斤。②注文又说："ot-tigin（蒙语为 ot-chigin）是从突厥语 ot'火'，tigin'主'而来，意为'火（炉）之主'。这是承继父亲禹儿惕（案：yurt，意为驻地）的幼子的称号。"

法国东方学家雷奈·格鲁塞等对此词的源流有详细的考证，大致是，翰惕赤斤的对音为：（1）Otchigin；（2）Ottchigin。这来源于突厥语 Od-tigin，意为"火的王子"及"守护者"（Prince〈Gardien〉du feu）。突厥原称：Od-qan（火之王罕，即"火可汗"）。③

格鲁塞在另一部著作中叙此事云："成吉思汗的季子，拖雷，像他那样和在法律上是'翰惕赤斤'家灶的守护者，即是说：祖业的继承人。"④可惜他无大的智慧，嗜酒如命，40岁时（1232年10月）就死去了。

以上这些都可见守火者地位的重要和崇高：先是女族长，后来是享有特别继承权的幼子。灶火来自太阳，可以由古代职官制度取得证明；同样，它又反过来证明管掌灶火或火种者地位的崇高。

所谓"司爟氏"（见于《周礼·夏官》等），便是"取火于日"（一般是钻木取火，或者用凸面镜聚焦日光得来"阳火"），点燃人间的"凡火"。《说文解字》卷十火部有"爟"，解曰："爟，取火于日。官名。举火曰爟。《周礼》曰：司爟，掌行火之政令。从火，雚声。"此字或从亘作烜。

---

① 田虎：《元史译文证补校注》，河北人民出版社1990年版，第87页。
② ［伊朗］志费尼：《世界征服者史》（上册），何高济译，内蒙古人民出版社1980年版，第47页。
③ 参见［法］雷纳·格鲁塞：《蒙古帝国史》，龚钺译，商务印书馆1989年版，第337页。
④ ［法］勒尼·格鲁塞：《草原帝国》，魏英邦译，青海人民出版社1991年版，第285页。

1995年陕西扶风周原遗址发现青铜阳燧，出土时"置于墓主右手之下"，显然是陪葬物。报道说，"从该墓葬规模及随葬器物分析，墓主生前可能就是司烜氏"①。"司烜"或"司爟"由太阳取火点燃灶或火塘。

《周礼·夏官》的司爟，"掌行火之政令"，"时则司火令"。郑注："焚莱之时。"意思是跟别的火官有分工。贾疏引《宫正》云："春秋以木铎修火禁。"注云："火星以春出，以秋入。因天时而以戒。"

《周礼·秋官》的司烜氏也在"中春，以木铎修火禁于国中"。郑注："为季春将出火也。"简单说，就是在大火星（所谓"心宿"，指天蝎座α星）"春出"的时候，敲响木铎禁用旧火——用"火木"或"阳燧"（凸面镜）之类取得"太阳火"，供凡间使用（或说，与"改火"相关，由官方取得"阳火"，布于四方，供民间用作"新火"火种）。这种"阳火"，首先用来点燃新生的火塘或圣灶（或说，首先点燃王家宗庙之火）。

《周礼·夏官》司爟的职责除了四时改易"国火"以救"时疾"之外，所掌"行火之政令"颇为复杂。"季春出火，民咸从之；季秋内火，民亦如之。"郑玄注说："火所以用陶冶，民随国而为之。"用火不时，会引起灾变，"郑人铸刑书，火星未出而出火，后有灾"。注引郑众说："以三月本时昏，心星见于辰上，使民出火。九月本黄昏，心星伏在戌上，使民内火。"可见用火跟季节变换、星辰运动都有关系。《春秋》"郑人铸刑书事"，见《左传》昭六年（后《春秋传》指《左传》襄九年文）。这跟"五木改火"，废旧火用新火的制度相关。

为免混乱，孙诒让《周礼正义》把古代的五种不同对象的火祭讲得很明白，分录以清眉目。

> 一祭火星，以"火正"配。此为天神之祭。《左襄九年传》曰："陶唐氏之火正阏伯居商丘，祀大火，而火纪时焉。"《汉书·五行志》云：古之火正，谓火官也。掌祭火星，行火政。季春昏，心星出东方，而咮七星鸟首正在南方，则用火；季秋星入，则止火，以顺天时，救民疾。帝喾则有祝融，尧时有阏伯，民赖其德，死则以为火祖，配食火星是也。

---

① 《陕西出土西周青铜阳燧》，载《中国文物报》1995年11月19日。

这是大火星之祭。有的群团认为大火星是灶火在太空的映象。灶神祝融也曾以火官之长兼任大火星神,其出没关系着"改火"。季春火出而用火,大体指"焚莱",是古代刀耕火种的一种办法,更是"火猎"或"焚田"的一种方式。

祝融兼为火神、火山神、大火星神和灶神。祭灶实亦祭"先炊"。前或为少女,后配之老妇,原皆女性。

一祭五神之祝融,以犁配。此为地祇之祭。即《大宗伯》血祭,祭"五祀"之一是也。一祭五祀之灶,亦为地祇之祭。《月令》夏其祀灶是也。一祭先炊,则为人鬼之祭,雍爨、饎爨是也。一祭先火,亦为人鬼之祭,即此祭爟是也。

"先炊"是发明"火食"或灶的文化英雄(后来跟黎或祝融黏附),跟发明用火的"先火"本有很大区别。

除大火星外,大地上的火或火神以不同载体或物形(例如篝火、火塘、灶、奥、火把、柴堆乃至烽火等)出现在不同场合,而且其"配拟"也有差异,我们既要分清它们,又要知道这都是火的信仰或崇拜在不同层次上的体现。

《周礼·夏官·司爟》说:"凡祭祀,则祭爟。"这就是对火或火神的祭典,在不同的组织级别和场合祭祀从天上取来的、圣木所燃之火。郑注说,这是为了报答它"为明之功","礼如祭爨",即跟祭祀灶神同一规格。贾疏说:"祭爨,祭老妇也(案:因为最初灶神是女性的)。则此祭爟谓祭先出火之人。"

清代孙诒让《周礼正义》说,即令是祭"先火"(最初的火或最初用火的人神),也是因为它"有为明之功"。这正如《礼记·祭法》所说"法施于民,则民祀之",是一种功利现实主义的举措。《论语》涉及的祭祀灶重于祭奥理由也在此。

爟的形制,孙氏说是"燎烯之类",即火把,大体是对的。还有说是"烽火"者,可能指的是置于高处的篝火。不论哪种形制,最初都是要用太阳火来点燃的。

火的祈禳与洁清功能

中国西南边疆，白族、纳西族、彝族等有"火把节"（或曰"星回节"），主要目的是占岁卜年，助猎或者除虫驱疫（火把有辟邪去秽功能）①。其聚众高举"燧火"以纪念、庆祝"圣火"的功业。当然，根本目的仍是祈雨求丰。

据说，它远源于刀耕火种、火焚草莱之时，还包含着为天空"加热"、人工降雨的幼稚尝试。

最有特色的是"雨中举火"，或"以火求水"，体现着原初的辩证观念。中国台湾少数民族或以火把止雨，以火烟象征乌云和云中的黑龙；稍加转换，便能呼风唤雨。②

玛雅人等也在"雨祭中点火"，"这与中国古代祭天地雨神时所谓'禋于六宗'或有同一意义"。③ 刘敦励还认为，火把之类，象征"雷神的电光"④——最初的"圣火"除了钻燧之外，也能由"燧火"取得。墨西哥原住民，每年 6 月 21 日左右，也有"举火把"的仪式。

《吕氏春秋·本味篇》说："汤得伊尹，祓之于庙，爝以爟火。"高注："《周礼》司爟，掌行火之政令。火者，所以祓除其不祥。"可见这种由太阳（光）取得的圣火，具有禳厌功能。火熏跟水之"祓禊"同样有一种洁净"另类"或"文化他者"的作用。

伊尹事亦见于《淮南子·泛论训》，说他入商时，"洗之以汤沐，祓之以爟火"，高注也说为的是"祓除不祥"。《吕氏春秋·赞能篇》说齐

---

① 参见游国恩：《火把节考》，载《西南边疆问题研究报告》1942 年第 1 期；徐嘉瑞：《大理古代文化史稿》，中华书局 1977 年版，第 410 页；[日]伊藤清司：《传说与社会习俗——火把节故事研究》，见《中国、日本民间文学比较研究》，辽宁大学科研处 1983 年版（编印），第 73 页。
② 陈炜萍、刘清河、汪梅田搜集整理：《台湾高山族传说与风情》，福建人民出版社 1982 年版，第 15 页。
③ 刘敦励：《古代中国与中美马耶人的祈雨与雨神崇拜》，载《"中央研究院"民族学研究所集刊》1957 年第 4 期，第 107 页。
④ 刘敦励：《古代中国与中美马耶人的祈雨与雨神崇拜》，载《"中央研究院"民族学研究所集刊》1957 年第 4 期，第 107 页。

桓公得到管仲，也是"祓以爟火"，高注同样说是"祓除不祥"。

沙畹说，西突厥巫师让罗马使臣"行逾火焰，谓以此清净其身"①，当然也是借助火的辟邪驱恶功能。"按此俗十三世纪时之蒙古人后亦有之。"②哈罗德·尼科松说，外交代表到塞耳朱克土耳其人那里去，都要通过香烟燎熏的"洁身式"，到鞑靼可汗那里去的使节，晋谒前"必须在火堆上跨过去，甚至他们带去的礼物也要用同样的方法消毒一下"。弗雷泽举出欧洲篝火节里人们从火上跳过以祛病健身的大量事实，证明火跟太阳一样具有神异性，而北部非洲"有些地方人们认为从火上跳过就能消除百害，不生孩子的夫妇可以生育"③。

同理，火与篝火还可以为人、生命驱除邪恶，清涤污秽，特别是在"转换仪式"（包括身份转换）之中，或"新人"加入某一群体之时。许多北方骑射民族都要求新娘跨过火堆，以除去可能带来的邪秽或污染。例如：

> 满族新娘头次入男家门时，要跨过火盆驱邪……柯尔克孜族婚礼，男方设火堆，婚礼队伍经过处亲友也设有火堆，为了求吉祥，让新婚夫妇跳过火堆，跳时，众人祈福。到男家后，再跳火，进屋见公婆。④

特别是布里亚特人把祭火跟供箭结合起来。他们的火神像上，挂着小弓箭和筷子，"给火神母供上特制的箭"。或说，这种箭是火花"放射的象征"；或说，这跟印度"火天"阿耆尼之祭相当，他们"以箭标志放射火花"。⑤有人说，这仍然是"太阳火箭"或"太阳火之箭"，而前举杨堃《灶神考》等证明，灶神跟太阳神可以相兼，灶里所燃并非凡间之火，而是上天降下的"太阳圣火"——一切的火或热量确实都来自太阳。

富育光据《两世罕王传》等书记载，"满族先世建州女真王杲与诸部首领结盟议事以及和郭尔罗斯蒙古结盟时，为表示心鉴天地，均以洒乌牛

---

① [法]沙畹：《西突厥史料》，冯承钧译，中华书局1958年版，第210页。
② [英]哈罗德·尼科松：《外交学》，眺伟译，世界知识出版社1957年版，第28页。
③ [英]詹·乔·弗雷泽：《金枝——巫术与宗教之研究》（下册），徐育新、汪培基、张泽石译，中国民间文艺出版社1987年版，第894页。
④ 乌丙安：《神秘的萨满世界——中国原始文化根基》，上海三联书店1989年版，第50页。
⑤ 乌丙安：《神秘的萨满世界——中国原始文化根基》，上海三联书店1989年版，第56页。

血于火中,而后同穿火阵后才算盟誓。当斡罗斯(俄罗斯)的使者前来谒见拔都时,首先让他在两堆火中走过。他们认为火可以洗去他们身上的污秽东西"[1]。因为水火都有清洁的功能,祓除的灵力。这种习俗还见于突厥等地,记载繁多,姑略。

---

[1] 富育光:《萨满教与神话》,辽宁大学出版社1990年版,第43页。

第三章　寂寞的奥与中霤

什么是"奥"

跟灶（神）关系密切却又不同的有"奥"。灶热闹到今天，奥却几乎不为人知了。《论语·八佾篇》：

> 王孙贾问曰："与其媚于奥，宁媚于灶，何谓也？"子曰："不然。获罪于天，无所祷也。"

"与其媚于奥，宁媚于灶"，如清人注释所说，应是当时民间流行的一句习语或俗谚。按照当时的祭典，奥尊而灶卑，一般人家（尤其上层者）都是重祭奥而轻祭灶，但民谚却说情愿去"媚灶"。这是为什么（王孙贾问这话，又是为什么）？

这不得不从灶、奥二神的神性、格位及关系说起。当然，最切近的是引证孔子言行。《礼记·礼器》："孔子曰：'臧文仲安知礼？夏父弗綦，逆祀而弗止也。燔柴于奥。'夫奥者，老妇之祭也，盛于盆，尊于瓶。"这是否说明"奥神"起初亦由主妇担任，还要求进一步论证。郑玄据《仪礼·特牲馈食礼》"尸卒食而祭饎爨、雍爨也"为说，还说"时人以为祭火神，乃燔柴"。

所谓"老妇"，郑谓"先炊"，可以理解为最初用火以熟食的人神，即火塘神、灶神，兼火神。"明此祭先炊，非祭火神，（时人云）燔柴，似失之。"火神可以是女性。

《仪礼》贾逵疏说，臧文仲们燔柴于奥，也是一件"非礼之事"。理由：雍即爨，爨以爨煮为义也。或即灶。《仪礼·少牢馈食礼》在尸"食"之后祭之。是因为它"有功于人，人得饮食"。夏父弗綦，作为礼官，却说爨神（灶神）是火神，遂"燔柴"祭之。他失礼，臧文仲不能制止，安知礼！（参见《仪礼·特牲馈食礼》）

《仪礼·少牢馈食礼》："雍，爨在门东南北上。"贾疏："爨，灶也，在门东南。"位置与"奥"不同。可见"奥"并非"雍""爨""灶"，亦非火神，不能用"燔柴"大礼。

燔柴即所谓"燎祭"，隆重而高贵（殷人确实常以燎祭帝、祭天、祭日、祭云），孔夫子认为不能用来祭奥或祭爨（这类祭祀仅仅高于炊器瓶、盆之祭）。孔疏又说：

> 奥者，夏祀灶神，其礼尊，以老妇配之耳。故中霤礼祭灶，先荐于奥，有主有尸，用特牲迎尸，以下略如祭宗庙之礼，是其事大也。

> 爨者，宗庙祭祀，尸卒食之后，特祭老妇，盛于盆、尊于瓶，是其事小也。

这说的是祭奥事"大"，祭爨则事"小"，级别、规格不同。"奥"与"灶"最好不要混同。

我们很难理解，"雍""爨""灶"这三者原都是火-灶之祭，本极隆盛，为什么要这样强分尊卑？可能是时代进化、古礼冥昧的缘故。熊氏说，古周礼颛顼子"黎"，为祝融，即灶神，祭典甚隆。这是对的。许慎说同。郑玄驳曰："祝融，乃古火官之长，犹后稷为尧司马，其尊如是。王者祭之，但就灶陉，一何陋也。祝融乃是五祀之神，祀于四郊；而祭火神于灶陉，于礼乖也。"他不知道古之"灶"祀的就是火神，地位甚高。

祝融早就兼了灶神。贾疏企图调和，说先祭祝融灶神，而后再祭"先炊老妇之神，在于爨灶"。其实这三者是统一的。只是不要把"奥""灶"混淆起来。唐代孔颖达说，"燔柴于奥"，是臧文仲不知礼的又一事。

"奥"音"爨"，爨以爨煮为义也。礼祭至尸食竟而祭爨神，言其有功于人，人得饮食，故祭报之。

然而礼官"夏父弗綦"者,说爨神是"火神",而以燔柴之典误祭,是"失礼","臧文仲又不能诛止之,又为不知礼也"。

"爨"者是老妇之祭,其祭卑,唯盛食于盆,盛酒于瓶,卑贱若此,何得燔柴祭之也?

郑注与孔疏的意思是：这里说的"奥"应该是"爨"字之误。《礼记》有一古本即作"燔柴于爨",指祭祀灶神,即"先炊"之祭,可此可说：爨≈竈(灶)≈先炊≈老妇之祭≠奥。这样倒还明白。另一种说法是,"奥"即是"灶(神)",只能添乱；清代王夫之《四书稗疏》等主之,杨堃引清代采蘅子《虫鸣漫录》之说,并以奥神即灶神,钱穆《新解》也以灶、奥为一神。这里不能介入,以免越搞越乱。

清代全祖望有《释奥》之文,谓灶神之外别有奥神,不能混淆。

考古人爨祭之礼,其神一为"饎爨",宗妇祭之；一为"饔爨",烹者祭之。俱在庙,祀尸卒食之后,而不闻"先炊"有二,是则古人盖别有奥神,康成之说非也。

他们讲的大致是东周以来的礼俗。孔子也是据此立论。但灶、奥本是家中二神,是很明白的。至迟在东周,灶、奥已分化,各有所司,职级都不同。

有的学者被郑玄等误导,以为这里有误字,并且进一步认定奥就是灶神,是"炊爨之神"的一种,这样越搞越混乱。

詹鄞鑫认为：爨≈炊(神)≈奥。他说："灶是用于炊食的用具,而爨表示炊食的动作。可见爨神就是(先)炊神。……古书里爨神又叫奥。"[1] 不少民俗学家也有类似意见。笔者认为,炊爨之神与灶神可以合一,"奥"则是别一神。《论语·八佾篇》就是明证(《礼记·礼器》郑注"误字说",不足取)。他还认为,炊神与灶神略有区别。"祭灶神要燔柴,祭炊神则不燔柴,只盛食于盆,盛酒于瓶,供奉先炊老妇。"[2] 燔柴对象变化很大。孔子的话不是此意。不能仅用是否"燔柴"来确定被祭者的神格。燎燔柴禋之礼,涉及上帝、天与许多大神,这里只能暂予搁置。但有一点无疑,祭奥不能"燔柴"。

---

[1] 詹鄞鑫：《神灵与祭祀——中国传统宗教综论》,江苏古籍出版社1992年版,第76页。
[2] 詹鄞鑫：《神灵与祭祀——中国传统宗教综论》,江苏古籍出版社1992年版,第76页。

"屋漏",作为丧葬专属区

在考证"奥"为何神之前,先要看看上古屋室各个方位有什么神或什么职能。

徐中舒指出,居室的各个方位区分及其民俗功能,多由"穴居"发生。

现在以《尔雅·释宫》各屋位为准,以汉刘熙《释名·释宫室》的释解为参照,以辨识其职能。

《尔雅·释宫》	《释名·释宫室》
西南隅:奥	奥不见户明,所以在秘奥也。
西北隅:屋漏	屋漏礼,每有亲死者,辄彻屋之西北隅薪以爨灶,煮沐,供诸丧用; 时若值雨,则漏,遂以名之也。必取是隅者,"礼"既祭改设馔于西北隅,今彻毁之,亦不复用也。
东南隅:窔	窔,幽也,亦取幽冥也。
东北隅:宧	宧,养也。东北,阳气始出,布养万物也。

徐中舒说,依地穴之制,"中霤的孔既不向北而向南出,那末反映在室中的明处必在北边一半,即前室或堂,其幽暗处必在南边一半,即后室,所以后室的两隅,一曰窔一曰奥,窔奥都是幽暗的意思,这里只能作为夜间寝息之处;……宧为养,这是白天里进食的所在"①。徐氏的说明很有道理,可惜于"奥"译释太少;其说居室划分,也很难尽合各族各地旧制。

《释名》对于"西北隅曰屋漏"的诠释,最有民俗兴味。西北寒风凛冽,古人视为至阴之地。古代"八风",西北风称"不周风"。《淮南子·地形训》:"西北方不周之山,曰幽都之门。"或以为是死亡之风,或"杀气"所寓(所谓西北主"杀",战阵为死地或"死门")。《吕氏春秋·有始览》:"西北曰厉风"。《史记·律书》:"不周风居西北,主杀生。"

人死,是"不正常",尸体不能由正门(前门)或后门运出,一般就在西北隅开个大洞抬出。所以称为"死门"。这就是伊利亚德说的,为了

---

① 徐中舒:《徐中舒历史论文选辑》(下),中华书局1998年版,第799页。

特定的礼仪，屋顶可以"移开"或"打破"。

上古多用禾秆或柴草"苫"屋。《释名》说，人死，在屋顶西北角扯下一堆草茅，烧水供丧礼用（例如灌礼或"盥尸"）；空洞一般不予恢复，"今彻毁之，亦不复用也"，祈愿从此不死人，不再于此扯草使用。此处也就常常"屋漏"。这里一般也是陈设祭"馔"之处，暗示其为死者专用。

这是一定时期的民俗。更古时，如果死者屋主地位较高，则在中霤之下掘坎而浴尸（或者厝棺、设灵）。出殡，则弃或废"死屋"。但后来，此习变更了。

清代王先谦《诗三家义集疏》，金鹗《求古录礼说》，林兆丰《隶经賸义》等对于"屋漏"都有繁重的考据。高亨《诗经今注》说"漏"应为"魖"，指"屋中之鬼"[①]。其说最奇。但尚知其与"死亡"相关。陈子展《诗经直解》只说它就是"天窗"[②]。此说易将"漏"与"中霤"混淆。但在特定时期并不错。很可能较早时期，"掘中霤而浴'尸'"，而且"毁灶以缀足"，连中霤处的灶、火塘也毁掉，让灶土来"暖足"。

民俗学家用达尔文的"对立原理"诠释葬礼：中霤、灶、火塘在屋主人健在时，都是神圣之所；死后，却成了"死屋"，必须毁而弃之，以除恶气。但也有人说，"中"位尊贵，屋主死后停尸霤下，使魂气升天，掘坎而浴，使水下黄泉，出殡后才废弃死屋。

《礼记·檀弓》说，殷时（还可以更早），不仅"掘中霤而浴，毁灶以缀足"，而且，"及葬，毁宗躐行，出于大门"。

宗庙与正门（正门有路曰"行"，古人以为"行神"所在），都是神圣不可侵犯的，然而，葬礼中，却要"毁庙门之西而出行神之位"（郑注），把棺柩抬出大门。因为在佛教东传之前，中国古人就认为西或西北是"死向"，是死人或魂灵回归之所（却又可能是"再生"之地，所以亡魂多令其面向西方）。

前举《淮南子·地形训》说西北是"幽都之门"。《楚辞·招魂》说："魂兮归来，君无下此幽都些！"汉代王逸注："幽都，地下后土所治也。

[①] 高亨：《诗经今注》，上海古籍出版社1980年版，第437页。
[②] 陈子展：《诗经直解》（下册），复旦大学出版社1983年版，第986页。

地下幽冥，故称幽都。"这是中国原有的"地狱"。

如上所说，西或西北是"死地"或"死门"。所以，前文说"西北曰屋漏"，开孔供尸体或鬼神出入，更合古制。唐代孔颖达《檀弓篇》疏说："毁宗，毁庙也。殷人殡于庙，至葬，柩出，毁庙门西边墙而出于大门。"跟民俗所见完全相符。所以，西、西北不是吉地而是"凶向"，西北隅称"屋漏"，是"中霤浴尸"之后的停尸之所。至少鬼是可通行的。这里没有大神之位，不同于室中之灶、西南隅之奥。

还有一种说法是，亡魂向西，可能是去寻找传说中西面的"乐园"（Paradise，当然不是佛教的西方极乐世界）。所以目前所见的楚汉帛画，魂灵的面向都是西（参见笔者《楚辞与神话》对帛画的分析），连传说中的老子出函谷关之取向也是西（参见笔者《老子的文化解读——性与神化学之研究》对"老子西行"的诠释）。民俗是很复杂，活人与死人的取向可能相反，也可能对转，决不可固执与机械对待。但此西方之地却又可能是"再生"之所，祈愿西行者实现"生—死—生"的循环。

清代陈奂《毛诗传疏》注解《诗·大雅·抑篇》"屋漏"云：漏、流、霤本一音之转。他引用《仪礼》及《公羊传》《谷梁传》注疏，说明西北角是"设祭"或"安置庙主"的所在，更证明这里确是"死者专属区"。奥虽隐奥，地位却不甚低，所以是"神尸"（巫师或死者代表）或宾客来往之地——生者是不能在西北出入的。只有尸体、神鬼等"非人间"事物可借此为通道，或在此作某种停留。

唐代孔颖达《毛诗正义》疏解"屋漏"之义曰：

> 言"不愧屋漏"，则屋漏之处有神居之矣，故言祭时于屋漏。有事之节，礼，祭于奥中，既毕，尸去，乃改设馔食西北隅扉隐之处，此祭末之时事也。"特牲礼"尸谡之后，云：佐食彻尸荐俎敦，设于西北隅。几在南扉，用筵纳一尊佐食，阖牖户，降。注云："扉，隐也，不知神之所在，或者远人乎？"尸谡而改馔，为幽暗，庶几飨之，是其事也。

说明某些鬼神可能在幽隐的西北角逗留或出入，而多与死者之事相关。

谨案：《尔雅·释宫》说西北曰"屋漏"。郭璞注说其义未明。孙炎注说："（屋漏）当室之白日，光所漏入。"其见甚陋。

前举汉代刘熙《释名·释宫室》云，"屋漏"不仅为了漏雨或者引水，其制除上述外，与上古礼俗有紧密联系，不能不再结合《诗经》等细加考察。

《诗·大雅·抑篇》："相在尔室。尚不愧于屋漏。无曰不显，莫予云觏。"毛传："西北隅谓之'屋漏'。"郑笺："诸侯卿大夫，助祭在女宗庙之室，尚无肃敬之心，不惭愧于'屋漏'，有神见人之为也。女无谓是幽昧不明、无见我者，神见女矣！""尚"，高亨《诗经今注》读"当"，陈子展《诗经直解》读"上"，或可读"倘"。陈氏译为：

瞧在你的室中，上不愧于天窗屋漏？

莫道暗室里不显明；没有人会把我瞧透！①

窃尝疑此处"屋漏"作为某种出入口确实与"中霤"有相似处，不但是尸体出口或停放处，而且是某些鬼神的特殊通道，所以《诗》紧接着说："神之格思，不可度思，矧可射思！""格"即"昭格"，指神人交通。鬼神的来去，是无法猜度、不能测知的，所谓"神出鬼没"是也。鬼神可能由西北"屋漏"隐现，窥见人的作为，还是当心、诚敬些吧。是所谓"不欺幽隐，慎独自重"之义。孔颖达疏云："诗人之意，言神来不知其来，则尸去神未必去，屋漏之处，仍有祭事，则神犹在矣。祭初，神实未来，尚不敢慢，况今祭末，神或未去，而可有厌倦乎？"

西北隅有神鬼出没，西南隅则有神常驻，地位仅次于"中"。

现在回到西南隅之奥。依据前引古代文献，西南隅之奥有如下特征或职能：（1）"老妇之祭"，比"盆祭"盛，比"瓶祭"尊（《礼记·礼器》）。郑玄说即"先炊"。可见奥当初跟先炊或灶神一样由老妇主祭。贾疏说："奥者，夏祀灶神。"可见其祭礼与灶同尊，也许比灶略低。（2）"祭祀及尊者常处焉。"（《尔雅》疏引孙炎说）所以"凡为人子居不主奥"（《礼记·曲礼》）。（3）臧文仲曾"燔柴于奥"，是失礼，用了太高的礼仪。（4）奥亦曾在庙，"祀尸卒食"之后祭之（《仪礼·少牢馈食礼》，参见《礼器》孔疏）。（5）"中霤礼祭灶，先荐于奥，有主有尸，用特牲。"（《礼记·礼器》孔疏）奥是迎送尸，使其暂息且享食之处。（6）迎接"神尸"也在奥处，祭灶送"尸"也在这西南隅，可见奥不是灶。

---

① 陈子展：《诗经直解》（下册），复旦大学出版社1983年版，第985页。

简单说,祭奥之礼比祭灶略低,但亦有神居此隐奥之处,不可怠慢。孔子时代可能有变化。

"屋漏"与尸体的盥浴、出入

这里有两则关于浴盥尸体于"中霤"之下的记载,不很古老,却是要略涉的奇俗。《礼记·檀弓》记殷人葬礼云,"掘中霤而浴"。《礼记·坊记》也说要"浴于中霤"。孔颖达解释它的意思是:"死而掘室中之地作坎。所以然者,一则言此室于死者无用;二则以床架坎上,尸于床上浴,令浴汁入坎,故云'掘中霤而浴'也。"郭政凯的解释是,这是因为殷人"把人的死亡与古代房屋因雨水从排烟口漏下,使中柱松动,引起倒塌联在一起,以此比附,模拟久而久之,遂成习俗。如果不是这样,为什么不浴于牖下或浴于户内呢?正因为中霤和人们的安全有特别密切的关系,所以首先在这里掘坎浴尸"①。这实在是"类比不伦",即令在原始思维中,也很难发现把人的死亡、浴尸滴水跟"雨流霤下"混淆或对应的。如果确属陈尸于室中,浴尸于中霤地坎上者,从功能上说,屋之中央宽敞便于陈尸(照孔疏意思,此屋将要因屋主之死亡而废弃,有如各地葬俗所见"弃屋"那样);从信仰上说,陈尸中霤跟设主中牖同样是让死者占据"中心象征"的优越地位,既可升天,又能安土(浴尸之水,从此与"黄泉"相通)。不知是否有当。

郭引《礼记·月令》郑注、孔疏,好像也有利于这种解释。郑曰:"祀中霤之礼,设主于牖下。"孔云:"开窗象霤,故设主于牖下也。"这牖是相当于中霤位置的天窗,设神主于天窗之下,犹如陈尸于中霤之坎,都是为了占据或符应"中心象征",而且是向着上方,指向天空。

伊利亚德指出,这种"向上的通道所具有的宇宙论的意义和仪式上的功能",必须予以注意。"在其他的文化系统中,这种宇宙生成意义和仪式功能被转换成了烟囱(排烟道),被转换成了置于房内的'神圣区域'

---

① 郭政凯:《绥德小官道龙山文化房屋中心图案的意义》,载《考古与文物》1990年第5期,第90页。

之上的一部分屋顶"①。进一步说，浴尸于中霤，是为了让死者魂气由中央孔道飞出而升天。"为了防止对死亡痛苦的延长，此处的房顶可以被移开甚至被打破。"这本质上等同于孔疏所说死屋的废弃。"最古老的圣殿都是露天无顶的，或者在修建时即在屋顶留有一孔，即'屋顶之眼'（eye of the dome）。这象征着宇宙不同层次的突破，象征着与超验世界的联系。"②活人可以采光，通气，近天；死者魂气能够升空，就像西安半坡等地瓮棺盖留孔一样。

伊利亚德之说便于解说中霤在生、死二界的一致性功用：正常生活时，中霤不但透气、取光、漏水，而且让生者能够交通空气天光，乃至某种条件下的"通神"；在主人死后，魂气可以由此屋顶之眼上升而去（至于终点，或目的地，则各有各的说法）。其都要让死者占据"中心"而不是将其边缘化。魂气升天而体魄入土，一举两得，而且可能便于死者的再生。

掘坎而浴尸，虽然可以"水通黄泉"辟解，究竟尸水肮脏，泥地虽有坎也难免污染，所以在特定时刻要废弃"死屋"（上古普通建筑简陋，可掘可淋，弃掉并不可惜；富贵人家房子多，暂废死屋，或改作厝棺之所、停灵之地，也是很方便而近理之举）。当然，这只是一定时空实行的制度或习俗，并非在所有历史时期都要弃屋别迁。礼俗也是处在演变之中的。

奥的地位变化

在孔子时代，人们情愿媚奥，但在集体无意识和民间风俗里，却"奥疏而灶亲"（此即"与其媚于奥，宁媚于灶"韵语之由来）；旧注说，王孙贾以此暗示孔子，亲近他这位权臣，比崇敬君主更实际，孔子用一句看似不着边际的话驳斥了他：假如人们获罪于天，那么祭祷哪个神都没用，尤其是祭"您"、捧"您"更没有用。

《论语皇疏》："时孔子至卫，贾诵此旧语以感切孔子，欲令孔子求媚于己，如人之媚灶也。"

---

① ［罗］米尔恰·伊利亚德：《神圣与世俗》，王建光译，华夏出版社2002年版，第26页。
② ［罗］米尔恰·伊利亚德：《神圣与世俗》，王建光译，华夏出版社2002年版，第26页。

朱熹集注综合礼经祭灶及奥之程序,说:

> 凡祭五祀,皆先设主而祭于其所,然后迎尸而祭于奥,略如祭宗庙之仪。如祀灶则设主于灶陉,祭毕更设馔于奥以迎尸也。

祀灶不同祭奥。也许就是因为逐渐烦琐的官式祭仪,有代表神的"灵尸"在奥(室之西南隅),这么一"停"(受享),奥的地位比渐趋式微的"老妇"(先炊)灶祭高了。但灶神在民间依然是"司命灶君"。其作为家主之象征,执掌饮食,"上天言好事,下界报平安",作为人神间最亲密的交通者,受到热捧。千载以还,谁还知道奥是什么呢?"故时俗之语,因以奥有常尊而非祭之主,灶虽卑贱而当时用事,喻自结于君,不如阿附权臣也。"朱注当然是语含讥刺(但这种"影射"是否属实,可暂置不论)。

俗谚说:与其献媚贿祭于地位较高的奥神,不如巴结比较亲昵且有利可图的灶神(比喻权势者身边的亲信)。孔夫子不睬这一套,说:假如得罪了天老爷,祭祷谁都没有用!

然而,为什么"获罪于天,无所祷也"?

汉代董仲舒《春秋繁露·郊语》说:"天者,百神之大君也。事无不备,虽百神无益也。何以言其然也?祭而地神者,《春秋》讥之。孔子曰:'获罪于天,无所祷也。'"

诸家多据以为说,如《论语集解》引汉孔安国说:"天以喻君也。孔子距之曰:如获罪于天,无所祷于众神。"这种政治比附不一定正确。看来这里也没有比较天高还是灶奥之神高的意图。杨堃《灶神考》说:"孔子之答语乃是仅信天而不信鬼神,故所答实非所问也。"① 进一步说,孔子的话,无非是"天作孽,犹可活;自作孽,不可活"的意思,也许是对王孙贾之类奸邪含蓄的警告。假若犯了重罪,违逆于天,无论是取悦哪位尊神——此时追究孰高孰低已无意义——怎样祷祝、媚悦、贿祭,都没有用了。这也是他祭祀祷祈首重诚敬的一贯态度。

那么,就宗教学而言,奥有何神圣之处?

或说,原初灶设于西南隅,以免迎风,奥即灶。此话根据不足。或说,奥在中霤之下,故尊。如清王夫之《四书稗疏》说:"唯祀中霤设主于牖下;

---

① 杨堃:《杨堃民族研究文集》,民族出版社 1991 年版,第 173 页。

牖在室西南,其下即奥也。"其实这只是个别文献所载。顾颉刚《史林杂识》谓,中霤原如圆屋、帐幕顶中之天窗,透光、引雨、出烟,跟火塘、中心杆或火塘构成屋室之神圣中心,一般不设于西南隅奥之上(详见《中庸的文化省察》)。奥确处西南而非中,地位也应低于中。

上古非常重视神位,包括神位在家室(小宇宙)中的安排。《礼记·仲尼燕居》说:"室而无奥、阼,则乱于堂室也。"郑注:"作室不由法度,犹有奥、阼宾主之处也。"孔疏:"奥之外则有宾位所在。东阶谓之阼。故曰宾主之处。"那是一点错乱都不能有的。

杨堃说,灶、奥分化(案:本来就是二神),是由于社会发展,"家族制度亦同时由母系组织进而为父系组织。在此种演变之后,奥仍为家长祀神之所在,故亦为家宅的最尊之处所。惟所谓家长者已改由男性充任之"①。证据较薄弱。时至20世纪末,西南边疆民族犹以火塘为家庭中心,由最年长的主妇掌火,家长居奥者极少。杨氏引用《说文解字诂林》诸说,多谓奥为屋内深藏之隅,"室中尊处也",或"神所居也"②。那都是根据《尔雅·释宫》及注疏说的。

有一种说法,随着母系制度逐渐衰落,火塘逐渐分化,成了双火塘(或代表男、女二性),或多火塘(晚辈小家庭出现),包括后来分化出去的奥。这样,奥成了第二灶神。

西双版纳爱尼人的两性双火塘就是一种过渡形式。大家庭男女成员分开居住;地位依然较高的女性房有火塘,煮饭、烧水,担负着灶爨的角色,"男性房的火塘则是人们认为一家的火塘神的住所,要时常祭祀。男性房的火塘除日常男子们烤火取暖、烧水之用,有客登楼也在这个火塘边接待"③。或说,这慢慢成了由灶分出的奥。因为火塘神常驻受享,地位逐渐高升,直到独立。但这依然是个假设。

双火塘或分主(女)次(男)、里外、主客、上下。后者位次较低。例如,佤族的客间火塘,几乎完全丧失了灶炊功能,除客用外,"其实质

---

① 杨堃:《杨堃民族研究文集》,民族出版社1991年版,第175页。
② 杨堃:《杨堃民族研究文集》,民族出版社1991年版,第175页。
③ 杨福泉、邓晓云:《火塘文化录》,云南人民出版社1991年版,第45页。

却是一个'鬼'火塘，系家人祭鬼专用。凡逢出生、有病、死人或遇不祥，人们都要在此祭鬼"①。这就颇似与死亡、凶象有密切关联的西北隅的屋漏。

或说，有种火塘预埋"锅庄石"（三足，或用以支釜），起着镇宅作用，那倒有些像奥了。

也有采"三（多）火塘"制，较为复杂。有主炊的"灶"（火塘）；有供父母专用的取暖火塘，"象征父母的权威"；另有"家鬼火塘象征家鬼"，设于"专房"②。这，也很难说是奥。目前还没有一种火塘跟奥扯得上关系。

这些也许还可以借用云南基诺族父系家庭公社的一种"长房子"的格局来诠释。这种"长房子"由各小家庭共居，每个家庭专用一火塘，而另有青年社交场所；在后门某隐奥角落特辟一祭祀小室，接近家族长用房。③那屋角小室颇似奥，在"长房子"里地位较小家庭火塘为高，近于尊上之处，"神所居也"，所以有的地方在此设置柱，代表尊神或祖宗。

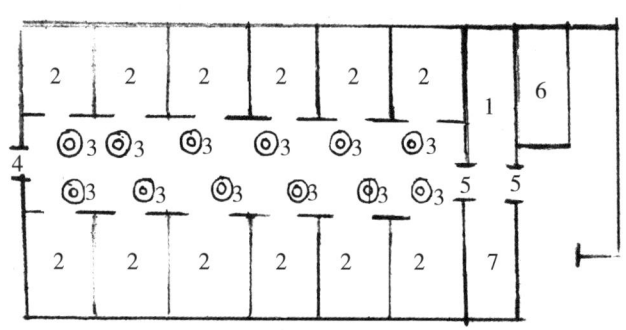

图 3-1 基诺族"长房子"（采自宋兆麟等）

1.家族长专用房；2.各小家庭用房；3.火塘（灶）；4.前门；5.后门；6.祭祀用房（或相当于奥）；7.青年社交场所。

或说纳西族某一时期在屋之西南方或西北角专设奥神之位而祭祀之，但地位远低于灶神。这仍然是"宁媚于灶，不亲于奥"的上古传统。

---

① 杨福泉、邓晓云：《火塘文化录》，云南人民出版社1991年版，第47页。
② 杨福泉、邓晓云：《火塘文化录》，云南人民出版社1991年版，第53页。
③ 参见宋兆麟、黎家芳、杜耀西：《中国原始社会史》，文物出版社1983年版。

纳西族的父系家庭住宅，也有经堂（相当于祭祀房），是相对独立的，在正房的西南方，很像神居之奥。①

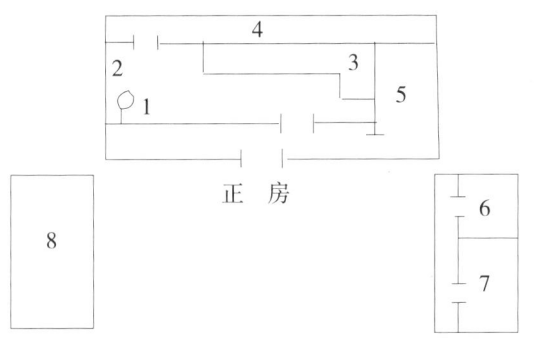

图 3-2 云南永宁纳西族父系家庭房屋布局（采自严汝娴等）

1.下火塘；2.夫妻住房；3.子女住房；4.仓库；5.磨房；6、7.客房（未婚弟妹等住处）；8.经堂（祭祀房）。

第二火塘或第二灶神，是否普遍存在，还是个问题；由此也无法推断先秦时他们是否为同一神，奥是否是第二灶神。这些都缺乏证据，不能在此纠缠。

至于奥及其祭祀，必在西南隅者，莫名其所以。前引孙炎说，西南屋室最为隐奥。可为什么重要？唯《史记·封禅书》云，济南方士上《黄帝明堂图》有四面透明之殿，"上有楼，从西南入，命曰'昆仑'，天子从之入以拜祀上帝焉"。殆以西南为神出入之处乎？

中国宗教，包括神祇崇祀，一大特征是基于生活实际，功利性极强。《淮南子·氾论训》说："牛马有功，犹不可忘，又况人乎！此圣人所以重仁袭恩。故炎帝于火，死而为灶；禹劳天下，死于为社；后稷作稼穑，死而为稷；羿除天下之害，死而为宗布。此鬼神之所以立。"

从此也可以看出上古或远古灶神地位之崇高。"宁媚于灶，不媚于奥"，良有以也。

《荀子·礼论篇》说，"礼者，养也"，饮食味臭，文章音乐，都是"养"。饮食为尚。"大飨尚玄尊，俎生鱼，先大羹，贵食饮之本也"，所以，祭，"贵

---

① 参见严汝娴、宋兆麟：《永宁纳西族的母系制》，云南人民出版社1983年版，第169—170页。

本而亲用也",决不隐讳信仰与仪式功利主义的性质。"礼"也来源于饮食及其礼仪。灶(神)由于亲近生活日用,地位较奥为高。我们反复加以论证。"炎帝,太阳也。"(参见《白虎通义》等)初民认为神圣的灶火是由太阳或太阳火派生出来的(所以炎帝、祝融等既是灶神又兼太阳神,参见杨堃《灶神考》)。"火塘是火的房子。"独龙族认为,火塘与天有直接的联系,火塘中的火是从天上来的,火塘是天地之间的联系物。① 火光、火焰、火烟、火气(味)等,都是天、地、人之间的媒介物。所以,如上所说,在特定历史时期,可用燔燎诸法祭祀灶神。

或说,羌族本无灶神,只有火塘神(或用三白石、三足架代表),据说,后来"转化为汉神的灶神,成了天神的通讯员或间谍"②,所以我们说其地位相当于古希腊交通之神或神的使者赫耳墨斯。

古代印度的圣火阿耆尼(兼为灶神),"三步"生成,被认为来自父母(圣木,钻木取火),也来自雷电和太阳。"因此太阳节与生命节也即是火节,而且日崇拜包含着太阳与火的崇拜。"③ 由于它既来自人间,又缘于天上,所以兼具交际天人或神民的功能。

由此也可见灶神地位远高于后起的"镇屋角"(神)之奥。即使春秋前后,奥代表祖先"木主",地位渐高,也还比不上代表火、家神或神使之"灶"。何况由功利实用来看,俗语所说"宁媚于灶,不媚于奥",是完全符合自然宗教史之史实的。

民俗学家指出:

> 火塘是诸种神灵、祖灵盘踞来往之地,是人们与神灵相互沟通的地方,火塘又是家庭的象征,千百年来,火塘是人们心目中一块神圣的灵性之域。④

这跟汉族的"灶君"成为"人间司命主,天上耳目神"完全一样。

---

① 杨福泉、郑晓云:《火塘文化录》,云南人民出版社1991年版,第30页。
② 《中国少数民族社会历史调查资料丛刊》修订编辑委员会编:《羌族社会历史调查》,民族出版社2009年版,第135页。
③ [德]W.施密特:《原始宗教与神话》,萧师毅、陈祥春译,上海文艺出版社1987年版,第67页。
④ 杨福泉、郑晓云:《火塘文化录》,云南人民出版社1991年版,第25页。

古代罗马的维斯塔，无论作为守火祀灶的贞女，还是女灶神，都有上达民意、下颁神旨的交际天人的职能，相当于古希腊神的使者赫耳墨斯。

日本阿伊努人（Ainu）的女火神（或兼灶神）卡姆依·夫齐是天、地、人之间的媒介，诸神中只有她懂得阿伊努语，人们向她报告、祝祷家事。①

据杨福泉调查，云南丽江塔城乡依陇的纳西族火塘神（"佐"），人称由十孤儿变成，每月初一下凡，察看火塘及"家事"，将所闻所见记在火塘周围，二十四日上天禀告，所以人们于此日之前清理火塘，扫除周围门板梁柱灰尘和火塘神所记"家事"，免得他们上天胡乱汇报。汉族则于腊月二十三或二十四祭灶，这一天孩子们比过年还高兴，因为祭品是糖果或甜食。那是为了使灶神嘴甜，报告些好事；或者竟是为了把他的嘴巴粘住，有口难言。这是"媚灶"的妙法其他如云南白族，东北的鄂伦春族、鄂温克族等，都有请求火塘神上天"隐恶扬善"的祈福习俗。② 灶神实在比奥神可爱多了，亲近一下并没有害处；献媚取宠于枯燥、幽隐的奥神，有什么用呢？

奥可能来自镇屋石

那么，什么是最古老的奥神？

《尔雅·释宫》："西南隅谓之奥。"郭注："室中隐奥之处。"邢昺疏云：

> 古者为室,户不当中而近东,则西南隅最为深隐,故谓之"奥"。

而祭祀及尊者常处焉。《曲礼》"凡为人子者居不主奥"是也。

《左传》昭十三年："国有奥主。"孔疏："奥是'内'之义。奥，主，主国内之主。"地位是比较高的。一般认为，此"主"以木为之，在家或指家中尊神，或如祖宗牌位。这跟远古已有不同。

但"奥主"之称，说明奥神地位尚高（或仅次于灶）。常见的解说是，灶、火塘作为家庭"宇宙中心"，地位极其尊崇，人类根本不能触犯——

---

① ［日］石川荣吉主编：《现代文化人类学》，周星、周庆明、徐平等译，中国国际广播出版社1988年版。

② 参见杨福泉、郑晓云：《火塘文化录》，云南人民出版社1991年版，第25、72、73页。

后来才有环绕"灶:火塘"而坐之制。奥处西南角,深隐而尊崇,一般"为人子者居不主奥"(《礼记·曲礼》),但地位仍不如灶。较高的"宾位"也处在奥外(或近奥处),有时迎送神尸也在奥处。

《尚书·尧典篇》说到羲和们分司四方及四季时,北方与冬天是"厥民隩,鸟兽氄毛"。

由于胡厚宣先生对甲骨文"四方风名"的发现,《尚书·尧典篇》的史料价值大为提高,它保存着许多上古的真实。北方之民的"隩"(通"奥")相当于北方凤鸟及北方风神的"𩖲"雏,母型为信天翁。但它的旧注也还触及上古生活的某些情况。如伪孔传说:"隩,室也。民改岁,入此室处,以辟风寒。"

陆氏释文云,隩,"暖也"。这跟古人心目中的"奥"有对应关系。孔疏就引《尔雅·释宫》及孙炎注为说:"隩是室内之名,故以隩为室也。"因为冬天多西北风,"西北"为死、杀之地,而西南相对暖和,所以说隩,暖也。

有一种可能是,奥在西南隅,是"屋角神"。有些地区盖屋不打地基,或后打地基,先量出一块适于盖屋的方地,在四角各埋进一块石头,半露出地面,以便建基或砌墙取准。这种屋角石还有镇邪逐鬼的作用,又叫"镇屋石"。后来形式化。由于屋角(或某一屋角)隐奥暗湿,特别安上一块"镇石"(或者就用支釜的神圣"锅庄石"充当),以便驱邪,且加以祭祀。后来,不一定为奠基造屋,也用较方或较圆之石埋隅以镇邪,即所谓"埋石四隅家无鬼",屋隅逐渐成为神位。这就是奥(神),跟灶(神)有区别。

"屋角神"之祭,来源就颇复杂。或说其来自游牧民族。用帐幕(如蒙古包)之时,害怕四角被风刮起,所以用四块石头为镇;后来用于定居的"方屋",逐渐神圣化为辟除灾害与鬼魅的"屋角神"。

据四川汶川县龙溪乡余端公介绍,"屋角神"的情况相当复杂。一般以小的"白石"来代表,享受祭祀。包括"石匠神"(亦称"角角神"),砌房屋有功,奉祀于屋角。"媳妇"(或说神妻),媳妇虽是娶来的,但在家中劳动一二十年,死后敬在一个屋角上,敬她三年(或亦称"角角神")①。这种奥神，跟老妇之祭相当接近。"媳妇神"，龙溪乡阿尔村称"昔特谷""谷岩一旦"，认为是女祖宗神（钱安靖的调查）②。可见本非媳妇，而是先妣，可称"老妇之祭"（规格略同"先炊"）。

宋兆麟说："在半坡仰韶文化的房基内已用小孩人头奠基，说明当时已有房基神是可以肯定的。傣族每两年祭一次房基，祭品是一只山羊，目的是保护村寨安全，人畜繁衍。"③屋角神与房基神相结合——它们往往以石为载体——很可能就是奥。

这就跟所谓"灵石崇拜"（stone fetich）有直接关系。

北周庾信《小园赋》云："镇宅神以薶石，厌山精而照镜。"《淮南万毕术》云："埋员石于四隅，杂桃弧七枚，则无鬼殃之害。非独今也。"或说："埋圆石于宅四隅，捶桃核七枚，则鬼无能殃也。"（参见《太平御览》卷五一等引；《鸿宝万毕术》"圆石"作"丸石"）宋代唐慎微《重修政和经史证类备用本草》（简称《政和本草》）说："大石镇宅，主灾异不起。"另引《宅经》："取大石镇宅四隅。"又引《荆楚岁时记》："十二月暮日，掘宅四角，各埋一大石，为镇宅。"④

羌族"房屋建成后，须请释比（巫师）安顿四角地神，作法演唱时燃柏香"⑤。

在屋隅置"奠基石""锅庄石""镇屋石"，有些像后世的"石敢当"，本来是普通的基石或支锅石，逐渐神化，能够镇邪驱鬼，构成灵石崇拜的重要内涵。

作为"镇屋石"的蘖变，一些民族用别的东西来替代石头。例如卑化为鸭蛋，云南撒梅人便"在房屋基地的四角和正中分别各埋一个鸭蛋。'鸭'

---

① 和志武、钱安靖、蔡家麒主编：《中国原始宗教资料丛编·纳西族卷　羌族卷　独龙族卷　傈僳族卷　怒族卷》，上海人民出版社1993年版，第468页。
② 和志武、钱安靖、蔡家麒主编：《中国原始宗教资料丛编·纳西族卷　羌族卷　独龙族卷　傈僳族卷　怒族卷》，上海人民出版社1993年版，第469页。
③ 宋兆麟：《巫与巫术》，四川民族出版社1989年版，第103页。
④ （宋）唐慎微：《重修政和经史证类备用本草》，人民卫生出版社1982年版，第98页。
⑤ 和志武、钱安靖、蔡家麒主编：《中国原始宗教资料丛编·纳西族卷　羌族卷　独龙族卷　傈僳族卷　怒族卷》，上海人民出版社1993年版，第532页。

与'压'谐音,表示压土、压邪"。①

由于镇石神秘,不能被人发现、偷盗或破坏,只能埋于隐蔽之处,所以称"奥"。角隅因其为建屋筑坛之基准,"天圆地方"观念下又成为"方地"的代码,所以神秘。《政和本草》卷四谓:"社坛四角土,牧宰临官,自取以涂门户,主盗不入境。今郡县皆有社坛也。"社坛四隅之土,涂门可防盗,就因为它能"镇恶"。

顾颉刚说:"吾乡旧时逢节祭先,于屋角设矮几祭'宅基'。"此即祭祀"宅基石"之遗迹;而受祭之处在"屋角"而非正中,亦即"镇屋石"置于屋角之证明,非如顾说"当为中霤之变"②也。又据孟默闻云,湖南人或"于中堂屋角祀地主、厨下祀灶神"③,亦奥、灶分别祭祀的辅证。

从上述看来,灶神本是家中最重要的,奥或起于"镇屋角"之神,后来才高了一些。此可备一说。

那么,为什么只有西南隅才保有镇屋的奥神的格位呢?

按照屋室格局,中央原有火塘(灶),上对中霤,西北隅是"屋漏"凶向,东南隅有代表幽冥之"窔",东北隅有气养万物之"宧"(参见前引《尔雅·释宫》等),那么只留下西南奥可布置"屋角神"了(在四隅镇石形式化之后,一般只用一石埋在一角以为代表)。因为这里安全而温暖,"神尸"可以在这里憩息享食,可惜这些都被文献"失记"了。兄弟民族后世镇屋奠基,一般不再用四块而只用一块"白石"或"锅庄石",利用其当初支锅的神圣性与灵力。只不知是否埋在西南或特别的隐奥之处。

中霤:天窗与天井

中霤是"五祀"之一。《礼记·月令》:"其祀中霤。"郑注:"中霤,犹中室也。土主中央而神在室。古者复、穴,是以名室为霤云。"郑玄所说的这个中霤在明堂就是太室,就是后来的中庭、天井,其实是指大室顶

---

① 张紫晨:《中国巫术》,上海三联书店,1990年版,第211页。
② 顾颉刚:《史林杂识初编》,中华书局1963年版,第143页。
③ 顾颉刚:《史林杂识初编》,中华书局1963年版,第144页。

部的设施,如天窗或重屋的顶部。中央有火塘的"大房子"的中顶的取光口或泄水口,亦名"中霤"。孔疏把这一点说得很清楚:

> 郑意中霤犹"中室",乃是开牖象中霤之取明,则其地不当栋而在室之中央。故《丧礼》云:"浴于中霤,饭于牖下。"明"中霤"不关"牖下"也。……复、穴皆开其上取明,故雨霤之,是以后因名室为中霤也。

这"复、穴"就是《诗·大雅·绵》的"陶复陶穴",其制众说纷纭,暂不涉及,只要指出郑、孔所谓"复、穴"不是顾颉刚等所说的陕北窑洞,而是西安半坡新石器时代遗址的半地穴式圆屋或方室,就可以明白为什么可以开其中顶而取明了。

那么下雨漏水湿屋怎么办呢?也许有一种可堵可去或可开可闭的原始装置。顾颉刚曾以"穹庐"(蒙古包)之烟口来解释中霤之用:"一为飚烟,一为通明。"① 其上有司启闭之装置以遮蔽风雨。其实用一团草都能解决问题。从前农村茅屋开窗取明,冬天风大时卷一团稻草就封住了。顾氏猜测半坡、宝鸡等新石器时代遗址之半地穴居室,"屋面存留之时,当灶之上必有为通明及腾烟用之中霤可知也"② 他引用孟默闻之说曰:

> 又中霤之制虽由小而大,由天窗而进为天井,由天井而进为庭院,然形变而其创制之作用则终不变。太和殿之坪院,可谓最广大者矣,而得不谓其非中霤制扩大之形象乎?③

这对理解明堂及上古宫室格局及其成因是极有裨益的。以中霤为中庭之前身,说近王国维。但是王先生不相信古时在屋顶开天窗为中霤,是一时失察。而这中室/中霤/中庭在民俗神话学上却是最重要的"通天道"!

中霤实即古之"天窗"。

"囱"或"囧"开始都指烟囱,后来指天窗、窗户。囱、窗、囧,形、音、义都是可通的。此字最初指屋顶排烟口。杨鸿勋说:

> 原始住房内部的火塘无烟道,形同篝火,尤其是燃烧不充分

---

① 顾颉刚:《史林杂识初编》,中华书局1963年版,第140页。
② 顾颉刚:《史林杂识初编》,中华书局1963年版,第143页。
③ 顾颉刚:《史林杂识初编》,中华书局1963年版,第144页。

的情况下，屋内烟熏无法容身。《礼记·月令》追记"古者复穴皆开其上取明"……我国西南若干使用无烟道火塘的少数民族的住房，都设有排烟通风口。美洲印第安人多种形式的原始住房顶部，也都是留有排烟口的。①

其形制大略与半坡遗址 F2、F3、F22、F26、F27、F34 等房屋略同，已详上文，特别是这种开口，"仅涂屋面敷泥留空即成，可任意调整大小，必要时甚至可涂泥填掉，十分简便"②。因此，它后来生长为兼具排烟、采光、通风、引流等多种功能也就不在话下了。

中霤作为排烟口的功能当然要予以充分重视。这跟原始中霤或统一于灶坑、火塘之制毫无抵触，因为作为排烟口的中霤排的正是灶火之烟；而且当灶火不旺、烟气不多的时候，它依然是取光孔乃至通天窗或漏雨口。它的这三种功能互不悖逆，且可相补。

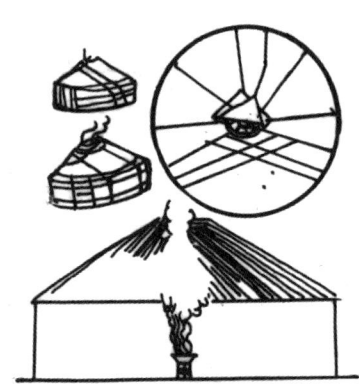

图3-3　"穹庐"及其出烟口

"穹庐"的出烟口保留着原始圆穹形房屋及其出烟口、采光孔的遗制，或说这是原始的"中霤"，系中心象征的物象之一种。

---

① 杨鸿勋：《论古文字亯、㐭、卤、井的形和义》，载《考古》1994年第7期，第637—638页。
② 杨鸿勋：《论古文字亯、㐭、卤、井的形和义》，载《考古》1994年第7期，第638页。

图 3-4　印第安库钦人的房舍、火塘与烟口（采自摩尔根）

房子近于椭圆形，火塘设在房中间，几个家庭围着火塘居住。出烟口设在火塘正上方。

西安半坡遗址有一所房屋（F37）很可能就有很简陋的排烟孔。据分析，房屋中间偏西北立有一根"中心柱"，后来进行了加固，其原因很可能是当初"柱顶节点附近不涂草筋泥，留有排烟通风的孔隙（柱基的受潮，正是沿柱而下的雨水所致），略如美洲加利福尼亚印第安人皮帐篷的排烟处理方式"①。郭政凯介绍同类的排烟孔说："我国鄂伦春人的'仙人柱'，赫哲族的'撮罗安口'，与美洲加利福尼亚印第安人的皮帐篷大致相仿，都是圆锥形，由二三十根桦木杆搭成，周围覆盖着桦树皮或兽皮，在圆锥顶部留有供排烟的孔。这种排烟口既有排烟、通风、采光的好处，也有漏雨的遗憾。"②他从此出发，结合《玉篇》等字书所谓霤，"屋水流下也"，推定"早期锥形房屋顶端排烟口漏下的雨水就是中霤的原始含义；从这种意义出发，连带把排烟口也称为中霤"。因为"霤"之言流，流就是漏，雨水可以从此流下（古人很快就想出办法，让它既能排烟、取光，还能不漏雨，让水沿屋分流）。

摩尔根所介绍的曼丹人的圆顶房屋，屋顶中部的开口就极像中霤那样兼有排气、采光的作用。这种圆穹状的泥糊柳席的屋顶较适合干燥的气候。它的"中心留下一个直径约 4 英尺的孔洞以散逸烟气并通光线。房屋的内部很宽敞，虽然只有屋顶上的孔洞和单一的门道可进光线，可是室内还是

---

① 杨鸿勋：《仰韶文化居住建筑发展问题的探讨》，载《考古学报》1975 年第 1 期，第 42 页。
② 郭政凯：《绥德小官道龙山文化房屋中心图案的意义》，载《考古与文物》1990 年第 5 期，第 89 页。

相当的明亮"①。火塘是这座房子的中央,"环绕火塘形成一块中心场地,成为屋内同居者聚集之所"②。这是共居房屋,即"大房子"的一种。

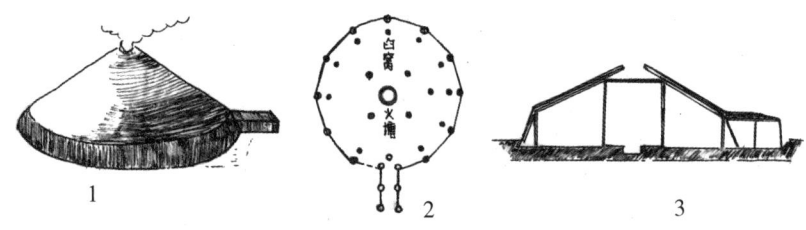

图 3-5　曼丹人的房屋

(1.透视图;2.平面图;3.剖面图。采自摩尔根)

郭政凯认为中霤首先是排气孔,待到烟道发明之后,中霤只余下通风和采光的副功能,这样它本身就有三个演化的形式或结果。

第一种是纯天窗式,即"囱","在墙曰牖,在屋曰囱"(《说文解字》)。这就是后世俗称之"天窗"。以后又与"牖"相混,"牖,穿壁,以木为交,窗也"(《说文解字》)。第二种,"霤的含义随着房屋的构架的改变,被用指屋檐流下的雨水或流雨水的屋檐(见《左传》定公九年),以及雨后的积水(见《韩非子·外储说》)"。③第三种就是郭氏独特的见解:中霤被形象化、象征化,有如小官道龙山文化遗址 AF4 所见的灶形图案。

> 中霤的形态被彻底改变,成为用画在室中心的灶形图案表示的象征性祭祀对象。这次改变尽管相当彻底,但并没有蜕尽其原始形态的胎痕。④

这大体上是正确的。"屋顶中霤"长期保留,只是设法使其在下雨时不向屋中漏水。

---

① [美]路易斯·H.摩尔根,《印第安人的房屋建筑与家室生活》,秦学圣、汪奇琦、顾宪成译,文物出版社 1992 年版,第 157 页。
② [美]路易斯·H.摩尔根,《印第安人的房屋建筑与家室生活》,秦学圣、汪奇琦、顾宪成译,文物出版社 1992 年版,第 157 页。
③ 郭政凯:《绥德小官道龙山文化房屋中心图案的意义》,载《考古与文物》1990 年第 5 期,第 90 页。
④ 郭政凯:《绥德小官道龙山文化房屋中心图案的意义》,载《考古与文物》1990 年第 5 期,第 90 页。

前文介绍，陕西绥德小官道村发现龙山文化房屋遗址，其中最重要的 AF4 后室中央有一椭圆形图案，图饰底色枣红，再涂黑色，边缘还有手抹凸棱，或以为表示灶坑。郭政凯认为，AF4 的椭圆形图案是中霤的象征。他认为中霤不是灶，不是"中心柱"，虽然它们都处在屋室中央。在鉴定 AF4 椭圆图案时应该把它们排除掉（它们在某种情况下可以"统一"起来，看下文便知）。他认为，中霤从排烟口发展而来（这在一定情况下是正确的，详后），其演变过程是：锥形房屋的排烟口—屋盖前坡的排烟口—室中心灶形图案—室中心—牌位。他说："自石砌烟道发明，室中心灶形图案产生后，中霤不仅从形态上，而且在性质上都发生了根本改变，从此，它不再具有实用性，仅仅成为人们祭祀的一种象征性灵物"；AF4 图案"既是中霤质变的标志，也是中霤形态演变中承上启下的关键一环"。①

我们则认为，既是火塘也是原初的灶形，又涂着红黑色（红色代表灶火，黑色也许表示烟，灶君菩萨就多是黑脸的），其为祀灶、祀灶火无疑；这是最原始的物象性的灶神，跟人格化、仙圣化的灶神截然不同，弥足珍贵。其观念的根源仍在火的神秘性与神圣性。

《淮南子·齐俗训》说，有虞氏之祀为中霤。前述"祀火"之椭圆火烧面或白灰面也发生在龙山文化期。郭政凯说："小官道房屋中心图案为有虞氏的活动范围提供了线索。"②这值得重视。他又说："AF4 在 12 座房屋中面积较大，可能是宗族成员集体活动的场所。当时每个聚居点只有一个中霤神，由大家共同祭祀。"③这个推论也是有道理的。但如果说，这是集体房屋乃至"大房子"里常见的氏族火塘（神）或灶神（它们最初或与中霤及中霤之神相混），那就更加准确了。

---

① 郭政凯：《绥德小官道龙山文化房屋中心图案的意义》，载《考古与文物》1990 年第 5 期，第 21、111 页。
② 郭政凯：《绥德小官道龙山文化房屋中心图案的意义》，载《考古与文物》1990 年第 5 期，第 21 页。
③ 郭政凯：《绥德小官道龙山文化房屋中心图案的意义》，载《考古与文物》1990 年第 5 期，第 111 页。

中霤与囧形

商周青铜器多见"囧"纹,马承源称之为"火纹"。"火纹旧称圆涡纹,在圆形微凸的曲面上,沿边饰有数条旋转状的弧线,其中心为一或大或小的圆圈,较简单的图像有时省略中心圈,或省略了旋转的弧线,但后者仅是个别的。"①它与甲金文所见一致,囧(《甲》903),囧(《前》5·20·2),囧(《京津》2453)。它与"月"字组合成"明",见于甲文(《前》4·10·4),金文(《矢令方彝》《鲁侯尊》《大克鼎》等)。《说文》卷七明部:"朙,照也。从月,从囧。"古文或从"日"作"明"。那么,"明"就是"日"字的另一种写法,后者或是前者的简化。"'明'字应是会意字,即日月照临显现光明之意。"②

《一切经音义》注引《仓颉篇》谓,囧,"大明也";《文选》李善注引或作"大明",或作"光也",《广雅·释诂》迳谓"明也"。大明即太阳。《礼记·礼器》:"大明生于东,月生于西。"郑玄注:"大明,日也。"马承源还进一步认为它是火神——太阳神祝融的符号或徽识。③

图3-6 中心火焰纹(战国早期,蟠龙纹敦盖)

---

① 马承源:《商周青铜器纹饰综述》,见上海博物馆青铜器研究组编:《商周青铜器纹饰》,文物出版社1984年版,第20页。
② 马承源:《商周青铜器纹饰综述》,见上海博物馆青铜器研究组编:《商周青铜器纹饰》,文物出版社1984年版,第20页。
③ 马承源:《商周青铜器纹饰综述》,见上海博物馆青铜器研究组编:《商周青铜器纹饰》,文物出版社1984年版,第20页。

图 3-7 中心火焰纹（春秋晚期，火龙纹鼎，腹部）

这些火焰纹样多处器物中心，很像南方铜鼓中心的太阳纹。它上承"天中"之阳火，下应"地中"之火塘；在某些情况，认作交感天地的"天窗"也是可以的。

由此也可以反证，中霤决非任意称"中"，最初位置必在屋顶中央，有如"天窗"，而与古代文字之"囧"相应。其图案形如🝣，字亦作"廇"。《楚辞·九叹·愍命》："刺谗贼于中廇兮。"王注："中廇，室中央也。……廇，一作霤。一注云：堂中央也。"洪兴祖补注则把其与中庭联系起来："廇音渊（流？），中庭也。"姜亮夫《楚辞通故》云："今俗所谓天窗，是其遗意。"清程瑶田《释宫小记·中霤义述》更认为："廇之义始于瘤。《尔雅》云：'宋瘤谓之梁。'言宫室之上覆者，廇然隆起也。"王筠《说文句读》则说："据屋言之谓之'廇'，据雨言之则谓'霤'。"这不但证明，中霤之言"流"，既可以采光、通气，又可能漏雨、滴水。但最重要的，在民俗学上，它是屋室中央的神圣符号或标志，在一定时期，上通天空，采纳日精月华；下应火塘，挥扬地火灶灵。

还有一个"向"字也与此相关。《诗·豳风·七月》："塞向墐户。"毛传："向，北出牖也。"韩氏传说即"北向窗"。《说文》卷七引《诗》据《传》亦说为"北出牖"，而从宀从口。林义光《文源》说，口象牖形，宀"象屋在其上"。朱骏声《说文通训定声》说，"口"与"向"同意，古宫室，北墙无户牖，民间或有之，命曰"向"——北风寒，北面不开窗，古俗或如此；而民间北窗曰"向"。这是一种解释。《礼记·明堂位》篇"向"作"乡"，"刮楹连乡"，郑注："乡（向），牖属，谓夹户窗也。"《仪礼·士虞礼》亦作"乡"，"祝从启牖、乡"，注："乡（向）、牖一名也。"

罗振玉《增订殷虚书契考释》说，向、牖都是"明"，从囧，"明"乃其自窗牖迎月光之象，又指"神明之所在"。

高田忠周《古籀篇》说，从"口"是正篆，象窗牖之形。高鸿缙《中国字例》说，"口"为物形，为"北出牖"，"参周代宫室制度，此牖乃南面屋之北窗"。二家并非。"口"原是圆孔，并非方形的窗户；"口"是从"〇"变来的。白川静则说，应从金文从凵而不是从口，"凵为祝册之器（案：此说纡曲而又牵强）。古者王室之制，中央设通明之直坑，自之向四方于屈横坑而为土室"①。尽管所谓地穴、半地穴不一定这样构造，但"向"确如罗氏所说，原是通明之孔，"乃祀神明之场所"，中央至上也。"故其窗牖称明，因以为神明之处，故于其于牖下置祝告之凵，以示其意者也"②。这"向"确实也是中霤式的神圣光明孔道，只是为什么从凵不能确知耳。我们认为，凵是口的繁变，此处向字、囧字等所从之"口"，都是由〇演进来的。也许起初并不专指北窗。

图 3-8　穹顶帐幕

（左：哈萨克族；右：柯尔克孜族）

中霤的重要地位

埃利亚德说，蒙古包的"中心柱"，被游牧人"象征性地看作是'世界之柱'，即世界之轴（axis mundi）"，神圣不可侵犯，而中轴正是由帐

---

① ［日］白川静：《说文新义》，林洁明译，见周法高编撰：《金文诂林补》（第四册），"中央研究院"历史语言研究所1982年版，第2382页。
② ［日］白川静：《说文新义》，林洁明译，见周法高编撰：《金文诂林补》（第四册），"中央研究院"历史语言研究所1982年版，第2383页。

幕上的"顶端洞孔"里"穿出去的"。①所以,哪怕只是有意让这中心柱的顶端从中心孔间升高一下,就是在通报吉祥信息,例如女主人生了一个天赐的英雄儿子。②

郎樱说,新疆维吾尔族、哈萨克族、柯尔克孜族和甘肃裕固族等,巫师或萨满至今仍把帐幕中心立杆当作"天梯",还从天窗(中霤)处"请神入室"③,以交通天人。它的神圣功能与奥灶、中心柱是基本一致的。

就技术而言,重檐、重屋或楼,乃至数百层的摩天大厦,都是一个来源,就是遮盖中霤的一块破布、碎陶片或者小草棚。

明堂亚室祀火之习还说明中霤的第二种作用:保护圣火。前举李玄伯先生认为,明堂中央的太室或世室是古代祀火之处,"火畏风雨,当然应有顶",这就是太室之顶,它"高过四面各屋,所以名明堂、重屋"。④他认为,太室就是中霤,"古人祭中霤亦仍是'祀火'的遗制。中霤亦系极古时代火的位置"。杨堃据以指出:"灶如在直穴之当中,即在中溜(霤)之下矣……则灶神与中溜神即有合流之可能。"⑤其说有理。但中霤与灶、太室毕竟大有不同。他们也没有发现中霤跟所谓重屋的一致性及其双重作用:既要透光通气,又要挡雨分流。但由此证明,在一定时期,中霤跟灶是可以相通的。小官道AF4的椭圆形图案是灶神象征,视为中霤神之象征亦无不可。清人程瑶田《释宫小记·中霤义述》说中霤的"原始装置"之功能最为精到;"今世茅屋、草舍开上纳明,以破瓮之半侧覆之以御雨(俗呼'天窗',《说文》所谓'在墙曰牖,在屋曰窗'者也),即古者霤之遗象乎?"这"破瓮"终究是会发展为遮盖明堂天窗的重檐或重屋的(它们的关系有专节介绍)。

---

① [美]米尔希·埃利亚德:《神秘主义、巫术与文化风尚》,宋立道、鲁奇译,光明日报出版社1990年版,第32页。
② 达·策仁苏德那木:《蒙古史诗中的树木崇拜观念》,见仁钦道尔吉、郎樱编:《阿尔泰语系民族叙事文学与萨满文化》,内蒙古大学出版社1990年版,第127页。
③ 郎樱:《突厥史诗英雄特异诞生母题中的萨满文化因素》,见仁钦道尔吉、郎樱编:《阿尔泰语系民族叙事文学与萨满文化》,内蒙古大学出版社1990年版,第155页。
④ 李玄伯:《中国古代社会新研》,开明书店1948年版,第28、29页。
⑤ 杨堃:《杨堃民族研究文集》,民族出版社1991年版,第177页。

至于《白虎通·五祀》说"中霤者象土在中央也",以及郑注说的"土主中央而神在室",虽然融进了五行学说,却犹存古意。孔疏指出,这是要把屋室的中央(或中央之神)跟五行的"中央土"调谐起来。所以灶神可指土神,也可指中霤神,是"家神"的一种。

孔云"土主中央而神在室"者,所以必在室中祭土神之义也。土,五行之主,故其神在室之中央也。是明中霤所祭则土神也。故杜注《春秋》云:"在家则祀中霤,在野则为社也。"又《礼记·郊特牲》云:"家主中霤而国主社。"社神亦中霤神也。《吕览·季夏纪》中央土,"其祀中霤"。《礼记·郊特牲》说:"家主中霤而国主社亦本也。"

孔疏:"中霤谓土神。"《左传》昭二十九年:"土正曰后土。"杜注:"在家则祀中霤,在野则为社。"中霤地位竟高如社,当然因为最初它是圣火,是明堂的中心。如上所述,古代制度单纯,礼仪简略,所谓明堂本来就是从祀火的"大室"发展起来,也就是远古的社室、亚室,所以,在特定时期里,家神≈中霤神≈社(土)神≈灶神(火塘神)≈明堂神(祖先神)。

土神是最初的社神,室外的以土堆、石头、树木等为代神,在室内的就是以"社主"为象征的室神或家神,与室中的火神(即灶神)结合在一起,后来又跟祠于庙室的祖先神(例如周之文王)结合在一起。它们最重要的特征是标志着宇宙-人类的中心点,或处地中,或居室中,或在庙中,或应天中!

祭祀土地神的社,越来越重要,"社稷"成为国家或中央政权的代码,另设一处,由政府或君主主祭。但在早期,它可以跟灶、中霤等结合在一起。

又,《礼记·郊特牲》:"社所以神地之道也。……家主中霤,而国主社。"郑注:"中霤亦土神也。"中霤神是家里的土神,社神是野外的土神。后来,如孔疏所说:"卿大夫之家主祭土神,在于中霤;而国主社者,谓天子、诸侯之国,主祭土神于社。"普通人家祭土神仍在家室之中。据顾颉刚等先生介绍,四川、湖南、云南等地民众并祭祖先神与中霤之神,湖南则称"中宫土地之神位",可见土神、灶神、中霤神、祖先神原来是一致的,其祀犹存于民间。

《礼记·礼运》说:"昔者先王,未有宫室,冬则居营窟,夏则居橧巢",后圣才"修火之利,范金合土,以为台榭、宫室、牖户"。没有土地,什么都办不成。《礼记·礼运》载：

> 是故夫政必本于天，淆以降命。命降于社之谓淆地。……降于五祀之谓制度。

所以，天地与社土及其祭祀是根本，由此衍生的"五祀"，都是民生之根本，日常之必用，"此圣人所以藏身之固也"，百姓日用、家室设备，都是圣人与君主统治的基础。

马王堆汉墓出土《五十二病方》（疑楚人作）说：

> 热者，古曰：胅诎胅诎，从灶出。毋延。黄神且与言，即三唾之。
>
> 其祝曰：浸燸浸燸虫，黄神在灶中。□□远，黄神兴。

饶宗颐说："古者祀后土于中霤。……灶居室之中，黄神为后土，故有灶出（此与《周礼》以灶祠祝融说异）。"[1] 有个时期，中霤、门、户、灶、行，所谓"五祀"配合"五行"，灶本在屋室中心，与屋顶中心的中霤遥相对应，灶神或称"黄神"。祀灶与祀后土一致，因为"社祀"是"神地之道"，及于家室和"五祀"。这三种神在特定时期是相当的，即灶神≈黄神≈中央后土之神。

后来灶不居中，或者转移到专司烹饪的厨房里去，中霤居中得到专祀（可能用符号代表），成为家室唯一中央之神了。

---

[1] 饶宗颐：《饶宗颐史学论著选》，上海古籍出版社1995年版，第133页。

第四章　祭天祀地的圆方台坛

祭 日 神 坛[①]

　　在讨论最重要的建筑"明堂"（包括附属于它的灵台、辟雍、泮宫）之前，有必要介绍一下与其性质、功能相关的王朝中央神圣建筑物，祭天的"圜丘"和祀地的"方丘"。它们跟明堂的关系，现在还没有完全弄清，学术界存在不同见解。此二丘，或说是明堂形制的部分前身，或说是明堂的简化样式，或者二者兼具。但其存在时间的久长，是无疑的。

　　"皇"字所从之"土"或"王"都是祭坛而不是"立人"或"坐王"，所以，汪荣宝等的"冠冕说"很难站得住。"皇"字应是将象征太阳的圆物放在祭坛上膜拜献祭，可简称为"日坛"。

　　当然也可能是某种圆形的祭祀太阳的宗教建筑。

　　传说炎帝或神农氏"筑圜丘以祀朝日"（《拾遗记》），这"圜丘"似乎就是放大的太阳神坛。《礼记·祭义》说："祭日于坛，祭月于坎。"《礼记·祭法》说："王宫，祭日也。"郑注："王宫，日坛也。"后来的"圜丘""天坛"应从此起源（祭天首先是祭日）。前述古代波斯拜火教有祭

[①] 本节部分内容已见于笔者《楚辞新探》（天津古籍出版社1988年版）诸书。本书将作删繁就简处理。

祀圣火的神坛，本质上也体现着对太阳与光明之崇拜，可供参照。

沈建华认为，殷人有祭祀圜丘祈雨之制。《周书》云："设丘兆于南郊，以祀上帝，配以后稷农星，先王皆与食。"殷人祭天求雨，设祭坛于南郊，以就阳位，天地合并配以先祖而祭，积薪于坛上，将玉圭（周人视圭玉为圣洁之物，供神灵使用）置柴上焚祀求雨。《礼记·祭法》："燔，柴于泰坛，祭天也；瘗埋于泰折，祭地下。"①

他介绍《合》10171（正反两面）大龟甲贞卜三事：（1）用圭玉奉祭黄伊吗？（2）上帝降旱于我吗？（3）在"凡丘"举行"偶册"吗？"凡"通"般"。商王般庚，《合》19918作"凡庚"（案：古无轻唇，凡音同般）。"般"通"班"（是还、旋、环之意）。故"卜辞'凡丘'疑为'圆丘'，即指'圜丘'，古音还"。祭祀于圜丘（圆丘、凡丘），即祭昊天上帝。卜辞有"炆天于凡"（《合》32289），或"炆凡"（《合》32296，32999），沈建华认为："殷人炆天祭雨在'凡'"，"凡"应指祭坛（圜丘）。祈雨的证据为以"圭玉"进行"奉祭"（案：此祭多见于卜辞，目的并非单一），但殷人有"凡丘"（圜丘）祭天之制是有可能的。

这可以跟祭天（祭日）的圜丘结合起来思考。

南郊设圜丘祭天，本是为了祭太阳，原来跟明堂之祭是一回事，后来才繁化起来，分化出来。《周礼·地官·牧人》："凡阳祀，用骍牲毛之。"郑注："阳祀祭天及宗庙。""阳祀"，甚至天之祭，最初都主要是祭祀太阳。

就像卜辞出日之祭。《礼记·郊特牲》说："郊之祭也，迎长日之至也。大报天而主曰也。兆于南郊，就阳位也。……周之始郊，日以至。"这就是说，南郊之祭主要是祭太阳。这跟明堂之南向是一致的。某些汉儒强分周礼、鲁礼，徒滋烦扰。疏引王肃《圣证论》云："郊则圜丘，圜丘则郊。所在言之，则谓之郊；所祭言之，则谓之圜丘。于郊筑泰坛，象圜丘之形；以丘言之，本诸天地之性。故《祭法》云燔柴于泰坛，则圜丘也。""圜丘"本来模拟太阳，后来才逐渐融入"盖天说体系，象征圜天"。《礼记·祭法》："燔柴于泰坛，祭天也。"这泰坛似乎是较小的或更带人工性的圜丘，

---

① 沈建华：《从殷代祭星郊礼论五行起源》，见艾兰、汪涛、范毓周主编：《中国古代思维模式与阴阳五行说探源》，江苏古籍出版社1998年版，第300页。

本质上又等同于《祭法》中祭日的王宫。郑注:"王宫,日坛。王,君也,日称君。宫、坛,营域也。"孔疏:"王,君也。宫,坛也,营域如宫也。日神尊,故其坛曰君宫也。"这十分像两河流域的安奴-阿达德(Anu-Adad)神庙,"安奴"是天神,"阿达德"是光明之神,它们融合在最高神殿,是人间天上的王宫,其主要目的也是祭日。

圜丘及其象征

《周礼·春官·大司乐》:"冬日至,于地上之圜丘奏之。"《史记·封禅书》说:"《周宫》曰,冬日至,祀天于南郊,迎长日之至。"这分明是把圜丘之祭和《郊特牲》的南郊祭天统一于"迎长日之至",透露出其初与太阳之祭、日出之祭有关,与历法有关,与太阳历、太阳节有关。所以《郊特牲》中迎接一年中最长一日的郊祭,要"大报天而主日",要"兆于南郊"而"就阳位"(郑注:"大犹遍也。天之神,日为尊。日,太阳之精也。")。祭祀如此隆重,当然是因为太阳处于一年之中的转折点,为其"高峰"需要庆贺,因其渐入"低谷"而要求加强。

《说文》卷六口部:"圜,天体也。""圜"就是"圆",以象盖天说里的圜天,犹如重屋的圆穹——后来的辟雍也采此义。无论是否人工所制,总要是"圆墩",并且经过加工,其主要功能从祭太阳发展为祭天,与所谓祭坛、王宫、郊、明堂之祭一致。圜丘祭天,方丘祀地,这在长期内是明确的,偶有混淆,不足为训。杨向奎先生说,祭天为社,旅地为方,却把社(土)说成是圜丘,还说甲骨文之"土"也是圜丘,"乃祭天之所"[①],徒增混乱。

当然,我们不反对方丘或方座社坛在特定时空里可以祭天地,兼祀日。

《周礼·春官·大司乐》:"冬日至,于地上之圜丘奏之。"郑注:"祭天,圜丘,以喾配之。"贾疏:"土之高者曰丘。圜,象天圆也。""圜丘",学者们有的说是天然的,有的说是人工的,反正系圆形无疑。圜丘、方丘当然反映天圆地方的"盖天论"思想,但最初天神只能是具体的天体神,

---

[①] 杨向奎:《论"以社以方"》,载《烟台大学学报》(哲学社会科学版)1989年第4期。

倒是"以祀朝日"较为古老,"圜"系模拟圆圆的太阳。《史记·封禅书》引《周官》云:"冬日至,祀天于南郊,迎长日之至。"其说是也。郑注圜丘祭昊天必以帝喾配,帝喾(太昊氏)最初也是日神,是老太阳神东皇太一最重要的祖型。汉儒王肃以为此即"郊日"之祭:

> 郊则圜丘,圜丘则郊。所在言之,则谓之郊;所祭言之,则谓之圜丘。于郊筑泰坛,象圜丘之形;以丘言之,本诸天地之性。故《祭法》云燔柴于泰坛,则圜丘也。《郊特牲》云周之始郊日以至,《周礼》云冬日至祭天于圜丘,知圜丘与郊是一也。

这可能是较古老的制度,对于理解"皇"的意匠以及《九歌》东皇太一的祭典也很有用处。清孙诒让《周礼正义》说:"泰坛祭受命帝,明堂祭五帝,并在南郊,则圜丘祭昊天,亦在南郊明矣。汉魏诸儒,并谓圜丘在南郊,故多并郊、丘为一祀。"此与卜辞"于南门,旦(坛)",可以互为参照。这也和《史记·封禅书》《汉书·郊祀志》说古者天子祭"太一"于东南郊基本一致。

古埃及新王国的太阳神教坚持"阿顿神只能是圆形的太阳,太阳的光芒普照人类,给人们带来生命和幸福",但他需要一个祭坛:

> 阿顿并不是在有屋顶的庙宇里或宫廷里祭祀的,最神圣的地方是在露天空地上所设的一个祭坛,上面照耀着光辉的阳光。①

美洲也曾发现一些祭祀用的圆形土墩。学者们认为可能与中国的圜丘、圜土一类礼制性、政治性建筑有关。②迈克尔《圣洛伦索与奥尔梅克文明》(1968)一书认为那可能是漂流到美洲的殷商流亡者所建造的。

> 拉文塔(Laventa)曾被称为"沼泽地中的祭坛"。选择这样的地点,可能是像在《封禅书》中所讲的,放置牺牲的地点必须选择在高山之下,小丘之顶,于是就建造了圆形的土墩,作为放置牺牲的地方,而拉文塔是美洲人所知道的,保留作为祭祀中心

---

① [埃]阿·费克里:《埃及古代史》,高望之等译,商务印书馆1973年版,第122页。
② 参见萧兵:《论璧雍、泮宫、灵台起源于水牢——兼释〈诗经〉〈楚辞〉有关疑义》,载《上海师范大学学报》(哲学社会科学版)1984年第4期。

最早的遗址。①

我们知道，南美洲古代也是盛行太阳崇拜、太阳祭祀的。房仲甫说：

> 我国张家口附近有过一些高30英尺，位置分散的圆形土墩，连同从中出土的石斧，竟与密西西比河下游的土墩和石斧相同。②

近年来，美国东部亦发现与华东古代遗址类似的圆形土墩③。据房先生介绍：

> 拉文塔的这个祭祀中心，与同时代在密西西比河下游建造的祭祀土墩和在拉吉纳、德洛斯赛罗斯地方的土墩，竟然同样都是向东偏八度。英人李约瑟在《中国的科学与文明》一书中，认为安阳发现的公元前1300年的殷墓，也是在正北偏东五至十二度。④

这种圆形土墩与圜丘、圜土及日坛的关系很值得深入考察。据张小华介绍，这是亚、美两洲举行近似的太阳祭祀的台坛：

> 向东航海并非只是越人的活动，大汶口陶器上描绘的太阳出生的图画文字，正是当年东夷人向东航海前举行的祭祀活动所留下的纪念。……更能说明问题的是，无论美洲或大洋洲都发现了一些与祭祀太阳有关的典礼高台。⑤

这应该在整个太平洋文化背景之中加以注意和察考。特别是印加帝国的最大宗教中心——库斯科的太阳神庙，它也是在朝东的圣地上建立起来的。它有祭日的台坛。它的神像是绘着男子面孔、周围放射光焰的黄金图片，与"皇"字的意构十分相似。据西班牙人加西拉索·德拉维加的描写："它面朝东方，在受到初升的太阳光直接照射时，就放射出万道金光。"⑥

这不由得使人想起《楚辞·九歌·东皇太一》的"吉日兮辰良，穆将

---

① 刘坤一：《欧美学者对古代中国人到美洲问题的研究》，载《中国史研究动态》1981年第1期，第14页。
② 房仲甫：《扬帆美洲三千年》，载《世界地理》1982年第1期。
③ 参见凌纯声：《美国东南与中国华东的丘墩文化》，载《"中央研究院"民族学研究所专刊》（十五），1968年，第143页。
④ 房仲甫：《殷人航渡美洲再探》，载《世界历史》1983年第3期，第50页。
⑤ 张小华：《中国与大洋洲、美洲古代交往的探讨》，载《中央民族学院学报》1984年第1期，第51页。
⑥ 刘文龙：《古代南美洲的印加文化》，商务印书馆1983年版，第27页。

愉兮上皇"来。他又说：

> 在太阳神偶像的左右两侧，按照古代习俗在金御椅上供奉着历代印加王的木乃伊，远远望去，它们就象真人。大殿中央置有一个华丽的御椅，举行典礼时，印加王便坐在御椅上。①

从以上材料看，无论是作为太阳神木的"东"，太阳神坛的"皇"，还是"体道"的"（东皇）太一"，都与太阳有难解难分的关系。

无论是圜丘之祭，还是郊（或南郊）之祭，都兼有测算天候历法的实际功能。前引《礼记·郊特牲》，"郊之祭也，迎长日之至也"，一年中最长的一日是"夏至"，先秦时人已经掌握，要用郊祭来迎接它，感恩天日，"大报天而主日也"。如前所说，多在南郊举行，"兆于南郊，就阳位也"。

刘宗迪很看重此一功能，说："郊祀制度实为上古天文观测的仪式化、宗教化。"《郊特牲》还说："周之始郊，日以至。"可见郊祀必在至日举行。故《郊特牲》又云："天垂象，圣人则之，郊所以明天道也。"②

祭台、神山和宇宙层次——三成

作为从重屋发展而来的楼台，灵台的完备形式应该是三级构造（尽管不一定是三层楼）。

"三"是模式数字（pattern number），《周易》所谓地二天三，是"天数"，跟中国文化关系极大。前引《史记·封禅书》《汉书·郊祀志》公玉带所上的《黄帝明堂图》，上有楼——这楼应即重屋和灵台的仿作——名曰昆仑。而昆仑和灵台都是"盖天说"系统里模拟圜天的袖珍本宇宙。以祁连山为原型之一的昆仑是天之山，宇宙的象征③，它的基本结构也是三层，所谓"三成为昆仑丘"（《尔雅·释丘》）。

《淮南子·地形训》说："昆仑之邱，或上倍之，是谓凉风之山，登

---

① 刘文龙：《古代南美洲的印加文化》，商务印书馆1983年版，第27页。
② 刘宗迪：《失落的天书——〈山海经〉与古代华夏世界观》，商务印书馆2006年版，第494页。
③ 参见萧兵：《"昆仑"祁连说补证》，载《西北史地》1985年第2期。

之而不死；或上倍之，是谓悬圃，登之乃灵，能使风雨；或上倍之，乃维上天，登之乃神，是谓太帝之居。"这就是作为天的昆仑的三级构造。

这跟《楚辞·天问》"昆仑县圃，其尻安在？"及王注一致，所谓"县圃"乃是昆仑之巅，"乃上通于天也"。昆仑作为通天之山，或竟天之山、宇宙中心之山，三级构造极其明白而确定。《尔雅·释丘》："三成为昆仑丘。"郭注："昆仑山三重，故以名云。"邢疏引《昆仑山记》："昆仑山一名昆丘，三重。"《水经注》引《昆仑说》亦谓："昆仑之山三级。"这就是樊桐（亦名"板桐"）、悬圃（亦名"阆风"）、层城（亦名"天庭"）。

层城九级，三三见九。《天问》紧接着"昆仑县圃"之问，便是："增（层）城九重，其高几里？"后人犹说"九重""九霄""九天"——所谓"杨柳轻飏，直上重霄九"者也。"九"是表示宇宙层次的模式数字，体现天体崇拜的明堂"九室说"，以及《河图》、《洛书》、九宫、"幻方"等并与此相关。前面希罗多德记述的巴比伦-亚述高塔也是九层。

"三"及其积数"九"，都是所谓"天数"。杨希枚认为，源于古代天文星象和地理之学，并见于《易经·说卦》的"'叁天两地'神秘数常是以天三地二、天三地四或天九地八之积为基数的神秘数"[①]。

"三"又是阳数，是太阳的象征。"阳成于三，故日中有三足乌。"（《艺文类聚》卷九二、《太平御览》卷九二○引《春秋元命苞》）陈炳良说，从"三"这个数字代表"阳"，"可以推想到古人创造出三足乌的原因"；而且，"在古代别的地方所画的附在太阳上的东西亦有用三数的"[②]。这跟明堂祭祀太阳和天的性质也是合拍的。所以某些带重屋（或通天坛，或灵台）的明堂也是三级构造。马上要讲到的西安汉代类明堂建筑也是三级构造。

不但是儒家或所谓"儒易"重视这个"三"，《老子》也说"道生一，一生二，二生三，三生万物"，"三"成了"道"（阴阳）创生万物的中介，指阴阳二气以及冲和它们的综合力"冲气"。

冯时结合牛河梁红山文化积石冢（约公元前5000年）发现的三重石坛（Z1）和三重方坛（Z2）说，这是用原始"盖天论"观测天文的设施。

---

① 杨希枚：《论神秘数字七十二》，载《考古人类学学刊》1970年第35、36期，第42页。
② 陈炳良：《神话·仪式·文学》，联经出版事业公司1985年版，第20页。

中国传统的盖天理论以三环概念为一项重要内容,它是古人对分至的认识结果。三环不仅表现了二分二至的日行轨迹,同时也是盖天家所特制的"七衡六间图"的基础。……(Z1)石坛的拱式外形可视作天穹的象征,而三个同心圆正可以理解为分别表示分至日的太阳周日视运行轨迹。①

是否确当,就要看进一步的发现和研究。

昆仑丘之所以"三成",或说,跟巴比伦和中国天文学里"球形星(空)图"的"三环"相关。巴比伦泥版星图有所谓"三环",每环十二颗星,按照它们偕同日出的时间,每月一星。

| 中环(赤道带):阿努(Anu)的星 |
| 外环(赤道之南):艾亚(Ea)的星 |
| 内环(北天,及北极区):恩利尔(Enlil)的星 |

李约瑟曾以《周髀算经》里的一幅《七衡图》与之相比较:

图中同心的六"间"环绕北极,六间又由七"衡"截开,恰似古代的"三环"每球各加一倍。这张图称为《七衡图》,注释者说原图作青色,附有黄色的黄道。图旁的文字对太阳在一年内不同季节通过各间的运动作了说明,并加了一些关于各间直径、周尺长度(里)的简单计算。这简直是巴比伦(约公元前1400年)希尔普莱希特(Hilprechttaplet)的再现。②

他还提到北京天坛的三级圆台,我们知道,它跟昆仑"三成"同样是象征圜天的。这也许正是《周易·系辞传》等所谓"天三""地四(向)"的宇宙学基础。

---

① 冯时:《星汉流年——中国天文考古录》,四川教育出版社1996年版,第213页。
② [英]李约瑟:《中国科学技术史》第四卷第一分册,科学出版社1975年版,第195—196页。

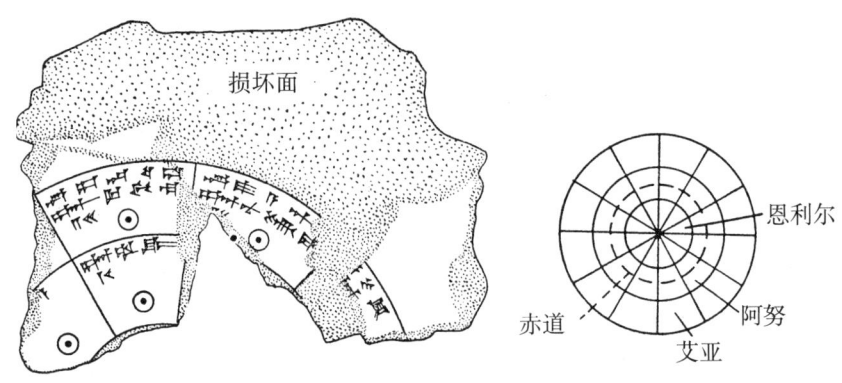

图 4-1 巴比伦泥版中平面球形星图（右为复原示意）

又，章鸿钊《宝石说》云，昆仑山之"三成"，跟密尔岱山（崟山）之"三成"相合，"玉"字之以一贯"三"也是象征其出产地（此说比较牵强）。他说：

> 《说文》：王象三玉之连，其贯也。……顾未闻有连三玉为用者，窃意以一贯三，为象玉产生之形，则庶几似之。盖古人谓玉产昆仑山，《尔雅》释丘云：三或为昆仑丘，故"玉"字从三贯一以取其形欤？《西山经》崟山之崟字正作三成之形，密尔岱山三成，下层者麓，上成者巅，中成则琼瑶函之（案：此出徐松《西域水道记》），殆非虚语矣。①

他对于"崟"字的分解，颇有理趣；其他虽牵强，亦可供参考。

天地祭台的可参照物

张光直援用彼得·佛斯特（Peter T. Furst）的"亚美巫教"（Asian-American Shamanism）理论，指认其"宇宙构造"是：三重世界（每重还可分层）；四方神或四象限神（控制"四方"）；中央之柱或宇宙轴，兼为天梯或"世界树"，其上往往有鸟栖息。②

这里，对我们的论题最重要的是："世界又经常分为四个象限，由南

---

① 章鸿钊：《石雅·宝石说》，上海古籍出版社1993年版，第450页。
② 参见张光直：《中国考古学论文集》，生活·读书·新知三联书店1999年版，第357—358页。

北与东西中轴所分隔，同时各个方向又常与特定的颜色相结合。"①

这当然是古代中国与印第安人宗教的共同内容（由"四方"加"中心"生出五方色）；然而，据我们所知，这虽然是草原萨满教或泛太平洋文化的重要特质，却并不为他们所独具，例如"四大元素"和"四方（风）神"就是印欧民族也具有的"信仰"。据发掘简报，浙江余杭瑶山良渚文化的祭坛遗迹平面呈方形。由里外三重组成。最里面一重偏于东部，是一座红土台，平面略呈方形。第二重为灰色土，在红土台四周挖凿65—85厘米深的围沟，边壁与底边平直方正，极易剥剔。在第二重灰土围沟的西、北、南三面，分别为宽5.7、3.1、4米的黄褐色斑土筑成的土台。台面上散见较多的砾石，推测土台原铺砾石台面。整个祭坛外围边长约20米，面积约400平方米。②

奇特的是，土坛上布列着12座墓葬，全部"打破"土坛，表明建坛早于埋墓；墓葬又没有逸出坛外，证明此坛建立时有意留出空当以供特殊身份的人士埋骨。③

但这又决不仅是墓地。红土台当中一大块是空着的。发掘者（牟永抗、芮国耀等）认为，土台建于山顶，"高上加高应含有通向上天之意。坛作方形，和传统的'地方'说也许不是偶然的巧合"④，最可能用以"祭天礼地"。埋葬者被认为是交通天人的巫觋，有如玛雅祭坛埋葬着祭司。

更加明确而标准的三层高台，是四川成都羊子山高台遗址。或以为它建造于殷商时期，或以为可提早到原始社会末期。它是祭祀——尤其祭天——遗址，则大致无疑。但要注意，它的基座四方，或兼祀天地（下文论证，在特定时空里，"方丘"亦可祭日、祭天）。

---

① 张光直：《中国考古学论文集》，生活·读书·新知三联书店1999年版，第358页。
② 浙江省文物考古研究所：《余杭瑶山良渚文化祭坛遗址发掘简报》，载《文物》1988年第1期，第32页。
③ 浙江省文物考古研究所：《余杭瑶山良渚文化祭坛遗址发掘简报》，载《文物》1988年第1期，第50页。
④ 浙江省文物考古研究所：《余杭瑶山良渚文化祭坛遗址发掘简报》，载《文物》1988年第1期，第50页。

图 4-2　成都羊子山高台遗址复原图（采自王仲殊）

它的三级构造，与明堂、灵台的三层以及所谓"三成"的昆仑丘完全相合。如果将它四面的阵阶视为整个方坛的有机组成，那么它的平面布局跟所谓"亚"形明堂也完全一致，而且是"方中有方，亚中有亚"。它可以祭祀天地。

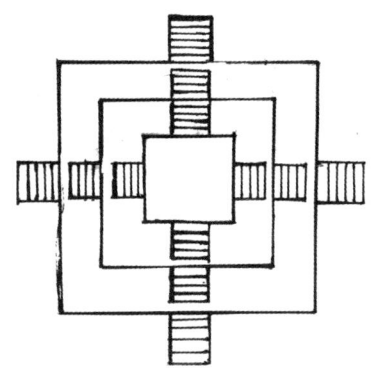

图 4-3　成都羊子山三层祭祀台平面图（据王仲殊复原图再制作）

乌尔古城塔庙、埃及曼都赫特普神庙等，也都是"三成"。考古学家记述乌尔古城塔庙的构造说：

> 在最初的（案：公元前六世纪新巴比伦时期）围墙内建筑中，最突出的建筑是由乌尔纳姆建造并由他儿子淑尔吉竣工的大型塔庙。这个宏伟的纪念物是美索不达米亚同类建筑中保存最好的。……这是一个实心结构，由三重台基构成。核心部分是泥砖结构，可能是在早期土墩废墟的周围和顶部铺置泥砖，而在正面使用烧砖，并用沥青加固，厚约 2.4 米。底层台基保存最好，面积为 61 米 × 45.7 米，高 15 米。通向顶部的主要道路是一个三重阶梯。在最底层台基上，有三个阶梯聚合在一起，聚合处有一个

矮城楼——扶垛。四个残存的砖柱说明这里曾有过某种门廊。吴雷推测，在这里有一圆形屋顶。①

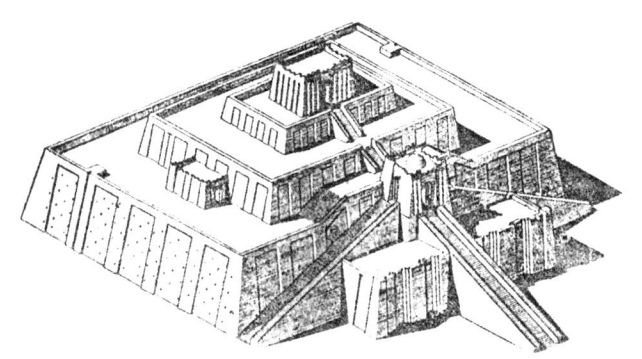

图 4-4　乌尔古城塔庙复原图

要注意整个城市的布局，它虽然呈不规则形，最初却是围绕神庙逐渐建设起来的。

乌尔古城塔庙不计顶上神坛便是三层。它是宫殿、神庙、观象台三位一体，体制上很像明堂、辟雍、灵台。

有如中国的丘，既有圆也有方，丘的底部却一般是方形的，象征大地；有如可以兼涉天地的昆仑丘的三级构造（"三成"），"在《吠陀》描绘的仪式中，神圣的土丘成为宇宙的象征，它的底部象征着大地，它的顶部代表着蓝天，而中间的部分则代表着大气"②。以色列的圣坛也是如此。正如奥尔布赖特曾指出的，由先知伊齐基尔概述的祭坛草图提出祭坛要有三层组成，最低的一层称作"大地之腹"，最高的一层称作"神山"，这些描述明确表达了一种宇宙的模式。这种模式也为内布查德扎所采取，以此设制巴比伦马尔杜克神庙之塔的基础平台。

纳西族神话里的"居那什罗山"，也是一种"世界大山"，相当于印度的"须弥"、华夏汉族的"昆仑"。其象形文字如🗻。

李霖灿说，其下"台基三级，示此山为修筑而成，经典中有《修神山记》

---

① ［英］塞顿·劳埃德：《美索不达米亚考古——从旧石器时代至波斯征服》，杨建华译，文物出版社 1990 年版，第 137—138 页。
② ［美］阿兰·邓迪斯编：《西方神话学论文选》，朝戈金、尹伊、金泽等译，上海文艺出版社 1994 年版，第 165 页。

云古时天地动摇，故修此神山以定天地。颇与'炼石补天'故事有仿佛处"。①苏雪林指出，此"神山三级，与我国昆仑之丘三成，及印度须弥山之上中下三级，宛若合符"②。方国瑜、和志武说它就是"居那什罗山也，传说之大神山"，其上从山形，其下为"三级"神座。③可见它也有人工模型来象征，有如黄帝明堂之楼和圜丘等象征昆仑或天。

同样有趣的是，⋀形为神山本身（有如前举"天柱"），不计数，其下仍有三级；某些西亚台坛，也有一小型楼台代表天，其下也是三级——跟纯"三成"构造并行而不悖。

《国语·楚语》说楚庄王"为匏居之台"，其"高不过望国氛"，韦注"氛，祲气也"。看来是南方化的观察天文气象和妖祥的"灵台"。匏是葫芦，亚腰葫芦的典型形态是三截如♓，从此也可证完善的灵台是三层。而昆仑山一名"壶岭"，亦称"壶形山"，或说其形如壶即（亚腰）葫芦，它也是"三成"。所以灵台、昆仑、匏（葫芦）三者形制密合无间。

云南省楚雄市吕合区太一村发现"两座单圆台彝族向天坟，高约一米五，直径约一米，均由粗工石块三层围砌而成，内填满土"④，类似者尚有一百数十座，散布于黔、滇、川三省。刘尧汉、卢央认为这大致上体现葫芦形体、葫芦崇拜的"向天坟"，跟楚"匏居之台"，中原"灵台"一致，"是踞以观测天象星斗的观象台或天文台"⑤。向天坟顶部开口似葫芦，据说是为了让埋葬在骨灰罐里的魂灵出入的。这跟彝族供奉祖灵的凹腰葫芦形灵台（彝语"拍拍"）形制相似。其三级构造跟玛雅的三级式金字塔可以比较。

> 葫芦灵台口向天而置于屋宇内，石砌灵台口向天置野外；前者火化骨灰罐埋于山野，后者骨灰罐埋于向天坟顶口内；两者都

---

① 李霖灿编著：《么些象形文字、标音文字字典》，文史哲出版社1972年版，第15页。
② 苏雪林：《屈赋论丛》，武汉大学出版社2007年版，第562页。
③ 方国瑜编撰、和志武参订：《纳西象形文字谱》，云南人民出版社1981年版，第127页。
④ 刘尧汉、卢央：《考古天文学的一大发现——彝族向天坟的结构与功能》，见《彝族文化研究文集》，云南人民出版社1985年版，第193页。
⑤ 刘尧汉、卢央：《考古天文学的一大发现——彝族向天坟的结构与功能》，见《彝族文化研究文集》，云南人民出版社1985年版，第204页。

寓有口向天空亮星之意，惟后者确具有观象台的功能。①

这不是跟中原灵台前身"重屋"，即"通天屋"的崇拜天体和光明的性质与功能又合辙了吗？不是跟面向天空，并与"天中"垂直的昆仑"中心山"颇为接近吗？

刘先生认为，葫芦崇拜和槃瓠、伏羲、女娲等化形为葫芦的祖先神的崇拜，是"中华民族的原始葫芦文化"②的具体表现，与太阳崇拜、自然崇拜是一致的。例如《礼记·郊特牲》："陶匏以象天地之性。""则此陶质葫芦形祭器，已具有象征小宇宙（天地）的含义。"③案：葫芦或"匏"（朴）是"混沌"或"道"的意象，它也是具体而微的宇宙模型；它跟"昆仑"在神话心理学上是"等值"或"趋同"的。④有人认为昆仑（丘）的三级构造是模拟葫芦的形象，昆仑山基本上是一个封闭的、混沌的、充满着原气的葫芦形的小宇宙。所以无论是"匏居之台"，抑或"向天坟"，都不仅仅是面向天空，而是"上应苍天，下接黄土，中容元气"的人工宇宙模型，视为"中心宇宙"也并无不可；或说，这体现着萨满教天上、人间、地下之三元世界，其实只是萨满世界观里同样具有三元宇宙层次而已，不必将其列为"泛萨满主义"义项。

外国神话里"世界大山"也有三级构造者，例如巴比伦的神山有"三成"者，前述模拟它的乌尔古城塔庙便是"三级"。古代埃及的曼都赫特普神庙，是典型的三级构造，最上层是祭祀太阳神的金字塔。它处在宏伟的德·埃巴哈利建筑群中，约公元前2000年，为第十一王朝的曼都赫特普三世所建造。有人认为玛雅的三级金字塔与之有渊源关系。

古代印度的须弥山也有说是"三成"的。《起世经·阎浮州品》说："须弥山下，别有三级，诸神住处。"《长阿含经》说，须弥山有三重阶道："须弥山王有七宝阶道；下阶道广六十由旬，中阶道广四十由旬，上阶道广二十

---

① 刘尧汉、卢央：《考古天文学的一大发现——彝族向天坟的结构与功能》，见《彝族文化研究文集》，云南人民出版社1985年版，第206—207页。
② 刘尧汉：《彝族社会历史调查研究文集》，民族出版社1980年版，第218页。
③ 刘尧汉：《中国文明源头新探——道家与彝族虎宇宙观》，云南人民出版社1985年版，第160页。
④ 详见萧兵、叶舒宪：《老子的文化解读——性与神话学之研究》，湖北人民出版社1994年版。

由旬。"这按比例向上缩小的塔形构造，带着相当的人工性。它跟昆仑山、巴比伦神坛、奥林匹斯山一样住着诸神："下阶道有鬼神在，名曰伽楼罗足；其中阶道有鬼神住，名曰持鬘；其上阶道有鬼神住，名曰喜乐。"

令人惊讶的是，古代玛雅也有这种"其丘三成"的圆形有孔金字塔，见于玛雅象形文字。刘尧汉等认为这种石砌的三层祭坛跟彝族向天坟十分相似，顶层可供巫师僧侣们观测天文使用。

王大有说："玛雅金字塔的基本结构为阶层式建筑，可循台阶拾级而上，顶端坛庙既是祭天的庙堂又是观测天象的场所。向天坟与玛雅金字塔基本结构酷似，不能不使人联想到其间的源流关系。"①

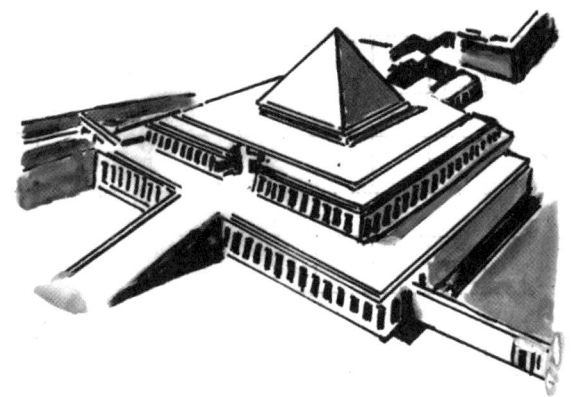

图 4-5　曼都赫特普神庙复原图

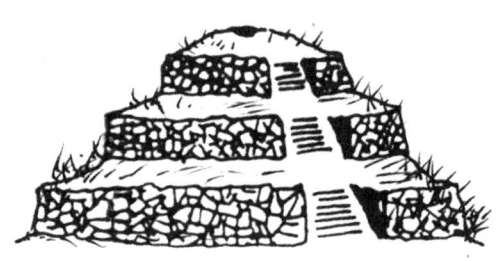

图 4-6　彝族向天坟（采自刘尧汉等）

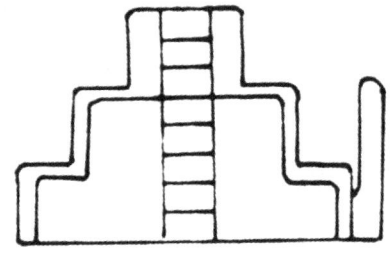

图 4-7　玛雅象形文字中的三层祭坛

彝族向天坟"三级"构造，被认为模拟天数，与中原所谓"昆仑丘"三重趋同。

---

① 王大有：《龙凤文化源流》，北京工艺美术出版社1988年版，第262页。

方地、方田到方台

中国古人倡言，"天圆"而"地方"。这个观念不十分古老。但其萌芽状态，已见于安徽含山凌家滩新石器遗址出土的（龟含）玉版，其上是"大方"套着"大圆"，圆中除"八圭"纹外复有"小圆"，"小圆"中有八角星纹（简称"原八卦"图）。

"天圆"比较好理解，基于直观而又不违背经验。如《敕勒歌》所唱，"天似穹庐"，帐幕似地中高而边低，"笼罩四野"。"地方"的想法，大概由太阳光的"四射"而产生（由中心而推测），先有标识日出、日落的东西，再由之划出南北，由"四向"规定"四方"。殷墟卜辞有东、南、西、北。

含山玉版，不但有"四圭"，而且有"八圭"，指向"四面八方"（"圭：卦"一音之转，"八圭"就是"八卦"，八卦之古老若此）。所以玉版及基本图形取长方形，而中心大圆也有人说象征圜天。这里先简单提一下，另见专章讨论。

徐中舒精辟地揭示出，古代的"封疆"，包括田猎的"围场"（囿），"必为方形"。原因之一，"古代黄河下游，广大平原之间，其疆界之划分，亦必以方形为最整饬而无弃地"①。所以，《说文》卷十三有"畕"，说是"比田"，从二田。而"畺"是"界"，从"畕"，那上中下三画，"其界画"也，画就是以"聿"器分划田土和界线。

> 故封建时代，诸侯之封地，畿服之远近，田囿之大小，必皆曰方若千里。盖本以此方形之封疆为基础而推极言之。及农业代兴之后，更就此等封疆而制井田。故井田之形方，实由田猎社会演化而来，初非偶然划分为豆腐干块形也。②

最初的方形田，只是块生活、求偶、猎牧，并且穿插以采集和种植的领地，不一定就是农田或猎囿。其常规是大体成方，证据很多：囿、田、國、甸、疆等字俱从口（或从囗）；井田成方，也许最初只作四分"田"形，

---

① 徐中舒：《徐中舒历史论文选辑》（下），中华书局1998年版，第732页。
② 徐中舒：《徐中舒历史论文选辑》（下），中华书局1998年版，第732页。

后来才成"囲"形，但四方、五行、八卦、九宫等，都与井田之划分密切相关。或说，古"社"也是四方形的，或以方形土或石为代表。

所以，"四方"观念不但从太阳运动取象，更与实际的"地面生存"有密切关系。

上古的"田"重要功能之一是围猎野兽。有人说，这还在农田之前。由于多由中心向四方作"十"字展开，再封闭边界，所以也呈正方形。"界""疆""甸"等字多与此有关。这就是田猎之"田"，或兽圉之"圉"，为什么都从口（围）作正方形的缘故。不仅广阔的黄土高原和中原开阔地带，黄河下游龙山文化（所谓"低地农业"）区，也是如此。徐中舒说："低地区的开发，最初也只为邻近泰山区高地部族的猎场，由各个氏族公社分割为许多方形圉。孟子称齐宣王有圉方四十里，这是战国时仅存的古圉。"①这种猎场一般都有边界屏障和防护设施，或"刈草"（四周留出带状空地，如回——预防"火田"时野火殃及界外），或设棚，或开沟，或掘壕，或筑垣，或立石，等等。所谓"封"（封树），所谓"界石"，所谓"敖包"（obo），都是这么产生的。《说文》云"圉，苑有垣也"就是此意。古"社"制与此关系密切。如上所说，这也叫"防"，防字从"方"，就因其所守为"方"田。

《世界征服者史》叙述，蒙古人打野兽的"猎圈"，起初是不固定的，由人马慢慢"收缩"；后来"合罕本人曾命令在契丹地和他的冬季驻地之间，用木头和泥土筑一堵墙，墙上开有门；这样，大批的野兽可以从远方进入墙内，他们则照前法猎取"②。这就是有"围墙"的猎圉了。

看重"高级经验"的中国人从实践中摸出一套办法和道理：划分土地用以十字为中心的"方"比较方便、节省而且合理（这也可以解释为什么中国宇宙模式是"天圆"而"地方"，屈从方地，弄得"四角之不掩"）。如李零所说，它是"化线为块，化圆为方"：

中国古代的方块图形是从上面讲过的十字图或米字图发展而

---

① 徐中舒：《徐中舒历史论文选辑》（下），中华书局1998年版，第835页。
② ［伊朗］志费尼：《世界征服者史》（上册），何高济译，内蒙古人民出版社1980年版，第31页。

来。比如十字图用块图代替线图是"四方"加"中央"的五位图，米字图用块图代替线图是"八位"加"中央"的九宫图。①它基本上以"方"为基础，跟含山"原八卦图"基本一致：

> 还有古书中的国野制和畿服制，古人也习惯于把它想象成大方块套小方块，而不是同心圆。所有这些考虑都是以"计里画方"（语出胡渭《禹贡锥指》）为基础，局部是"方"，整体也是"方"。它对土地面积的测量、计算都很方便。例如《九章算术》头一章就是讲"方田"，它是以"方田术"作基础来研究其他形状的田。②

不但"田"，而且房子、城郭、大小区划，连绘制地图的网格等等，都是方的。所以"画"字无论繁简，基干都是方形的"田"。《山海经》里的"国"或"郭"，有呈四方形者。例如《海内西经》："流黄酆氏之国，中方三百里，有涂四方，中有山，在后稷葬西。"涂即"途"，郭注"道"，或指有通道四方。所谓"中方三百里"，郭注"言国城内"。城，或说"域"误。《海内经》有国名"流黄辛氏"，疑即此，其国出"尘土"，就是火山灰，十分肥沃。"其域中方三百里"，与此合。中有山，即此国之巴遂山，绳水（原作渑水）出焉。《淮南子·地形训》说："流黄沃民在其北，方三百里。"其土肥饶，所以其民称"沃"，呼"丰"。

这种"国"或"郭"，四边边长都是三百里，朝四向辐射的道路也构成"方"，如，当然是人为的。

有一种严整的方锥体之丘，一般是人工制作，至少必须由人修整。《山海经·海外南经》说："昆仑虚在其东，虚四方。一曰在岐舌东，为虚四方。"这"四方"的"昆仑虚"，就是昆仑丘。郭注说这里的虚，指"山下基"，就是四方形底座，极是。与其相应者，是前引《山海经·大荒西经》的方山。这里的"方"，指山下基（座）；而既是山，既是丘，必然中部高，构成类方锥体或准方锥体（毕沅说，此昆仑虚指东海"方丈山"，海上"方丈"是对昆仑虚的模拟，言其四方各边长皆"丈"也）。《周礼·春官·大司乐》有泽中"方丘"。郑注说祭的是地祇昆仑。因为"昆仑虚（丘）"是四方形，

---

① 李零：《中国方术续考》，东方出版社2000年版，第259页。
② 李零：《中国方术续考》，东方出版社2000年版，第259页。

所以用"方丘"象之。清孙诒让《周礼正义》便说:"方丘祭大地之神,郑依纬书,谓祭昆仑。"这里作为地祇或世界中心的"昆仑"与"方丘"是异质而同构的。

最奇怪的是《尔雅·释丘》的一个说法:"丘,一成为敦丘,再成为陶丘,再成而锐上为融丘,三成为昆仑丘。"郭璞说,"成"就是"重"(今言"层"),《周礼》曰"为坛三成"。敦丘,"今江东呼地高堆者为敦",即墩。郝笺说"敦"训为"厚",又即《诗·卫风·氓》"顿丘"之"顿"。《尔雅》邢疏引孙炎说:"形如覆敦,敦器似盂。"那么就是⌒,其实平面若▢,侧视如▭,即今考古所见丘台,亦即前举之"三层台"。

陶丘,郝笺引《说文》"再成丘也",犹今言"二层台"。《说文》引《书》"东至于陶丘",《禹贡正义》引李巡曰,"再成其形";再,重也。疑用《诗》"陶复陶穴"义,一层上再加一层。其平面略作形▢,侧视若▭。

融丘,就意味深长了。郭注"纤顶者",即尖顶。《释名》:"锐上曰融丘。融,明也。明,阳也。凡上锐皆高而近阳者也。"多少有些望文生义,但与高阳明光联系,却很有启迪。其形只能平视如▣,侧视若△;成方锥体,不然不能锐上——那么这不是"金字塔"又是什么?

"四方"(或十形、亚形)在神圣空间或宗教建筑上的物化静态表现,就是多见于《山海经》的四方丘坛(详见《山海经的文化寻踪——"想象地理学"与东西文化碰触》,这里只是简述要点)。

"四方丘坛"也可以说是明堂的一种原初形式或简单形态。它可以是"丘",也可以是"台"。

丘,是这种方形神圣建筑——从方台到明堂——的自然物"模拟"。中国古代有一种人造山,"丘"就是其专名之一("丘"是小山,也许被借用为"人工山"之称)。这种"方丘"显然用来象征方形的大地,而凌纯声、苏雪林、杨希枚等都说这是"人工山",是巨型"社坛"。这样,《海内南经》所说"昆仑虚在其东,虚四方;一曰在岐舌东,为虚四方",也可能是人工山,即昆仑丘。所以郭璞说,虚(墟)指"山下基",即丘墟或丘台的底座。

古代的"社坛",也往往筑成四方形。《逸周书·作雒解》说,周公"乃作大邑成周于土中"。又说:"封人社壝,诸侯受命于周,乃建大社于国中。

其壝：东，青土；南，赤土；西，白土；北，骊土；中央衅以黄土。"五色土，可能是后人附会；但社壝方形却较可信。丁山综合史料说："由于社壝形四方，后来就演出来'王者五社'，《白虎通·社稷》引《尚书》逸篇所谓'大社，唯松；东社，唯柏；南社，唯梓；西社，唯栗；北社，唯槐'是也。由于'地道曰方'，社壝必作方形，其土五色，演出来中央与四方的五社。"[①]（"五色"云云，当然是五行思想的产物，但战国《楚帛书》也有五色木，可惜只见四木，可见其说不会晚于战国）。

什么是"壝"？古代社稷（坛）为方形，四边有"壝"或"垗"以为界。《周礼·地官·封人》说："凡封国，设其社稷之壝，封其四疆。"贾逵释"壝"为社坛的四边界，"言壝不言坛，举外以见内，内有坛可知也"。清王聘珍说，这就是垗，《说文》云"畔也"，为四畔界，祭其中。又如汉蔡邕《独断》："天子社稷，土坛方广五丈，诸侯半之。"说明社坛或社稷坛是方形的，是小型的方丘。

《礼记·祭法》："燔柴于泰坛，祭天也；瘗埋于泰折，祭地也，用骍犊。"郑注说，"坛、折，封土为祭处也"，可见是人工（圆、方）平台，"坛之言坦也"，西方云"祭坛"（Altar）。所谓"泰折"，因其大方而有四角（折）也，下文的"四坎坛，祭四方也"，即自泰折化出。现在北京的地坛依然保存着它的框架。《仪礼经传通解续》引《尚书大传》说："坛，四奥。"注云："奥，内也，安也，四方之内，人所安居也。为坛祭之，祭四方之帝，四方之神也。" 祈佑四境的安全与稳定。

营造神圣祠殿就是再造和革新世界

笔者在《山海经的文化寻踪——"想象地理学"与东西文化碰触》里陈述：既然丘台坛壝可以象征大地，黄帝、颛顼和帝俊建立四方形的台坛就可以看作再度创世和重建世界的仪式预演；或者说，这是一种物化形式的世界秩序的演练性重构，要把人居的大地整顿得更符合统治要求，更有秩序。这样，也能反过来证明王权的"合法性"与"神圣性"。

[①] 丁山：《中国古代宗教与神话考》，龙门联合书局1961年版，第47页。

依照太阳光向四方的均衡照射原则，所有的庙、社、宫、郭都本应该是四方形的，或者说，以大中心套小中心，以"小宇宙"现"大宇宙"的礼制性建筑，其中多数的标准型都应该是四方形的，"四方之轴"的轴心就是太阳或北极星照临下的大地中心。① 《山海经》里诸帝四方之台，就具体而微地体现着这种"中心—方形"的宇宙构想。只有这样，才能达成"天地之所合也，四时之所交也，风雨之所会也，阴阳之所和也"（《周礼·地官·大司徒》）的预期目的。

这一类"神圣中心"方形建筑的营造过程，实在是极其重要的宗教仪式。其核心是保证地面建筑与天上神殿的一致性，亦即保证宇宙—人生构造及其过程的一致性。在古迪亚（公元前2250年西亚拉加什的统治者）的碑文里，叙述了古迪亚如何在梦中见到女神尼萨巴在一块石板上描绘出"神圣星星建成的圣殿"，而且梦见女神如何由一位男神陪伴，他把那石板上的建筑制成"蓝图"。与此相似，在《圣经》对建筑犹太神堂的解释中，据说是上帝在西奈山上向摩西展示了它的样式。作家伊本·艾尔-弗卡尔则宣称，闺阁（或后宫）的建筑样式是由天使设计，阿丹带到人间的。② 所以，人间神圣都市或宫室的营造，实际上是模拟宇宙，亦即在地面上重建宇宙秩序的过程。

伊利亚德指出，建造神圣建筑，是在模拟宇宙及其构成，以神圣空间再现神圣时间。"每座建筑物和每次新居的落成都是一个新的开始，都是一个新的生命。每次开始都是对原初开始的重复，正是在那时宇宙第一次看到了光。"③ 所以，这实际上就是一个再造世界、重构世界、更新世界的过程。

---

① Paul Wheatley，*The Pivot of the Four Quarters: A Preliminary Enquiry into the origins and Character of the Ancient Chinese City*（《四方之轴——古代中国城市的起源与性质的初步考察》），Edingburgh University Press，1976，pp.471–472；许倬云：《两周的物理、天文与工艺》，载《"中央研究院"历史语言研究所集刊》第44本第4分，1973年，第755页。
② ［美］阿兰·邓迪斯编：《西方神话学论文选》，朝戈金、尹伊、金泽等译，上海文艺出版社1994年版，第159页。
③ ［罗］米尔恰·伊利亚德：《神圣与世俗》，王建光译，华夏出版社2002年版，第25—26页。

考古发现的方形台坛

再往前推,辽宁喀左县东山嘴红山文化祭坛,长、宽各约 40 米①,略呈方形,还有圆形者。陆思贤认为方坛是大地,圜丘示圜天,正是"'天圆地方'的宇宙模型"。②张忠培认为,它跟巴格达附近的梭万(FS-Sauwan)遗址的构造和遗物都很相像,特别是都出土女性造像。③女神是阴与土地的象征和驾驭者。"圜天"与"方地"的宇宙格局,早在新石器时代就有了雏形:南有安徽含山"原八卦"玉版,北有红山文化圆、方祭坛。

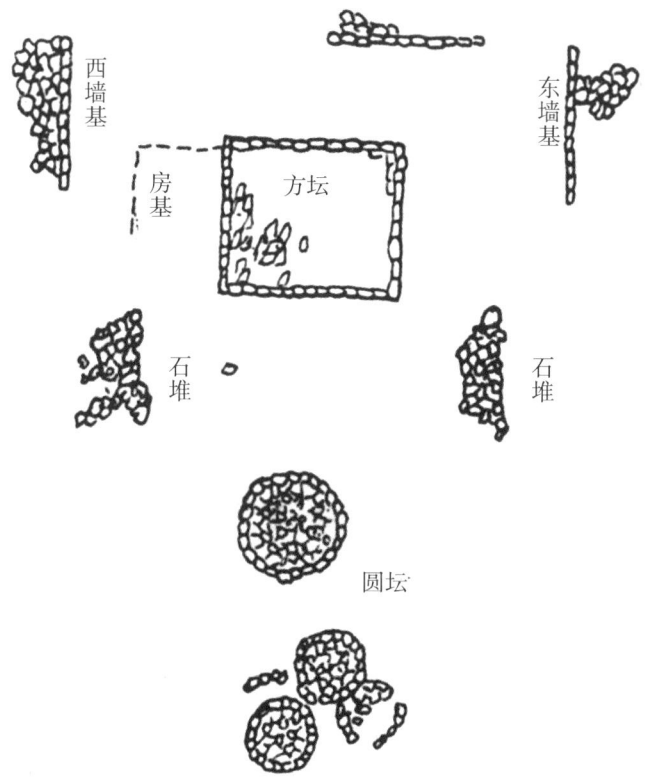

图 4-8 红山文化祭坛遗址示意图(采自郭大顺、张克举)

---

① 参见郭大顺、张克举:《辽宁省喀左县东山嘴红山文化建筑遗址发掘简报》,载《文物》1984 年第 11 期。
② 陆思贤:《神话考古》,文物出版社 1995 年版,第 53 页。
③ 参见张忠培:《中国北方考古文集》,文物出版社 1990 年版,第 195 页。

图 4-9　红山文化方形、圆形祭坛（采自苏秉琦）

（左图为辽宁建平牛河梁积石冢群，圆形、方形或说祭坛遗迹；右图为东山嘴圆形祭坛）

牛河梁遗址是远离生活住地专门营建独立庙宇的庙区，形成了一个规模宏大的祭祀中心场所。其"积石冢"（中心大墓），墓框各边边长 4 米，冢界直径（或冢界边长）20—30 米，金字塔式建筑直径 60—100 米。

考古人员在近 20 个地点发现巨大的墓冢，或称之曰"陵区"。所以，专家们认为，这个遗址群，"已决非民族、甚至部落所能拥有，而只能是红山文化这一文化共同体共同使用的崇拜先祖的圣地"[①]。

冯时认为，这些石坛是用来祭祀某位天神或天之神，也可能用来祭祀太阳或月亮。[②] 尹荣方说，考虑到这里有孕育女神像出土，而且，"东山嘴遗址也有圜丘与方丘，反映了天圆地方的观念，皆可证这个遗址是原始社会的'社祀遗址'"[③]。这些都是有依据的假说。

《白虎通义·社稷》据古说曰："天子之社坛广五丈，诸侯半之。"这就暗示社坛呈方形，边长各五丈，或二丈五。天子大社四方分别为四色土，其"中"冒以黄土。这有些像北京的地坛，象征方地。

新石器时代的祭坛或平台遗址，除前举外，良渚文化时期基本呈方形。瑶山祭坛就是"一座红土台，平面略呈方形，边壁的方向与磁针方向基本

[①] 参见郭大顺、张克举：《辽宁省喀左县东山嘴红山文化建筑遗址发掘简报》，载《文物》1984 年第 11 期。
[②] 参见冯时：《红山文化三环石坛的天文学研究——兼论中国最早的圜丘和方丘》，载《北方文物》1993 年第 1 期，第 9—17 页。
[③] 尹荣方：《社与中国上古神话》，上海古籍出版社 2012 年版，第 12 页。

一致"①。陈剩勇认为，这就是有封土的夏式方社，方形的祭坛"用三色土精心垒筑而成，红土台、灰土围沟和黄褐土台里外三层构成一个有机的整体台面"②。是否夏代形制，有待进一步研讨。但可以认为，它是后代祭祀大地、土地女神或大地母亲的"大社"的前身或早期雏形。

 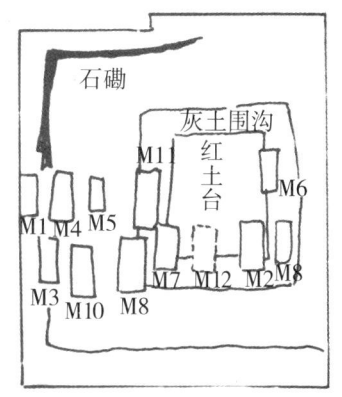

图 4-10　浙江余杭瑶山良渚文化方形祭坛

这种祭坛虽然并非严格的方形，却大致体现"方地"之遗制。

陆思贤等则认为，作为建筑"核心"的红土方台，当时是"在此观测太阳的周日运动的"。因为"红色象征火焰，象征太阳，象征光明，可称为太阳神台"③。我们觉得根据还不足。神坛中心的太阳形象一般是圆形的。仅用"红土"一项，很难做太多的判定。

殷墟小屯曾发现黄土高台式神坛基址，"绝对不掺杂他种泥土"④，郭宝钧称之为"黄土堂基"⑤。它基本上呈正方形（南北长 11.5 米，东西

---

① 浙江省文物考古研究所：《余杭瑶山良渚文化祭坛遗址发掘简报》，载《文物》1988年第1期，第32页。
② 陈剩勇：《中国第一王朝的崛起——中华文明和国家起源之谜破译》，湖南人民出版社1995年版，第128页。
③ 陆思贤、李迪：《天文考古通论》，紫禁城出版社2005年版，第74页。
④ 参见石璋如：《殷墟建筑遗存》，载《"中央研究院"历史语言研究所专刊》，1959年，第59—61页。
⑤ 郭宝钧：《B区发掘记之二》，载《安阳发掘报告》1933年史语所专刊。

宽11.8米），厚0.5—1米，面积达133.34平方米。李济说"这是个祭台"①，又说，这就是"崇拜最高神的地点"②，它以"纯黄色"之土昭示着中国黄土文化的悠久性与稳固性。③凌纯声认为这是中国最古老的祖庙。④李济还特别将其与西亚同类方形庙、坛比较：

> 这一神坛基址，较之两河流域同一时期所建的坛庙显着渺小，但在苏昧（Sumer）区域发现的最早的崇拜"恩济"（Enki）神的，只是每边3米长的一处方形坛址。故小屯发现的这一基址，在早期文明留下来的神坛建筑丛中，虽不算大，也不是最小的。⑤

它能不能认作《山海经》四方形的"舜台"或"俊坛"在殷都的再现呢？

西亚神圣方形台坛

讨论中国的方丘，不能不提到美索不达米亚平原那最古老的长方形或正方形的丘台坛庙。

早在19世纪末，"中国文明西方来源论"的提出者拉克伯里（Lacouperie），以及稍前的赛斯（Sayce），就提出，中国祭神的高台来源于两河流域的坛庙或庙塔。这样说当然未免简单化。但在四方形或矩形的神圣台坛、庙社方面，中国或西亚确实有许多趋同与可比之处。连某些一向谨严和慎重的考古学家也注意到堆土祭台跟苏美尔－巴比伦方形宗教建筑的相似性。

甚至有名的"挪亚方舟"，也是模拟大地的方形（希伯来人的洪水传

---

① 李济：《安阳——殷商古都发现、发掘、复原记》，中国社会科学出版社1990年版，第115页。
② 李济：《〈殷墟建筑遗存〉序》，见张光直、李光谟编：《李济考古学论文选集》，文物出版社1990年版，第306页。
③ 转引自萧兵：《黄土与中国文化》，见海南大学社会科学研究中心编：《中国文化：阐释与前瞻》，海南出版社1993年版，第34页。
④ 参见凌纯声：《中国祖庙的起源》，载《"中央研究院"民族学研究所集刊》1959年第7期，第10页。
⑤ 李济：《〈殷墟建筑遗存〉序》，见张光直、李光谟编：《李济考古学论文选集》，文物出版社1990年版，第306页。

说远出于苏美尔-巴比伦的史诗），这样才便于原来居住于方地上的凡人暂住，而不仅仅是为了保持稳定。

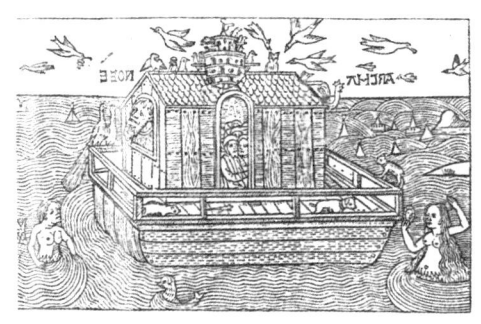 

图 4-11 欧洲中世宗教典籍中的挪亚方舟插图

挪亚方舟之所以做成方形，是出于对大地的缩微模拟：洪水遗民得以在新的"大地方盒"中躲过劫难，到真正的大地上"二次创世"。

两河流域早在新石器时代早期（约公元前 9000 年）就有石头建筑的祭室或寺庙，或长方形，或正方形。所谓前陶新石器时代 A（PPNA）和 B（PPNB）曾出现"太阳砖"叠造的方形或圆形房屋。重要的是有文字时期的发现。

欧贝德遗址曾发现苏美尔寺院的砖台基。瓦尔卡地方发现乌鲁克安努的塔庙，即一层一层地按比例缩小的台坛（一般没有金字塔的尖顶），其基座为长方形或正方形。

埃利都遗址（今名阿布沙赫赖因）发现欧贝德晚期苏美尔塔庙。这个神庙连续多层叠压建造，被流沙淹没，到乌鲁克建筑鼎盛期，形成土台——既是自然又是人工的方丘。"人们将土丘的四壁垒以石块，顶部铺成路面，于是形成了一个台坛。"[①] 在上面盖起华美大庙。

---

① ［英］塞顿·劳埃德：《美索不达米亚考古——从旧石器时代至波斯征服》，杨建华译，文物出版社 1990 年版，第 30 页。

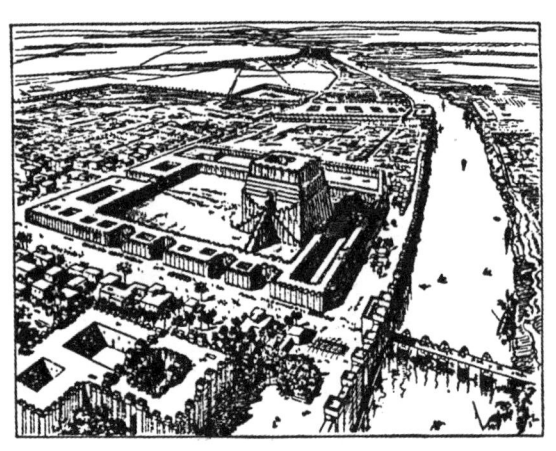

图 4-12　巴比伦城（A 种原复图）

这是新巴比伦王国时期（公元前第一千年中期）的巴比伦城。内、外城以幼发拉底斯河为界。图中高层建筑为巴比伦塔，图下方为主神马尔杜克的神庙，此城（尤其此塔）被认为"世界之中"（其对面为王宫）。

古典派的东方学家曾提出一些很难令人信服的假说。

小川琢治在《昆仑与西王母》中说，昆仑是"美索不达米亚光荣的巴比伦城底传说；倾宫、旋室、悬圃等，便是它底宫殿及花圃"①。

这些正方形或长方形建筑，都坚守着与四方（四向）的一致。苏慧廉（W.E.Soothill）也认为《史记·封禅书》所谓昆仑是"通天塔"之类的高层建筑；伽狄契（H.G.Guartitch）则认为封禅、明堂之制，可以推源于两河流域的高山崇拜，以及为信仰而建造的"人工山"和"山室"（Mountain, House of Mountain）；而所谓"积古拉特"（Ziggurat）或"巴比塔"（Bebel Tower），则逐渐演化为中国的昆仑、悬圃等等。②

苏美尔专祭主神马尔杜克（Marduk）的大庙似更典型。

这座正方形塔基每边长 288 英尺，塔和庙总高度也是 288 英尺，第一层高 105.6 英尺，第二层高 57.6 英尺，第三、四、五、六层各高 19.2 英尺，加

---

① ［日］小川琢治：《昆仑与西王母》，见《中国文学研究译丛》，汪馥泉译，北新书店 1930 年版，第 204 页。
② 杨希枚：《古饕餮民族考》，载《"中央研究院"民族学研究所集刊》1967 年第 24 期，第 11—12 页。

上高48英尺有余的马尔杜克神庙，就是七层（也有说八层、九层的），共用了5800万块"太阳砖"（用黏土晒成）；"庙墙以黄金包裹，饰以蓝色彩釉砖，阳光之下熠熠闪光"。① 它所祭奉的马尔杜克是战神，也是巴比伦诸神之首，是由太阳神升格而来的天帝，跟古埃及的荷拉斯，希腊的宙斯，古印度的大梵天（Brahma），中国的帝俊、黄帝、颛顼和东皇太一本质一样。

据 J.Bottéro 研究：

Marduk=Mar（accadian，义为"儿子"）+duk（utu，义为"日"）=太阳之子

原来这四方塔庙祭祀的也是太阳神。巴比伦的王位是他授予的，如中国之天子，祭司是他的仆从，是"太阳神巫"。"这个建筑高与天齐，使远方各国都惶恐臣服于巴比伦王脚下。"②

我们并不怀疑这类台坛模拟的是宇宙山或宇宙，这跟它们同时是广义的"通天塔"毫无抵触。

苏雪林女士认为，作为神话，"昆仑"来自两河流域传说里的库撒拉·库库拉（Khursag kurkura，即"世界山"），这山的母型是阿拉拉特（Ararat，波斯语称 Kuh-i-nuh），其物化形式就是被微型化的塔庙"七星坛"。③ 其图式大致如下：

```
                ┌─ 神话化：Khursag kurkura ─┐
      Ararat ──┤                           ├── 昆仑
                └─ 塔庙化：七星坛 ──────────┘
```

昆仑象征圜天，西亚神山及其塔庙同样指向天空。苏雪林认为其间有一定的语音递变关系：

［苏美尔语］Khursag kurkura→［波斯语］Kuh-i-nuh→［古汉语］昆仑

---

① ［德］C.W.西拉姆：《神祇·坟墓·学者：欧洲考古人的故事》，刘迺元译，生活·读书·新知三联书店2001年版，第307页。
② ［美］安娜·泰利·怀特：《湮没的世界——考古的故事》，冯纪民、张冶译，知识出版社1985年版，第118页。
③ 参见苏雪林：《屈赋论丛》，武汉大学出版社2007年版，第511页。

我们认为，作为神话里的宇宙山，库撒拉·库库拉-阿拉拉特（Khursag kurkura-Ararat）、积古拉特（Ziggurat）跟昆仑是可比的，趋同的；甚至七星坛庙与昆仑方丘也有许多类同之处。但是，说昆仑神话来自西亚，尚无实证，其语音对应更不密合。然而，"陟升皇之赫戏兮"，它们都向往太空，向往太阳，向往光明，却是一致的。

图 4-13 亚述神庙复原图

所谓"双神庙"，其台坛为三层，其上是"通天台"之类，基座基本为方形，或象征大地。有人将其与人工制作的"三成"昆仑丘做比较。

必须注意，积古拉特的情况并不十分简单。它虽是人工建筑的"模拟高山"，但有的是在废旧塔庙上重建的神祠，并非原来就那样高大。有的"Tell"，即阿拉伯语的"山堆"，就是《旧约·约书亚纪》（11.13）里所谓的"Tulul"（山冈）和"造在山冈上的城"。它跟天然的山（Jebel）虽然根本不同，却不是"塔庙"，而是许多世纪的不同居民在房屋、城郭、寺庙或宫殿的废墟上，在"破屋和瓦砾一层层一尺尺地堆积成一座不小的山坡"。[①]这跟昆仑、昆仑丘的情况更是完全不同。

遗存下来的 30 座左右的"塔庙"，建造在公元前 3000 年至前 500 年之间。我们多次提到的建造在公元前 2200 年到前 2100 年的乌尔古城塔庙，由三座大塔楼构成，代表水神、天神和地神。它也有不同颜色配置，却是纵向的，下层黑色，中间红色，上层白色。[②]塔基呈长方形而非正方形。

[①] 参见[德]维尔纳·克勒尔：《圣经：一部历史》，林纪焘、陈维振、姜瑞璋译，生活·读书·新知三联书店1998年版，第19页。
[②] 参见于殿利、郑殿华：《巴比伦古文化探研》，江西人民出版社1998年版，第290页。

塔的中央有一阶梯通到第三层台基。土砖砌筑，烧砖饰面，沥青勾缝。"外墙向内倾斜80°，并有呈弧状弯曲的辅助墙柱。在有'神宅'的上部屋顶庭院里，进行祭祀，也用作占星术士的观象台。"① 有如"灵台"。

特别是乌鲁克安努白庙，它建造在高层基坛之上，基坛面积为70米×66米，基本为正方形，分为八层。白庙属于第二层（B层），庙面积为22.3米×17.5米，系矩形，但是"神庙的四个角向着东西南北四个方向"②，跟昆仑等神山"四向"十分相似，与明堂大室的"四旁"各有一小室也有趋同之处。

杜而未称赞苏雪林《屈赋论丛·昆仑之谜》所持，即巴比伦"Khursag kurkura"与"昆仑"音近之说③；又肯定夏德氏（Hirth）所持，即和田南部之喀喇科龙（Karakorum）就是喀喇昆仑山，其音接近"昆仑"；并且进一步认定这 Karakorum 之名与巴比伦 Kurkura 有渊源关系，都是"月亮山"的意思。④ 它们都寄寓着古老的光明崇拜。

以上这些说法不一定都正确。我们现在还只能说中国与西亚在上古可能有低水平的交通与交流，却无法证明中国的"昆仑－世界中心"的观念与神话是从巴比伦移植或播化而来；昆仑、Ziggurat、Khursag kurkura、Sumeru（须弥山）之间存在某些类似或趋同点，目前主要的比较方式还只能是平行的。它们之间的因子水平的交流和影响，也只是一种小概率事件，至多是有前途的假设，而缺乏铁证。"昆仑"跟梵语 kara（黑）的相似性要大于与西亚语词的相似性。

白川静对苏、凌诸氏之说有所评述。他说，最重要的，它们都是一种多层的天象观测台（有如所谓"灵台"）：

> 虽然昆仑是否出于 Ziggurat 一语尚难确定，可是把昆仑看成是三层或九层之类的高台形式，而且表示祀天的祀所的看法是正确的，这地方同时也是用以做天数观测的地方。……金文辟雍所

---

① 于殿利、郑殿华：《巴比伦古文化探研》，江西人民出版社1998年版，第290页。
② 参见王震中：《中国文明起源的比较研究》，陕西人民出版社1994年版，第286页。
③ 参见苏雪林：《屈赋论丛》，武汉大学出版社2007年版，第512页。
④ 杜而未：《昆仑文化与不死观念》，学生书局1978年版，第50页。

见的古代明堂形式，好像在四周有大池环绕，而在岛上建高楼台，是像现今北京天坛的形式。这种形式的建筑分布于世界各地，最远的地方及于Maya的Chicheultza圆形天体观测台。波丹的华萨克顿的平列三神殿，其正面有天体观测台，也属此类。①

这就使得昆仑丘与太平洋两岸的圜丘－台坛联系了起来。

再以西亚以外的古罗马为例。普鲁塔克（Plutarch）曾记述罗马城及其地基的营造：

> 罗缪勒斯②（Romulus）从埃特利亚（Etruria）请来了建筑师，并指示他要按宗教习惯和所有庆祝典礼有关的成文规则——同样也是很"神秘"地——来设计。首先，他们挖掘了一个圆坑，那里将建筑现在还存在的喜剧场，或称集会厅，并把大地物产象征性地投到坑里作为祭献。然后，每个人从他的来处带一小块土一起扔到这个坑里。③

这个坑被命名为麦迪斯（Mundus），其象征意旨便是宇宙之"心"或宇宙之"脐"，代表整个宇宙。"环绕这个坑，罗缪勒斯用一头公牛和一头母牛拉的犁，划出一个圆形的城市界限，到设计为门的地方，犁头就抬起来，让犁杖空划过去。"④这个环绕着麦迪斯的圆形便是具体而微的寰宇。

然而通常所知的罗马城，是方形的，有如中国的田或田，那么这只能理解为环绕圆坑的是圆形，外层则是四方形，并分为四区，有如⊞，而这就是广义的"曼荼罗"（Mandala）意象。"'方形'这个字意指'由四个部分组成'；也就是说，这座圆形城市被两条南北向与东西向的主要干线分成四部分，交叉点与鲁塔克所说的'麦迪斯'恰好一致。"麦迪斯正是"中心之中心"。它的所在地也许便是帕拉丁。这里有古老的市集，而市集总

---

① ［日］白川静：《中国神话》，王孝廉译，长安出版社1983年版，第164页。
② 又译作罗慕路、罗慕路斯等，本书除引文外，采用通用译法"罗慕路斯"。
③ ［瑞士］卡尔·荣格等：《人类及其象征》，张举文、荣文库译，辽宁教育出版社1988年版，第222—223页。
④ ［瑞士］卡尔·荣格等：《人类及其象征》，张举文、荣文库译，辽宁教育出版社1988年版，第223页。

是居民点的中心。市集广场曾发掘出被称为罗慕路斯墓表的"黑石"（Lapis Niger）。史学家认为，"帕拉丁属公元前八世纪中叶的墓葬和小茅屋村落遗址的发现在一定程度上证实了传统的关于罗慕路（即 Romulus）在帕拉丁始建罗马城的故事是有根据的"①。

帕拉丁西侧还有一个被称为卢波尔（Lupercal）的洞穴，"狼孩"罗慕路斯兄弟便被母狼（或说牧人）收养在这个洞穴——这是古罗马的"玄牝"或"谷神"，不知道跟麦迪斯有什么关系。在罗马的"驱狼节"（Lupercadia）里，裸体的男青年以此为起点围绕帕拉丁赛跑，象征罗马城的营建；沿途还用羊皮条鞭打妇女，以求人丁兴望。这在意大利著名小说《斯巴达克斯》里有生动的描写。"这个起源很古的仪式单独围绕帕拉丁一个山头赛跑已说明帕拉丁是最早占据的山头。按传说这里是罗慕路斯所建的罗马方城（Roma Quadrata），按考古材料就类似在帕拉丁凯马卢斯山头发现的小茅屋村。"②这里应该是罗马人心目中宇宙之中心。其启发甚多，姑附于此。

而中东的圣城耶路撒冷也是"宇宙脐"，它的中心建筑盖在"地下水体"之上，而又能与"天堂"沟通，其基本框架也主要采用方形。

荣格（C.Jung）心理分析学派的作家，用坛城（曼荼罗）来解释这种"方中有圆"的古代圣城的构造。

> 曼陀罗不仅仅是一种外在的形式。通过曼陀罗城建平面图，这座城市及其居民都被从纯世俗的领域中超脱出来了。以这座城市为中心，为"麦迪斯"并同"其它"地区建立城际关系，以及是祖先灵魂的栖居地这样一些事实，进一步强调了这一点。"麦迪斯"被一块称为"灵魂之石"的巨石所覆盖。在某一天，这块巨石被移动，之后，它被说成乃是那些从根茎上死掉的玫瑰的精灵。③

---

① 李雅书：《关于罗马城起源的几个问题》，见中国世界古代研究会编：《世界古代史研究》第一辑，北京大学出版社 1982 年版，第 75 页。
② 李雅书：《关于罗马城起源的几个问题》，见中国世界古代研究会编：《世界古代史研究》第一辑，北京大学出版社 1982 年版，第 79 页。
③ ［瑞士］卡尔·荣格等：《人类及其象征》，张举文、荣文库译，辽宁教育出版社 1988 年版，第 223 页。

图 4-14 尼泊尔的"曼荼罗"(坛城)

基本构造是正方形的"大地"之形,内外环的圆又象征"圜天"。它是个微型化的平面宇宙,它的立体则又似通天台和繁化的明堂。居于宇宙中心的是救苦救难的八臂观世音,他控制着四面或八方的宇宙。注意其四隅有四位神,暗示方城像太阳似的"四射"其光芒。

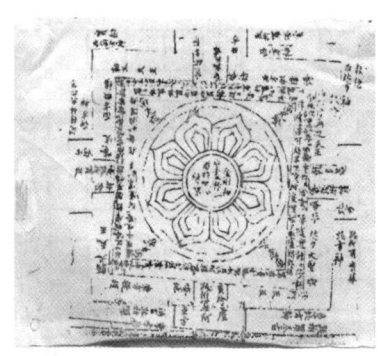 

图 4-15 唐代《随求尊位曼荼罗》

(左:原图摹本;右:原图轮廓)

敦煌藏经洞发现,现藏不列颠图书馆。它基本上是方框内的"亚"形,中央是莲花,象征宇宙中心。它还标出坛场四向之"门",但是排列与中土传统不同。

更重要的是,这个作为罗马城中心和宇宙通道的麦迪斯,常常被认为是"世界之腹脐"(omphalos),这里正是天上、人间、地下"三元世界"那"相互相沟通交往的要害"。①

---

① [美]米尔希·埃利亚德:《神秘主义、巫术与文化风尚》,宋立道、鲁奇译,光明日报出版社1990年版,第28页。

"曼荼罗"的启示

印度教神庙来源于"神龛"（grabha-griha），后者的原义是"子宫房"（Womb house），神像就"住居"于彼。如下图所示类"亚"形布局，是大神毗湿奴（Vishnu）神庙的平面。它不但可与所谓"曼荼罗"（义云"坛城"）相比，而且跟中国的明堂十分相似。毗湿奴的象征之一是"生命的集聚"，体现在"子宫房"的类"亚"形里。所以，有人说，"亚"形构造跟它同样也有"生命之宫"的意味。可惜理由还不充分。

又者，佛教、印度教文化区有些宗教建筑，如寺庙、塔［浮屠（stupa）］，其基座也有类"亚"形者，值得注意。

规模最为宏大的是位于印度尼西亚爪哇岛的婆罗浮屠，由几百个白色为主的尼泊尔式佛塔组成，约建成于公元八至九世纪。基座与外围五重，基本是四方形，四向略有凸出，四边稍为凹入，或说亦象征"方地"，中间为三色圆丘，圆形，或说代表"圆天"。中央高塔藏放佛舍利，是宇宙中点——佛祖君临并且控制整个宇宙的地方。

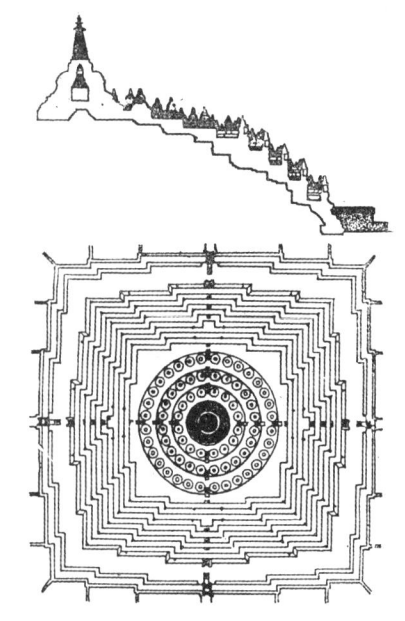

图 4-16　婆罗浮屠（塔）及其平面图

美洲方形神圣建筑

美洲方形建筑及其透露的宇宙观同样引起学术界的兴趣。

伊利亚德亦曾介绍印第安人的四分式建筑构造，以及它的象征功能：这是一种四分制的宇宙图式。

> 在很多北美印第安人部落中，特别在奥根奎恩人（Algonquins）和辛奥克斯人（Sioux）中，也可看到这类似的观念。他们的神圣

棚屋,即要在那里举行入会仪式的地方,就是代表着宇宙的。屋顶象征着天盖,地极象征着陆地,四壁象征着宇宙空间的四方。其神圣场所的仪式建筑是用三重象征符号突出体现出来的:四扇门,四扇窗户,以及四种颜色都表示着东、西、南、北四方。其神圣棚室的结构就这样重现出了宇宙起源论,因为它们那间圣棚所代表的是整个世界。①

不能不说,这跟中国的明堂四室围绕一庭(或大室),乃至四合院式的建筑体制是基本一致的;穹顶象天,屋基法地,更是如出一辙。区别只在于,以四壁代替四室。

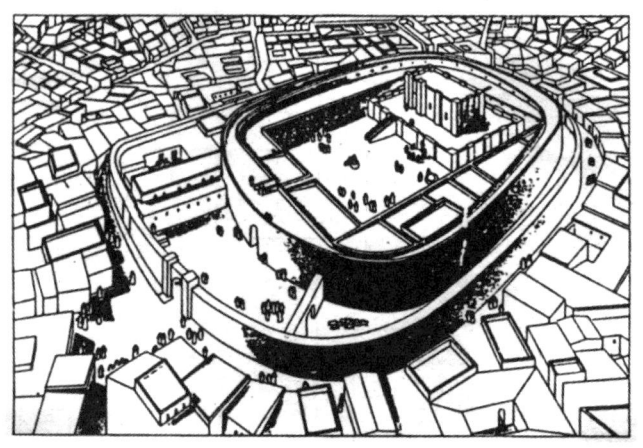

图4-17　海发吉城复原图

这些建筑大都是四方或长方形的,或说是为了与椭圆形的外墙构成宇宙的形象。

这种四方的宇宙空间跟四时(那里跟中国一样四季分明)的宇宙时间是同构的,相应的。

宇宙与宇宙时间("循环的"时间)之间的互相依存也被人们强烈地感觉到了,以至在几种印第安语中,"世界"这个词也有"年度"的含义。例如:某些加里福尼亚部落说"世界已消失了"(The world is past)或"地球已消逝了"(The earth has passed)

---

① [美]米尔希·埃利亚德:《神秘主义、巫术与文化风尚》,宋立道、鲁奇译,光明日报出版社1990年版,第32—33页。

都是"一年已过去了"的意思。达科他人（Dakotas）说："一年就是环世界绕了一圈。"这就是说环其圣棚屋绕了一圈。①

在原始思维里，空间（方向）与时间（季节）是互渗的，严格而又整齐地对应，所以东、南、西、北跟春、夏、秋、冬是配比的，而且有各自的色泽（中国是青、红、白、黑），绕行四向等于周游天下，也就经历了四季（一年）。无论是美洲的"四区－四时"还是中国的"四向－四季"（五行之基础），都是一致的。

王大有等就曾多次把美洲"四分制"空间或"十"字形布局跟阿兹特克"太阳（历）石"联系起来，指出："在古印第安文物中，象太阳石上以中央神为主，其他神为辅，配于四周的这种固定格式，多有发现。"②这不是孤立现象，特奥蒂瓦坎城（即"众神之地"）的四区拱卫中心神庙，即邦酋住宅，明堂的四堂紧连大室，都是表示天下四方对太阳、太阳神或天子的忠诚拥戴。

尤坦卡半岛上古代玛雅人金字塔，底层也呈端正的四方形，塔身呈阶梯状（九级构造，上面还有6米高的神庙），塔的四面各有"阼阶"，直臻塔顶。"库库尔坎"（kukulcan）意为"带羽毛的神蛇"，跟颛顼（也许还有共工）以太阳神兼着雨神（或雨、水之神）也有相似之处。

值得注意的是，伊察人在此塔朝北的阼阶两堵扶墙下端各雕刻一个巨大的吐舌蛇头（高1.43米、长1.87米、宽1.07米），琢治十分精致美丽。虽然只是"双蛇卫之"，却也能证明太平洋两岸古人确实有以神蛇卫护太阳方丘的制度。

更要严重注意的是，奇琴－伊察神庙出现玛雅战神的形象（颛顼、共工亦兼战神），或说，此庙正是战神庙！王红旗也见及此："所谓'台四方'，当系人工建造的四方台型金字塔，与美洲金字塔（阶层式）相似，'隅有一蛇'疑是台前巨石雕刻的看护神兽，或即共工之臣相柳氏之造型……墨西哥特

---

① ［美］米尔希·埃利亚德：《神秘主义、巫术与文化风尚》，宋立道、鲁奇译，光明日报出版社1990年版，第33页。
② 韶华宝忠双、欧阳如水明：《中华祖先拓荒美洲》，黑龙江人民出版社1992年版，第257页。

纳尤卡金字塔底部即有一蛇形浅浮雕饰带。"①

图 4-18 墨西哥特奥蒂瓦坎羽神庙正面

这是一座六层方座金字塔，底层布满雕塑——其中羽蛇的形象最为突出（四边各种头像多达 366 个）。这些神蛇拱卫着庙坛，也许还有标识方位和时间的作用。

或说，跟古代世界的宇宙划分一致，美洲天空亦四等分，每一部分都有神主持或看守（像中国的四风、四神、四灵），主要目的在与四分的大地取得严密的对应，使得人类生存的上、下方，亦即天、地变成一个整体，一组有序的神圣时空。

天空圆顶停驻在大地上的四个方位，有时由国王、侏儒、巨人、大象或海龟的四个像柱支撑。因此，这是传统圆形求积分的数学问题之所以重要的缘故，它包含着将天空形体转化为地面形体的秘密。②

这样世界才像一个"永不穷尽的杯皿"，人世和天空才能呼应，人间的运动才能跟宇宙同步，并且得到神灵的庇佑。这也就是为什么佛道的极乐世界也有"四大天王"或"四大金刚"，而人间也往往有四王、四相、四将，连戏曲舞台的"下手"（龙套）也是四个。这种严格的对应才能保证神圣时空的有序与安全。

---

① 王红旗：《〈山海经〉试注（选）》，见中国《山海经》学术讨论会编辑：《山海经新探》，四川省社会科学院出版社 1986 年版，第 364 页。
② ［美］约瑟夫·坎贝尔：《千面英雄》，朱侃如译，金城出版社 2015 年版，第 61 页。

与方台相关的禁忌与卫护

《山海经·海外北经》镇压"反叛"的相柳,"三仞三沮,乃以为众帝之台"。"众帝之台"似可省称"帝台",与轩辕之台、共工之台等类同。此"帝台"为神之居处,所出皆为灵物。

《中山经》:"休与之山,其上有石焉,名曰帝台之棋,五色而文,其状如鹑卵;帝台之石,所以祷百神者也。"群帝或某帝不仅在此休止,且觞百神,镇诸恶。

《中山经》:"鼓钟之山,帝台之所以觞百神也。有草焉,方茎而黄华,员叶而三成,其名曰焉酸,可以为毒。"这里的帝台似乎已人格化,为神名。郭璞说:"(帝台)举觞燕会,则于此山,因名为'鼓钟'也。"

《中山经》:"高前之山,其上有水焉,甚寒而清,帝台之浆也,饮之者不心痛。"此似神酒或生命水之卑化。

如前所说,世俗化、地名化的"帝台"似在西北。《晋书·束皙传》谓:"《穆天子传》五篇,言周穆王游行四海,见帝台、西王母。"帝台事今佚。由此可见《山海经》与《穆天子传》之联系。二书之"帝台"当可相互发明:它们可能都像西亚"山宫",是西域"库尔干文化"的某种改版或变体,但很难说它是移植。"帝台"还可能跟西域的黄帝遗迹相关。有人认为,这是西亚宗教东传的中转站。

"射"或"指"暗示对帝台神圣性的侵犯。《海外北经》说"不敢北射,畏共工之台"。不敢朝某一方向射箭,自然因为此方为某尊神、某强族之圣地,对于他方即是禁忌(Taboo),不得冲撞或亵弄。但是其深层原因还不甚明朗。

我们只知道,控制这种神圣四方台坛的某帝,如黄帝、帝舜、颛顼等等,多以太阳神兼为战神及大地之神,威灵之显赫自不待言。他们不但像太阳那样向四方放射神圣光辉,还各自占有以"方向"为标志的地盘,不能随意觊觎或侵犯。共工以水神、战神居北,所以他族"不敢北射",畏惧那常常用以杀人祭祀的"共工之台"(这里还有一条虎色巨蛇,首冲南方以示威慑)。轩辕在西,所以别人"不敢西射,畏轩辕之丘",这里有更严密的护卫,即"四蛇相绕"。

笔者在《山海经的文化寻踪——"想象地理学"与东西文化碰触》中讨论过"巫䎽",他们会"操弓射蛇"(《海外东经》),蜮山之民也会"扜弓射黄蛇"(《大荒南经》)。这些都是由渔猎行为发展出的祈求丰穰的仪式,还带有厌胜巫术的性质,如果北向射,当然会威胁共工及其保卫者的灵蛇。

"射"是一种侵犯。就像剑指某地那样,像用手、箭头、"圭"来指那样,都是对"我"、"我的领地"有染指之意。哪怕只是虚拟性的"前锋所指"。有些宠物狗,很讨厌、害怕生人指它,一指就大叫。毒蛇猛兽自亦难免。《诗·鄘风·蝃蝀》:"蝃蝀在东,莫之敢指。"孔疏:"若指而视之,则似慢天之戒。"高亨新注:"先秦人认为用手指虹,虹会使人烂指头。"虹是蛇之精,最恶剑指箭射。"射"是一种厌胜,一种攘逐,在肉体和精神上都可能造成伤害。所以不能随意射人,也不愿为人所射,哪怕只是朝着"我"所处的方向。"千夫所指"都可能"无疾而死",何况以利器相指涉。

《诗·大雅·皇矣》说周文王"依其在京",占据岐山之阳、渭水之侧,"侵自阮疆,陟我高冈",势力逐渐壮大,便警告周遭群团说:

无矢我陵,我陵我阿;无饮我泉,我泉我池!

上古思维是很具体的,动作性极强。"无矢我陵",就是不准射我的山陵(哪怕只是朝此方向射箭),决不允许侵犯我的"主权";"无饮我泉",喝我的水泉就会污染我的水源,即侵害我的利益。矢,朱熹集传等读"陈",非是;应读如"公矢鱼于棠"之矢,射也。明此即可知"不敢北射"云云之深意。因为这些都是我的神圣领土,"我陵我阿","我泉我池",连动物(主要是雄性)都有自己划出的领地,神圣不可侵犯;我的山陵,我的池泉,当然不准别人染指,更不能用武器来比画、指涉。

帝颛顼葬处应亦有四方平台,这也是他的祭坛。他是东北方森严的太阳神兼冥神。

汉水出鲋鱼之山,帝颛顼葬于阳,九嫔葬于阴,四蛇卫之。(《海内东经》)

务隅之山,帝颛顼葬于阳,九嫔葬于阴。(《海外北经》)

汉水出鲋鱼之山,帝颛顼葬于阳,九嫔葬于阴,四蛇卫之。(《海内东经》)

依据前文四蛇各卫方台一方之例,颛顼所葬之山,其上必有方形台坛。"四蛇卫之",就像后来的四灵呵护中心。

颛顼战杀共工,自然也兼为战神,他简直"武装到了牙齿",头上还"戴干",装饰着盾牌,乃至戈戟之类(干戈多连称),像汉画所见蚩尤那样。

《山海经》中的四方丘台有四蛇相绕防卫,由此可以推知:早期的四灵(四象、四神)不但有标识方向的功能,而且起着保卫中心(神、人、物)的作用。

河南濮阳西水坡遗址中发现的蚌塑龙虎,笔者认为是呵护位居中央的墓主,张光直认为是萨满式的"他我"或"动物伙伴"。看来它们既"指向",又"卫中",这两种职司是毫无冲突的。

湖北曾侯乙墓漆画衣箱上有双首神蛇交绕的图像。陈峰用此解释《海内东经》卫护颛顼与女嫔墓葬的四蛇,以及《海外北经》呵护轩辕方丘的相绕四蛇。他说:"此两蛇四首相互缠绕。极有可能象征四神蛇辟邪护灵之意。"① 而且,"曾侯乙生前为侯,死后还希望在冥府中继续享受荣华富贵,能够让双头蛇在阴府中陪伴着他"②。

图 4-19 四蛇方甗(现藏故宫博物院,采自李学勤)

如果把大致成方形的容器看作微型的献祭台坛,岂不正是四蛇守卫轩辕之丘的图景吗?

---

① 陈峰:《曾侯乙墓中漆箧上"日月和伏羲、女娲"图像质疑》,载《中原文物》1993年第1期,第56页。
② 陈峰:《曾侯乙墓中漆箧上"见和伏羲、女娲"图像质疑》,载《中原文物》1993年第1期,第55页。

再则，不能排除其他方形丘墟。像大石文化里的"石棚"（即道尔门，Dolmen）之类，兼为大酋的祭坛乃至坟墓，这类"地穴"最容易被蛇类入侵，蛇等因此被误为祖灵或其护卫者的化身而受到保护或崇拜。马承源就曾论证商周彝器上的委蛇（纹），本是守卫神坟的一般灵物，所以后世也"严禁殴杀祖坟上的蛇"①。这也是一般人忌讳朝着神圣处所、神圣方向而射的一个缘由。

西藏的家屋就是宇宙。家屋的衅祓，就是宇宙的更新。灶或炉膛、火塘是世界中心或"宇宙脐"。四门各具特殊的色泽（绿松石色、金色、石英石色、贝壳色）。"这些颜色使人想起了世界的四枚卵，世界上的一切造物均出自于这几枚卵；或者是四天门，它们也由四种不同颜色（贝壳色、金色、绿松石色、铁色）的动物看守。"②

此亦"四蛇卫之"的一义也。只不过它更加精致：代表"四向"的四门有各自的色泽，并且由相应的同色神圣动物来保卫。这也

图 4-20　莫戈永文化美洲明布里斯人陶缸图案

就像颛顼之"墟"是四方形的，还有"四蛇"保卫一样，这里有四位神祇保护着四方神坛，证明那时已有四个方向的概念。可以跟传世的良渚文化四神玉璧比较。

跟中国的四方、五行各有专色，并且各有神灵动物（四灵、四神）来代表和强化，颇为相像。

美洲印第安人四分的世界，不但各有神灵来代表，而且确实跟《山海经》诸帝四方台坛一样多有神物来守卫。

---

① 马承源：《商周青铜器纹饰综述》，见上海博物馆青铜器研究组编：《商周青铜器纹饰》，文物出版社 1984 年版，第 18、19 页。

② ［意］图齐、［德］海西希：《西藏和蒙古的宗教》，耿昇译，天津古籍出版社 1989 年版，第 233—234 页。

在奥吉布瓦人（Odjibwa）的神话中，有作为护卫者的四鸟；在属于印第安人的普埃布洛人（或纳瓦霍人）的神话中，有四熊、四松鼠、四豪猪。在前哥伦布文化中，有种种动物和诸神作为各个方位的卫护者（各方面则以不同的颜色表之）。①

图 4-21 欧洲中世纪基督教文籍圣兽保卫中心插图（采自坎贝尔）

---

① ［苏］叶·莫·梅列金斯基：《神话的诗学》，魏庆征译，商务印书馆1990年版，第242页。

帝颛顼台有"四蛇"守卫,帝俊之坛为"四方"(《大荒南经》),而且帝俊"使四鸟"(《大荒东经》等)。在《四方风神话》一书里,我们列举帝俊及其"部属"之"使四鸟,豹、虎、熊、罴"的多条记载,介绍了两种说法("四鸟"兼赅鸟兽,指下文之四猛虫;"四鸟"就是四方之凤),认为这就是作为"帝俊下友"的五彩之鸟,所谓"帝下两坛,采鸟是司",跟帝俊统驭四方凤鸟即四方风神是一致的(以四种圣兽标识并保卫四方)。

印第安人的四方、五行观念跟中国人的十分相似。所谓"玛雅的《创世纪》"——《波波尔-伏赫》里,世界是四分的,大地可以分出四区,最初创造出来的四个人神分别观察、对立、标志着"天穹和大地圆面的四个角和四个点"①。这跟帝神台坛四方分别有"四蛇"或"四鸟"拱卫或"相向弃娑"也是非常相似的。这些当然关系着宇宙的四分或四象性,以及五行观念的形成,这里略作交代。

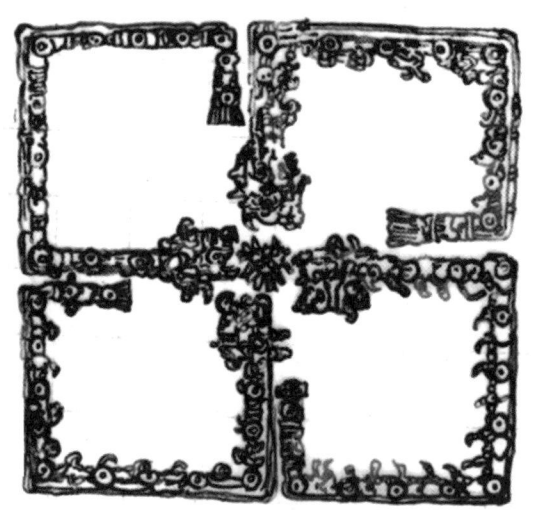

图 4-22　古代玛雅绘画中四蛇相向构成方形(采自刘敦励)

---

① 参见[美]雷蒙德·范·奥弗编:《太阳之歌——世界各地创世神话》,毛天祜译,中国人民大学出版社1989年版,第89页。

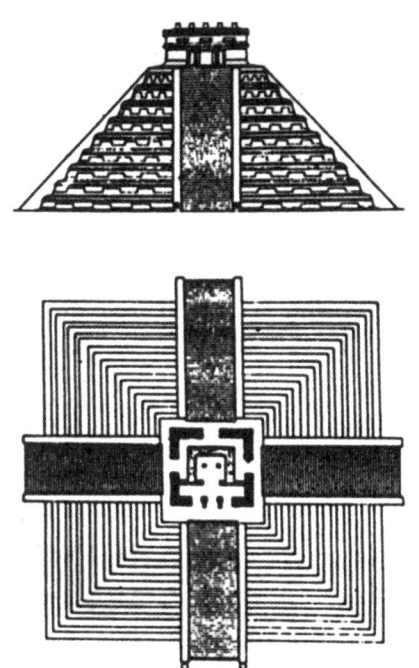

图 4-23　美洲马丘比丘、墨西哥等地截顶金字塔及方形底座

　　美洲的截顶金字塔，其底座多是正方形或长方形。顶上中心神坛"四向"都是陡峭阶梯，俯视呈（有中心的）"十"字形。

　　这里提供一件跟"四分法"空间模式相应的美洲古代墨西哥金字塔底座图像，它基本上呈线条不密接的"田"字形，由四条巨蛇组成，每条蛇都构成不密封的形，四只蛇头都朝向并呵护中央的大神（以神圣符号代表）。① 这似乎可以为诸帝——战神的四方台坛有"四蛇"守卫提供一个良好的参照系。

　　或说，这类"四蛇"象征着四向的方地及其繁殖力。这跟中国"天圆地方"的宇宙观十分相似。土，吐也，吐生万物，是蕃育的自然力和母性的物质载体。蛇也每被初民视为繁殖和生命力的象征。蛇是属阴的，是女性、母性，跟土地的性格相辅相成。而土地之神圣代表"社"，也有学者认为可以代表母体（或者女阴）——"大地啊，我的母亲！"

---

① 参见刘敦励：《古代中国人与中美马耶人的祈雨与雨神崇拜》，载《"中央研究院"民族学研究所集刊》1957年第4期。

图 4-24　墨西哥特奥蒂瓦坎古城"方台"和守台之羽蛇（采自王大有等）

这是一条羽蛇"蟠曲"而成的方形，与神圣的"方台"相一致。这不仅标识圣地，也有保卫神圣建筑之意旨。

还有一种说法，在古代美洲蛇头象征神圣的权力，所以原住民常常用蛇头装饰于神王或巫王的头部或他们的权杖；有时它还像"后土"句龙（相柳/相繇/雄虺）那样"表示原本属于'另一个世界'（冥土或黄泉）出现在'这个世界'"[①]，从而象征大自然无处不在的繁殖力。我们知道，这位句龙是"后土"之神，"后土为社"，就是社神（参见《左传》昭二九年）。《国语·鲁语》也说："共工氏之霸九有也，其子曰后土，能平九土，故祀以为社。"这也许在暗示，土地之神、幽冥之社也可能有龙蛇的化形，而且具有土地和龙蛇那样的繁殖力量。

方台亦与太阳崇拜相关

张劲松说，□或▭形符号，是为了区别祭祀太阳的〇形符号而选择的，"方形的墓穴、房基、灶坑、翻耕土地的方形工具（案：它们确实容

---

① Claude Baudez、Sydney Picasso:《马雅古城——湮没在森林里的奇迹》，马振骋译，上海书店出版社 1998 年版，第 107 页。

易形成方坑或方田，便利划分方形地界）等都与土地相关"①，以后便推及大地的形状；当然他也援用叶舒宪的理论，认为标准的四方形之确定，起于"以太阳运行为标尺而确立四方位空间模式"②。我们承认，"天圆地方"的宇宙模式在原始时期已有萌芽，太阳符号确实主要是圆形；但是，当人们要标志太阳运动，亦即阳光的指向功能之时，就用了×、卍、⊕等符号来表示"四向"，方明以及四方台坛等等就是其另一物化形式，这跟土地、方丘之制并不矛盾，因为正如叶舒宪《中国神话哲学》所说，大地的"四向"或"四方"是由太阳及其运动给定的。

张劲松还认为，方形社坛上可能植树，当作"社树"，兼为"太阳树"，最初借以观影测时，后来才"被理解并奉为宗教意义的神主，或神灵交通的凭依物"③。他以此解读前引《大荒西经》上的一节："西海之外，大荒之中，有方山者，上有青树，名曰柜格之松，日月所出入也。"他说，作为神话语言符号，"方山"应为"方坛"，"'柜格'亦为方形符号，柜格之松为方形之松（案：此牵强），这种松树自然中当是无有的。谓日月出入于'柜格之松'，当是日月在松树上的四方投影的神话表述"④。是则此松亦如扶桑（社树）而为"太阳树"。此意颇佳。"方山"或系人工削治。昆仑为"丘"而"四方"（《海外南经》），凌纯声也说，"明为人工建成的坛台"。

"四方"观念既与阳光四射相关，那么"方台"与太阳崇拜相连，自亦意中之事。

过去神话学界只注意到东部最高神与传说始祖如帝俊（太皞氏帝喾、帝舜）等，具有太阳神格，后来发现颛顼、伏羲、炎帝或神农等，也是如此，或兼主大社。"炎帝，太阳也"（《白虎通义》）。黄帝，只被承认为黄地、黄气、黄人之神；然而"黄""皇"同音，"皇"字上部日光四射，这就与"黄帝四面""轩辕方丘"对位。这就再次证实，几乎所有的创世大神或最高

---

① 张劲松：《论中国远古的方形文化与八卦之起源》，载《东南文化》1996年第3期，第14页。
② 张劲松：《论中国远古的方形文化与八卦之起源》，载《东南文化》1996年第3期，第14页。
③ 张劲松：《论中国远古的方形文化与八卦之起源》，载《东南文化》1996年第3期，第16页。
④ 张劲松：《论中国远古的方形文化与八卦之起源》，载《东南文化》1996年第3期，第16页。

神既具有"混沌"相又具"开辟"力,既是太阳神又兼战争神。① 何新也说"黄"有"光"义,"黄帝"就是"光帝",即光明神,太阳神。② 森雅子则以黄帝所固有的太阳-战神格跟西亚神话里的同格神相比较。③ 她还特别指出,据《史记·封禅书》等,黄帝与"弓"有特殊关系,而太阳神如斜马什、阿波罗、后羿、朱蒙等也善射。

轩辕丘,《大荒西经》又称为轩辕之台,"有轩辕之台。射者不敢西向射,畏轩辕之台"。轩辕之丘"方",这里的"台"恐亦"四方"。

轩辕曾与黄帝配拟。黄帝曾住轩辕之丘。除上引外,《史记·五帝本纪》索隐引皇甫谧云:"黄帝生于寿丘,长于姬水,因以为姓。居轩辕之丘,因以为名,又以为号。"

"轩辕之国"不寿者八百岁,实"不死之国",所以"轩辕之丘"就是"寿丘"。《水经·渭水注》引姚瞻则称"轩辕谷"。他说:"黄帝生于天水,在上邽城东七十里轩辕谷。"

我们论述"黄帝四面""黄帝明堂"时交代,黄帝像大梵天"四面"那样领有太阳神格,而亦具"四面",盖太阳向四面发射光芒。那么,轩辕之丘(台)"四方",也跟黄帝"四面","方明"四向一样,是"太阳神坛"的意象。④ 光芒四照,鬼魅辟易,射者更不敢面对。这种意构显然是"黄帝明堂"的祖本,都是所谓"太阳原型"或"十字原型"的物化形式。

如上,方形的丘坛,一般是象征并且奉祀大地之神的。大地之神,就是土神、土地之神,也就是社神。在一段时期里,它以土、石等为代表,为载体。我们已经不能确切知道,上古(从三代到战国)的天子大社或各种正规、半正规的大社里有没有圜丘、方丘以祭祀太阳神、土地神或天之神、地之神。连"社"与"丘"的关系,都不十分明白。

---

① [日]高木敏雄:《比较神话学》,武藏野书院1924年版,第125页;[日]铁井庆纪:《中国神话的文化人类学研究》,平河出版社1990年版,第335—336页。
② 何新:《中国远古神话与历史新探》,黑龙江教育出版社1988年版,第63—65页。
③ [日]森雅子:《黄帝传说异闻》,载《史学》第66卷第4期,应庆义塾大学文学部三田史学会1997年版,第174—175页。
④ 参见萧兵:《"四面神"和"四目神"》,载《寻根》2003年第2期。

一般而言，正规的大社里是应该有圜丘、方丘或其模型，以祭祀天、地或日、土。

北京的天坛、地坛是在一起的。那应该是明清帝王的大社，既祭天又祀地，以祈求风调雨顺、人寿年丰、国泰民安，所以天坛有专门的祈年殿，圆顶象天，方座法地。

图 4-25　天方地圆：北京天坛、地坛与圜丘

那么，上古大社中有没有专门的"日坛"呢？应该是有的。易言之，大社祭天，也可以拜日，以煊赫的太阳代表天。

湖南长沙出土一幅《神祇图》，上面有五六位神，包括风伯、雨师，还有黄龙、青龙等等。[①] 当中居上戴角或角冠的，本该理解为地位最高的天之神。在他的右上方还写着"太一……"云云（许多字漫漶不清），大体相当于《楚辞·九歌》的东皇太一。参与发掘的周世荣等接受东皇太一"老

---

① 参见周世荣：《马王堆汉墓中的人物图象及其民族特点初探》，载《文物研究》1986 年第 2 期，第 73 页。

太阳神"说，承认其曾兼日神，还因为他身上主要是红色。[①]

然而，这位"老太阳神"左胁下夹着一个圆圈，书曰㊣。那就不能不承认太一兼为社神，而大社兼祀太阳，可能还有某种形态的圜丘。即令只有方坛或者方丘（其中或有圆形物，如北京地坛所见），它同样既祭社神，又祭太一神、太阳神，如上文所交代。

太阳崇拜与金字塔

埃及金字塔是君王的神圣坟墓。

金字塔，希腊人称之为糕饼（Pyramis），因为它很像他们吃的点心，尤其是"四方"底座、坛体逐渐向上收缩为方锥形的，所谓"真正金字塔"（true pyramid）。这种方形底座金字塔可以看作一种人为的"方丘"。古代埃及人称之为"斯赫福诺的光辉"。后来由于埋葬着不同的巫王，所以叫作"属于胡夫的大墓"，"乌纳斯精美的居所"，等等。

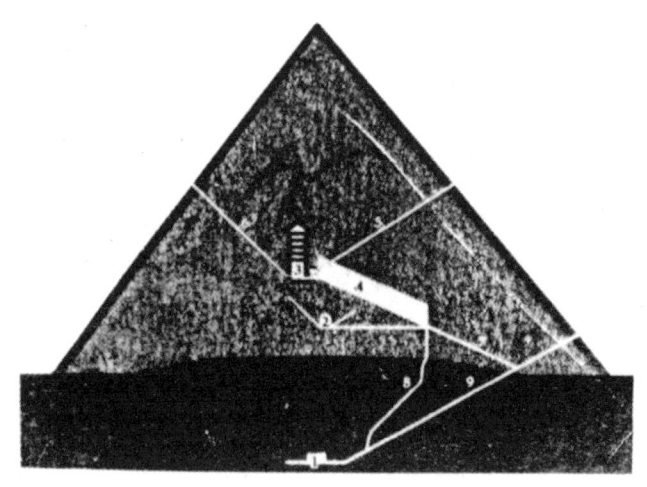

图4-26　胡夫大金字塔剖面图

这是埃及保存最好、最大的金字塔，中心陵寝已经发现。金字塔的底座大多是正方形的，也有少数是长方形。

[①] 周世荣：《马王堆汉墓的"神祇图"帛画》，载《考古》1990年第10期，第925—926页。

最重要的是，苏美尔－巴比伦"通天方塔"跟埃及"金字塔"的可能联系。哈里特·克劳福德称这种"阶梯"或层级高台为"金字形神塔"。

> 金字形神塔是从更早的平台上的寺庙发展而来的，而小祭室位于最高平台上。……假设该祭室的所在之处，与其他平地起建的寺庙一样，确实可看作是神灵的宅第，那么圣婚也就可能是在此举行的众多仪式之一。①

现代学者多认为，金字塔实在是宇宙的模型，尤其是"天国的模拟"，还可以观星象、测四时、定年节，这一点与中国的明堂特别相似。金字塔的研究早已连篇累牍，这里只介绍其与太阳、太阳运动的关系。

图4-27 苏美尔早王朝时期"金"字形塔庙图（采自克劳福德）

有人认为，这种向上逐渐收缩的原初金字塔，是埃及大金字塔的雏形。

考古学家注意到了苏美尔－巴比伦长方形"塔庙"的传播（一般不提埃及和中国，因为它们虽然都呈方形，都有层级，却有极大不同）。

> 金字形神塔的观念传播到了苏美尔以外地区。到古巴比伦时期，在北方地区，也出现了金字形神塔。……在伊朗西南部的苏萨（Susa）附近的乔加扎姆贝尔遗址发掘了一座年代可能在第2千纪后半叶的漂亮的建筑复合体。……
>
> 有些相似的建筑甚至在更远的区域，如土库曼的阿尔顿遗址和阿富汗的蒙迪加克遗址，均有发现。②

---

① ［英］哈里特·克劳福德：《神秘的苏美尔人》，张文立译，浙江人民出版社2000年版，第84页。

② ［英］哈里特·克劳福德：《神秘的苏美尔人》，张文立译，浙江人民出版社2000年版，第86—87页。

克劳福德说，这暗示了那些"完全独立的地区"可能有文化上"间接的联系"；至少，"它们可能反映了人们所具有的更近地通达神灵的一种共同愿望。而这也是一个能在《圣经》和巴比通天塔传说中找到的主题"。①这是严谨和可以接受的看法。

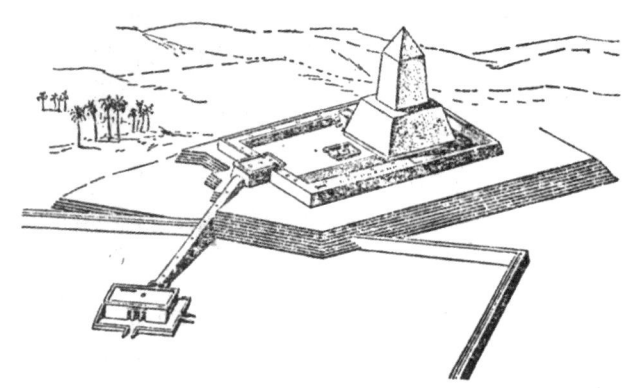

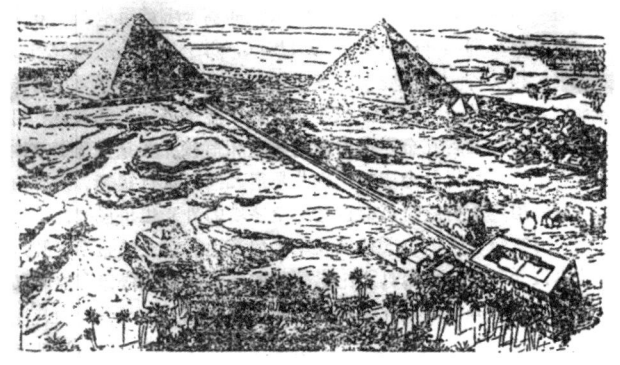

图 4-28　方形底座金字塔

（上："纽赛尔－拉"太阳神庙；下：基泽金字塔）

"纽赛尔－拉"太阳神庙是典型的四方底座台坛，它的方尖碑上指天空。基泽金字塔是当作对照物的普通金字塔。

我们只希望从一个较新的视角——太阳崇拜及原始宇宙观念——从整体上触摸从东亚到西亚北非、从欧亚大陆到美洲的"方形台坛"所反映的思维模式。叶舒宪说，这种"四方台坛"可以上溯巴比伦"通天方塔"，

---

① ［英］哈里特·克劳福德：《神秘的苏美尔人》，张文立译，浙江人民出版社2000年版，第87页。

苏美尔天文台，直到埃及金字塔，旁及美洲方形庙宇和祭台，它们"除少数例外，都是四方形或长方形的坛台结构"①，尤其是它们的基址或底部。它们全都指向太空，向往光明。

埃及"大金字塔的底部每边长 755 尺，每边的方向都与真正的东西或南北行直线相一致"②。殷墟小屯的方形"黄土祭祀台"，据李济等测定，南北方向严密地与太阳子午线叠合。埃及人大概是经由星象观察才达到这种准确性的。"金字塔，它的四面分别向着四个基本方向。大金字塔偏离正北不到一度。"③这就要"观察北极星当时的方向，或观察一颗恒星的中天"④，等等。

埃及的宗教性建筑，包括坟墓，大都是矩形的，但金字塔底座大多是正方形的。金字塔的符号功能之一就是像黄帝、大梵天这一类"四面神"一样表示太阳向四方发射光芒。中王国以来的"方尖碑"是金字塔的一种简化，却更强调其向天空和四方放射光芒的意旨。它以一整块石头凿成，"底座是正方形，碑身朝上逐渐变窄，顶部呈圆锥形"⑤。有人以为它代表神的手或手指，但更可能是"太阳的象征"⑥。古王国末叶的太阳神庙基本上也是拉高的金字塔，"用铜片包裹的方尖石塔塔顶，在太阳照耀下闪闪发光"⑦，向四方发射它耀眼的光辉。

而如所周知，除共工外，拥有"方丘"或"四面"或"四鸟"的黄帝、颛顼和帝俊（帝舜、帝喾）都兼为太阳神！

---

① 叶舒宪：《中国神话哲学》，中国社会科学出版社 1992 年版，第 157 页。
② ［埃及］穆斯塔法·埃尔－埃米尔：《埃及考古学》，林幼琪译，科学出版社 1959 年版，第 158 页。
③ ［埃及］R.纳杜里：《法老时期埃及的遗产》，见 G.莫赫塔尔主编：《非洲通史》第 2 卷《非洲古代文明》，中国对外翻译出版公司 1984 年版，第 126 页。
④ ［埃及］R.纳杜里：《法老时期埃及的遗产》，见 G.莫赫塔尔主编：《非洲通史》第 2 卷《非洲古代文明》，中国对外翻译出版公司 1984 年版，第 126 页。
⑤ ［埃及］尼阿玛特·伊斯梅尔·阿拉姆：《中东艺术史·古代》，朱威烈、郭黎译，上海人民美术出版社 1985 年版，第 75 页。
⑥ ［埃及］尼阿玛特·伊斯梅尔·阿拉姆：《中东艺术史·古代》，朱威烈、郭黎译，上海人民美术出版社 1985 年版，第 75 页。
⑦ ［苏］罗塞娃等：《古代西亚埃及美术》，严摩罕译，人民美术出版社 1985 年版，第 54 页。

金字塔本质上是（与太阳崇拜相表里的）巫酋的坟墓，西亚和美洲的某些方形台坛不仅与神祇及其祭仪相连，也是一种"坟丘"。

王昆吾也曾从"方虚"的昆仑或其微型化的台坛着眼，揭示其为神灵或祖灵的栖息地，或者说，它们曾是神、人的坟茔。

> 昆仑之阳或昆仑之北是葆江、相柳、相繇等众神的死地。与此相联系，且出现了"因是以为台"的说法。如果考虑到所谓"帝台"都在大地西北，都呈方形，所伴见的刑杀事件隐含杀殉意义，那么，可以判断"台"就是墓地的代称。因此，"帝尧台……在昆仑东北"云云，应当理解为昆仑是众帝死后的居处。《海内经》所云"西南黑水之间，有都广之野，后稷葬焉……"，可以作为这一理解的旁证。①

根据我们对方丘、昆仑诸层面的论证，神、人、英雄（当然包括无头战神）的坟墓或祭坛，只是这座神秘大山及其仿制品的一个特质，却又是一个重要的特质。而且，跟王氏论证相一致，这个特质跟太阳运动、生命历程是根本一致的。因为，昆仑（及其方丘）"可以理解为太阳落山后的居所；如前所说，日落是被古人视为死亡的象征的"。这跟埃及金字塔的"坟墓－太阳祭坛"的特质也完全合拍。

当然，如上所论，昆仑既是日出又是日入的宇宙山，"日月相避隐为光明也"，其"方丘"既象征方形的大地，又标志着"方地"与太阳光的"四向"照射相对立——"四射"所及便是"四方"的大地及"四极"（人工方丘将其模型化，纳西族的居什那罗神山，最早的象形文就写成△，极似埃及金字塔）。

考古学家一般承认，"原型金字塔的造型则与两河（人）工堆砌的高台（Ziggurat）十分相似"②，但两河平原的"高台"跟真正金字塔区别较大。

这跟希腊神庙体制不大一样。希腊神庙底部虽也有呈正方形的，但大多是窄长形。希腊人的"世界中心"——被称为"世界之脐"的德尔斐阿

---

① 王昆吾：《中国的早期艺术与宗教》，东方出版中心1998年版，第99页。
② 许倬云：《接触、冲击与调适：文化群之间的互动》，见臧振华编辑：《中国考古学与历史学之整合研究》（上册），"中央研究院"历史语言研究所出版品编辑委员会1997年版，第77页。

波罗神祠与圣坛——底部为圆形。

要之，凌纯声说，"金字塔的演进亦是从丘（mound），坛（ziggarrat），而'塔'（pyramid）。在中国的坛和台亦是由丘而来，如地坛亦称方丘，天坛称圜丘"[①]。圜，首先是太阳的意象（月亮和星星也主要是圆形的）。圜天观念的形成与此有关。而由于太阳的运动，二向和四向的空间观念与模式渐次发生。我们觉得，中国那四方形的丘、坛、台、社跟西亚、北非同类的方形台坛或塔庙是可比的，它们的象征旨向主要是太阳运动所派生和制约下的世界观念，是圜天之下"四分"的大地，它们的形制、意蕴、功能可以互明相补。但是，如苏、凌诸氏那样，认为中国台坛（乃至"昆仑丘"）是从西亚或北非引进、移植的，目前还没有积极的证据。它们之间的差异也是很大的。尽管在上古时期，西亚可能通过中亚而与东亚、南亚发生"因子"水平上的文化交流，新旧大陆之间也可能有类似的"因子"碰触。这些假说都要通过国际性的科学协作才能得到澄清或证明。我们的尝试不过是引玉之砖罢了。

目前专家公认，美洲金字塔形制与埃及相差较远，而与西亚的"塔庙"颇为接近，它们都用以祭天、测星、观象、望氛（有如中国✚形明堂及其灵台），替代宇宙山成为神人交往的"天梯"。然而，两位美国科幻作家却依据考古报告指出："埃及金字塔中年代越老的就和中美洲的金字塔越相似。例如，阶梯形的萨卡拉金字塔，公认是埃及最老的一座，它和远在尤卡坦平原上的几座玛雅建筑，看上去就像是孪生兄弟。"这很难视而无睹。我们不免像他们那样顿生疑窦："年代越早这些建筑物就越相似——这也是巧合吗？我们还能继续否认它们之间有一共同的起源——和一个共同的目的吗？还要怎样才能使我们自己相信这些知名的建筑物所昭示的真正意义？"[②] 我们不妨回头看一看这两种"原型金字塔"。

一般的美洲"截顶金字塔"，平面多呈方形；如果算上四面的阶梯，

[①] 凌纯声：《中国边疆民族与环太平洋文化》（下册），联经出版事业公司1979年版，第1529页。
[②] ［美］埃里克·乌姆兰德、克雷格·乌姆兰德：《古昔追踪——玛雅文明消失之谜》，李宗蒃译，江苏科学技术出版社1983年版，第45、47页。

其基址或台座就成"亚"形或✚形。而这正是"太阳符号",跟中国的太阳殿——明堂的平面图完全一致。王大有说:"实质上美洲金字塔是一种太阳崇拜和族人亡灵回归氏族图腾的葬仪建筑。"①

图4-29　阿兹特克帝国时期的古城多提哈罕的太阳金字塔

此塔是为祭祀太阳而建。底座为方形,代表大地。顶部为祭坛。或说,采用方形,暗示太阳照射四方,帝国的势力无远弗至。

玛雅库库尔坎金字塔,平面呈正方形,塔身九层,又如中国之璇台九成,象征宇宙层次。库库尔坎,即羽蛇之神,是雨、水之神,但主要是太阳神。这个金字塔可用来测量日至点和季节变化。因巧妙地利用了太阳光影,人们感觉到这个建筑跟太阳运动神奇地对应。②

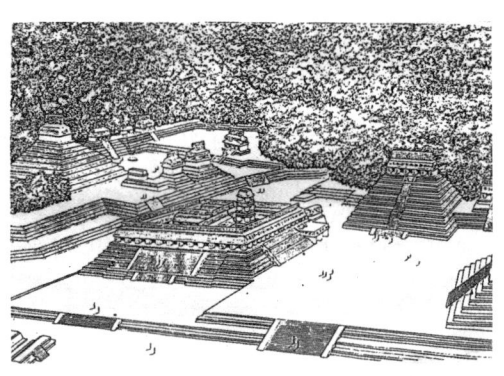

图4-30　玛雅太阳金字塔、月亮金字塔复原图

古代玛雅有许多基座为四方形的神圣建筑,例如所谓"截顶金字塔",都与祭祀太阳(或月亮)相关。只是不知道其方形是否摹写或表示阳光四射,但跟方形大地相一致大体无疑。

---

① 王大有:《龙凤文化源流》,北京工艺美术出版社1988年版,第262页。
② 刘文龙:《墨西哥:文化碰撞的悲喜剧》,浙江人民出版社1990年版,第238—239页。

这些金字塔测日的时间恰好与中国农历的春分、夏至、秋分和冬至相应。中国的丘台是否具有同样的测时功能，现在还不清楚。但《山海经·大荒西经》"方山"上有柜格之松，"日月所出入也"，便跟扶桑若木一样有以"立竿见影"来测定时刻的作用。《大荒西经》又说：

　　　　大荒之中，有山名日月山，天枢也。吴姖天门，日月所入。有神，人面，无臂，两足反属于头山，名曰噓。

此"噓"疑为虚四方的昆仑虚之神，古无偏旁，"虚""噓"一字。然则方虚（方丘）之神亦可主持（实为观测）日月之所入，乃至"处于西极，以行日月星辰之行次"。

　　经文说，颛顼生老童，老童生重及黎，重上天，黎下地，"下地是生噎，处于西极……"袁珂注，噎即噓，极是，盖字之误。噎（噓）又繁变为《海内经》"后土生噎鸣"之噎鸣。疑噓（噎、噎鸣）之神如"虚"之"四方"或"四面"，还象征"四向"之大地。所以说它为黎（后土）之所生。

　　中国"方虚"之神亦主察日月星辰之"度数次舍"（郭注）。前举库库尔坎金字塔，是"古玛雅人为适应宗教和农业的需要，根据季节变化而精心计算和设计出来的。每年3月春分出现蛇形光影时，古玛雅人便认为'长羽毛的蛇神'带给他们雨水，使土地肥沃。从此时起他们开始耕地和播种。而9月秋分这一奇景结束时，'长羽毛的蛇神'离开人间，这就意味着雨季结束，旱季开始"[①]。蒋祖棣介绍玛雅金字塔时也说："经过对瓦夏吞建筑群的研究，布洛姆首先发现，这些建筑群中包含着某些天文学的观念，这些观念对理解聚落的布局和功能起到非常重要的作用。……如图二十一A所示：从西南的E-Ⅶ号金字塔建筑的观测点向东观测日出，太阳每逢阳历6月21日会在对面E-Ⅰ号神庙的北侧屋角升起；每逢12月21日则从E-Ⅲ号神庙的南侧屋角升起；每逢3月21日和9月21日，观测点为19、20号纪念碑；E-Ⅱ号神庙和升起的太阳呈一条直线。"[②]

[①] 刘文龙：《墨西哥：文化碰撞的悲喜剧》，浙江人民出版社1990年版，第239页。
[②] 蒋祖棣：《玛雅与古代中国——考古学文化的比较研究》，中国社会科学出版社1993年版，第57页。

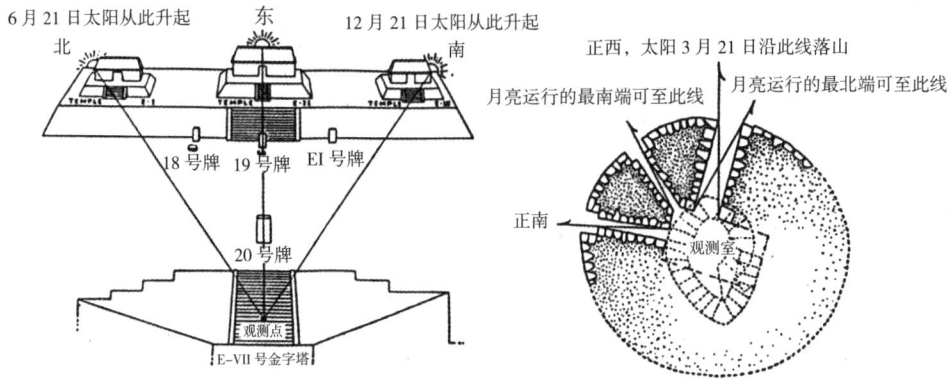

图 4-31　玛雅神圣建筑的观测功能

（左：瓦夏吞遗址 E 建筑群与日出的关系；右：奇琴伊察"螺旋塔"横剖面，与日月运行的关系。采自蒋祖棣）

又者，印加（Inca）帝国的最大宗教中心，库斯科的太阳神庙——科里坎查，亦称"金宫"，占地约 400 平方米。按照加西拉索·德拉维加的华丽描写，这座已被毁坏的太阳神庙极尽豪奢与辉煌。

> 太阳神庙是在朝东的一块圣地上建造起来的，整个庙宇是用精心修整的、平坦而巨大的石板砌成的。为了让空气流通，屋顶造得很高，用茅草盖成。①

叶舒宪在《中国神话哲学》中指出，这很像中国祭祀太阳的明堂，以茅茨盖顶，他以为这是保存原始神秘建筑的简陋旧形，有如公玉带《黄帝明堂图》的"以茅盖顶"；我们则以为此或与"灵茅"的神秘性相关。古人用"灵茅"滤酒、祭地或者祭天，也因为茅是一种"圣草"，可以沟通天地。

新墨西哥的定居印第安人村落，有的也呈正方形。例如邻近小科罗拉多的摩其印第安村落"近乎方形，四周有 15 英尺高的石墙围住，整个围墙顶部形成平台"②。他们希望与神的世界及神圣建筑保持基本的一致。

---

① 刘文龙：《古代南美洲的印加文化》，商务印书馆 1983 年版，第 27 页。
② ［美］路易斯·H. 摩尔根：《印第安人的房屋建筑与家室生活》，秦学圣、汪季琦、顾宪成译，文物出版社 1992 年版，第 174 页。

美洲类似的神圣方形建筑,已有简单介绍,这里主要考察其与太阳或太阳崇拜的关系。

新墨西哥印第安人宗教主要是"把太阳作为他们的主神来崇拜"。我们不完全知道其村落的方形结构跟这种崇拜有什么关系。但"他们在会议所举行官员和人民的定期集会,向太阳祈祷,恳求它天天降临,继续使玉米、豆类和南瓜生长以维持人民的生活"①。这种仪式跟古代美洲原住民的"出日－入日"之祭十分相似。而他们的方形祭坛跟太阳祭是紧密关联的。

王大有等甚至认为,古代美洲以四方形为主的丘墩坛台文化是中国"小太阳神"少昊带去的(我们觉得缺乏证据)。"截顶金字塔"的基座和顶层确呈方形,其上或建太阳神庙。其所建地,多在居民区中心广场,四周或环水,或可分出"四区"。他们认为"封树阶坛金字塔是地母天父观念的建筑宗祠物质化",最紧要的功能是便于"获得天父太阳神昊天的帮助和神示",所以,"阶坛金字塔,就是昆仑丘,就是众帝所上下接于天的场所,最为神圣和有神威"。②我们觉得,它们的结构、功能确实近似,只是不知道是否为东亚或北非播化的结果。

---

① [美]路易斯·H.摩尔根:《印第安人的房屋建筑与家室生活》,秦学圣、汪季琦、顾宪成译,文物出版社1992年版,第185页。
② 韶华宝忠双、欧阳如水明:《中华祖先拓荒美洲》,黑龙江人民出版社1992年版,第279页。

第五章　社与社祭

从社土到社石：杀人石

社是土地的神化，社祭是土地之祭。《左传》昭二九年："共工氏之子曰句龙，为后土。……后土为社；稷，田正也。有烈山氏之子曰柱为稷，自夏以上祀之。"《诗·大雅·绵》"冢土"指大社。《公羊传》三十一年"诸侯祭土"，何休注："土，谓社也。"

社（土地神）与稷（庄稼神）合祭，"社稷"便代表了农业国的中央政权，也是庄稼人最重要、最实在的神。土地神当然以"土"为代表。"土""社"二字古通。《诗·商颂·玄鸟》："天命玄鸟，降而生商，宅殷土茫茫。"别的书引作"殷社"。甲骨文"∩"，一般释作"土"，本是土块（从前偏僻的农村，用锹挖出一块坚土，切成椭圆形或正方形，摆在田地隆起处，就是"土地老爷"，群众照样跪拜如仪，说是"意思到了"）。土块易碎，便用"泥土的结晶"石头来代替（琢成椭圆形，或说同时象征女阴和男根）。后来往往黏结着一位或数位传说名王、祖先神或文化英雄。尹荣方有专著《社与中国上古神话》（上海古籍出版社2012年版）于此用力甚勤，成果颇大，足供参考。

本书并不讨论"社"。这个题目太大。只是就近年研究不够的"社"的考古形态或曾有设施——社石与社树——略作补充介绍。再就与繁殖礼密切相关的高禖之社做些简述。

《周礼·春官·大宗伯》说，以"血祭"祭社稷、五祀，包括人牲祭社。古代，战场"不用命"者戮于"军社"之前（参见《周礼·秋官·大司寇》等）。可见杀人祭社——祭社主或社木，都是古已有之的"常规"，确实使人战栗。

甲骨文"社"作𰀀，土块或立石旁有点，专家们多说是以血洒社的写照。

《诗·商颂·玄鸟》："天命玄鸟，降而生商，宅殷土芒芒。""土"就是"社"（唯高亨说指商地）①。《诗·大雅·绵》："乃立冢土，戎丑悠行。"冢土，大土堆，旧说"大社"；戎丑，本指"戎殷"丑类，俘虏，排队走过周人"大社"，杀戮或者取血、割耳以祭，叫作"聝"或"馘"②。可见周初还有用人祭社的故习。孔夫子云"郁郁乎文哉，吾从周"，宰我却强调周社"使民战栗"，孔子当然不悦。

《左传》僖十九年，宋襄公指使邾文公杀鄫子以祭"次睢之社"，杜注："盖杀人以祭"。江苏铜山丘湾发现以4块立石代表社神的祭祀遗址，清理出人骨20具，人头骨2个。③俞伟超指出，这就是"杀人社"，此处距离"次睢之社"不远。④这是商代遗址，可见使用"人牲"祭社在春秋时还有残习。《论语·八佾篇》提及社树，暗示杀人祭社之事。

朱熹猜测，"古者戮人于社"，宰我附会以"使民战栗"之谬说。然而，立社主要表示重视国本之土地，劝农爱稷，威慑或警戒民众只是其中一个目的。以人为牲，为孔子所反对，"始作俑者，其无后乎！"

禖社：交游与蕃育之所

一方面，社是杀人之所；另一方面，社又是繁殖圣地。

这就是经闻一多、郭沫若、孙作云等学界前辈精致研究过的禖社、高禖祭典。"禖"之言"媒"，就是"媒"合二性之事。

---

① 高亨：《诗经今注》，上海古籍出版社1980年版，第528页。
② 萧兵：《社：献祭以祀社神》，载《中华锦绣》1998年第15、16期。
③ 南京博物院：《江苏铜山丘湾古遗址的发掘》，载《考古》1973年第2期，第76页。
④ 俞伟超：《铜山丘湾商代社祀遗迹的推定》，载《考古》1973年第5期，第298页。

《周礼·地官》有"媒氏",主要职责是"令会男女",二月之时"奔者不禁"。所以,《礼记·月令》说,仲春之月,玄鸟至之日,"以大牢祠于高禖",祭祀禖社与高禖之神。

高禖之社是有石头的,叫"高禖石"。初民由破裂的石头里看到一些生命迹象,又因为圆石引起禽卵的类似联想,以为石头蕴含并且蕃育生命。圆石是"宇宙卵"的一种形态,宇宙、宇宙生命都孕育于其中。高禖石作为灵石崇拜的一种形式,也是意中之事。

《汉书·武帝纪》把一种社石当作高禖石,又称之为"启母石",认为涂山氏化为石头,"石破北方而生启"。唐颜师古注说见于《淮南子》,今本无。

进一步说,大地是我们的母亲,有些地穴或隆起之处,被看作"母腹",有的称之为"大地的子宫窝"。所以"大社"(大地)是蕃育之所。

一组典型的禖社

《墨子·明鬼》说:"燕之有祖,当齐之社稷,宋之有桑林,楚之有云梦也,此男女之所属而观也。"郭沫若释"燕祖"曰:

> 古人本以牡器为神,或称之祖,或谓之社。祖而言驰,盖荷此牡神而趋也。此习于近时犹有存者。……所谓"男女之所属而观"者,殆即此矣。①

他举旧时扬州于仲春二月上巳之日以纸为巨大牝牡器,男女群荷而趋的"迎春"仪式以证实之。所谓"生殖器游行",不但古印度、古希腊、古罗马都有此习,我国西南边疆少数民族从前亦有行之者。"燕祖"虽不必如是,但与男女狂欢恋爱活动有关则可无疑。"桑林"者,郭先生说:"(《诗·鄘风》)桑中即桑林所在之地,上宫即桑林之祠,士女于此合欢。"闻一多也说:"社稷即齐的高禖。桑林与《诗·鄘风·桑中》所咏的大概是一事,《鄘风》即《卫风》,而卫、宋皆殷之后,故知桑林即宋

---

① 郭沫若:《甲骨文字研究》,大东书局1931年版,第20页。

的高禖。"① 晋王嘉《拾遗记》说白帝之子与少昊之母皇娥燕戏歌乐于穷桑，此亦"桑林"社赛、高禖活动之遗迹。"俗谓游乐之处为桑中也。《诗》中《卫风》云：'期我乎桑中。'盖类此也。"② "台桑"是夏禹"私通"涂山氏的秘地，"桑间濮上"一向是淫乐冶游的象征。桑林是商汤奏《大濩》祈求甘雨的社祀圣地③，原始社会祈求甘雨和丰收的乐舞都相当猥亵放荡，有时甚至要在田野里表演性交或性舞来"刺激"苍天降水，"诱导"大地繁殖，所以《离骚》暗示用来招风、请雨、祈丰的原始《九歌》能令人狂欢迷醉，"康娱以自纵"，乃至灭国亡身。④ 刘节说："'桑林'是殷代的社树。后来的'宋'，就都于'桑林'，也同指一地。而宋字从宀从木，读如桑声。"⑤ 管东贵曾据以称：

> 殷民族的早期名称之所以名为"商"（已见于卜辞），自始就与树有关。周得天下，对于他们崇奉桑林的宗教信仰尚不敢摧毁，可见殷民族之重视桑林到了如何的地步。这种桑树的神性与天地人皆相通，求之，虽大旱亦可得雨。⑥

王孝廉进一步论证这被黄河流域（下游）古代人民崇拜为神木的桑树兼有推进"两种生产"的神秘机能：

> 由于桑树的养蚕治丝和结生桑葚的实际效能，在古代人的树木信仰中，桑被看成是生殖和蕃殖子孙的原始母神，殷商的后裔宋国就是以"桑社"做为自己土地的氏族母神。⑦

王先生还专门写了《桑树下》，收在《花与花神》一书中，描述古代发生在桑间林丛的缠绵婉转的恋爱故事。他说："桑树被认为是具有神秘

---

① 闻一多：《神话与诗》，中华书局1956年版，第97页。
② （晋）王嘉：《拾遗记》，（梁）萧绮录，齐治平校注，中华书局1981年版，第13页。
③ 参见萧兵：《濩是祈雨舞——〈楚辞外证〉之一》，载《求是学刊》1981年第3期。
④ 参见肖兵：《论原始〈九歌〉和招风祈雨的关系》，载《天津师院学报》1980年第6期。
⑤ 刘节编著：《中国古代宗族移殖史论》，正中书局1948年版，第148页。
⑥ 管东贵：《中国古代十日神话之研究》，见陈慧桦、古添洪编著：《从比较神话到文学》，东大图书公司1977年版，第133页。
⑦ 王孝廉：《牵牛织女传说的研究》，见陈慧桦、古添洪编著：《从比较神话到文学》，东大图书公司1977年版，第197页。

咒术力量的圣树。"①

所以桑林不但可以成为母神、禖神、社神寄托之所或象征，它本身也就成了爱情树、生命树、丰收树。祭祀、求丰、祈雨、请子乃至"调情做爱"都常常发生在这树林之中、绿叶之下。"一方面是因为只有在每年的采桑季节，女子们才纷纷地放下屋里的工作而到野外去采桑，另方面是由于枝叶繁茂的桑林正是青年男女们躲藏起来谈情说爱的大好地方。"②陈炳良特别强调桑林是殷商以歌舞祭祀其祖先的神社或圣地，到了周代却成了"胜国之社"，就好像《周礼·地官·媒氏》听"男女之阴讼"于此一样，这盖上屋顶、"绝天地通"的"屋社"，"便成了一个绝好的聚会场所"，亦即"男女相会和求嗣（祭祀高禖）的地方"了。③他还以《卫风·氓》《豳风·七月》《小雅·隰桑》等为例，说："桑树亦用作爱情的记号。"所以桑林禖社的乐舞也一定相当放荡，这是"男女之所属而观"的缘由之一。而《九歌·大司命》有"君回翔兮以下，逾空桑兮从女"，证明其与桑林之游本质相关。

至于云梦，郭、闻等氏俱援引高唐神女云雨巫山之事证明其为楚之高禖，良是。高唐神女之事与《山鬼》颇为接近。又，《天问》："何环穿自闾社丘陵，爰出子文？"即问《左传》宣四年斗伯比与䢵子之女淫游，私生子文，弃于云梦泽中之事。可见云梦泽畔确实有禖社，祭赛时必然也有"男女之所属而观"，这也就是《楚辞·九歌》的民俗背景之一，即从祭神娱人的民间巫歌情诗生长起来。正所谓"阴阳人鬼之间，又或不能无亵慢淫荒之杂"者也（参见宋朱熹《楚辞集注》）。

燕祖、桑林、云梦的高禖社祀情形若此，鲁庄公"如齐观社"的目的也就可想而知了。

这次"观社"，《左氏》《谷梁》《公羊》三传俱以为"非礼"，《谷梁传》独曰："以是为尸女也。"注云："尸，主也。主为女往尔，以观为辞。"这跟上述"齐社"性质相合。

---

① 王孝廉：《花与花神——中国的神话与人文》，洪范书店1982年版，第116页。
② 王孝廉：《花与花神——中国的神话与人文》，洪范书店1982年版，第119页。
③ 陈炳良：《神话·礼仪·文学》，联经出版事业公司1985年版，第5、6页。

清俞正燮《癸巳类稿·燕祖齐社义》引《公羊传》："公一陈佗,谓越境淫于民间。三十一年,筑台于郎,临民漱浣。"他指出:"则此'如齐观社',实为观女人。"①清侯康调和"阅军说"和"观女人说"曰:"盖男女所以属观于社者,因其搜军实而庄公观之,则意不在军实而在女子。故曰尸女。此二义之可相兼者。"俞正燮又引清惠士奇《春秋说》曰:

  盖燕祖、齐社,国之男女皆聚族往观,与楚宋之云梦、桑林,同为一时之盛,犹郑之三月上巳,士与女合,会于溱洧之濒,观社者,志不在社也,志在女而已。……《谷梁》以为尸女,信哉!

清沈钦韩《左传补注》亦引《墨子·明鬼篇》以说齐社。清刘文淇则引清朱骏声之说谓:"此盖如郑之溱洧,上巳男女所合会也,观者观妇女也。"②齐社如此,楚之云梦,观《九歌》描写可知。③

社祭的良机:高禖与上古"婚季"的叠合

古代农业民族的恋爱、婚媾活动,往往是与农业生产的季节需要有规律有节奏地对应和配合的,不但互不妨碍,且互相促进。

《礼记·月令·仲春之月》曰:"是月也,玄鸟至。至之日,以大牢祠于高禖。……是月也,耕者少舍。乃修阖扇,寝庙毕备。毋作大事以妨农事。"郑注:"燕以施生时来巢人堂宇而孚乳,嫁娶之象也。媒氏之官以为候。"卢植注:"玄鸟至时,阴阳中,万物生。"

山东民谚:"燕子来,好种田。"二月春播之前,燕子北来报春,为"嫁娶之象","有孚乳之祥"(见《五经要义》),应该嫁闺女娶媳妇,或祠祭高禖以求子,并且借高禖仪式里的"催生"巫术促进庄稼繁茂。此时应是婚媾活动的高潮,过此国家和个人都"毋作大事以妨农事"。所以婚期、农期、节庆祭祀期、玄鸟至之期应该一致。

《周礼·地官·媒氏》曰:"仲春之月,令会男女。于是时也,奔者不禁;

---

① (清)俞正燮:《癸巳类稿·燕祖齐社义》,商务印书馆1957年版,第54页。
② (清)刘文淇:《春秋左氏传旧注疏证》,科学出版社1952年版,第190页。
③ 参见萧兵:《观社》,载《中国史研究》1982年第4期。

若无故不用令者，罚之。司男女之无夫家者而会之。"

郑注："仲春阴阳交，以成昏礼，顺天时也。"《大戴礼·夏小正》曰："二月……绥多女士。绥，安也。冠子取妇之时也。"

注疏中以清孔广森《大戴礼补注》为较通达：

> 《士礼》，霜降而妇功成，嫁娶之事始焉。故自十月初昏，至二月其盛也，过是则晚矣。《周礼》亦以仲春会男女。《白虎通·嫁娶篇》：嫁娶必以春，何也？春者，天地交通，万物始生，阴阳以接之时也。

正如翟兑之所说：社是普遍的休假日。至今历书上每年还写着春秋两社日，秋社就是立秋以后的第五个戊日。①

叶舒宪对仲春二月男女会社之习也有类似的分析。他说：

> 按照巫术世界观，人与自然之间是交相感应的，农作物的丰产与人类自身的生产都遵循着同一原则，而且二者之间可以彼此促进，相得益彰。因此，古巴比伦每年春分举行新年庆典之际，部落男女集合于野，一方面是保证人类社会的生殖绵延和大地回春、万物复苏的集体性交，另一方面是象征参加庆典者死而复活的成年入社礼。正像易士塔既是大地母亲的象征，又是司爱情、生殖的女神一样。古代中国的社神即是高禖，也就不足为怪了。②

我们还可以从《诗经》的描写来推算上古时代最常举行婚嫁的季节或时机。如《诗·邶风·匏有苦叶》所云"士如归妻，迨冰未泮"，即荀卿所谓"霜降逆女，冰泮杀止"之期。

《匏有苦叶》郑笺："冰未散，正月中以前也。二月可以昏矣。"《诗·豳风·七月》曰："春日迟迟，采蘩祁祁；女心伤悲，殆及公子同归。"郑笺："春，女感阳气而思男；秋，士感阴气而思女。"

闻一多指出，《诗经》里的婚期"春最多，秋次之，冬最少。……初民根据其感应魔术原理，以为行夫妇之事，可以助五谷之蕃育，故嫁娶必

---

① 参见杜正胜编：《中国上古史论文选集》（下册），华世出版社1979年版，第1040页。
② 叶舒宪：《探索非理性的世界——原型批评的理论与方法》，四川人民出版社1988年版，第33页。

于二月农事作始之时行之"①。这是从"两种生产"的原始"混一"和"繁殖－蓄育"相互模仿的交感巫术原理立论,指出春天婚期最盛的原因。春天是蓄育的季节,爱情的佳期,也是农业生产的伊始。孙作云指出:

> 农业是有一定的季节性的……因为从二月起,人们离开了自己的家庭,到野外生活,从事集体劳动。因此,有许多民俗习惯,也可以说是典礼仪式,多在二月或三月初举行。②

这对于解释农业民族的"婚姻季节"或"狂欢节期"是很重要的,但是不能解释非农业民族的同类活动。

宋兆麟也曾论述高禖祭祀的时机,此较前说进了一步:

> 祭祀高禖是有时间性的,最初以阴历三月上旬巳日为"上巳节"。……春暖花开,万物复生,加上处于农忙前夕,正是男女社交季节。古代希腊的性神但翁色斯,也是一个男根,传说性神就是冬去人间,及春又至,与我国祭高禖时间是一致的。在这种两性交往的旺季祭祀生育和婚姻之神也是合乎情理的。③

动物有所谓"交尾期",也叫"春情周期"或所谓"春情环"(Cyclus Oestralis),就是说在一定季节或时期里,某些动物的性要求和性活动达到了高潮。这种"春情周期"在原始人类的"婚期"上也留下了痕迹,作为动物的人在一定时期、一定程度上要服从生物学规律的支配。原始社会史家指出:

> 原始人或史前人,也和多数哺乳动物一样,有一个特殊的匹配季节(在动物界谓之春情发动期,time of rut or heat),因此在远古的时候,性的欢会(sexual congress)只能在一年的一定期间举行。就在现在,据说也还有一些野蛮民族,其匹配季节也像红鹿(red deer)及其他动物似的不失期。在文明种族间的生产……根据统计则二月与三月间很显明地增加,这证明性的冲动及(或

---

① 闻一多:《古典新义》(上册),古籍出版社1956年版,第185页。
② 孙作云:《"诗经"恋歌发微》,见文学遗产编辑部编:《文学遗产增刊》(第5辑),作家出版社1957年版,第1、3页。
③ 宋兆麟:《人祖神话与生育信仰》,见王孝廉主编:《神与神话》,联经出版事业公司1988年版,第232—233页。

者）易于受孕的期间以五月与六月为最高。①

澳大利亚原住民便在动物交尾季节举行与图腾机制有关的繁殖仪式（increase rites），以促进图腾、人类之繁衍乃至植物之丰茂。他们的图腾仪式有两种：繁殖图腾动物或植物的巫术仪式和表演有关图腾祖先神话的仪式。但在这两种仪式之间往往没有截然的界限。②而这种"繁殖礼"（也就是著名的"因特丘马"仪式），往往"一年一度行之于雨季到来之前，即草木争荣、动物交尾时节。届时，图腾群体成员则在特定的祭地举行法术仪式。他们将血浆洒布于地，口诵咒歌，以促令似在近侧的图腾胚胎离其蛰居之处，繁衍增殖"③。而"不管这些仪式是如何产生的（这个专门问题在科学上尚未解决），迷信的澳大利亚人偏执地把如此明显的自然界的交替认为正是自己的巫术作用，这一点是没有什么奇怪的。自然界本身每次都好像证明了它的巫术法力"④。

何新曾据以指出，中国在同一场所举行的祭母神与祭社稷神（五谷神）的祭社方式，"实际上是上古'繁殖礼'的遗风"⑤。而"在一些原始民族中，这种繁殖巫术往往同时伴随着某种性爱活动。中国的寿宫高媒（禖）社祭，以及《九歌》中所祭'云中君'，都是这种祭祀活动中的女神"⑥。这种高禖社祭确实每每与动物交尾、植物萌长的季节同步。

这些都是事实。但是人又是自由能动的社会动物，不能仅用生物学规律解释人类行为。例如后进部落或上古时代曾有过所谓"节期杂交"（feast promiscuity），某些文明民族也有所谓农神沙特恩（Staurn）节的狂放或其

---

① ［德］F.缪勒利尔：《家族论》，王礼锡、胡冬野译，商务印书馆1935年版，第38页。
② ［苏］C.A.托卡列夫、C.П.托尔斯托夫主编：《澳大利亚和大洋洲各族人民》（上册），李毅夫、陈观胜、周为铮等译，生活·读书·新知三联书店1980年版，第281页。
③ ［苏］托卡列夫：《世界各民族历史上的宗教》，魏庆征译，中国社会科学出版社1985年版，第50页。
④ ［苏］C.A.托卡列夫、C.П.托尔斯托夫主编：《澳大利亚和大洋洲各族人民》（上册），李毅夫、陈观胜、周为铮等译，生活·读书·新知三联书店1980年版，第286页。
⑤ 何新：《〈九歌〉十神奥秘的揭破》，见《何新集——反思·挑战·创造》，黑龙江教育出版社1988年版，第381页。
⑥ 何新：《〈九歌〉十神奥秘的揭破》，见《何新集——反思·挑战·创造》，黑龙江教育出版社1988年版，第381页。

残余，这既要从历史的发展、宗教的演进等社会性的条件加以认识，又要注意其中自然的、生物的原因。

> 古代习惯中尚有一种普通名为"节期乱婚"（feast promiscuity）的习惯，这是和宗教的卖淫有某种关系的。很多民族，直到今日，还仍在每年几个时间，举行一种狂欢庆祝，而尤以在春季为最多。在这些狂欢大会中，实行一般的放纵和无限制的交接。这些习惯，大抵由于原始的"婚季"（mating season）而来，到今还可以在我们的狂欢节中找出来……①

但是有的原始社会史家，例如韦斯特马尔克（Westermark）在《人类婚姻史》（有王亚南的中译本《人类婚姻简史》，由神洲国光社出版）中以偏概全，企图用生物学上的"春情发动期"来抹杀群婚残余的史实。恩格斯曾经尖锐地批评了这种非历史主义的说法：

> 韦斯特马尔克在他的《人类婚姻史》一书第28—29页，举了许多例子，表明在印度的霍人、桑塔尔人、潘札人和科塔尔人部落中，在某些非洲民族和其他民族中，都有这种定期的沙特恩节，即在一个短时期内重新恢复旧时的自由的性交关系。奇怪的是，韦斯特马尔克由此得出一个结论，说这并不是他所否认的群婚的残余，而是原始人和其他动物所共有的交尾期的残余。②

所以必须把社会原因和自然原因结合起来，并且从历史演进的角度来解释"婚季""节期杂交"之类群婚残余的发生和保留。特别是这种"婚季"或沙特恩节为什么常发生在一年里的某几个月份（尤其是春天），需要考虑到各方面的因素，例如历史的传统和习惯的延续性，春情发动期的残余，农业民族农事的节律，太阳运动和季节转换的规则，等等。恩格斯说过："最初的宗教表现是反映自然现象、季节更换等等的庆祝活动。"③沙特恩式的高禖社祭和春秋的"播种-收获"祭祀等与季节变换、生物繁衍、

---

① ［德］缪勒利尔：《婚姻进化史》，叶启芳译，商务印书馆1935年版，第14页。
② ［德］恩格斯：《家庭、私有制和国家的起源》，见《马克思恩格斯选集》第4卷，人民出版社1972年版，第45—46页。
③ ［德］恩格斯：《致马克思》，见《马克思恩格斯全集》第27卷，人民出版社1972年版，第63页。

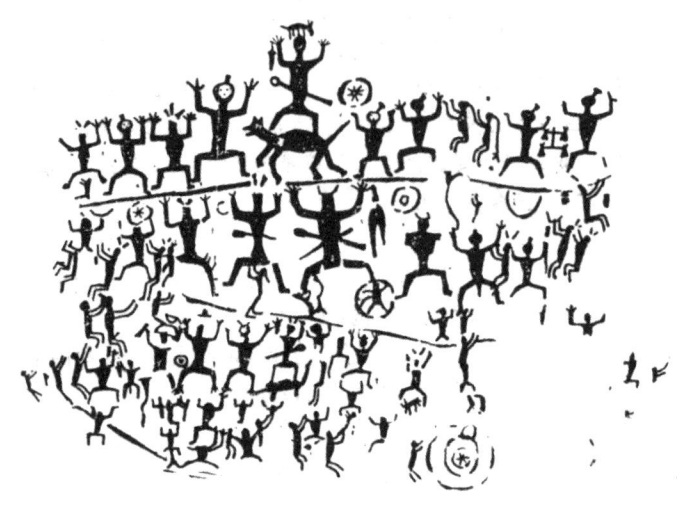

图 5-1 鼓舞祭祀（广西左江岩画）

禾稼生长等的本质联系尤应予以重视。

在这样的理论基础上，我们就可以转而注意高禖等祭典举行的时机，探讨其作为原始社交和审美－娱乐活动与"自然现象、季节更换等等的庆祝活动"的本质联系。

社与大石文化

关于社，中国古代有一些很具启发性的记载。

以一块大独石为中心，护以几块立石，这种形式的门希尔（Menheir）或"丛石"，我国文献有记载，考古曾有发现。例如《汉书·五行志》："孝昭元凤三年正月，泰山莱芜山南……有大石自立，高丈五尺，大四十八围，入地深八尺，三石为足。"有人据其"三石为足"，认为这是第一式石棚，不是石碣，只是顶石太厚了。[①] 这有两种理解：一种是，"高丈五尺"指通高，"立"指横放在三石尺之上，那么它就是"三足石棚"，就是Ⅲ；另一种，如果"立"指直立，那么就是有"三足"帮衬的"丛石"，跟下述的丘湾"石社"相似，也就无所谓有"顶石"以及"太厚"的问题了。这可能性大。

---

① 参见张政烺：《五千年来的中朝友好关系》，开明书店 1951 年版，第 4 页。

山东淄川县（今淄博市淄川区）北王母山发现"有三个石柱式的天然石支撑"着"扁平复石"的石棚。①《后汉书·袁绍传》《三国志·公孙度传》都说襄平（今辽宁省辽阳市）延里社"生大石丈余，下有三小石为足"，也很可能是"三足石棚"。山东和辽东半岛是殷人的发祥地，"海外有截"的烈烈相土又以"Ω"为名，"东方夷人集群"早期活动地域发现大量的大石文化遗迹，与卜辞出现大量的"示"字一致。

另外，《朝野佥载》说："夸父山在辰州东，三石品立。"《太平广记》载："邓夸父与日竞走，至此煮饭。此三山者，夸父支鼎之石也。"这伟大的"入日"盗火的神话英雄的光荣遗迹很可能是失落棚顶的"示"或"道尔门"，也是一种"示"。

还有一种"列石"（Alignement），由若干"立石"组成横列、纵列或环列，跟"示"没有直接关系。但马王堆汉墓（M3）出土古地图证明《楚辞》等所载帝舜重华的葬所"九嶷"就是九块石碑组成的"舜庙"列石（参见笔者《楚辞新探·〈离骚〉新解》），近年已有残迹发现。它也是祖宗崇拜与太阳崇拜的结合。

舜是太阳神，又是湘山湘水间的大神，可能被具有东方文化渊源的楚王室等祀为祖先神，《九歌》的东皇太一作为老太阳神还可能有舜、湘君的某些影响，舜葬九嶷，所以要用九块嶷然特立的"列石"纪念这位来自东部的老太阳神（参见笔者楚辞研究系列著作），并且祭祀太阳。

上文交代，马王堆汉墓出土神祇图，中上方身体发着红光的"太一"神（约当老太阳神东皇太一），其左胁标着"社"字，证明其兼为社神，反过来就可以说，大社可以兼祀太阳，可能设有某种形态的土石圜丘、方丘（方丘祀地，但有时可以兼祭太阳，参上专节）。

日本学者鸟居龙藏早就对辽东半岛上的大石文化，尤其是所谓"石棚"，有过研究。②"辽东半岛石棚的分布，它集中在辽东半岛的南部地区。据统计，有旅大市西岗区、金县、新金、复县、庄河、盖县、营口、岫岩、

---

① 参见王献唐：《山东的历史和文物——在山东省文物工作会议上的报告》，载《文物参考资料》1957年第2期，第10页。
② ［日］鸟居龙藏：《满蒙古迹考》，陈念本译，商务印书馆1956年版。

海城、清原、新宾等十一个县区"①；而"经考古调查统计，我国的吉林、山东、湖南、四川和辽宁省均有石棚"。1982年左右，江苏的连云港也发现了三足石棚（李洪甫面告）。

曲传麟也说到过这种石棚，并且认为它们多属墓葬。

根据考古的发现欧洲石棚中多是屈身葬。在中国过去只看到暴露在地表面之石棚，多数前面的敷石是半截的，有的被当作庙宇使用，内部都已清理干净，因此没有见到人骨。近年来在石棚中发现人骨的已有多处，在辽南"双房二号石棚发现了人骨、石纺轮、陶壶；华铜矿石棚出土了人骨、多瘤状石棍棒头、两个陶罐、一个陶壶；庄河县杨屯石棚出了人骨，磨制三棱石族、夹砂红陶器；白店子石棚出土了人骨、石纺轮"。②

他认为："（中国）古人以石室为始祖的神灵所居，故于其中置石主以表之。所以古代之宗庙盖起源于郊宗石室与岩厂洞屋。这种石室洞屋的前身就是石棚。"③

冯汉骥则对四川的大石文化遗存做过考察，认为四川所谓"八阵图"或飞来石（在新繁县东北清白江北岸，已毁）大都属于"石行"（列石），大石文化的意蕴为：（1）根据《华阳国志》，"石笋与武丁担当为墓上石饰"；（2）"其他亦含有社会或政治上重大事件的纪念碑性质，路标与宗教禁地的界碑"；（3）八阵图可能为演习宗教仪式的圣坛。④

汉扬雄《蜀王本纪》、晋常璩《华阳国志·罗志》、北魏阚骃《十三州志》等都说蜀王死，五丁力士辄立大石，长三丈，重千钧，号曰"石笋"，为墓志，这显然与酋长的墓葬有关，但看其描述，似乎只是"独石"而非"列石"。郑德坤《四川古代文化史》也介绍并研究了四川的大石文化遗迹。

徐松石认为《水经注》及《益州记》里的所谓"玉女房"是道尔门一类的石棚。

---

① 许玉林、许明纲：《辽东半岛石棚综述》，载《辽宁大学学报》（哲学社会科学版）1981年第1期，第10页。
② 曲传麟：《辽东半岛石棚性质初探》，载《辽宁师院学报》1982年第1期，第25页。
③ 曲传麟：《辽东半岛石棚性质初探》，载《辽宁师院学报》1982年第1期，第26页。
④ 转引自鲍文熙：《川康史前大石文化遗址的检讨》，见《中国考古》（第1册），上海美术考古学社1950年版，第7页。

"龙盘山有一石,长四十丈,高五丈,当中有户及扉,若人掩闭,故老相传为玉女房"(《益州记》),颇有可能。又《神异经》:"西明山……有宫焉,白石为墙,皆以石为左右阙。"徐松石先生也以为是道尔门的曲折映写。①

关于原始时期各种巨石建成的纪念物的意义和功能,学术界至今还有很大的争论②,但是对其中的列石和道尔门,学术界多倾向于"坟冢说",又不排斥其与太阳崇拜的关系③。但是在对一些大石建筑附近地区的挖掘中并没有发现骸骨或文化遗物,所以有些考古学家认为它们是一种有关太阳祭祀、巫术的宗教建筑,或表生殖器崇拜,或是死难酋长或战士的纪念碑,或为氏族集会地点,或与天文气象节候的观测有关。

学者们指出,大石文化,尤其是其中的道尔门与太阳崇拜有关,早在古代中东,二者就联系在一起。

> 加苏尔人在外约但区域开始了巨石文化,有许多石屋、丘陵和石屋似的坟墓可以为证。这些坟墓中的骸骨似乎是屈膝侧卧的,面对着东方或南方,即对着这些居民所崇拜的太阳。④

某些石棚上凿有圆形的大孔,有人认为是供死者灵魂出入用的,有的则认为用以采光,与三光(日、月、星)崇拜有关;有的说那圆洞就是模拟太阳的。

王孝廉介绍说:

> 中近东黎巴嫩的拜尔贝克,古代费尼基人称为"太阳之都",罗马人在那里建立了许多祭祀太阳神的神殿……埃及的巨石建筑也是源于对太阳神的信仰……埃及人认为高一百四十六公尺五十公分的金字塔顶端,可以上接清晨太阳神的第一道阳光,然后经过金字塔再把阳光普照到人间大地上。法国西北海岸的加尔纳克有被称为"石林路"的史前巨石文化遗迹,排列着每块四公尺高以上的石头一共两千七百三十块,排列的石头延长着有三公里以上的距离,直

---

① 参见徐松石:《粤江流域人民史》,亚洲书局1965年版,第274页。
② 参见[日]水野清夫、小林行雄:《考古学辞典》,创元社1959年版,第243页。
③ 参见[日]西村真次:《文化移动论》,东京,1926年版,第147页。
④ [德]赫罗兹尼:《西亚细亚、印度和克里特上古史》,谢德风、孙秉莹译,生活·读书·新知三联书店1958年版,第25页。

到大西洋的海边。古代的法国人把石类排列和延伸，为的是祈求一个无限的世界。英国是排列巨石成门状，除了用以祭神以外，可以用来预测月食和春分、秋分，或许这也就是人类最古的历法。①

这种有特色的大石建筑遍布欧、亚、非三洲，至少在邻近地区，例如在所谓"东海文化区"，它们是游走性的，播化性的。我国东方和南方的大石文化有亲缘关系、授受关系是很自然的。不少学者把它列为"太平洋文化"的重要因子之一。前引西村真次《文化移动论》就以"石棚"为重要的一章，研究上古文化在东方、太平洋沿岸和世界范围里的游动和传播。

英国的史密斯（G.E.Smith）很早就倡导"埃及中心说"和"文化移动论"。他在20世纪初叶提出亚洲（尤其它的西南部）文明培植了最早的美洲文明。他认为几乎所有的美洲古代艺术、技能、风俗和信仰都是由西亚北非传播过去的，其中的变异和增添物"显系南洋群岛内美拉尼西亚（Melanesia）和玻里内西亚（Polynesia）的特征"，不能因此抹杀其埃及渊源。②他曾强调"大石文化"的证据，因为西欧、北非、印度乃至东亚这种巨石文化都是一个渊源，这种巨石文化是和太阳崇拜相关联的。③

以太阳崇拜、太阳神文化建筑而言，中国和美洲就颇有相似之处。张小华提出：

> （亚、澳、美）三大洲都有与太阳有关的相似的传说，祭祀太阳的遗物或古迹。这些可能正是当年迎着朝阳前进的中国东南古民族遗留下来的痕迹。……他（凌纯声）说："玻利尼西亚的meae为坛台，源于中国语的庙。"美兰尼西亚称"多尔门"（即一种象征阴阳性器的巨石文化）为sua或sar，此语与中国语"社"（常者切）字音相近。在我国山东和辽东都发现有"多尔门"和"门

---

① 王孝廉：《中国的神话与传说》，联经出版事业公司1977年版，第43—44页。
② 《文化传播辩论集》，周骏章译，台湾"商务印书馆"1940年版，第11页。
③ 《文化传播辩论集》，周骏章译，台湾"商务印书馆"1940年版，第37页。

希尔",也称石棚文化。①

房仲甫先在探讨中国与美洲文化关系时也说:

> 相土东都已考定在今泰山东部。山东半岛和朝鲜半岛隔海相对,无飓风和冰山侵袭,为早期航海供了方便。两地"大石遗迹"的相同证明,远在商以前就有海上往来,较之陆上,海上交通更为发达。石棚文化多在山东半岛、大连和朝鲜中、南部可证。②

关于"庙""社"的读音、形制与太平洋某些岛屿有相似之处等问题,凌纯声论证极详,不过他更多地强调大石文化与生殖器崇拜的关系。

> 在中国大陆山东和辽东两半岛的"多尔门"和"门希尔"和今美拉尼西亚的两种巨石同一形制而多是象征阴阳性器。并且我们找到中国历史记载,第二世纪,《三国志》载辽东的"多尔门"就是社坛。③

他将亚洲东部与生殖崇拜有关的大石文化分为两大类:

> 我们可分东亚的阴阳性器巨石文化为两式:一为阴阳独石型(female and male monolith type)……;二为石棚立石型(dolmen and menhir type),分布在中国的山东和辽东两半岛,经朝鲜而日本的一小部。……这种崇拜阴阳性器的巨石文化,史前的遗迹和现存的实物,在泛太平洋区内,发现的甚多,或已可说不胜枚举。④

太平洋巨石文化中相当一部分确与生殖崇拜有关,但不能因此否定其与太阳崇拜的联系。

---

① 张小华:《中国与大洋洲、美洲古代交往的探讨》,载《中央民族学院学报》1984年第1期,第51—52页。
② 房仲甫:《殷人航渡美洲再探》,载《世界历史》1983年第3期,第54页。
③ 凌纯声:《中国边疆民族与环太平洋文化》(下册),联经出版事业公司1979年版,第1223页。
④ 凌纯声:《中国边疆民族与环太平洋文化》(下册),联经出版事业公司1979年版,第1276页。

图 5-2　英国索尔兹伯里平原等地巨石阵

　　一排"道尔门"组合成为一个环形的巨石阵，其规模之大，技术之难，使人震惊，电影《德伯家的苔丝》结尾处出现了这些巨大的石棚群，给人印象深刻。现在肯定它是首长坟冢之类，但不排除其为太阳崇拜遗迹，也可能还用来测定时日。

　　发现大石文化遗迹较多的东方（夷）以及南方（楚）正存在太阳崇拜。《楚辞·九歌》的《东皇太一》和《东君》就是明证。有人就认为辽东半岛的大小道尔门体现的是太阳崇拜：

　　　　这些石棚可能是原始社会居民进行宗教祭祀的场所。因为氏族社会时期人类崇拜的是原始宗教，天地日月之神，大小石棚，正是象征天地日月，大者是日，小者是月，一上一下，不在一处。大小石棚都是坐南朝北，建立在山坡的向阳面。可能有大石棚的地方，必有小石棚。①

　　耐人寻味的是，葬于九嶷、庙竖列石的帝舜以及与之同格或一体的帝俊都是东方夷人集群的最高祖先神兼太阳神。

　　陈梦家认为辽东－山东半岛的石棚属于商人的遗存，这非常值得重视。

　　　　商部族最早活动于东方的渤海沿岸，它和辽东半岛、山东半岛的古代土著有若干共同之处；有玄鸟为其始祖的神话，用兽骨占卜，有"石棚"的遗留，杀人殉葬，衣尚白等等。②

　　而殷商是崇拜太阳的，又跟荆楚有文化亲缘关系。曲传麟也赞同此说：

　　　　辽宁省博物馆在辽西北票丰下和昭盟敖汉旗大甸子商代遗址

---

① 陶炎：《辽东半岛的巨石文化》，载《理论与实践》1981 年第 1 期，第 93 页。
② 陈梦家：《殷代社会的历史文化》，载《新建设》1955 年第 7 期，第 41 页。

的发掘中，出土的许多陶器花纹与后来殷虚等地出土的铜器花纹非常相似。辽宁不仅出土了许多商代的铜器，并还发现其早期的冶铜遗址。辽东半岛上的石棚的形成时代大约是在新石器时代的晚期即龙山文化时期向阶级社会过渡的阶段而出现的一种巨石文化遗存，因为这个时期氏族首领的权力已经达到了可以支配一切的程度。①

凌先生还具体介绍了中国台湾大石文化的种类及其源流："从本文中所举的社坛（Earth Altar）或以石列成，多数用石砌成平台（stone platform），独石（menhir）式的石表，多尔门（dolmen）式的祭台，还有石垣和石屋。由这许多的物证，我们可以说 Heine-Geldern 氏所谓东南亚的早期巨石（an earlier Megalithic culture），中国台湾至今存在，且来自大陆，恐不是由东南亚移入。"②学术界应该特别注意东海文化区，从辽东半岛到连云港的大石文化（含遗迹）跟台湾大石文化的关系。

社树或社丛

《论语·八佾篇》，哀公问社于宰我。宰我对曰："夏后氏以松，殷人以柏，周人以栗，曰'使民战栗'。子闻之，曰：'成事不说，遂事不谏，既往不咎。'"

此事复杂，孔子之言难解。

上古之社或以土，或以石，或以木，即后世的"社树"。有人说仅指"木主"，实绝不止此。《墨子·明鬼篇》："圣王建国营都，必择国之正坛，置以为宗庙，必择木之修茂者，立以为菆位。"讲的就是"社树"。"菆位"或作"丛位""丛社"，指社、稷。

清俞正燮《癸巳类稿·〈论语〉"社主"义》考之甚详。今择要言之。《周礼·地官·大司徒》说："辨其邦国都鄙之数，制其畿疆而沟封之，设其社稷之壝，而树之田主，各以其野之所宜木，遂以名其社与其野。"

---

① 曲传麟：《辽东半岛石棚性质初探》，载《辽宁师院学报》1982年第1期，第27页。
② 凌纯声：《中国边疆民族与环太平洋文化》（下册），联经出版事业公司1979年版，第1160页。

郑注："所宜木，谓若松、柏、栗（案：所据即《论语》）。若以松为社者，则名'松社之野'，以别方面。"宰我用的是汉儒常用的"声训"，但这里郑玄没有提及"栗即战栗"之类象征意蕴。

《战国策·秦策》有"神丛"，树木修茂，神所凭依。《史记》索隐引高注："神，祠；丛，树也。"

《晏子·问篇》《韩非子·外储说右上》等都说，社有泥涂之木为神主。这也是树社的标志物——所谓"蹛林"之类还曾当作村寨的界线，有如"鄂博"（obo）。《白虎通义·社稷篇》曰："社稷所以有树何？尊而识之，使民望见即敬之，又所以表功也。"《独断》云："凡树社者，欲令万民加肃敬也。"

"社"有树木，确为古制。问题只在三代之社是否确用三种不同的树，它们的名称是否有象征符号功能。宰我时代尚称三代为近古，孔子也没有说他捏造。只是我们没有找到更古老的参证。《太平御览·礼仪部》引《五经异义》说："夏人都河东，宜松也；殷人都亳，宜柏也；周人都丰镐，宜栗也。"以气候、土壤所适为说，也没有多大根据。目前所知，唯殷商以"桑"（林）为社比较可靠，文献、卜辞可相参证。①"桑"之言"丧"，见于甲骨文，闻一多《释桑》等有说。桑与蚕大致同步生长，古人以为有"周期性"（如蚕之有眠有醒，生命形态变化极大），所以具"再生"功能，被用在"武装送殡"仪式之"丧木"（哭丧棒）上，以驱逐邪鬼，并冀死者"再生"。夏人社树，已不可考。周人用栗，苦无旁证。《白虎通义》引《尚书逸文》，以大、东、南、西、北"五社"配种松、柏、梓、栗、槐"五木"，如清孙诒让《周礼正义》所说，"尤为不经，不可据也"。

其所象征，唯汉何休《公羊解诂》说："松，犹'容'也，想见其容貌而事之，主'人正'之意也。柏，犹迫也，亲而不远，主'地正'之意；栗者，犹战栗谨敬貌，主'天正'之意也。"牵强附会之至。"栗"之言"战栗"，也是用的后来常见的声训，不知所据。

"社树"是树木崇拜最重要的一种，也是上古或原始时期神圣建筑（或独立或附属）设施的一种。

---

① 参见萧兵：《〈左〉疑三则——兼释〈诗经〉〈楚辞〉有关疑义》，载《扬州师院学报》（社会科学版）1981年第4期。

宋兆麟介绍说："云南傣族、景颇族、哈尼族每个村寨都有一片被保护的树林，俗称'神林'。在壮族、傣族的村落里，还各有一棵巨大的大青树，其下搭一小屋，据说这是树神的住处。"① "村寨神林"大体上是由"社树"生长而来。"树除能提供各种生产生活资料而外，也是人们抵御暴雨和酷热的天然遮盖物，又是过去树居的地方，所以树是神灵之一。"②

还有跟"寨心柱"相当的村社"中心树"。

（西双版纳）每个村社都有"社神"，就在村寨的中心，也是栽上一棵树，树用石头围着。祭社神叫做"灵披曼"，是很严肃隆重的。③

介绍者将其与《八佾篇》"社树"比较。还说："云南很多少数民族都有各自的神树，称为'龙树'。"④ 佘仁澍说，哈尼族"寨口"的龙树林，总有一棵高大的被看作村寨保护神，称为"社神"。这比较接近"社树"的性质。

纳西族祭天仪式里，用到一些神树，包括栗树等。现将其象形文字、及表意（说法略异）列举如下。

	黄栗树
	天
	黄栗树
	天后
	松树
	战神
	白栗松
	护将
	柏树
	舅父

---

① 宋兆麟：《巫与巫术》，四川民族出版社1989年版，第83页。
② 宋兆麟：《巫与巫术》，四川民族出版社1989年版，第83页。
③ 马曜、缪鸾和：《西双版纳份地制与西周井田制的比较研究》，云南人民出版社1989年版，第161页。
④ 马曜、缪鸾和：《西双版纳份地制与西周井田制的比较研究》，云南人民出版社1989年版，第298页。

祭天对象很多。不同地区树木的表意有所不同，略举一二。

丽江长水	丽江宝山
代表天和达（天后）之象征物，均用黄栗树，天在左，达在右。 柏，即柏阿舅，东巴文为柏叶象形，为天女策恒布白命之舅父可罗可欣家……舅父为大，以柏树为代表，立在代表天、天后的两棵栗树中间。……用白栗树代表东巴教认为是天神的守卫保护神，立于右方末位。①	（正月）初四日早，先布置祭坛，坛中插高约五尺、粗若碗状、带青叶黄栗树两棵，柏树一棵，两旁为栗树，柏树在中间，左边的栗树代表"天"，右边的栗树代表"天妻"，中间的柏树代表"王"。②

纳西族的神树用栗，代表天或天的守护神，周人恰也用栗。

纳西族的祭天，已演进得极为繁复，目的也多样，主要是祈祷庄稼与族裔"两种生产"双丰收，涉及华夏汉人祭社内容。他们也祭地，目的与祭天相似。以维西县永春城郊拉哈村为例，"祭期为农历正月十三日，祭树用一棵杉（Iee）代表'地'（堆），相当于祭天中的'达'（天后）；还用一棵柏树（许），代表母舅和帝王；再用九小棵'丁丁'树分插两边；再用三个白石（动鲁）搬在树下祭之"③。

祭地用祭米、泡酒、香柱、猪牲等，与祭天略同，祭天还用鸟牲。

东巴（巫师）用《祭天经》中，与神树相关的有：

大地杉叶宽 / 当作迁徙大地之达阿主

白脚柏是天之舅 / 宽叶杉是地祖母

可见初始时期祭社或祭地时，确实可能以树代神，那树即"社树"。树种往往随机，不一定有"战栗"之类意旨。

---

① 和志武、钱安靖、蔡家麒主编：《中国原始宗教资料丛编·纳西族卷　羌族卷　独龙族卷　傈僳族卷　怒族卷》，上海人民出版社1993年版，第41页。

② 和志武、钱安靖、蔡家麒主编：《中国原始宗教资料丛编·纳西族卷　羌族卷　独龙族卷　傈僳族卷　怒族卷》，上海人民出版社1993年版，第48页。

③ 和志武、钱安靖、蔡家麒主编：《中国原始宗教资料丛编·纳西族卷　羌族卷　独龙族卷　傈僳族卷　怒族卷》，上海人民出版社1993年版，第59页。

以俑代人，尤为倡导"仁"的儒家所反对，更何况用人殉！但这是事实，不可否认。孔子不忍心提起，也反对"使民战栗"——这与他用仁政治民恰相反。但即令是"先王"亦曾行之，"成事不说，遂事不谏"，但不能"于今为烈"，预后不良；虽然"既往不咎"，逝者长已矣，来者犹可追，他对提出这类"挑衅性"问题（如他提出"井有仁"，救还是不救的问题）的宰我一直心怀不满。

尽管古有"杀人祭社"之俗，甚至于以"栗树"为社木有"使民战栗"的谐音（"三代"有这种类声训的可能性极小），孔子还是不乐意宰我提出并且强调这种假说。孔子主张以德教民，实行"仁政"，以为"软"比"硬"重要得多，不愿意动不动以杀戮或其他暴虐手段来威胁、震慑民众，孔子答季康问便说："子为政，焉用杀？"宰我显然是犯了忌，孔子很不安，很不满。

谢席珍《论语新解》引诸说云：

> 或说宰我欲劝哀公用严政，故讥之。或说古者杀人常在社，时三家专政，哀公意欲讨之，故借题问社，隐语示意，宰我所答，亦隐表赞成。[①]

蔡尚司《论语导读》云：

> 一说乃孔子讽劝哀公。孔子既闻哀公问社主之阴谋，又心知其无能，不欲其轻举，三家擅政，由来已久，不可急切求纠正也。[②]

这些都缺乏确证。但宰我此答，在孔子看来，只恐居心不良，所以孔子戒之。"成事不说，遂事不谏，既往不咎"是一种含蓄的警告。

---

① 谢席珍：《论语新解》，兰州大学出版社1993年版，第37页。
② 蔡尚司：《论语导读》，巴蜀书社1996年版，第306—307页。

第六章　"亚"形的分析

"亚"形旧说

初民对宇宙的划分，一般是从太阳升降的东、西二向开始，以后才有东、西、南、北的四分。这四分构成"十"字。可以说，这"十"字是上古神圣构形的基本。"十"字粗画或空心，便成了：✚ ✛ ⊕。这也是古代汉字的"亚"。后来，或写成"✛"。它不过稍稍延长了四向的"封口"，引起人们的注意。这个"亚"字衍生出一些礼制建筑。例如，中国古代最为神圣的明堂，它的平面布局或者基座就是"亚"形：✛或⊕。或者说，"亚"是明堂的标准型，是这个神圣建筑的基础。为什么要构成"亚"形，或者说，某些神圣建筑为何要采取"亚"形结构，学术界有过热烈争议。

所以讨论明堂形制，要从"亚"形讲起。

关于"亚"字，有些解释相当古怪，当然也不正确。

例如宋钱献之等说"亚"是古"黻"字（指古代一种彩绘的礼服），象"两己相背"，取"黻冕相继"之义。

列举诸说，包括奇特的说法，不仅是为了达到学术上要求的尽可能"高大全"的"覆盖说"，让大家看看学说的形成是多么曲折和不容易，而且可能让我们间接窥知古代的一些制度、礼俗，提供启发。

清阮元《积古斋钟鼎彝器款识》批评说，"己"是什么东西呢？——斀或黼应该象"斧"之形——"斧"是权位的象征。"亚"字哪里有礼服的影子呢？而"亚"，他说，乃是"两弓相背"之形。《汉书·韦贤传》唐颜师古注："绂画为亚，亚古'弗'字也。"弗就是"两弓相背"，义转为"辅"，为"弼"（所以"亚"作为职官，是副贰或辅弼）。"凡钟鼎文作'亚'者，乃以辅庚二弓之象，正是古弼字，亦即是'弗'字，'斀'字。作器遗子孙，当铭之以武，作'二弓在辅'形者，与执弓、执戈予、族上立矢皆同一义。"其说有些理致，却太纡曲。

还有"佝偻"（驼背）或"曲阿"之说。有的学者想调和"佝偻"及"曲阿"两种格格不入的说法，结果很不成功。例如高田忠周《古籀篇》，大概觉得《说文》"亚""醜"互训，跟"亚"象"五室"格格不入，所以倡"二字本来不同"之说。他说"亚"从"工"，"工"字是天地之间有"人"（案：这是望文生训），"以工为人者盖尊贵之也"。那为什么，从"工"之"亚"又是"醜"呢？他为《说文》中"亚"为"局背"（驼背）之训辩解道：

> 夫人之局背佝偻者，其醜成于胎中也。从工犹从壬（妊）也。……亚者佝偻病也。中以象其意、指其事也。亚是醜态之极也。转义为凡美恶之恶，为好恶之恶，遂亦加心作"恶"以分别。亚、恶，元一字也。《书·洪范》"五曰恶"，传，"醜陋也"，正"亚"字义也。

马叙伦《读金器刻词》也暗示"亚（醜）"与"亚（阿）"本为二字，前者为"驼背"的"亚"，就是"伛"，本来不写作亚，是一种讹变；后者是建筑用语，所谓"曲阿"。

前者出于《说文》释"亚"为"象人局背之形"，诸家以为无稽，但有学者力为之辩。

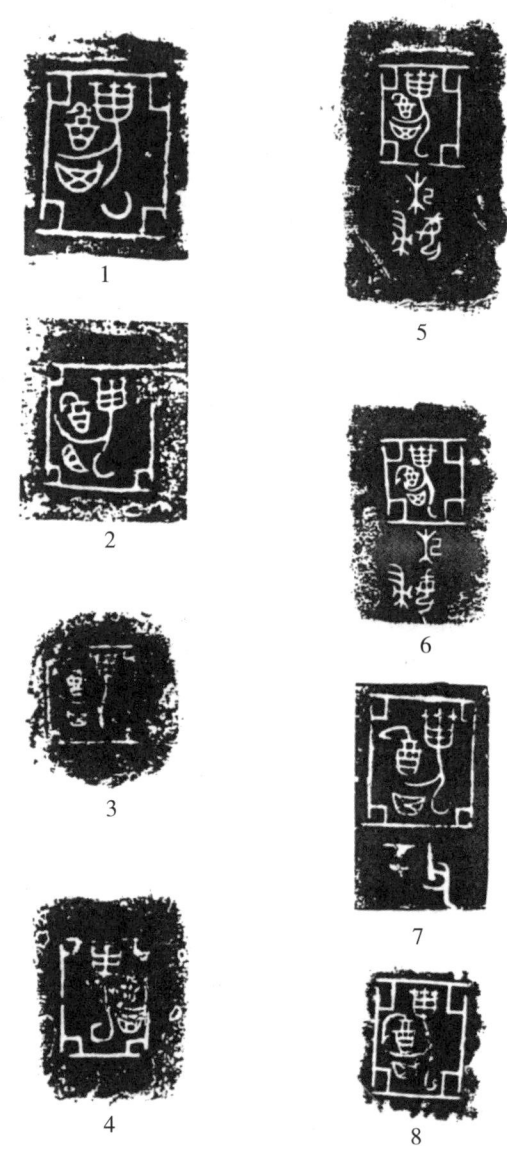

图 6-1 金文"醜"

1—4.亚醜(亚酺),《三代》1113;5—6.亚醜(亚酺)祀妇,《三代》1317;7.亚醜(亚酺)父辛,《三代》692;8.亚醜(亚酺),《三代》

甲金文的"醜"字,一般是"亚"形框架内有个族称或者官称的"醜"字,表示其尊崇(其字意为一位巫酋在吮酒,最初并没有多大贬义)。

加藤常贤说,可以借它来诠释地下"穴居"或"四阿之明堂","多弯弯曲曲之处"（实甚齐整）；《说文》正是借其弯曲之义，以"称曲背之佝偻之形"；甚至金文诸"亚"形，"皆可视为佝偻之人"①，这当然是曲为之说。竭力要调和"佝偻"与"曲阿"之说，反而弄得顾此失彼。

但《说文》释"亚"为"醜"，意味深长。金文多见"亚"内有"醜"之形，并非偶然。那确与族称徽识相关。开头并没有太大的贬义。但"醜"本巫酉饮酒之象，饮酒过甚就醜态百出，连带着"亚"也有了坏意思。"亚"因与"醜"相连，变形为"恶"。段注便以"醜"为"亚"本义。

清王筠《说文释例》云："醜是事而不可指，借局背之形以指之；非惟局背，抑且鸡胸，可云'醜'矣。"仍然由"驼背"着眼，跳不出旧圈子。

清饶炯《说文部首订》："据亚形全篆观之，本作'工'而变象其局部背鸡胸之形，例与'鼎'下说象析木意同。""佝偻"之说本就讲不通，无法自圆。

这些都是牵强附会之谈。这里着重介绍与神秘建筑构形相关者。书法家邓散木看出"亚"形本与建筑构形相关，其中间是"卅"，行，"通道也"。为了迁就"恶"义，便说外围加"四方以阻遏之"，故训"恶"或"次"（次等）②。依然牵强。但看出与建筑有关，就不容易了。

顾实以亚形母癸鼎等为例，说秦以前以"亚"形作署名签押之书，"亚""押"古字通。③

清陈介祺曾说，"亚"形中为人名，古器铭"亚""册""舟"字等多无实义。

郭沫若早期亦谓："亚形中字大抵乃氏族称号或人名，则此亚形不过如后人之刻印章加以花边耳。……为单纯之文饰毫无疑义。"④其所举如《父己殷》，"亚"形中有"箕侯"字样，可见其所指爵地位可高至侯伯。只是当时鲜有注意者。

叶玉森说，爵文、敦文"子"字外或有椭圆形边框，"乃匡廓之饰文"，

---

① ［日］加藤常贤：《汉字之起源》，林洁明译，见周法高编撰：《金文诂林补》（第二册），"中央研究院"历史语言研究所1982年版，第1307页。
② 参见邓散木：《说文解字部首校释》，上海书店1984年版，第36页。
③ 参见顾实：《中国文字学》，商务印书馆1935年版，第11页。
④ 郭沫若：《殷彝中图形文字之一解》，见《铭研》19。

后来变成口形，╬形、亚形。①

高亨说：“古人于玉器上刻花纹，常刻一边栏于四周，此边栏谓之'亚'，亚，涯也，边也。”② 陈梦家曾说其为"一种称号的图形化"③。

这从表层上看，平易无误。但是，早期的研究还没有注意其重大意义，也没有联系"亚"字与神圣建筑关系讨论。

"亚"与宗庙、明堂、郊宗等的关系

宋人张抡在《绍兴内府古器评》里讲到商父乙瓠时说，"凡器之有'亚'形者，皆为庙器"，这不一定；但是说"盖'亚'形所以象庙室耳"，却不幸而言中。有一种明堂基本结构为╬形，即古老之"亚"式宗庙。郭沫若《殷周青铜器铭文研究》中说这是"神秘之解释"，却失之简单。

宋薛尚功《历代钟鼎彝器款识法帖中》说，亚形皆为亚室，"亚室者，庙室也"。《博古图录》"商亚虎父丁鼎"条说亚形文云："凡如此者，皆为亚室。亚室者，庙室也。庙之有室，如左氏所谓宗祐，而杜预以为宗庙中藏主石室是也。"

藏放祖先"石主"（牌位）的"郊宗石室"见于甲骨金文，它跟宗庙或明堂五室之制完全不同。这已是另一种说法。

瑞典汉学家高本汉（Bernhard Karlgren）曾说，商周"亚"形铭记的器物，确"为宗庙制作"，它本身则是"玉琮的形象"。但宗庙和玉琮二者无论形、质都相去很远。④

清人郑业斅《独笑斋金石文字跋尾》云："窃谓古器亚、╬两文，直当是庙宇之形。案《说文》卷六口部：'壼，宫中道。从口，象宫垣道上之╬形。许说以口为宫垣道上之形，则口中之╬即宫室之形明矣。"

清徐同柏《从古堂款识学》说："亚象庙室墙垣四周形。"

---

① 叶玉森：《殷虚书契前编集释》第1卷，大东书局1936年版，第91页。
② 高亨：《文字形义学概论》，山东人民出版社1963年版，第132页。
③ 陈梦家：《殷虚卜辞综述》，科学出版社1956年版，第511页。
④ 参见［瑞典］高本汉：《原始宗教与生殖器之崇拜》，见《古代中国的几种性象征》，斯德哥尔摩，1948年版。

清俞樾《群经平议》说亚象"世室"（即大室）。

方浚益《缀遗斋彝器款识考释》说："亚，庙形也。"

阮元《研经室文集·续集·明堂图说》云："（✠）钟鼎文每有作此形者。古钟鼎铭每曰'王格太室'，此形即四堂背五室之形。"此说最简明："亚"本是明堂式的一大室外有四小堂，平面即此形。

林义光《文源》因为"壹"字从"亚"而训为"宫中道"，"亚"字金文或作✠，所以说"亚"是"庌"的古字，就是庑。这跟"庙室说"相关。但不准确。

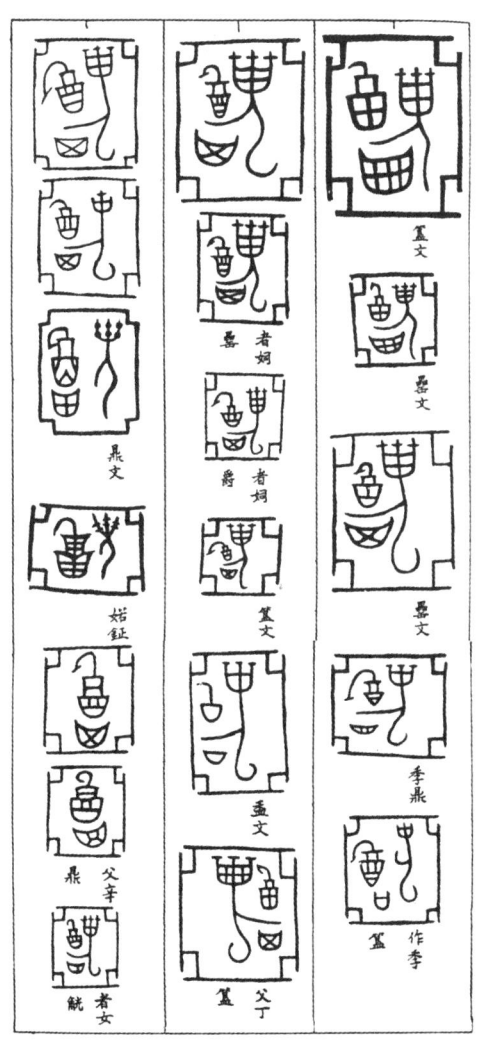

图 6-2　金文族徽"亚醜"（采自《金文编》《金文诂林》）

马叙伦《读金器刻词》说,"亚者家之初文",其在建筑和文字上之表现,"即古代四合院落之平面剖面形"。"家",不过在语音上与"亚"偶同而已。但"四合院"之说并非完全无据。

高鸿缙略采此说,谓"亚"者本"四向屋相连之形",亚为"家"之初文。① 略似"四合院",大体上是对的。案:唐兰曾持"爵称"之说,但依然承认,其形"本象四室相对,中为庭守之形"。②

各家隶定或释读虽各有异,但对一大室外四小堂之格局是把握住了。

最明白而确当的论述是王国维的《明堂庙寝通考》。他指出,宗庙有太室与四宫,构成"囲"形,"与明堂之制无异"③。基本属于"十"字构型与"中央"象征系统的"✚"确是明堂的格局。

张凤详论亚形字汇与明堂宫室之制的关系道:

> 古时政教未分,发政施令多在宗庙,礼家谓册命王臣"于先王之庙,亦不敢自专",此是后人补为之解,实在此是古制。明堂即宗庙,亦即宫寝,燕享于此,册命于此,祭祀于此,朝会亦于此。④

最初的宗庙宫寝如所谓"首长房屋",并无定制,也不复杂,后来才"正规"起来。

> 亚形象庙屋之平面基地形,其庙屋之建筑初无过甚伟大精致,亦无固定严密长距如《考工纪》所云,其初形仅为四面屋,如✚,其建筑为前埭、后埭、东厢、西厢,今时江南农家房屋尚沿此制。中留方场,此方场,现时常州人犹谓为"明堂"(参用王国维说);后埭正屋,谓为玄堂,准是则✚形为最初文,而囗形为准初文。⑤

日本学者高田忠周《古籀篇》说:"亚字象大室四隅有夹室之区画也。""亚者庙基也,行祭祀之处也。"他的《学古发凡》以明堂制度说"室"

---

① 高鸿缙:《中国字例》,广文书局1960年版,第116页。
② 唐兰:《作册令尊及作册令彝铭考释》,见《唐兰全集·一·论文集上编一(1923—1934)》,上海古籍出版社2015年版。
③ 参见王国维:《观堂集林》(第一册),中华书局1959年版,第137页。
④ 张凤:《图象文字名读例》,载《说文月刊》1938年第1卷第2期,第192页。
⑤ 张凤:《图象文字名读例》,载《说文月刊》1938年第1卷第2期,第192页。

字云"世室"即"大室"（此同王国维），"其古旧制度，以作五室的 ⊞（即亚字，四隅小室，谓之阿室）。东西南北四堂，其中大室。而殷以前大室无盖覆，露处霡雨；至殷，四室上更重大盖，此谓重屋"。重屋非盖，是小"楼"。法国人维格尔（Leon Weiger）的《中国文字之特性》释"亚"形云："祖宗的祠堂画成为方格形；大抵在这祠堂内，视为祖宗神灵所凭依，屡作正方形或长方形，四角是开放着的。"

英人金璋（L.C.Hopkins）也说亚"为古代厅房的平面图形"①。

孙海波则说："亚亦训宫室，卜辞或言'某某亚'，犹言'某某宫'也。"②他的《中国文字学》更直截了当地说亚是"古者明堂寝庙"之形。③

朱凤瀚认为，商周青铜器铭文显示，"亚"（或"亚"形建筑）可"入"，既然可"入"，那么"亚"便是"一种处所，可以在那里祭祀父甲、帝甲、大匕（妣）壬，应即是庙室"④；庙室之作"亚"形，就是王国维说的，宗庙"有太室，有四宫（室）"，而"与明堂之制无异"。⑤殷商后期大墓作"亚"形者，也是取形于"墓主人生前所居之宫室寝处"。这个理由较为充实。而既然生前可居，死后"模拟"，那么它就能够作为祭堂，其格局，跟后来更趋独立与神秘的明堂没有大的不同。但这只说明：（1）"亚"形庙堂应即明堂（但不一定是"宗庙"）；（2）"亚"形明堂中央大室可以祭祖，但并非所有功能、结构都与宗庙相同；（3）"亚"形庙堂与"亚"形墓室一致，但宗庙却不一定是亚形。

加藤常贤跟高去寻都明确无误地说，这就是明堂；加藤常贤又与徐中舒一样，认为其"亚"形形制源于地穴。

（亚）字乃古代之所谓"四阿明堂"之原始之形也。四阿明堂为地上之建筑物。然此字乃古代地下穴居之室之形也。中央之

---

① 参见[英]金璋：《中国古文字里所见的人形》，王师韫译，载《中山大学语言历史研究所周刊》第11集。
② 孙海波：《甲骨文录》，河南通志馆1938年版，第23页。
③ 参见孙海波：《中国文字学》（下册），文求堂书店1941年版，第59页。
④ 朱凤瀚：《商周青铜器铭文中的复合氏名》，载《南开学报》（哲学社会科学版）1983年第3期，第55、56页。
⑤ 王国维：《观堂集林（外二种）》，河北教育出版社2003年版，第65页。

四角（形）为竖穴，在其四方作入口，四室之形也。①

　　字音"衣驾切"，此音表窾注，即地下之意；字义"竖穴"，穴居之地下室之意也。②

可惜这种"四出"的地穴见于考古者甚少，多见者只是一条斜坡状通道，至多两条。"四出"者多见于殷墟大墓。它们在功用上为赘疣，如高氏所说，一条墓道足够，多至"四出"必有象征符号意义，例如墓主人抚驭四方而又扼处"中央"之类。

同样略具"亚"形的《楚帛书》也是幽冥世界用物，或为有镇墓作用的占卜圣书。

于省吾引证李霖灿《么些象形文字、标音文字字典》"方隅"或"角落"作 ✣，意谓"亚"应即"阿"，鱼、歌通谐，如"猗傩"也作"阿傩"。引章太炎《新方言》："凡亚声语，后多转为可声。"又谓："阿读如亚。"例证甚多。"阿之训曲隅，正与亚为方隅或角落之义相符。"③

谨案：纳西族居室大体与北京四合院类似（甚至美洲也有类似布局）；而四合院，史家多谓系明堂四个围绕中央大室之遗子或简化，唯"大室"改为庭院耳。"亚"可读"阿"并不错。只是它指有"四阿"（即"四个"）的礼制建筑，并非仅仅指称"四角"或"四隅"。

姜亮夫先生就 ✣ 形"图画文字"论述道："这是古代的祭祀的地方，是周以后所谓明堂、辟雍、世室、重屋等，所谓三代损益之制，其原始形状……是氏族时代的人们崇拜祖先的庙堂，是他们生活中的一个重要活动地方，许多事都在里面举行。"④这样就把"亚"形明堂和"大房子"结合了起来。

前引朱凤瀚文也列举"卜辞中，有称庙室为亚的"，以及商代后期大

---

① ［日］加藤常贤：《中国古代家族制度研究》，林洁明译，见周法高编撰：《金文诂林补》，"中央研究院"历史语言研究所1982年版。
② ［日］加藤常贤：《汉字之起源》，林洁明译，见周法高编撰：《金文诂林补》（第二册），"中央研究院"历史语言研究所1982年版。
③ 于省吾：《甲骨文字释林》，中华书局1979年版，第338、339页。
④ 姜亮夫：《古文字学》，浙江人民出版社1984年版，第24页。

墓墓室或椁室多作"亚"形等证据，确认"亚"为庙室之平面象。①艾兰在论述"亚"为中心象征时说："✚象是一个中央的小方，四周粘合了四个小方。这个形式是传统庙宇的布局，一个太室（中堂），或是一个中庭连着四厢。"②她也很重视地下的"亚"形建筑的宇宙象征性质。这就涉及殷商墓室的"亚"形构造及其成因了。下文还要专述。

还有其他相近的说法，有的还据以推溯其原来的面目。

例如，刘节认为"亚"形是"土著国的标识"，因为最初"有亚形的图腾"的都是土著，即"邑国"；行国则称"旅"③。

汪宁生则说，"亚"是屋室之类，原来表示"定居族"。④他认为所谓"明堂五室"只是东周以后学者的假托，完全不可信。"明堂原是集会房屋或男子公所，或是两者的结合"⑤，跟"亚"形没有关系。这是矫枉过正。从较可靠文献，如考古发现的汉代类明堂建筑遗址，以及模拟庙室的✚字形墓穴看，中央及四旁有室的构造都是确然存在的，它基本上是"亚"形。

王献唐以"亚"曾作特殊身份之标记说，"其形象四达的道路"，与甲金文"行"作╬相仿佛；亦即《说文》说为"宫中道"的"壸"字下部的亚，"殷代有亚形墓，内作四出道路，足为实证"⑥。理由较为充足。

李白凤补充"亚"为庙室说云，其"四出者为阼阶，中间置'主'"⑦；所以，"亚"与"社"互为表里（"置主"云云，跟前举宋人薛尚功等说的"郊宗石室"相关）。

"亚"实"社"之图象字，其四出者为阼阶，中高平者乃"墠"，即"主"之所在；是以"社"之图象与"亚"同，凡职司"亚"（社）

---

① 参见朱凤瀚：《商周青铜器铭文中的复合氏名》，载《南开学报》（哲学社会科学版）1983年第3期，第55—56页。
② ［英］艾兰：《龟之谜——商代神话、祭祀、艺术和宇宙观研究》，汪涛译，四川人民出版社1992年版，第103页。
③ 参见刘节：《古史考存》，人民出版社1958年版，第167页。
④ 参见汪宁生：《民族考古学论集》，文物出版社1989年版，第100、101、230页。
⑤ 汪宁生：《古俗新研》，敦煌文艺出版社2001年版，第10页。
⑥ 王献唐：《山东古国考》，齐鲁书社1983年版，第82页。
⑦ 李白凤：《东夷杂考》，齐鲁书社1981年版，第114页。

者其官恒称"亚",世职者乃以此为其族徽,盖初民本无姓氏,后乃因官而得姓也。①

张岩认为,金文常作"外廓"的"亚"形,实在是"祭坛"(象形)。他注意到,"亚"与"垩"的联系,以为后者是"社土"或"土社"。

> "亚"字初文是祭坛的象形,故"垩"字的初义应是指社土或是土社。《山经》中"垩"凡八见,"白垩"四见,"黄垩"七见,"青垩"二见,"美垩"二见,"黑垩"一见。《山经》中这些社土或土社应与"后土"的职司有关,是黄帝"旁罗日月星辰水波土石金玉"中的重要成分。这种情况从一个侧面表明在禹立社平水土之前,以五色社土立社的礼制已经存在了很久。②

他也是把"亚"与"社"联系起来。"垩"的意思是涂刷颜色,由于早期多"垩"用于"大房子"或"亚"字形建筑,所以借用了"亚"的形音,加上一个"土"字表意。

比较独特而又有启示性的说法,吴荣光《筠清馆金文·周父癸角》引吴子苾云:"亚,垩本字,《礼》三年之丧,庐(住居)'垩室'之中。或训以饰亦可。"案:所谓"亚室"主要指✥形平面布局的屋室。"垩"则指用白灰等涂抹墙壁。"居丧"或"守墓"的简陋草房也许用白灰粉刷,以表示悲哀(中国人居丧用白,欧美人则尚黑,依据达尔文"对立原理",颜色选择总是跟平时的鲜艳华丽不同),但这是晚近的制度。丧屋也不一定像明堂或坟室那样采用"亚"字地基。如上,"垩"主要指涂刷这一工序,以颜色作为象征符号,表示特定含义。

地下的"亚"室

古人坚持事死如事生,事亡若事存。《荀子》除具体发挥外,《礼论篇》还说:"丧礼者,以生者饰死者也,大象其生以送其死也。……故圹垄,其貌象室屋也。"死亡是生存的反面,但"死"又反映和模仿着"生",

---

① 李白凤:《东夷杂考》,齐鲁书社1981年版,第155页。
② 张岩:《〈山海经〉与古代社会》,文化艺术出版社1999年版,第358页。

这也许透露了一种希冀永生或者复活、向往生命的潜意识吧。所以丧葬制度既按照达尔文"对立原理",与人间事物对立,又曲折地反映生活的真实面。"圹垄"确实在许多点上"象室屋"。

安阳殷墟曾发现"亚"形大墓。那"亚"形墓坑,正是现实里✚形屋室的地下证明。

据梁思永、高去寻、石璋如等的整理与报道,殷墟十二座王侯大墓有五座属于"亚"形,包括:(1)后冈大墓;(2)西北冈西区1001号大墓;(3)西北冈西区1003号大墓;(4)西北冈西区1004号大墓;(5)西北冈西区1500号大墓。

如果加上复原和推测,"亚"形者要占大墓二分之一以上。王侯大墓属"亚"形者比例这么多,证明其是具有特殊意义的地下礼制建筑,而且反映着地上现实的制度与信仰。

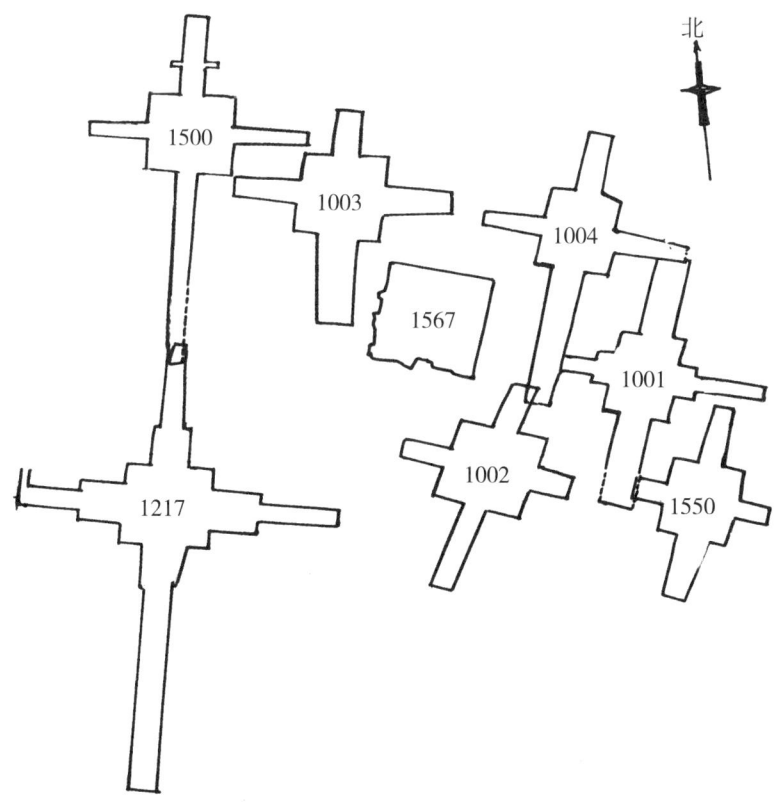

图 6-3 安阳殷墟西北冈西大墓分布图(采自石璋如、李济)

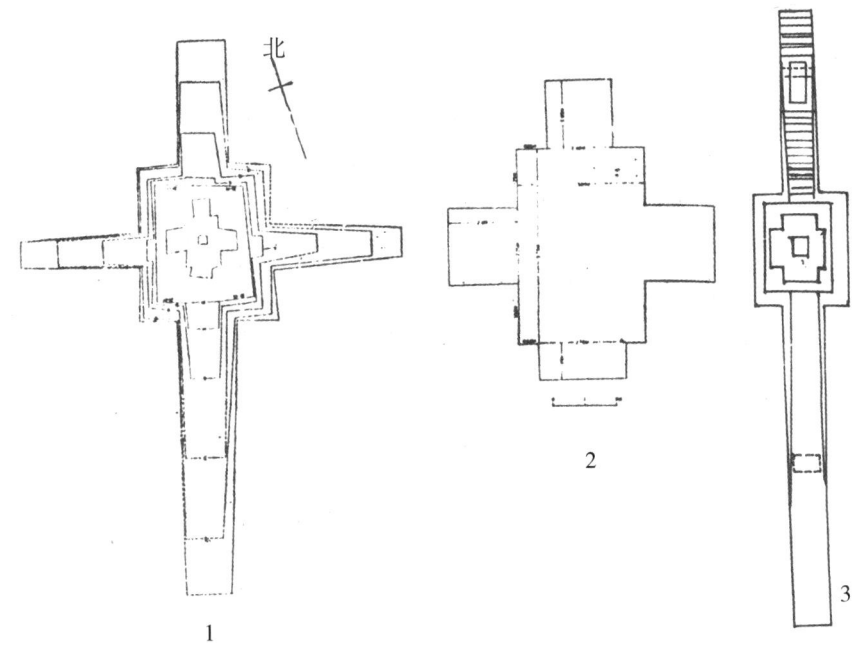

图 6-4 商代亚形墓室（采自李济）

1. 西北冈 1004 号大墓墓坑内木室遗迹之位置及其轮廓；2. 西北冈 1004 号大墓木室平面；3. 西北冈 1001 号大墓平面。

高去寻指出，"亚"形墓室旷时费料，求得严格匀整的布局、比例亦非易易，"这很清楚地表示出它有一定的涵义，非如此不可"。基于此，他指出，这是一种地下的明堂。

  它应该是当时丧礼的一种制度建筑。这种丧礼制度的建筑可能是象征着当时贵族社会的一种礼制建筑，而非一般的住处。这种贵族社会的礼制建筑根据后世的记载，它是祭祀祖先的地方，也是祭祀上帝和颁布政令举行重要典礼的处所。它的名称，较早的说法是夏后氏称之为世室（即大室），殷人称之为重屋，周人称之为明堂，我们现在称它为古代（象征性）的宗庙明堂建筑。①

这真是一个振聋发聩的判断。李济称赞说："这是一个相当大胆的假设，

---

① 高去寻：《殷代大墓的木室及其涵义之推测》，载《"中央研究院"历史语言研究所集刊》第 39 本（下册），1969 年，第 181—182 页。

其根据完全在王国维《明堂庙寝通考》的结论。"① 确实可以由此来推知殷商地面建筑里的明堂庙寝或重屋。

这些大墓是非常华丽高贵的，葬者非王侯贵公莫属。高氏说："我们在1001墓木质室壁的内面曾发现带有猪牙嵌片的文饰残迹，在1004墓木室遗迹附近，发现不少的绿松石与猪牙嵌片以及油漆类物之残迹，可能室壁内面本来涂有油漆、刻镂文饰，而且花纹中还有镶嵌片。"② 如果不是礼仪需要和信仰追求，确实没有必要把墓室搞得这样精致而繁缛。

除了殷墟，山东益都苏埠屯也发现亚形墓室（M1）。③

周法高据高氏说云："可见金文中之亚形亦可能象征明堂宗庙之形，同时亦为大墓之形。"④

张光直曾据梁思永、高去寻的发现，推测此种"亚"形为王位的象征。⑤

徐中舒早就提出，"亚"是亚形地穴与墓室的象形说法⑥。他曾说："殷代陵墓通常都作长方形巨穴，深及黄泉，四方皆有向上斜出台阶形的墓道，其形恰与亚形相似，这也是古代穴居有两出或四出复道的遗制。"⑦ 他又说，"亚为地下复道"，可见墓坑、墓室、墓道之"亚"形是相互配合的。

英国学者汉斯福特（Howard Hansford）曾根据亨泽（Carl Hentze）的看法，以为"亚形象殷代安阳陵墓之形，四面有墓道"⑧

李孝定也说："殷墟发掘所见殷王陵墓，其穴多作✢形，亚字初谊，未知与此有关否。"⑨

---

① 张光直、李光谟编：《李济考古学论文选集》，文物出版社1990年版，第841页。
② 高去寻：《殷代大墓的木室及其涵义之推测》，载《"中央研究院"历史语言研究所集刊》第39本（下册），1969年，第167页。
③ 参见山东省博物馆：《山东益都苏埠屯第一号奴隶殉葬墓》，载《文物》1972年第8期，第25页。
④ 周法高编撰：《金文诂林补》（第六册），"中央研究院"历史语言研究所1982年版，第4123页。
⑤ 参见［美］张光直：《商代文明》，毛小雨译，北京工艺美术出版社1999年版，第188页。
⑥ 参见徐中舒：《殷周史料考订大纲》，北京大学1933年版。
⑦ 徐中舒：《四川彭县濛阳镇出土的殷代二觯》，载《文物》1962年第2期，第17页。
⑧ 李孝定、周法高、张日升编著：《金文诂林附录》，香港中文大学出版社1974年版，第319页。
⑨ 李孝定：《甲骨文字集释》，载《"中央研究院"历史语言研究所专刊》（五十），1970年，第4105页。

王献唐虽不同意"庙室说"（他强调"亚"与"行"同样"象四达道路"），但他也说，"殷代有亚形墓"，墓道四出，正是"亚"形。①

至于墓室为什么要处理成这样繁复而不实用的形状，徐中舒非常独到地揭示出：亚形建筑最初起于"穴居"。✚（四出）或╀（二出）皆象台阶（出入孔道），地穴如挹娄人，"穴居，以深为贵，大家至接九梯"（《后汉书》），所以非有台阶上下不可（参见后文"墉"字解）。地下建筑与地面建筑一般是一致的。"古人事死如生，墓穴的构筑也当模仿生人的穴居。""亚"字就摹写有"四出"的墓穴。"文字中的亚字，就象墓穴四面有台阶之形。《说文》：'亚，醜也。'醜、恶义近，恶从亚者，墓穴令人心恶。"②

醜、恶古义并非今日所说之"丑恶"，但地穴、墓穴乃至宫室庙寝之"出"之所以用"四"，决不仅是实际的需要。徐先生说，"亚有四面台阶，为贵族所居"，但这不但是为了排场，而且别具民俗之深意，仍然该从"控驭四方"等等去考虑。住居或长眠在"亚"形中央的君王（后来权贵效法君王）说不定就像金字塔中心的法老那样追求永垂不朽！

高去寻揭出，殷代大墓中有五室（后冈大墓，西北冈M1001、M1003、M1004、M1550），确是"亚"字形制度建筑，"可能是象征着当时贵族社会的一种礼制建筑，而非一般建筑"，近于宗庙或明堂，"它是祭祀祖先的地方，也是祭祀上帝和颁布政令、举行重要典礼的处所"③。

孙亚冰认为应该区别宗庙与祖先单个的专庙。如：甲午卜，王马寻骏，其御于父甲亚？（《合》30297）此即父甲之庙。"所以商代大墓的亚形木室应该是单个祖先庙的象征性建筑。"④

"亚"可作为祭名，"大概在亚中举行的祭祀就叫作'亚'"。作为官名，确如陈梦家说，是武官，"亚官（可）由方国或氏族首领担任"。"亚"

---

① 王献唐：《山东古国考》，齐鲁书社1983年版，第82页。
② 徐中舒：《徐中舒历史论文选辑》（下），中华书局1998年版，第793页。
③ 高去寻：《殷代大墓的木室及其涵义之推测》，载《"中央研究院"历史语言研究所集刊》第39本（下册），1969年，第184页。
④ 孙亚冰：《卜辞中所见"亚"字释义》，见王宇信、宋镇豪主编：《纪念殷墟甲骨文发现一百周年国际学术研讨会论文集》，社会科学文献出版社2003年版，第223页。

也可以是侯国名,其首领即侯爵亚。

与墓室说相关联,比较独特而又有启示性的说法,有吴荣光《筠清馆金文·周父癸角》引吴子苾云:"亚,堊本字,《礼》三年之丧,庐'堊室'之中。或训以饰亦可。""堊室"是守墓孝子暂住的陋室,一般用草木搭成,体现生与死的对立。"亚"取形,"堊"采音兼义;"亚室"是䒑形平面屋室,"堊室"则指以白灰涂墙的房子,两者截然不同。亚、堊、恶三字只在特定条件下相通,例如《仪礼·既夕礼》"主人乘恶车",古文作"堊"。

美洲的"亚"形:生死之界分

特别令人惊异的,古代美洲也以"亚"形表示生死界分,或将其当作"幽冥世界"及其"通道"。学者所举奥尔梅克(Olmec)文化的"亚"形蛙口,就是阴阳界或生死的关口。

更重要的是,阿兹特克人也用类似"时占图"或历法书的"亚"形图像当作地下王国或阴阳二界的图景,其构图与明堂平面、《楚帛书》等如出一辙。

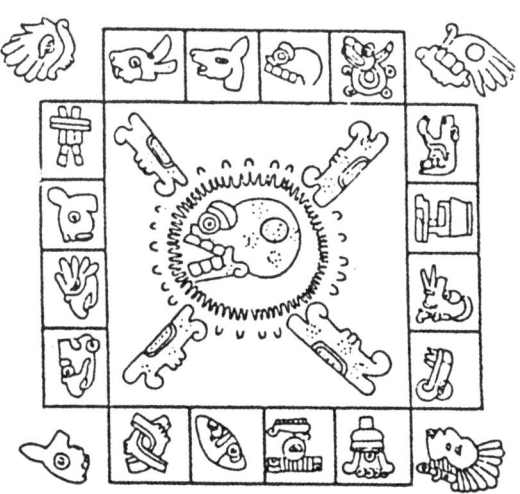

图 6-5　阿兹特克手抄本《死者之国》细部中心"亚"形图纹(采自鲍尔希亚、诺伊曼)
中央为髑髅,或说地母,或说代表死神,四根"指向器"指示四隅。外廊十六方格加上四隅的四神共20个物象,暗示美洲二十进制历法(或说外廊为生者世界,实是历法图,四隅为"飞蛾"奥林,表示一天的运行)。

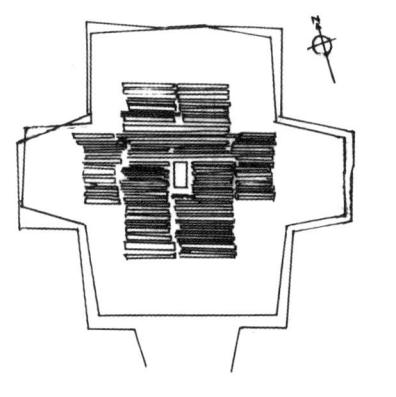
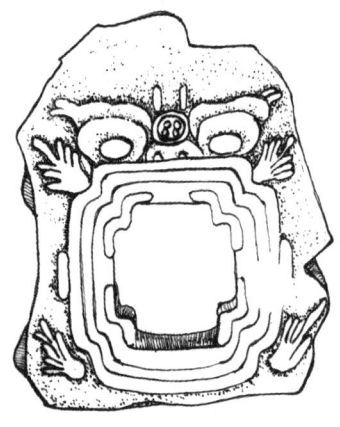

图 6-6　商代亚形墓坑木室与奥尔梅克"亚"形蛙口

（左：安阳殷墟西北冈 1001 号平面图，采自梁思永、高去寻；右：墨西哥卡尔金哥遗址石刻第 9 号"亚"形蛙口，奥尔梅克文化。采自 D.Grove、张光直）

这是典型的"亚"形墓室，短墓道，主要不是功能需要，可以跟美洲某些"亚"形生死界入口，以及神庙类"亚"形建筑物比较。死者卧在"亚"形中央，有如古代埃及和玛雅的君王长眠在金字塔中心一样，能够与天地交通，得到永生或者复活。而按照新近的萨满教式宇宙理论，"亚"形正是生死、阴阳、天地的入口或分界线。

据张光直介绍，这幅奥尔梅克宇宙图"地神的兽形刻象，张着大嘴，作为出入生死世界的门口；嘴形都是亚形的，四角凹入处各生长一株树木（案：那同时也是蛙的四爪）……是协助登天入地的四株'宇宙之树'"①。这构成标准的"亚"形。

张先生试图由此推测"亚"形以及明堂"亚"形平面的形成："作为天地沟通的场所的宗庙明堂是不是在四隅都植有（实存的或象征性的）'若木'、'建木'，或'扶桑'这一类沟通天地的神木，而为了四木而造成四角的凹入？"②这个推测很有道理。尤其是他对长沙子弹库《楚帛书》的再建构（让它呈现为"亚"字形）十分巧妙。但是明堂四角有树，缺乏实证。它确实属于太阳崇拜系统，但它作为天地或神人交通的渠道或方式，是通过"天光"的传导，凭借整体（"亚"形）布局的朝向天空，以及"十"

---

① 张光直：《中国青铜时代（二集）》，生活·读书·新知三联书店 1990 年版，第 91 页。
② 张光直：《中国青铜时代（二集）》，生活·读书·新知三联书店 1990 年版，第 91 页。

字符号所提供的"与太阳合一"的（巫术性）维度或功能。

所以，它的形成，是"十"字形文化符号群整体性建构在特定时空的产物。明堂的布局也是逐步成形的——其原因要依靠考古发掘、田野调查所得的"大房子"等的构造演变来考察——不一定是四角栽树导致的"四隅凹入"。

或说，中国古人认为，龟的背甲隆起如天穹，腹甲像平地。艾兰根据张光直猜想推测，"如果是大方形看作被拿掉了四角，就极像龟腹甲块的形状，有四角上的缺凹"，形成✚形，"在它的东北面、西北面、东南面、西南面四处放上四支足（或是山），它们支撑着一个圆形的天"。[①]这个设想是诱人的，因为藏族的龟形"曼荼罗"，纳西族的"金蛙八卦"，也以四足代表四向，构成宇宙性图形。但龟腹甲是否构成"亚"形，还是疑问。

蛙蟾龟鳖腹背部中央的✚字形或圆形开口，范明三认为是生殖孔，而且是"原始崇拜中'鲧坼背生子'的图腾遗意"[②]。种裔都由此娩出，这个"子孙洞"就像"玄冥"之"冥"字甲金文的中心开口——这是生命的通道，新的生命由此诞生。

那么，所谓"亚"形（包括明堂等的"亚"形平面布局）既是"阳光四射"之意象，也可以看作生命朝向"光明"的通道。它接受阳光，发射阳光，又复归阳光。那么，不但殷墟的"亚"形墓室可以视为死者或亡灵再生或登天的渠道（"太阳的子孙"由"光明能道"复归于太阳），就连奥尔梅克作为生死、阳阴、天地通道的"亚"形蛙口（严格说仍是胸腹"亚"形生殖孔），其主要意旨也是开向天空，开向太阳，开向再生，开向光明。

把宗庙宫室或明堂乃至墓室，都构建为✚字形，以模拟阳光的四射，或天地构造之对应，其心理根源是拉德克利夫－布朗所说的，"小宇宙"跟"大宇宙"的互通、互拟与互动；不过如伊利亚德、魏特莱等所指出，这"小宇宙"不限于人的身体，还包括人的居所、人的殿堂、人的坟茔。

---

① ［英］艾兰：《"亚"形与殷人的宇宙观》，载《中国文化》1991年第4期，第41页。
② 范明三：《中国的自然崇拜》，香港中华书局1994年版，第131页。

 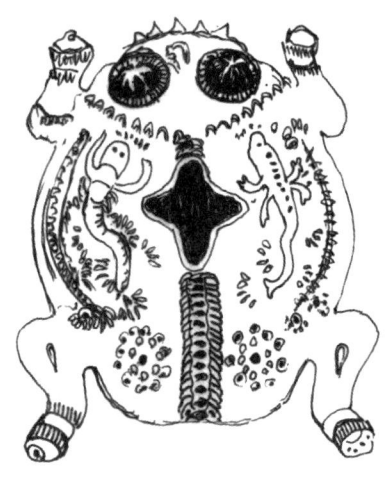

图 6-7 蛙蟾胸腹的"十"字开孔

（左：玉片，浙江瑶山 M7：55，良渚文化；右：民间玩具或抱枕，五毒蛙，胸背上有十字开孔。采自范明三）

蛙蟾胸腹间"十"字开孔，一般认为是生殖孔的变形。有种理论以为，"十"字不但表示四向、四方、四射，也暗示生殖与蓄育的力量，属于生命、生命力的特定符号象征系统。

艾兰论述"亚"时亦曾援引伊利亚德理论说，"中心"是"最显著的神圣地带，是绝对的存在物的地带"，只有进入或达到"中心"，才可能与神明世界交往并达成和谐。① "人只有立于环形之轴，或四个方向的中央，才易取得（天人）和谐之感。" ② 在现实世界里，"主人"（例如巫酋或君王）居住中央大室；在地底世界里，"尸体"也要躺卧在"亚"形中央：生死或阴阳在这里是一致的。

她还注意到某些商周青铜器皿底沿上有✤形开口，以为这种器皿专用为"祭祀祖先的礼器"。这能保证现世君王的中心地位乃至占卜的准确。③

张光直也说，"亚"形在世界上许多地方都是"宇宙的中心象征"——我们认为在这个意义上，✥也可以看作✚或✤的放大——不仅明堂，"中

---

① ［英］艾兰：《"亚"形与殷人的宇宙观》，载《中国文化》1991 年第 4 期，第 38 页。
② ［英］艾兰：《"亚"形与殷人的宇宙观》，载《中国文化》1991 年第 4 期，第 39 页。
③ 参见［英］艾兰：《谈殷周宇宙观与占卜》，安阳国际殷商史讨论会发言，1987 年。

国古代一般居室、宫殿、寺庙建筑的原则"也都尽力再现"亚"形、十形，以表示"四个方位与中央相配合"①，体现这一宇宙符号的根本功能。

根据上述讨论，通常把殷墟四墓道或双墓道的墓室，即呈长"十"字形的十、十形，称为"亚"形墓，并认为它是"亚"字的体制性来源和考古证明。何崝却认为应称为"中"字形，或"十"字形大墓，并且跟田字一样是"太阳"的代码。他说：

> 商代的十字形也应是上帝—日神的象征记号。商王室中字形（实际上就是十字形）大墓可能就是表示墓主具有上帝—日神的神性，或表示墓主是上帝—日神的后裔。②

然则这种"亚"形就其结构的深层而言，主要是开向天空而不是开向地下。它的意旨是让崇拜太阳（或太阳神鸟 – 树）的殷商贵族祖先"回归太阳"，或者说由这一"生死通道"升天，体现主体生命同宇宙的融汇或同一。

"亚"字在甲金文里主要有三种写法：十 田 ◇。我们认为前两种早一些，无论是甲金文还是文献记载里的明堂之类都是如此。第一种稍作简省，却明白地凸显着"十"字形，表示光明与太阳崇拜，"四方"围绕"宇宙中心"的寓意也暗藏其中；第二种是四合院式或五室的组合；第三种相对后起，表现出装饰化的趣向。

张光直却主张第三种早于前两种。主要理由是："汉代的礼制建筑、日晷、规矩镜和六博局盘上的花纹都是方框子（除了镜子是圆的以外）带四个角的。"③可惜所举证据都是秦汉以后的。凤翔马家庄秦人宗庙并不典型。所谓汉代礼制建筑基本框架仍是十字形，张先生的论证和推求圈子绕得实在太大。

我们觉得讨论"亚"形要由前两种出发。因为庙室或坟茔都有十字形构成者，至晚有商周的证据。"十"（阳光四射）是基本架构。从政治上看，"亚"形体现的是中央对于四方的控驭，四方对于中央的忠诚，所以"太室"（即昆仑山）居中——跟"世界山""世界树""世界脐"等等标志宇宙

---

① 张光直：《中国青铜时代（二集）》，生活·读书·新知三联书店1990年版，第88页。
② 何崝：《商文化窥管》，四川大学出版社1994年版，第88页。
③ 张光直：《中国青铜时代（二集）》，生活·读书·新知三联书店1990年版，第78—79页。

之"中"具有对应性。无论顾颉刚说大室有"中霤",李白凤说中央有"社主",还是朱芳圃说室中有神圣"火塘"①,都是"中心象征系统"的一种形式,或者说异构同质之宇宙性符号。艾兰还说,"亚"形是由"中央"(大室)控制四方的宇宙观之体现。

张光直小结说,"亚"形是商代王位的象征②,也是中心驾驭四方之意,是有理据的。

作为职官的"亚"

我们早已指认,下列字汇构成"十"字文化(字)群。

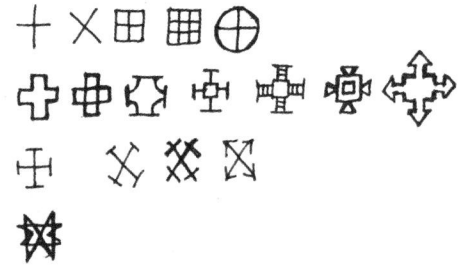

它们最初作为标识或指示四方的一种器具,或者被借用为礼器,即仪式用的巫术法器,其深层意蕴是阳光四射、邪恶辟易。

这里顺便交代一下"亚"与"巫"的关系,即其作为职官的能指与所指。

✥既是"十"字的放大,✥也可以简缩为✚,然则不但"巫""工"同义,"巫""亚"也同质异构,甚至形近义通。这样,"亚"就可以看作一种"巫":(1)巫(亚),可以送死、殴圹、赶鬼、驱邪,也可以守墓,这跟方相氏一样是"军职"(武装出殡主持人);(2)在政教合一、巫王相兼被时代解构之后,巫(亚)或转化为"军务酋长",或降级为酋王之助手(即所谓副贰、辅弼、次官);(3)巫(亚)也可以担任临时性或外派的重要职务。

---

① 朱芳圃:《殷周文字释丛》,中华书局1958年版,第16页。
② 张光直:《中国青铜时代(二集)》,生活·读书·新知三联书店1990年版,第88—89页。

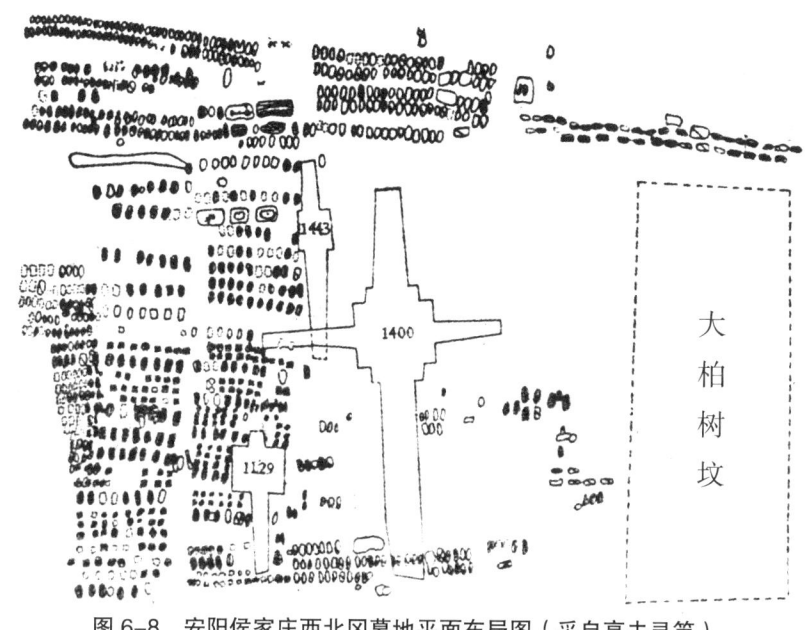

图 6-8　安阳侯家庄西北冈墓地平面布局图（采自高去寻等）

在这许多小型墓葬中，"亚"形墓极为突出：M1400 最大，M1443 次之。所葬的人肯定地位很高，如果不是王侯，也是做副手的军事领导人。

由于地上建筑不易保存，考古至今没有发现商周的"亚"形平面建筑，许多专家改而重构"亚"为职司或身份的学说。因为卜辞常见"多亚"，与"多马"并称，后世多用为"副贰"之意；《尚书·酒诰》称"惟亚惟服"，《诗·载芟》谓"侯亚侯马"（类似卜辞"多马""多亚"），确实与职官相关联，为"官员的封号"①。

唐兰说，以甲骨文与金文互证，"始可定亚为爵称"②。

郭沫若以之为"官名"（《粹释》1178）或"族徽"匡廓（《铭研》）。

丁山亦以之为"爵称"③。

陈梦家以之为"武官"职称，"亚"后有名字者为私名，或"族邦之名"。

---

① 陈梦家：《殷虚卜辞综述》，科学出版社 1956 年版，第 510—511 页。
② 唐兰：《作册令尊及作册令彝名考释》，见《唐兰全集·一·论文集上编一（1923—1924）》，上海古籍出版社 2015 版。
③ 丁山：《甲骨文所见氏族及其制度》，科学出版社 1956 年版，第 147—148 页。

还说："此等作为匡廓的亚形，实为一种称号的图形化"。①

王献唐说"亚"是"特殊身份的标记"②。

白川静认为"亚"是"有关祭祀之职称之标记"，非特定氏族之名，而是"多数氏族所共有之身份或职能之称"。他承认其字形与殷陵墓室相同，应与"该种玄室之礼仪"有关。③

胡平生略采唐、丁"爵称"之说，认为晚商至西周，"有将族名、人名、官爵名等写入'亚'形中的"④。卜辞里的"亚"，丁山认为是"内服"之诸侯⑤，但也有其他意思（涉及田制、军制等）。

张秉权专论名"亚"之人，"大概亚地的首领，就叫做亚或亚侯，所以亚应是一个共名（氏或姓），而不是一个人所专有的私名"⑥。

葛英会认为，"亚"形象征子族的分支。

孙亚冰综述其排查结果，"亚"有七义。一表地点：（1）祖先之庙；（2）亚国。二表人属：（1）军队；（2）亚官；（3）亚国首领。三是"多亚"：（1）祖先之庙；（2）亚官。⑦

就语义看，"亚"字在金甲文里确实是多义的。但最主要的是三种：庙室或墓穴；职司或官称；侯国名称，或其首领名号的"边框"。其由来也大体如此。

张振林说："带✚、亚形的族氏文字，是属于商后期和周初的。有亚中纯为族氏文字的，有将族氏和祖、父日干名等全部铭文置于亚内的，也有在亚外加族氏文字的。这种带亚形的族氏文字，有的单独作铭文，有的

---

① 陈梦家：《殷虚卜辞综述》，科学出版社1956年版，第508—511页。
② 王献唐：《黄县𡙡器》，山东人民出版社1960年版，第88页。
③ ［日］白川静：《说文新义》，林洁明译，见周法高编撰：《金文诂林补》（第四册），"中央研究院"历史语言研究所1982年版。
④ 胡平生：《对部分殷商"记名铭文"铜器时代的考察》，载《考古与文物丛刊》第二号，1983年，第96页。
⑤ 丁山：《甲骨文所见氏族及其制度》，科学出版社1956年版，第48、51页。
⑥ 张秉权：《殷墟文字丙编考释》，载《"中央研究院"历史语言研究所专刊》，1962年，第25—26页。
⑦ 孙亚冰：《卜辞中所见"亚"字释义》，见王宇信、宋镇豪主编：《纪念殷墟甲骨文发现一百周年国际学术讨论会论文集》，社会科学文献出版社2003年版，第228页。

附在铭首或铭末。"①情形比较多样。其中"亚醜"等最为多见,"可能是商代有官职的富有的奴隶主大家族"②。

不管是指家族集体,还是此家族的领导人物,"亚醜"的地位很高,仅仅苏埠屯大墓出有"亚醜钺"就足以证明。可能是专门司祭或者制酒的群团领导人或高官,甚至有可能指鬼方人士进入殷商朝廷担负一定职务的"巫酉",纣王还曾纳"鬼侯淑女"为嫔妃,可见此说不虚(到殷人与鬼方关系恶化之时,"鬼""醜"才渐渐带上贬义,到周初,就已经变成"酗酒亡国"的罪证)。

陈絜说,金文"亚"中"某形式的铭刻绝不是某一人的私名"(苏埠屯"亚醜"器物群,时代即自廪辛一直延续到帝辛),应是"族名"。卜辞中"亚某"则是职官名,有如"多马亚"。金文"亚"仅是"族名的标识符号,并无实际含义"③。

卜辞有小臣"醜"(《通》588、589)。郭沫若说:"必为人名或国族名"④。陈絜则因其与"东土"有关,把它跟益都苏埠屯的"亚醜"联系起来,以为它是"醜族人";M1墓主应是"醜国族的某一首领"⑤。此说有一定道理,但"醜族"人士并不都只担任"小臣"。

安阳大司空村M539出土簋、爵上有"寝出",一斝上则有"亚"字,简报认为:"此墓墓主为'出'族人,担任了'寝'的职务,并有'亚'的爵位。"⑥陈絜则怀疑此"爵位"之说,他说,甲金文"亚"是多义的,

---

① 张振林:《试论铜器铭文形式上的时代标记》,见《古文字研究》第五辑,中华书局1981年版,第65页。
② 张振林:《试论铜器铭文形式上的时代标记》,见《古文字研究》第五辑,中华书局1981年版,第65页。
③ 陈絜:《从商金文的"寝某"称名形式看殷人的称名习俗》,载《华夏考古》2001年第1期,第88页。
④ 陈絜:《从商金文的"寝某"称名形式看殷人的称名习俗》,载《华夏考古》2001年第1期,第91页。
⑤ 陈絜:《从商金文的"寝某"称名形式看殷人的称名习俗》,载《华夏考古》2001年第1期,第90页。
⑥ 中国社会科学院考古研究所安阳工作队:《1980年河南安阳大司空村M539发掘简报》,载《考古》1992年第6期,第517页。

"既可是职官（或爵称）、族名、族名的标识，如亚鼎，也可指婚娅，甚至仅仅是一种装饰性符号而无实义"①。这是多义说，但不能忽视其有主次；"装饰性符号"的原生形态往往有很重要的实义。

"亚"也是一种尊称。所谓"族徽"或"官名"，或它们写在"亚"形之内，都可能是令其处在控驭四方的尊位或竟中央辅弼位置——这是由君王立"中"、将帅立"中"的古制沿袭下来的（"中"可以是"中旗"，也可以是中柱、火塘、大室之类屋室之中心）。这跟古埃及的神圣名字写在▭形框子之内，意图大体一样（此张凤已言之）。

山东益都苏埠屯一号墓，"规模之大，殉葬奴隶之多，和河南安阳武官村所发掘的商代大墓相似。……除了河南安阳商代'王陵'之外，这还是属于最大的商代墓葬"②。可见墓主人地位之高。"亚醜钺"正发现于此墓，"醜"字正处在"亚"形框中。

2001年初，考古发现"亚长"大墓，跟妇好墓一样规格很高，死者是次于"王"之"亚"，即高级军事长官。据说，"长"已合"尊长"之意，其字也处于"亚"形框之内。

《尔雅·释言》："亚，次也。"此即《说文》引贾逵所谓"次第"之义。"亚"用为次、副、辅之义者，屡见于文籍。可能在特定时期"亚"为王之副、之辅、之次；即令是次官，也要看是哪一个、哪一级的副职。

《尚书·牧誓》有"亚旅"，《诗·载芟》有"侯亚侯旅"，这多指武官。《左传》还有"亚卿"（见文公六年等）。

岛邦男认为，"多亚"显然是"大臣"，又因《尔雅·释亲》姻娅说的启发，认为"多亚"可能与殷王室有血缘或通婚关系，也许是"亲属关系"的一种术语。③

---

① 陈絜：《从商金文的"寝某"称名形式看殷人的称名习俗》，载《华夏考古》2001年第1期，第91页。
② 山东省博物馆：《山东益都苏埠屯第一号奴隶殉葬墓》，载《文物》1972年第8期，第24页。
③ 参见[日]岛邦男：《殷墟卜辞研究》（下册），中华书局2001年版。

罗泰参考上说，又以"亚"有"次"义，认为它可能是指称"旁系亲属"①。

王小盾试图调和"宫室"与"职官"二说，"此字原来代表房屋或宗庙之制，同母权制的家庭住宅相类似，所以形同古纳西人表方隅或角落的符号"②。这是象形，是为本源（但是跟旧说"母权制"云没有必然联系）。以后才用为身份、称呼、职守。"它后来用为两婿之间的称谓（案：如姻娅），所以如《说文解字》所言，可以表示次第；或代表家族，用为族徽的标志，亦用为官名和族名。"③其实不必去捏合极难调谐的二说，明其先后即可。"姻娅"之说，见于罗振玉《殷墟书契考释》，但这属于少数的情况。

郭沫若在《殷周青铜器铭文研究》里说，"亚"亦"必为氏族名"。卜辞有"醜"其至于"伙"云云，此必为"人名"或"国族名"，其任务是"驿传"信息；另一条"小臣醜"其作圉于"东对"，也是遵从王令，在"东对"营作关押奴隶的牢房。地位确实不高。张永山《殷契小臣辨正》说："他们从事组织王室田庄的农业生产，攻治甲骨，参加祭祀典礼，跟随商王出征，以使者身份传达王命，侍奉商王日常生活等等。……故而小臣不像是国家的军政官史，而是商王及其家族侍奉人员的专称。"④也较卑微。但"亚"的职务有多种，可能越到后期越低。相、宰最初也不过是殷商大贵族的家内总管，可以后却成为百官之首。但是许多职官地位、品秩却越来越低。

如前，发现"亚醜钺"的苏埠屯商墓主人地位甚高⑤，其墓还有奴隶殉葬。发掘简报称其"应是仅次于商王的方伯一类的人物"。其墓为准亚形。

孙敬明说，作为"地方强雄之国"，亚醜邦"不但与商王朝而且与商

---

① ［美］罗泰：《有关西周晚期礼制改革及庄白微氏青铜器年代的新假设：从世系铭文说起》，李零译，见臧振华编辑：《中国考古学与历史学之整合研究》（下册），"中央研究院"历史语言研究所出版品编辑委员会1997年版，第666页。
② 王小盾：《中国早期符号与思想研究——关于四神的起源及其体系形成》（上），上海人民出版社2008年版，第271页。
③ 王小盾：《中国早期符号与思想研究——关于四神的起源及其体系形成》（上），上海人民出版社2008年版，第271页。
④ 张永山：《殷契小臣辨正》，见胡厚宣主编：《甲骨文与殷商史》，上海古籍出版社1983年版，第65页。
⑤ 参见山东省博物馆：《山东益都苏埠屯第一号奴隶殉葬墓》，载《文物》1972年第8期，第29页；殷之彝：《山东益都苏埠屯墓地和"亚醜"铜器》，载《考古学报》1977年第2期。

代的封国亦有密切的关系";小臣醜确实只"为王室服务",但"其子孙地位上升,并有军旅之职掌,故于其氏族国名上冠以'亚'字"。①"亚""醜"都不是贬称,而是尊称。但要注意,"亚"的地位有高有低,可能不断降低。

1974年,湖北盘龙城商代宫殿遗址发现长41厘米,刃宽26厘米,饰有夔龙纹与蝉纹的青铜大钺。当时的"斧钺曾是军事统率权即王权象征",此钺"有可能是其方国侯伯赐赠给墓主之物"。②苏埠屯大钺不会差它太远。它长达31.8厘米,短于盘龙城钺;但刃宽34.5厘米则过之(肩宽30.7厘米)。又者,此类钺多置于二层台上,可能有镇圹避恶驱邪作用。但与"亚"有关的职司或典章文物制度并非一成不变,并非都处于高端。

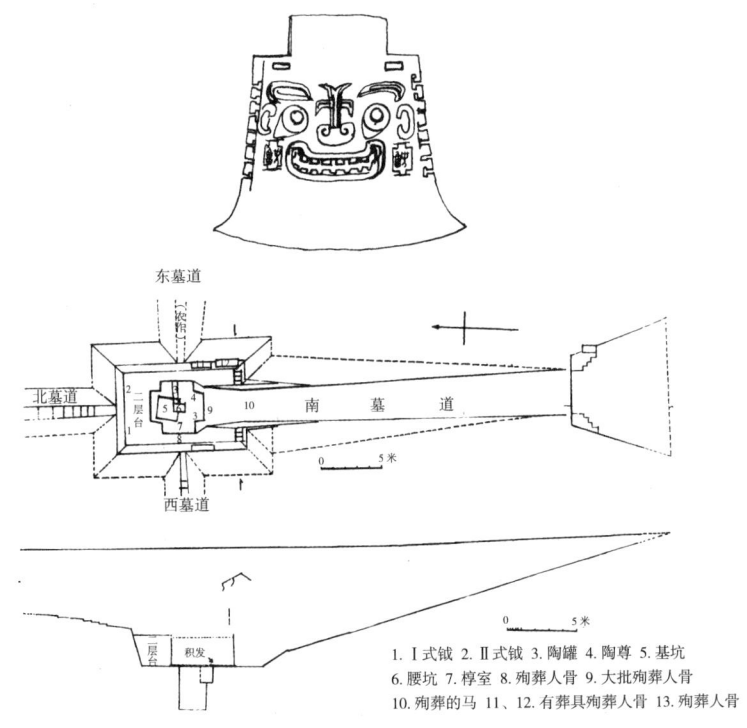

图6-9　苏埠屯商代大墓与亚醜钺

(上:亚醜钺,铭文在人面形饕餮纹口部两侧;下:大墓平剖面图,附殉葬人、物、兽位置)

---

① 孙敬明:《甲骨金文所见山东古国与商王朝关系》,见《考古发现与齐史类征》,齐鲁书社2006年版,第130页。
② 湖北省博物馆、北京大学考古专业、盘龙城发掘队:《盘龙城一九七四年度田野考古纪要》,载《文物》1976年第2期,第13页。

白川静说："(亚)其字形与殷陵之墓室相同者,当是该种玄室之仪礼,即祭祀关系之职能之标识之意者也。"① 他的意思似是,由于"亚"与殷墟墓室形状有关,被沿用为执掌墓葬仪礼的职官。他又说,"亚"字是"多数氏族所共有之身份或职能",这种职能就是"亲王家族中之祭祀关系者",是"圣职"的标识。有"亚"字形徽识之彝器多是相关礼仪之祭器。他把职官名称为"亚"或"侯亚",跟守墓之神职联系起来。

白川静还说,"亚"可能代表服侍宗庙的神职氏族,主要负责葬礼。②

杨晓能在诸家有关这方面论述的基础上,指认:"'亚'是通用的但规格很高的祭祖仪式,使用这种仪式是某些权贵／群体的特权,因此它又表示一个特定的社会阶层。"③

这种对具有"亚"的职称和位次的军务领导人身份的猜测,可以由"亚"形墓主人或墓葬者的地位来印证。前举高去寻介绍1934—1935年在安阳对殷代王室大墓的发掘,232座殷墓中,10座是大墓(其中1座仅留长方形坑而未完成),呈南北向。墓分两类:一类为长方形,有两条墓道;另一类四条墓道的墓室呈长方形或"十"字形④,这就是"亚"形墓,这些都是王侯一类大贵族的墓。

在HPKM1001墓中,埋有仪仗,坑底还有11具殉葬的人骨架(含5人"俯身葬");北、西墓道各有1具人牲遗骨,南墓道有11排,59具无头骨架,东墓道1具。

在HPKM1004墓发现29具人头骨,随葬品极为丰富。"在南墓道北端,有四层随葬器物。最下层是车子的零件、皮甲和盾的残迹,其上一层为100多个铜盔,约360把铜戈,第二层内有36个铜矛头,最上层为1石

---

① [日]白川静:《说文新义》,林洁明译,见周法高编撰:《金文诂林补》(第四册),"中央研究院"历史语言研究所1982年版。

② 参见[日]白川静:《金文的世界——殷周社会史》,温天河、蔡哲茂译,联经事业出版公司1989年版。

③ [美]杨晓能:《另一种古史——青铜器纹饰、图形文字与图像铭文的解读》,唐际根、孙亚冰译,生活·读书·新知三联书店2008年版,第283页。

④ 参见高去寻:《安阳殷代王室墓地》,杨锡璋译,载《殷都学刊》1988年第4期,第15、16页。

磬，1玉棒和2个铜方鼎。"墓主可能生前掌管军事。

M1003墓发现有铭文的石制容器，证明墓主人为王室成员。"此器是某一殷王为祭祖仪式用的。"①这些确实证明墓制和墓主所属层次都较高。但并非所有涉"亚"、涉"醜"者地位都高，毕竟有"小臣醜"存在。

反对明堂具"亚"形五室的张光直也承认："大墓中的（亚形）木室是死去的祖先升天入地的场所，也是一种明堂。"②按照我们的看法，它们是在同具"亚"形这一根本点上联结起来的；只是墓室或明堂是否都具有"升天入地"的功能，亚形是否为"升天入地"而设，都要求准确或进一步的证据。它们在历史演变过程中处于何种位次，起过什么作用，都要具体问题具体分析，不能一概而论。

最震撼的是，河南上蔡出土的商代青铜器，其中Ⅱ式青铜爵的铭文是"亚帝"，㊗。"帝"是殷商的最高天神（只有后期个别先王称"下帝"），怎么会出现在"亚"形之中呢？

或说，"帝"读为"禘"，禘是最高祭典，只有王才能举行，古有"不王（则）不禘"之说，卜辞多见；从来都是"王禘"，没有擅自僭越的。然则这就是专司禘祭的巫祝或巫祝家族，有如"王室祭司"，地位之高几埒"侯伯"，而"居"亚形之内；其他如"亚醜""巫若"者的显赫也可想而知了。说亚、醜、巫都是小臣，也是不符合史实的。

如果说是"亚"为"次"，那也只是次于王侯，次于高官，次于显爵。

亚旤略保王，亡不若。（《库方》1028）

亚氏王族罕黄，呼王族出西北，亚唐东在□。（《诚》356，参《综》507）

羽（翌）亚乞氏众人甾丁录，呼保我。（《前》7.3.1）

王令亚其从叔白伐方。（《前》2.8.5）

陈梦家说："'亚'可以'保王'，'保我（王）'，可想见其关系。"（《综》510）从前以为"亚"不过车前马后供王驱使，或作警卫。现在看来，他力能保王，起码率领一支近卫部队。其职有如"御林军"掌管者或侍从长。

---

① 高去寻：《安阳殷代王室墓地》，杨锡璋译，载《殷都学刊》1988年第4期，第17页。
② 张光直：《中国青铜时代》（第二集），联经出版事业公司1981年版，第89页。

有时可以外派独立作战，领头狩猎。如"以多田，亚伐"（《粹》1545），"其亚走马"（《甲编》2840），"亚往田，亡灾"（《续》6.15.5）。

"亚"可能有独立的指挥机构或办事部门。所以，或"立吏"（《前》6.8.6；陈云，"指其立使或立事于侯伯"），"今日亚其往宫，往来亡灾"（《续》6.27.6）。其显贵可知。但并非一直如此。

或说，"亚"的制度、礼俗、职司，都跟它不是"天官"而是"地官"有关。

艾兰《龟之谜》认为，大地是"亚"形的，和龟腹甲一样。王小盾也说，龟腹呈"亚"形，"'亚'形被看作大地的符号，被认为是地神的象征"①。龟正是地神，还兼为祖灵（我们觉得，这两点都要求进一步证实）。"亚"因而成为地界符号。

> 龟既是祖灵的象征，也是地神和冥神。根据后一意义（龟为地神），人们建立了亚形墓室的习俗；根据前一意义（龟为祖先），"亚"成了族徽标志。②

我们则认为，事死如事生，"亚"形墓室是地上"亚"形五室的模仿性改型，价值取向同是光明或太阳；"亚"群职官集团或族团，是由管理亚形堂室乃至王族丧葬事务的巫祝发展而来（十本质上同于"亚"）。亚是职官又是集团徽识，祖灵事务与丧葬仪轨，都属"第二世界"的事情，不同于人间的直接性政治，所以称为"次"。次是"副"，是"巫王"或"巫酋"非世俗庶务管理者或助手，地位次于"王侯"。又由于早期或早商军务酋长，即专职指挥官的出现，有了一个协助政治领导者的专业"将军"集团，一部分原来从事"战争巫术"、掌握军务仪式，有些像"兵阴阳家"的军巫，也从参与制定谋略或战役计划的"戎幕"官佐下降，他们承袭"亚巫"职称，也称为"亚"，但地位已不甚高——这也许就是陈梦家等以"亚"为武官或武官助手的缘由之一吧？

---

① 王小盾：《中国早期符号与思想研究——关于四神的起源及其体系形成》（上），上海人民出版社 2008 年版，第 270 页。

② 王小盾：《中国早期符号与思想研究——关于四神的起源及其体系形成》（上），上海人民出版社 2008 年版，第 271 页。

前举卜辞里"多亚"（如《乙》974，1848；《后》2.41.9，武丁时）与"多马"并称，或谓"多马、亚"（武丁卜辞）。"马受令征伐与射猎，很可能是马师，后世司马之官或从此出"（《综》509）。看来"亚"在此为武官，例如可以"保王"（《库方》1028），"保我"（《前》7.3.1），也能征伐四方（如《前》2.8.5，《粹》1545等）。西周时还有"诸侯大亚"。《尚书·立政》《尚书·牧誓》都称"亚，旅"。《诗·载芟》："侯亚侯旅。"《左传》文十五年有"亚，旅"，成二年有"侯亚侯旅"，在"舆师"之次。"旅"是集众旗下为军旅，"侯"是箭靶，都跟军事有关。次于君王，但地位不低。①

金文"亚"形中多为职官或族邦之名，其出于"守墓神职"或有可能。上古迷信甚多，在"转换仪式"，包括丧礼中，以"光明"和利器驱攘妖鬼，辟除邪恶，都是要借重太阳的。"黄帝四面"、"方相四目"与"明堂四出"，是异质同构：象征阳光四射。

开路之将，掌火之巫，扶柩之官，卫墓之祝，多选择孔武有力的武士担任，以便殴逐、镇压鬼怪与邪魅，就好像驱疫殴圹、保卫棺柩、死者遗体或亡魂的方相氏。这些武官多属副职，而且品秩越来越低。

至于以巫祝与武装之"亚"称副贰，那可能是因为随着原始社会解体，政教分离，连最高巫师都渐居酋长之下，有如后世之宰辅；而军务酋长在"双头制"发展到一定时期时，便成为政务酋长的高级助手，犹如后世军人之必须听命于政治家也。前举卜辞亚、多亚之"保王""保我"，便很明白地表示它已是"二把手"，乃至更低级的官佐矣。

张凤《图象文字名读例》曾以今俗证古，说："今时丧家仪杖中，仍列前代之诰命敕文等为仪杖，又其卤簿中有一木牌大书一'亚'字。……此'亚'字之相承，除朝堂庙屋外，无可解说。"②

此"亚"隐义甚多，却不违古：一是事关丧葬（亚曾是墓室之形）；二是正式"诰命"之次；三是以武事辟除邪魅。

又者，元汪大渊《岛夷志略》说"宾童龙"（pandra，柬埔寨文谓"国

---

① 陈梦家：《殷虚卜辞综述》，科学出版社1956年版，第143页。
② 张凤：《图象文字名读例》，载《说文月刊》1938年第1卷第2期。

王处所"或"山丘",地在柬南部),"国王"骑象或马出行时,"打红伞,从者百余人,执盾赞唱,曰'亚'或'仆'"①。苏继庼说,亚即柬语 ya,赞仰之称;仆为 pu,尊崇之称。②此亦见于《星槎胜览》,可资比照。

殷墟大墓有"亚长",殷商铜器铭文有"大亚"。

除"亚宗"外,殷墟卜辞里还有"亚位"(写作"亚立")。《殷契粹编》第1162片:"亚立,其于右利,其于左利?"郭沫若以为官名:"亚立其'于'者,亚当是官名,'立'盖'翌'之省,于读于为雩,立作为人名解,亦可通。"③过于纡曲。陈邦怀采其"官名"说,而读"立"为"位"。因为"《周礼》故书及周金文中皆用'立'为'位'。此辞乃卜亚位宜于右,抑宜于左?"④如果"亚位"之读不误,这"亚位"倒可以解为"中央之位"(或在某种情况下可移于左或移于右。可惜只是孤证,只能存疑)。

然而,"亚"形,如果放在中国文化格局里,可以说是"中心"象征系统里最富有"宇宙论"意味的神圣结构,关涉到明堂、日晷、博局、规矩纹镜等等,从艾兰到张光直,都曾加论述。笔者的《中庸的文化省察》等书,也有介绍(下文也只能简述)。

作为组织或官称的"亚",刘节曾说过:"把一亚算作每一胞族是很可信的,又从另一方面看来,殷人的'亚宗'大体相同于周人之'京宗',若再用'多亚'一名,同'多方'一名比较,便可以明白'方'指外族,而'亚'却是指本族。"⑤艾兰认为,以"亚"为主体、本位或本族的说法,跟她所做出的"'亚'形曾用作中心的象征这一推论在某些方面不谋而合了"⑥。

---

① (元)汪大渊:《岛夷志略》,苏继庼校释,中华书局2000年版,第63页。
② (元)汪大渊:《岛夷志略》,苏继庼校释,中华书局2000年版,第66页。
③ 郭沫若:《殷契粹编》,科学出版社1965年版,第1162条。
④ 陈邦怀:《殷代社会史料征存》,天津人民出版社1959年版,第21页。
⑤ 刘节编著:《中国古代宗族移殖史论》,上海书店出版社1996年版,第14—15页。
⑥ [英]艾兰:《"亚"形与殷人的宇宙观》,载《中国文化》1991年第4期,第37页。

6-10 萨满裙的正、背面（采自王纪等）

这是萨满教的宇宙——类"亚"形之"中心"。上有萨满的始祖性神鸟、世界树、生命神蛙，两旁有龙、虎或马，萨满神和萨满。

丁山说，"亚"与"侯"名异而实近，可能指"内服的诸侯"[①]。他又因"亚旅"事涉军伍，说，亚字颇似╬而"联其外缘成方阵形"，而疑"亚旅"本指军阵，"初象卒伍成行之形"；而"在田，则象尖斜欹侧，不成方的区田"。[②]

此说表面似凿，其实启发无穷。╬者"行"，本指"十字路"，是"十"文化字群重要的一员，跟╬（亚）异构而同质——"五行"，不但"五"（乂），而且"行"，都涉及"五方"（四向加中心点）；╬形建筑包含五室，也跟古老的"五方""五行"乃至"五色""五大元素"暗暗相应。

---

① 丁山：《甲骨文所见氏族及其制度》，中华书局1988年版，第51页。
② 丁山：《甲骨文所见氏族及其制度》，中华书局1988年版，第51页。

同样，丁氏云"亚有田谊"，或言亚、田暗通①，都大可玩味。因为田制不但与"井"相关，也与最初对土地的"四向"占有，土地的"四分"密切相关。在一定条件下，"田"跟⊕，跟"甲"等一样，也是"十"文化字群中的要角（这还可能跟"射箭定疆"、划分土地或寻求中心的古俗相关，事繁，请参专节）。

城墉与"亚"形

杨鸿勋在研究战国中山王陵及《兆域图》时曾简述西周明堂之制。他说：

> 这种高台建筑在西周本是天子宫廷主殿明堂的形制，当时大约仅有一层高台，根据常朝、布政等实用功能以及思想意识方面的要求，靠背台壁布置四面堂、室，论其主体，仍然是建在中心台上的"太（大）室"（意即"大房间"）。②

他认为，两周高台建筑中心土台应该就是从亚形明堂生发出来的"墉"，即有四座"城楼"式屋室的亚形宫殿，一般以为"城墉"者。

王国维曾指出，这是宫室形象而非城垣（从前学者多以之为城郭而有四城楼之形）。其实"墉"与"垣"并非对立而不可调和，它们很可能同出一源。但如辛癸鼎铭者而释"墉"确实像"亚"形宫室，或城楼式的"墉"依"亚"形宫室而建（古代正规的城市往往按宫室结构布局，跟宫室庙寝等一样基本是方形，城墙多开有四门）。

辛癸鼎铭，或略去中心方形边框而作✥，或释"郭"。芮传明等说，这仍然在显示"十字形与基本方位（四向）的关系"，跟"巫""癸"古文字等所见一致。《汉书·酷吏传·尹赏》注引颜师古云："郭，谓四周之内也。"金文所见方框外箭头状十字，"象征内城的四门（或四方）之外"。③

陈直就说此"墉"字"象四屋函一庭形"，认为它是"殷太学之象"④，

---

① 丁山：《甲骨文所见氏族及其制度》，中华书局1988年版，第51页。
② 杨鸿勋：《建筑考古学论文集》，文物出版社1987年版，第127页。
③ 芮传明、余太山：《中西纹饰比较》，上海古籍出版社1995年版，第20页。
④ 陈直：《殷契剩义》，石印本1930年版。

暗示其即周明堂。

杨鸿勋简要地说："西周天子、国君布政的明堂以及坛、庙的主体殿堂多是这种高台建筑，而经常使用的是南面堂、室。"① 所以，"墉""亚"等跟明堂结构、布局是基本一致的。

徐中舒说，古文字"墉"之有二出者，起于穴居，"象穴之两侧有台阶上出之形"，其四出者，则因为穴居（或墓穴）"四面有台阶"，地面建筑跟地下建筑基本一致，"古人事死如生，墓穴的构筑也当模仿生人的穴居"②。此说在"溯源"上很有意义。但为什么要有"四出"呢，"二出"或竟"一出"不是足够上下了吗？仅仅从建筑技术层面解说恐怕是不够的。

这个"墉"的准亚形布局，可以跟纳西族象形文字比较。

《么些象形文字、标音文字字典》说："方隅或角落作 ✚。"③ 商代铜器作父己觯"亚示"之"亚"与之全同。有的金文与其相似。于省吾据此说"亚"字原"象隅角之形"，而与"阿"通用（亚与阿双声，鱼歌通谐）。④ 这是独到的看法。但是，"亚"字原象纳西（么些）族亚形房屋之俯视图，跟 ✚，跟四合院都基本一样；前引 ✚ 字不过指明其有角隅而已，与亚室明堂之有"四阿"同义。纳西文"城"字作 ▣。方国瑜、和志武说它"象方城有四门"⑤。这不但与亚室相近，而且令人想起殷墟卜辞之"墉"。

孙海波说，此郭、墉字，"或作四介象城郭之四重亭两两相对也"。这是一说。⑥ 但有的学者说指亚形居室（参前），其实二者并不冲突。

墉字又作：✚。

案："墉"见于《诗》。《诗·大雅·皇矣》："以伐崇墉……崇墉言言。"《诗·大雅·韩奕》："实墉实壑。"《诗·周颂·良耜》："其崇如墉。"

杨鸿勋说："可知'墉'是一个高大的夯土部件。"⑦ 又，《礼记·郊

---

① 杨鸿勋：《建筑考古学论文集》，文物出版社1987年版，第129页。
② 徐中舒：《徐中舒历史论文选辑》（下），中华书局1998年版，第793页。
③ 李霖灿编著：《么些象形文字、标音文字字典》，文史哲出版社1972年版，第15页。
④ 于省吾：《甲骨文字释林》，中华书局1979年版，第338—339页。
⑤ 方国瑜编撰、和志武参订：《纳西象形文字谱》，云南人民出版社1981年版，第305页。
⑥ 孙海波：《甲骨文编》，科学出版社1964年版。
⑦ 杨鸿勋：《论古文字亯、✚、▣、井的形和义》，载《考古》1994年第7期，第636页。

特牲》："君南乡（向）于北墉下。"《仪礼·士丧礼》："君升自阼阶，西乡（向），祝负墉，南面，主人中庭。"

又，据《仪礼》"堂中北墙谓之墉"，可知其时墉已成"北墙"之专称。杨氏结合"明堂"之制说：

> 西周天子、国君布政的主殿——明堂，以及宗庙、太学之类，多是高台建筑。高台建筑是以土结构为核心的土木混合结构，其形制是围绕中央夯土墩台四面设防雨披檐（当时台壁尚无砖包砌）所形成的回廊或堂、室，台上再置太室。①

"四向"的庙堂建筑称"明堂"。中央大室加四向小室之朝南者，也叫"明堂"，是"大名"中的"小名"，"明堂"里的"明堂"，也特别重要。

> 经常使用的是南面的光线充足明亮的厅堂即所谓"当正向阳"，因而称"明堂"。从厅堂的内部空间来看，北墙与东、西墙无异。实际上它是夯土墩台的壁面。因北墙并非一般的墙，故另有名称，即所谓"墉"。②

从前举金文看，中央是实体而非空间。可见商周时期✣"是指高大夯土部件，主要是指高台建筑的土结构核心——夯土墩台"③。

高台建筑或称"榭"，虢季子白盘铭文有"宣榭"。郑州曾发现殷商夯土高台遗存，其制犹存于战国中山王陵享堂等。明堂也是一种"高台"建筑，但不是一般的"高"，正规或标准者底座有"三重"，而四向各有一小室（南向者为小明堂）。

✣这个字，无论释"墉"抑或释"郭"，本质上还是由"十"字（或加中心方框）构成的"亚"形，跟明堂的基本格局一致，仍然是对太阳空间运动及其向度的关注、摹写。

芮传明等《中西纹饰比较》，认为这跟"癸"（⚹）、"巫"（⊞）等本质相通，都是表示中心（太阳）与"四向""四方"的关系，大体是对的。

---

① 杨鸿勋：《论古文字䧹、✣、㘝、井的形和义》，载《考古》1994年第7期，第636页。
② 杨鸿勋：《论古文字䧹、✣、㘝、井的形和义》，载《考古》1994年第7期，第636—637页。
③ 杨鸿勋：《论古文字䧹、✣、㘝、井的形和义》，载《考古》1994年第7期，第637页。

湘西"苗觋神辞"有巫咒性质,其《通呈神辞》透露出他们也有明堂式的五室礼制建筑。辞云:

东方老堂,南方老殿;

西方老堂,北方老殿;

中央老堂,五方五位老堂老殿。

天上五方,地下中央;

四角天门,八角地府。①

这似乎在"原始性"中,已渗进五行学说。这种堂殿也可能呈"亚"形,而可与上代明堂式建筑比照。可惜我们还不知道这是否华夏汉族建筑在边疆地区的遗留,是苗人接受中原的影响还是独创,尚不可证。录供专家参考。

纳西族的四合院式建筑,与华夏汉族宫室、民居的趋同之处,我们已多次介绍过考察者的报道。

盘龙城的发掘纪要结合"重屋"之制,推测F1的原状是"重檐茅顶大殿"。纪要说:所谓"重屋"问题,传世商代铜器图像文字中有⌂♠⌂,"显然是重檐建筑物的象形。考虑到这些情况,可以初步设想F1的复原面貌为:建筑在高数十厘米的夯土台基上的、中为四室、外有回廊、四周有台阶的四坡重檐茅顶大殿"②。

他们说,此殿,"既作出四室,就不像是朝会、布政用的殿堂而是卧居的寝殿"。他们的构想可简化为:

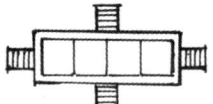

然而,如果确是宫寝,那为什么要做出四坡四阶呢?寝室一个出口足矣,也便于守卫和"隐奥"。离开礼仪或宗教的需要或惯例,这种四出的布局很难得到解释。

---

① 石启贵:《湘西苗族实地调查报告》,湖南人民出版社1986年版,第525页。
② 湖北省博物馆、北京大学考古专业盘龙城发掘队:《盘龙城一九七四年度田野考古纪要》,载《文物》1976年第2期,第10—11页。

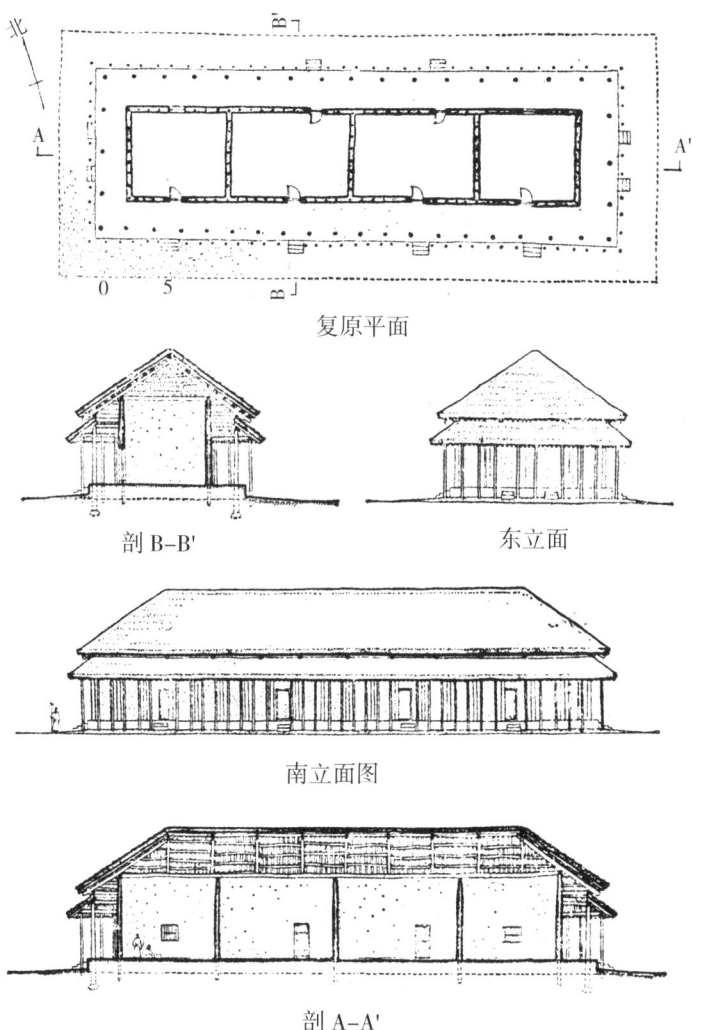

图 6-11 盘龙城宫殿 F1 复原图（采自杨鸿勋等）

"庸"字的意思复杂，因与神圣建筑没有直接关系，所以不多讨论。根据诸家意见，"庸"字意义的演化进程大致是：

庸（镛：大型甬钟）—┬─用─┬─用（使用）—佣（佣劳、佣役、佣奴）
　　　　　　　　　　│　　├─用（功用）─┬─功庸
　　　　　　　　　　│　　　　　　　　　└─庸常—庸凡
　　　　　　　　　　└─用（雍：容）—墉（墉垣）

第七章　争议不息的明堂

"前明堂"或"夏商明堂"

明堂的记载很多，历史颇为悠久。专家们或以为殷商乃至夏代已有明堂，纬书里记载较多而且明白。严谨的史学家，像"古史辨"派，都不予相信。特别是所谓五室"亚"形明堂，汪宁生等说，都是王莽一班人的"托古改制"，毫不足信。但有些古建筑史家以为可以有条件地采信，有些甚至说，夏、商已有明堂。

然而，除了这些文献较为晚近之外，甲骨、金文与殷墟等地考古，都看不到周代那种古"亚"字布局的典型明堂，虽然存在的可能性很大。

许多学者设想或构拟的夏商明堂，都还只是假说，有待检验或证实。所谓原始时期的"前明堂"，只能看到明堂的前身或部分依据。目前还只能从较为可信的周代明堂开始考察。

据《史记·五帝本纪》索隐引《尚书帝命验》，三代及"唐虞"俱有明堂，其称分别是：唐虞称"五府"（注作"天府"），夏称"世室"，殷称"重屋"，周称"明堂"。

"世室"即太室、大室，为亚形明堂之中室。"重屋"原为了通风透明（详后）。由此判断，周以前"明堂"的名称都采取周代文献所见者。"五府"当然是五行学说兴起以后的附会，但这些名称仍残存着一些古义。例如《尚书帝命验》说:"帝者承天立五府,以尊天重象。"注便作"天府",仍是天体崇拜的产物。这"五府"还有个古怪的"大名":文祖。《尚书·舜典》:"正月上日,受终于文祖。"伪孔传:"文祖者,尧文德之祖庙。"孔疏:"王云:文祖,庙名。马云:文祖,天也;天为文万物之祖,故曰文祖。"《五帝本纪》集解引郑玄曰:"文祖者,五府之大名,犹周之明堂。"也有天空崇拜之意(从字面看,"文祖"应是有文饰的男阴,此古老之祖庙)。《尚书帝命验》宋均注则以之属火:"文祖者,赤帝熛怒之府,名曰文祖。火精光明,文章之祖,故谓之文祖。"虽更属附会,却可以钩稽出一些"古意",然仍无法证明夏商、唐虞"明堂"之确在。

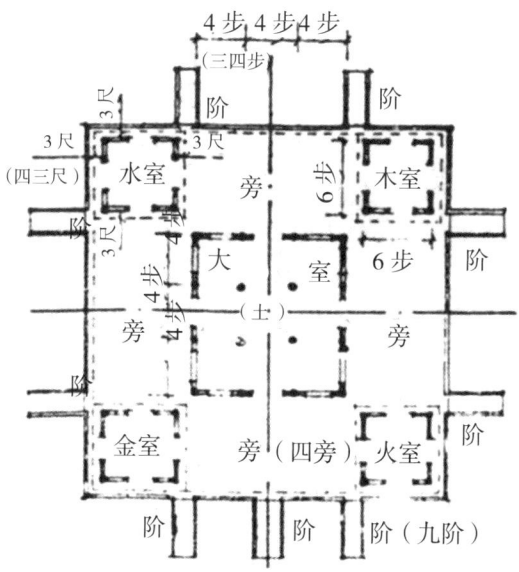

图7-1 夏代明堂——世室(王世仁构拟)

据建筑考古学家介绍，从河南偃师二里头（可能属于夏文化）开始，到偃师商城、洹北商城以及安阳殷墟，统治者都已"择中立宫"，宫城在前、坛墠居后，城市布局已较严整。杜金鹏认为，二里头夏城4号宫殿可能已似明堂。二里头城址中已经有"两经两纬"四条干道的布局，形成了"八门"。然而，它们是否有意识地"象天法地"，以"八门"吐纳"八风"，还要求更多的证据。①

殷商时代是否有明堂（特别是"亚"形的标准明堂）呢？由考古发现的"亚"形大墓推测，可能是很大的。但这只能放在讨论"亚"形墓时触涉。有人说，有"大室"或"中土"（中社）就有"明堂"，这却不一定。殷墟卜辞有"天邑商公宫"云云（《合》36543），连劭名说，"公宫就是明堂，古人又称'公堂'"；"皿宫"（《合》36542）即"盟宫"，更"无疑是明堂"②。天室或大室，是"辟雍内水中丘上的明堂"，"商代也有'太室'，曾在此举行宾礼，会见诸侯"，如汝丁尊铭所记。这些都有不同意见，要求进一步的考古与古文字等证据。下文再说。

还有个重要的传言：明堂为祭"五帝"而设。夏商如此，两周都不例外。

跟五行思想结合起来，与"五岳"之划分一样，后来明堂"五室"就成了祭"五帝"之所。因为据说夏初甚至黄帝时就有明堂，所以这"五帝"就不是常见的传说史如《史记》上的"五帝"，而只能听凭后人附会。可以只是《孙子·行军篇》和银雀山汉简《孙子·黄帝伐赤帝》中那种象征符号化的"五色帝"。

《礼记·玉藻》疏引《五经异义》淳于登说周明堂曰："周公祀文王于明堂以配上帝；上帝，五精之帝，大微之庭，中有五帝座星。"

《史记·五帝本纪》："正月上日，舜受终于文祖。文祖者，尧大祖也。"集解引郑玄曰："文祖者，五府之大名，犹周之明堂。"

《史记·五帝本纪》正义引《尚书帝命验》云："五府，五帝之庙。苍曰灵府，赤曰文祖，黄曰神斗，白曰显纪，黑曰玄矩。唐虞谓之五府，

---

① 参见杜金鹏：《夏商周考古学研究》，科学出版社2007年版，第107—128页。
② 连劭名：《甲骨刻辞所见的商代阴阳数术思想》，见艾兰、汪涛、范毓周主编：《中国古代思维模式与阴阳五行说探源》，江苏古籍出版社1998年版，第241、242页。

夏谓世室，殷谓重屋，周谓明堂，皆祀五帝之所也。"这当然也只是一种臆造，但是它可以象征"四帝"（四方）与"中央之帝"的关系，则可肯定。

当然，这绝不可能是夏商时代之事。

五室还跟"五大元素"相配。《周礼·冬官·考工记》说夏后氏"世室"（即明堂）有"五室"。郑注云：

> 堂上为五室，象五行也……木室于东北，火室于东南，金室于西南，水室于西北……土室于中央。

清孙诒让《周礼正义》就据上说作调和之论曰："夏世室五室，象五行，亦兼为合祭五帝五神之宫也。"这成为五行系统的重要构成，也是儒家礼制与帝王统治合法性的证明。

清严杰《经义丛钞》综述明堂祭五帝说曰：

> 《小宗伯》之职兆五帝于四郊。《太宰》之职祀五帝（注谓"四郊及明堂"）。《掌次》祀五帝则张大次、小次，设重帘、重案（注："祀五帝于四郊"）。古者天帝之祭，皆坛而不屋，而五帝独祀于明堂。据《尚书帝命验》……晁错《对策》曰："五帝神圣自亲，事法宫之中、明堂之上。"桓谭《新论》曰："明堂，尧谓之五府，聚也，五帝之神聚于此。"夫五帝之号虽出于谶讳，然明堂为五帝之神聚于此，两汉诸儒言之，要非成、哀以后之说。……

但这些都还停留在传言与猜测，并无实证，只能存疑或者备考。

与明堂五室之制有关的还有秦汉的五畤或五帝庙。《史记·封禅书》："唯雍四畤，上帝为尊。……（车马）各如其帝色。"《汉书·郊祀志》："（武帝）作渭阳五帝庙，同宇，帝一殿，面五门，各如其帝色。祠所用及仪亦如雍五畤。"

这些当然都是汉以后的事，但在考察明堂构造发展时亦应顾及，在研究《墨子》"五龙"时还要触涉。

周代：明堂五室

较早的记载里，周代明堂具五室。这也是明堂平面格局的较早真相，所以不妨从它开始讨论。

目前所见中国原始社会房屋遗址还没有发现具"亚"形而有五室或四门、四通道者（一般只有一门或二门）。所以不能不认为："亚"形五室的明堂是特殊构建的宗教建筑，而与一般的居室、会所不同。

《周礼·冬官·考工记》说夏世室（即明堂）有"五室"，郑注谓其"象五行"。贾疏："大室居中，四角之室皆于大室外，接四角为之。"这样说，似乎构成一个 ⊞ 形，但实际却是 ✥ 形；而且不管怎么构拟，中央"大室"总存在着。王世仁据文献有一种构拟方案（见图7-3），怕是不可靠的假托。而且，夏代明堂及其形制，目前并没有可信的材料可资考察。然而，有趣的是长安南郊发现的汉礼制性建筑遗址（详后），在很像辟雍的圆形水渠之内有方形围墙（四角有曲尺形房屋），围墙内中心木构建筑除中央大室外，四角有亭状设施，而其夯土台基基本上为"亚"形。总体布局略如 ⊞ 之状，这似乎是汉人对于各派明堂格局学说的整合与调和。而正如孙诒让《周礼本义》卷八十四的归纳："五室者，亦三代明堂之通制也。"可惜，原始社会的"五室"排列如 ✥ 形者至今没有发现，所谓"夏文化"遗址发现又太少，目前最早的"亚"形建筑仅见于殷墟大墓，地面的"五室"还有待探掘。

这种五室结构的明堂跟《逸周书·明堂解》所记述的明堂格局基本符合。而《逸周书》可信度较高（李学勤发现其关键性语句跟周代金文铭语法相似）。清俞樾《群经平议》据隋宇文恺《明堂议表》说："（明堂）大室之外，四面有堂；其南明堂，其北玄堂，其东青阳，其西总章之堂。"

这些名称虽系后世依附，但五室之说却是有根据的。兹将宇文说图示如下：

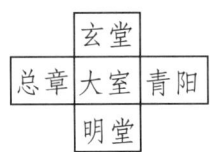

王世仁所构拟的"周人明堂"，从平面图看仍然是这种五室的布局。

汉蔡邕《明堂月令论》以"偏指"概念说之："《易》曰：离也者，明也，南方之封也。圣人南面而听，天下向明而治。人君之位，莫正于此。故虽有五名，而主以明堂也。"这是解释为什么明堂不仅是"大名"而且是"小名"，特别是"南方火室"的专名：这就是因为它面向太阳，面朝光明。

顾颉刚的"明堂"之称起于南向之说,当受此启发。这种"亚"形的周代明堂跟《逸周书·明堂解》所述明堂之制也是基本符合的。

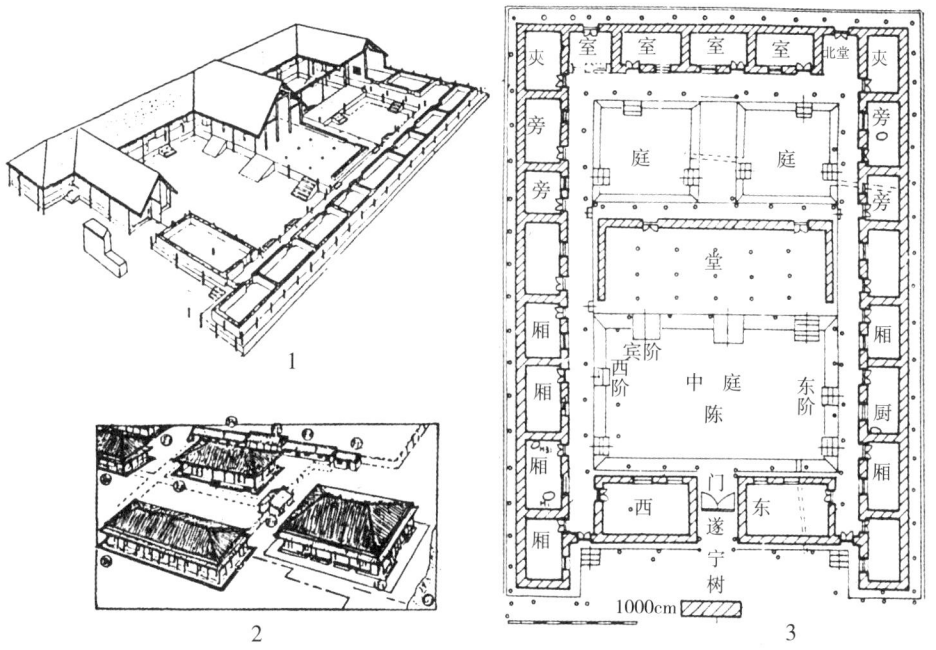

图 7-2　周原宫殿和宗庙(采自王世仁、杨鸿勋等)

1.陕西凤雏西周甲组宫殿,或说"宗庙",复原图;2.扶风召陈西周宫殿群,复原图;3.凤雏西周甲组宫殿平面图。

明堂的特殊性是什么呢?不妨把前述的意思,用另一种讲述方式"重复"一下,以加深印象:在形制上它基本上是"十"字或"亚"形的(大室旁有四室或四阶)——其特殊者还以中心穹顶象征天空或太阳——表示向四方发射神圣的光芒,从而"凝聚"并"控驭"四方;它一般处于群团住居的中心位置(后世明堂朝南,或坐落南郊,为的是更好地接纳阳气或天光);有时,它以"无墙""牖户""天窗"等形式以更好地接受"光明"或"灵力"。

在体制化的礼俗上,它以"宇宙意志"(天命)的代表身份向四方、加盟者或诸侯、臣民发布政令、历法、施行重大封赏与刑罚。当然,明堂也举行某些重要的祭祀仪式。

在某种情况下，群团的代表者、领导人或君主，也仪式性地"住"在这里，以模拟、顺应并彰显宇宙（特别是太阳）运行的节奏与秩序（除"隐避制"外，这是所谓"四季"或"十二月"轮居制最重要的义项）。

这都是跟一般"大房子"或祖庙不同的地方。

明堂，作为特殊的政治性或礼制性的"大房子"，尤其是所谓"唯一者"的神秘符号，它的性质和功能都是复合的，多元的，是爱德华·萨丕尔所说的"多重象征的凝聚体"。它的某些象征意义已经冥昧。

孔子进了太庙，还要"每事问"；明堂，他更不多说了。因为明堂的某些特征或秘密，在春秋战国时代已经模糊或变动，他不愿说他不能肯定、文献不能足征的事情。然而有一点却是明白无误的：明堂以"太阳之堂"交通着天人之灵气与光明，君主借以布政理民，代表"天"施行宇宙的意志。它既是君主们圣俗合法性与权威性的一种证明，一种资源，一种象征，又是宇宙与神明意志在人间、在建筑体制里的一种体现，一种炫示，一种物化形式。

因为有"五室"，各室都是正方形，所以明堂作"亚"字形。这是清代以来许多经学大师所承认的基本点，再引几条：阮元《积古斋彝器款识》说："古器（铭）作亚形者甚多，宋以来皆谓亚为庙堂。"当然，明堂也是"亚"形五室。陈澧《东塾读书记》说明堂"堂基为'亚'字形。……《盛德》所云'上圆'者，圆屋也；下方者，亚形八隅也"。孙诒让《周礼正义》卷八十三说："殷重屋四堂，盖为四出，若'亚'字形，与周明堂制同。"他据《考工记·匠人》推论说："明堂东西九筵，广度不及世室之半，明四堂之角无复余地，明堂必为'亚'字形可知。"王国维《明堂庙寝通考》也说："明堂之制，本有四屋四堂相背于外。……中央有太室，是为五室。"[①]构成"亚"形。

汪宁生极为反对明堂具有"亚"形五室的说法。主要理由是其记载太晚。

所谓"亚形五室"或"九室"是根据《礼记·月令》（《吕氏春秋·十二纪》同）、《大戴礼·明堂》等记载复原出来的，这些记载多出于阴阳家言。按阴阳五行学说兴起于战国末期，至

[①] 王国维：《观堂集林》（第一册），中华书局1959年版，第127页。

汉而大盛，故他们所言战国以前名物制度，除非有可靠的实物证据，自难轻信。①

话不能说得这么死。见于文献晚，不见得出现或存在也那么晚（上古民俗神话尤其如此）。主要根据社会生产、生活条件、科学技术与一般文化水平，尤其是观念或意识形态来判定。证据是多重的，不仅是文献与实物，还有田野材料（尤其是汪氏大半生着力而贡献良多的"民族考古学"资讯）、语言化石等等。有的文献，例如前引《周礼》并非西周文献，却保存若干可信材料。

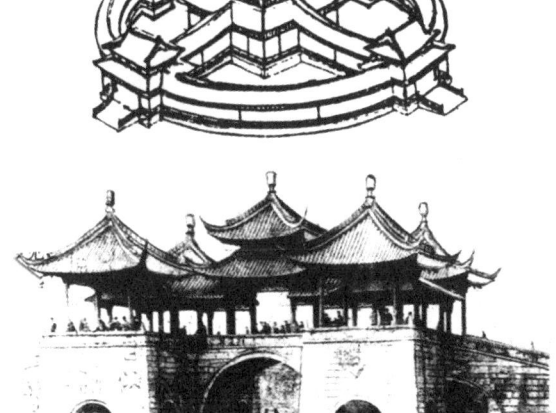

图7-3 后世类"亚"形建筑

（上：宋金明池水殿，见宋人金明池赛龙舟图；下：扬州瘦西湖五亭桥）

"五行"跟"阴阳（学）"不同。甲骨、金文已发现原始"五行"材料，例如五土（社）、五方与五火等等。含山凌家滩"龟书"玉版，中心为八角星纹，八圭（八卦），长者指向"四面"或"四维"，加上中心大圆就是"五方"；而且，加上短的八圭，就是"八向"。其结构"进步"得令人惊愕，不敢置信。"12月"早已发明（殷商有13月），每月轮居一室，是原初巫王或邦酋乃至君长的"隐避制"，是所谓原始的或成文史前的风习，决非战国阴阳家凭空杜撰。这只是信手举例，详情请参看笔者对"四方十字"与"原始八卦"的研究。

---

① 汪宁生：《古俗新研》，敦煌文艺出版社2001年版，第2页。

上古的"四合院"

王国维曾提到，四室围绕"大室"或"中庭"，有如现存民间四合院式建筑；"四合"中之方场，即所谓"天井"，常州人犹呼为"明堂"。这真是一个可贵的语言层的文化遗存。

前引张凤、姜亮夫、朱凤瀚论"亚"形诸文已略及此。

陈梦家说："由卜辞宫室的名称及其作用，可见殷代有宗庙，有寝室，它们全都是四合院似的。"① 因为卜辞里有东室、南室与中室、大室之称，可见其一组屋群东西南北中都有室。陈邦怀也因而说："殷为五室之制已无可疑。"② "大室"改作"空地"而容纳"天光"之中庭，既是古之"四合院"，中庭／天井称"天""中"，常州人称"明堂"，都含此义：最大限度地接收天之灵气与光明。可惜的是地面尚未发现商周"亚"形建筑。

林义光《文源》以"亚"为"穿之古文，庑也"，也是以宫室之制说"亚"。但他们说得都比较笼统。

仅就地面建筑而言，从"亚"字形构看，实在是一座四向有门户或通道或小室的房屋，也可能是有"中庭"（天井）的四间相对的房子，"中庭"成为祭祀中心。吴其昌《殷契解诂》等指出，这类字样即古代四合院落之平剖面形。马叙伦说："今北方居室结构，率为四合，亦古之遗制，而'亚'即象古代居室结构之形。"③ 唐兰说"亚"形字样，"本象四室相对，中为庭守之形"④。高鸿缙更将此说与"族徽说"调谐起来，他略采马叙伦"亚"即古四合院之说，而谓"四向屋相连之形"的"亚"实在就是"家"的初文。⑤ 四合院就是"家"。四合院还保持着"亚"形明堂的构造痕迹，其不但可以在纳西族的母系亲族住宅的结构里找到印证，而且可以跟太平洋彼岸的四合院式建筑做比较。

---

① 陈梦家：《殷虚卜辞综述》，科学出版社1956年版，第481页。
② 陈邦怀：《殷代社会史料征存》，天津人民出版社1959年版，第22页。
③ 马叙伦：《令𣪘彝》，载《国学季刊》第4卷第1期，第19页。
④ 唐兰：《作册令尊及作册令彝铭考释》，见《国学季刊》第4卷第1期，第27页。
⑤ 高鸿缙：《中国字例》，广文书局1960年版，第116页。

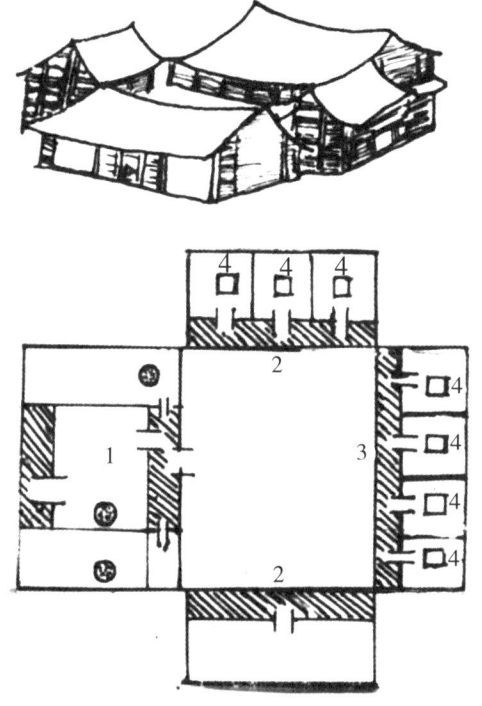

图 7-4 纳西族母系氏族住宅（采自宋兆麟等）

[上：四合院式院落；下：住宅平面图（1.正房 2.厢房 3.门房 4.客房）]

纳西族这种住宅的格局是汉族四合院的前身，它们跟古老的氏族制度残余有渊源关系。

劳榦在论及所谓"博局镜"时曾说到，所谓"六博戏"的"博局"之"布置，是以古代宫室的形式为基础的。依照殷墟的发掘，以及早期青铜器亚字形的标记，可以推测出来，古代宫室的基本形式是亚字形……就是现在中国四合院房屋的早期形式"①。

前引高去寻、张光直文都提到，王国维推定的明堂宗庙平面作亚形，"即四合院式的布局，外围也做亞字形"。②可见许多资深学者，都已注意到四合院似的"亚"字形建筑。它至迟出现于西周，殷商已有，绝不是新莽与方士们的捏造。

---

① 劳榦：《六博及博局的演变》，载《"中央研究院"历史语言研究所集刊》第35本，1964年，第25页。
② 参见张光直：《中国青铜时代（二集）》，生活·读书·新知三联书店1990年版，第86页。

云南永宁纳西族母系制公社的房屋具"亚"字形，可与北方的四合院式民居和礼制建筑参照。

比较典型的院落是四合院式的，包括正房、东厢房、西厢房和门楼。正房称"一梅"，供家庭集体居住，又是议事和炊事场所；西厢房称"喀拉意"，即经楼，上屋住喇嘛，供佛像，下层贮存柴草；门楼和东厢房称"尼扎意"，上层称"花骨"，汉族称客房，供已婚妇女居住，下层关养牲畜。在四栋房子之间为天井院，院落周围有园地和围墙。这是人口比较多的母系亲族和母系家庭的住宅，其中多者达二三十人，少者也有十几人，中型院落也包括上述四栋建筑，但都为一层。[①]

西亚寺庙和宫殿也有四合院式的。例如：苏美尔早王朝时期遗址发现一个方形的封闭式的寺庙，庭院（中国人称为"天井"）变成了平面的一个有机组成部分，三面有房间，第四面是边墙[②]，构成凹。乌尔第三王朝之都"乌尔城"（建于公元前2000年前后，前文介绍过它的"三成"塔庙），其"宫殿是四合院，由若干院落组成，房间多为狭长形，但布局较乱。庙宇平面较规整，一般是四方形平面，由厚实的土坯墙包围起来"。[③] 阿斯玛尔遗址有敬奉给阿布神的"方庙"，它呈现为"以中央庭院为中心，四周环列房间的平面"[④]。

这种"亚"形、准"亚"形建筑布局，可能是世界性的，太平洋两岸尤为多见。

---

① 严汝娴、宋兆麟：《永宁纳西族的母系制》，云南人民出版社1983年版，第155—156页。
② 参见［英］哈里特·克劳福德：《神秘的苏美尔人》，张文立译，浙江人民出版社2000年版，第76页。
③ 于殿利、郑殿华：《巴比伦古文化探研》，江西人民出版社1998年版，第292页。
④ ［英］哈里特·克劳福德：《神秘的苏美尔人》，张文立译，浙江人民出版社2000年版，第77页。

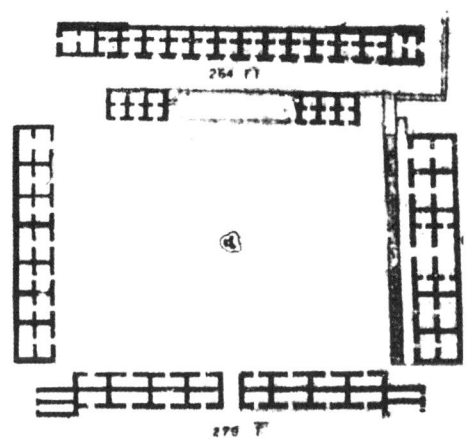

图7-5 印第安类"亚"形房屋布局(所谓"修女院"的平面图,采自摩尔根)

美洲式四合院的构造跟中国的不大一样,但四面屋室围着"天井"或"中庭"这一基本格局却是一致的。有人认为这是环太洋文化的一个重要因子。摩尔根引用斯梯芬斯的话说:"修女院是一所中间有庭院的四合院建筑物,它屹立在三层平台的最高层。"必须注意,中国模拟"天庭"(或昆仑)的神圣建筑,也是建在浅浅的三层高台的方形或"亚"形大屋。

美洲西海岸出土的陶片上有二十三个⊞形文,许多学者认为像中文的"亚"。卫聚贤以为此文与甲骨文的"亚"字接近,而"亚"与明堂式建筑有关,认为此二十三个"亚"字,"可能是二十三族联系祭祖所用的陶器?"[①]不一定正确(所谓"亚"字只是略似),持说者因为商器物多见"亚"字而"亚"为祭祖的古明堂,所以,房仲甫认为"联系'亚'字的来历与殷人祀祖的整体观念来考察,看来这(指卫说)是有可能的"[②]。宋宝忠、王大有则认为:"这二十几个亚文帆文,当是东迁美洲的东夷人的血盟盟书。"[③]

这些说法不一定正确(所谓"亚"字只是略似),持说者结论过早又不留余地,然而墨西哥古代遗址和坟墓地面发现类"亚"字形的四合院式

---

① 卫聚贤:《中国人发现美洲考》(第1册),巨轮出版社1961年版,第82页。
② 房仲甫:《殷人航渡美洲再探》,载《世界历史》1983年第3期,第51页。
③ 宋宝忠、王大有:《阿斯特克太阳石(历)及其文明》,载《社会科学战线》1985年第3期,第141页。

建筑则是事实。①

美国亚利桑那州帕布罗印第安人（Pueblo-Indians）公共住宅，是几座台阶式楼房围成一个院落，每个母系家庭占用其中一间，一组房屋可住四五千人，有时就构成一个村落。②

所谓"院落"，或译"天井"，这是屋室之中最重要的场所，尤其是跟所谓印第安式四合院一起构成类"亚"形布局之时。

印第安人温嫩多加村寨是一个设防坚固的六边形封闭性群落。整齐的房屋排列成方形，中央也有一个开阔的"中庭式"广场，表现着"向心"的趣向。③

新墨西哥的定居印第安人村落，有的也是正方形的，四周有围墙形成"平台"。他们也以太阳为主神。

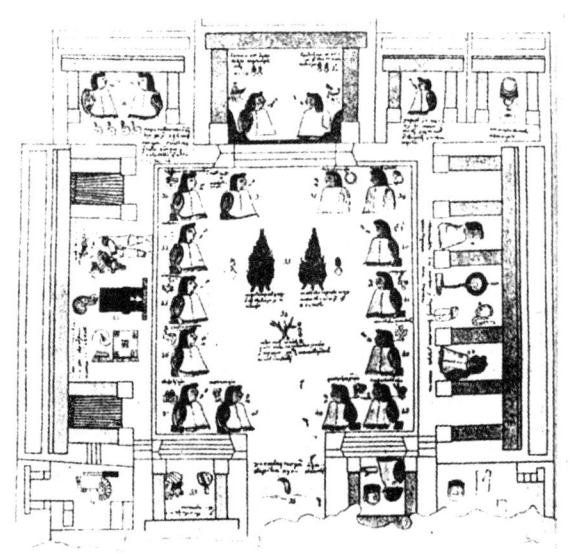

图7-6　阿兹特克类四合院建筑（采自乔治·瓦伦特）

欧洲人认为这是所谓"科学与音乐厅"。王室成员坐在大堂里，下级首领坐在院子中间。右侧封闭，存放物品；左侧为庙宇。

---

① 参见宋伯胤：《墨西哥古代文化略稿》，见《南京博物院集刊》1979年版，第125页。
② 参见［德］亨利·柯饶：《经济通史》（第1卷），吴觉先译，商务印书馆1936年版，第307—309页。
③ 参见［美］路易斯·H.摩尔根：《印第安人的房屋建筑与家室生活》，秦学圣、汪季琦、顾宪成译，文物出版社1992年版，第155、174、185页。

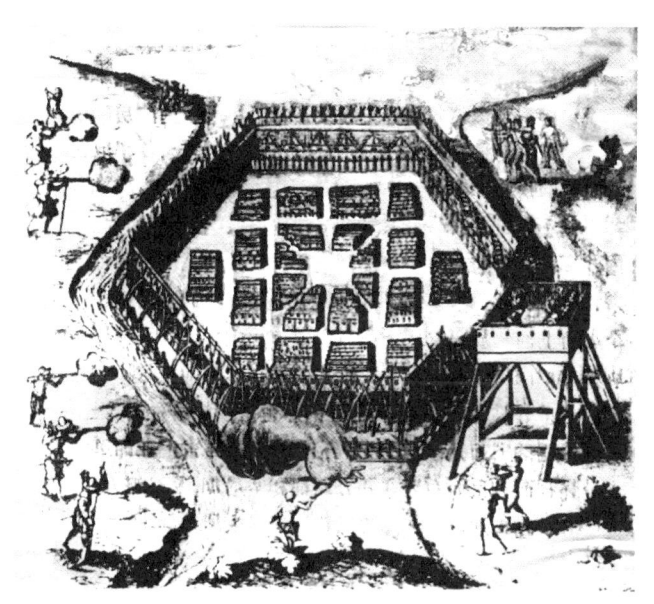

图 7-7 围以栅墙的温嫩多加村落（采自摩尔根）

这个村落虽然不是"亚"形而呈六角形，但它的基本格局跟明堂、四合院一样是严整地向心的、封闭的。

以蒂卡夫一处居住群落 2G-1 号（威廉·哈维兰测定）为例，它"由五座略呈长方形的低矮平台组成，围绕着一个面积为 13 平方米（42 平方英尺）的庭院，各自基本东、南、西、北四个方位"①，勉强可算一种朝向中心院落的半四合式居室组成，然而绝没有四合院那样整齐而又严格。

古代玛雅建筑布局或基址的形态，有一种"十"字结构值得注意，它依然是"中心"（方形）和四出，大致呈田形。例如科潘半岛，"由于科潘河造成卫城的十字结构"，"这是世界上最大的考古十字结构"。②帕伦克大宫殿群中有"十字金字塔"和"叶饰十字庙"。这在亚洲可以找到近似物。

---

① ［美］诺曼·哈蒙德：《寻找玛雅文明》，郑君雷译，浙江人民出版社 2000 年版，第 186 页。
② ［美］西尔瓦纳斯·G.莫莱：《全景玛雅》，文静、刘平平译，国际文化出版公司 2003 年版，第 248、263 页。

商周"明堂"存在的可能性

反对"三代"及其前或先秦时期有"亚"形五室的主要理由是，考古至今未发现。未发现不等于不存在，何况已有"苗头"（小房子"拱卫"大房子）。

殷墟发现多座"亚"形大墓。四条"墓道"（特别四出短墓道或二层台）在功能上没有大的实用价值，其出现只能是宗教上的理由。地面则有成都羊子山等方形（三成）台坛，有四向"台阶"登上中心方台（时代为商代后期）。这种整齐的四通道或四台阶，很可能是明堂"大室"旁四室的"模拟对象"。

如前所说，作为中国古代最重要的礼制建筑的明堂原始面目究竟如何，目前不可知。清人严杰《经义丛钞》云："案《考工记》及《月令》之所言明堂之制，俱出秦汉诸儒缀辑所闻，非复真出于周家旧制也。"然而如果不拘泥于"房""室""宫""堂"等专用名称的争执，不纠缠于建筑面积的计算，而着重探讨它的基本格局、基本性质、基本功能及其所产生的宗教民俗神话背景，那我们将发现秦汉时代传述、遗存的明堂旧制还保留着三代乃至成文史前或所谓原始社会时期"前明堂""准明堂"的许多重要内容。"亚"形墓室，和明堂"五室"的格局基本一致，汉代长安礼制性建筑遗址也与之一脉相通。"五室"和"十二堂逐季或逐月轮居"之制更充满民俗兴味和历史真实性，这也是本篇注意的重心。为避繁复并节篇幅，关于明堂与其他相关神秘建筑，如"社""庙""寝""坛"，以及辟雍、泮宫、灵台、圜水等等的关系，只是稍稍涉及。①

近年，朱凤瀚列举三证，证明"亚"为庙室之平面象：

（1）在卜辞中，有称庙室为"亚"的，如"丁丑卜，其兄（祝），王入于多亚？丁丑卜，其兄（祝），王入亚于多甲？"……（《撷续》167，他略）亚是一种处所，可以在那里祭祀父甲、帝甲、大匕壬，应是庙堂。

---

① 详见张一兵：《明堂制度研究》，中华书局 2005 年版。

（2）庙室在卜辞中写作"亚"形，应当与其构造有关（引王国维等说为证）。

（3）商代后期之大墓，有的墓室、椁室均作✛形，如西北岗 M1001，有的椁室作✛形，如西北冈 M1003、M1004 和苏埠屯 M1，此皆当是取形于这种大墓之墓主人生前所居之宫室寝处。①

这些多根据地下实物立论，不可谓不坚实，虽然还不能完全证明殷商已有"亚"形，但可能性确然存在。

王世仁论述明堂五室，以及"五"这个模式数字对明堂基本格局形成的决定性作用，是很精彩的。他特别强调了这个格局跟"五行""五材"的密切关系，而且根据文献做了图解。他说：

> 从周代出现的五材说也给人们的审美意识以重大的影响。西周末年史伯说："以土与金、木、水、火杂，以成万物"（《国语·郑语》）；春秋时子罕："天生五材，民并用之"。（《左传》襄公二十七年）由周的五材说与商的五方说相结合，就出现了如《尚书·洪范》中的五行、五福、五纪、五事，后来又演化出许许多多五的名色。人们在五这个数上大作文章，大感陶醉，无非是因为五是数列的中点。中就是对称，是稳定，是充实，是和谐，是直线运动，螺旋运动，简谐运动的依托。②

当然，这些都是五行学说成熟以后的产物。他强调，"从空间构图来说，'井'字分隔是体现'五'的最明确、最完整，又最有意味的最佳方案"，未免有些以偏概全，舍近就远。✛（亚）形至少体现"五"之对称性、中和性和向心性，要比井形更加简单、明确、突出些。

---

① 朱凤瀚：《商周青铜器铭文中的复合氏名》，载《南开学报》（哲学社会科学版）1983 年第 3 期，第 55—56 页。
② 王世仁：《明堂形制初探》，见《中国文化研究集刊》第四辑，复旦大学出版社 1987 年版，第 9 页。

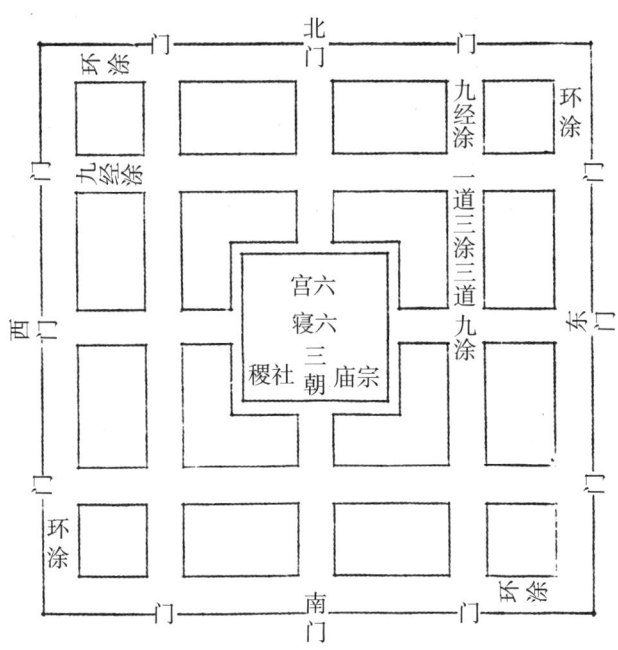

图 7-8　戴震《考工记图》中的王城图

这种布局或构拟，可以看作明堂的放大。中心依然是大室或太庙（内部做必要的划分），仍然保持四个主门，是"亚"形的简化。加上边门则为十二门，是十二室（门）明堂的写照。虽然总体看来是完整的方形，但中心部分却是"亚"形。

明堂与祖庙

明堂是儒家最重要的制度理想的物化形式，也是中国古代论述与争议最多的礼制建筑。前面说，西周初期，明堂与祖庙无大区别，后期则逐渐分化，各自独立。

孟子说："夫明堂者，王者之堂也。王欲行王政，则勿毁之矣。"（《孟子·梁惠王》）

据赵岐注说，这是指泰山之下周天子巡狩时接见诸侯所建的明堂。齐扩充领地而占领之。有人说诸侯一级是不能使用明堂的，必须毁掉。齐宣王以之问孟子，孟子说只要能行王道之仁政，不毁也没关系。可见儒家视明堂为王道、仁政之象征，行政级别倒不很严格。

《荀子·强国篇》也说，假如能够用"端诚信全"的君子来治天下，"参国政，正是非，治曲直，听咸阳，顺者错之，不顺者而后诛之"，这样就能"兵不复出于塞外而令行于天下矣"，即令"为之筑明堂于塞外（或说此三字衍）而朝诸侯"，也是可以的。这些都说明儒家思想往往重内容，形式虽亦重要却不必太拘泥，有其灵活性的一面。

古籍里对于明堂的性质、功用的说法是有分歧的。较古老的《逸周书·明堂解》说，克殷之后，周公摄政，弭乱而臻治，"乃会方国诸侯于宗周，大朝诸侯明堂之位；天子之位，负斧扆南面立"，以下依次述公卿士及诸侯、伯、子、男，以及九夷、八蛮、六戎、五狄、四塞九采代表的位置。所以说，"明堂，明诸侯之尊卑也"，主要是为了分别臣属与侯邦的地位高低重轻，是"周礼"的重要内容。周公因而"制礼作乐颁度量而天下大服，万国各政其方贿"（引据卢文弨《抱经堂丛书》本）。这跟《礼记·明堂位》所记基本相合。

这里强调明堂是政治性、礼制性建筑，没有触及它是否为"祖庙"，是否为部落酋长住居或议事的"大房子"。但已表明它是规格最高的政治建筑，不是天子不得建造和使用明堂。

张一兵《明堂制度研究》载有《六经图》构拟的《周公明堂图》。巫鸿《"图""画"天地》也绘出《明堂位序图》[①]。唐启翠关于《礼记》的专著有较详介绍。[②] 我们的研究重点不在明堂的历史沿革，兹略。

后人引证《周书》大同小异，主要争论明堂是否为"祖庙"。

《左传》文二年引《周志》	《礼记·明堂位》述《周书》
勇，则害上，不登于明堂。 杜注："《周志》，《周书》也。明堂，祖庙也。所以策功序德，故不义之士不得升。" 孔疏："郑玄以为明堂在国之阳，与祖庙别处。左氏旧说及贾逵、卢植、蔡邕、服虔等皆以祖庙与明堂为一，故杜同之。" 《祭统》云：古者明君，必赐爵禄于太庙。《传》称公行，还告庙舍爵策勋；是明堂之中，所以策功序德。	昔者周公朝诸侯于明堂之位，天子负斧依南乡而立。 郑注："周公摄王位，以明堂之礼仪朝诸侯也。不于宗庙，辟王也。" 明堂也者，明诸侯之尊卑也。 郑注："朝于此，所以正仪辨等也。"

[①] 参见［美］巫鸿：《礼仪中的美术——巫鸿中国古代美术史文编》，生活·读书·新知三联书店2005年版，第647—651页。
[②] 参见唐启翠：《礼制文明与神话编码——〈礼记〉的文化阐释》，南方日报出版社2010年版，第172—173页。

世俗的宗庙与宗教的神殿（含祭祀场所）不易区分，在世界史上颇为多见，甚或属于常规。

例如乌鲁克的安努神庙区，挖出了好几处较大型建筑"地基墙"。有的较特别的被称为"宫殿"（标为"宫殿日"）。"它表明这是一座虽然并非直接为祭拜礼仪服务、但却仍然彰明较著地具有一定的宏大气势的建筑物。"① 但无法判明是"王"还是"高级祭司"的居住所——他们的职司、地位本就难解难分。"这个建筑的重要性在于它是苏美尔塔庙的雏形。"② 它跟"石镶锥宫"一样，往往有双重用途。

亚瑟·伊文斯（Arthur Evans）主持发掘的克里特岛米诺斯宫，他在《诺克索斯的米诺斯宫》里称其为"王宫"；然而越研究越明白，那里"肯定多半不是作出一些政治上和经济上的决策，而主要是举行一些宗教性的祭拜仪式"，便只好把米诺王称为"教士国王"，即"祭司王"。至少最高行政官必须跟高级僧侣阶层共同统治这一地区。

《淮南子·本经训》汉高诱注，曾试图调谐、综合明堂的多重功能：

> 明堂，王者布政之堂。……王者月居其房，告朔朝历，颁宣其令，谓之明堂。其中可以序昭穆，谓之太庙。其上可以望氛祥，书云物，谓之灵台；其外圆，似辟雍；诸侯之制半天子，谓之泮宫。

祭先祖、序昭穆、明亲疏、别远近，这是宗庙的职能。明堂大室可以祭祀，却有不同。所以，较成熟的明堂跟"大房子"一样具有复合的功能。综合诸书，主要有：祭天，祭"五帝"——这从祭祀太阳发展而来；尊王权、明尊卑，列诸侯，颁政令——这从"议事"决策而来；袝祀祖宗——这从酋长居室（或兼葬所）及会室而来，但这仍与宗庙不同，似可存疑；布政告朔，颁发月令——这从原始测天定时和确定"禁制"而来。但它们是否一事，还缺乏充足证据。至少两者侧重点不同。明堂宗教事务肯定占先，为主。至于与其相联系的灵台、辟雍、泮宫，则需专节讨论。

---

① ［德］罗曼·赫尔佐克：《古代的国家——起源和统治形式》，赵蓉恒译，北京大学出版社1998年版，第118、119页。

② ［英］塞顿·劳埃德：《美索不达米亚考古——旧石器时代至波斯征服》，杨建华译，文物出版社1990年版，第38页。

学者们指出，明堂跟"大房子"一样，是多功能的、综合性的，但明堂又慢慢变成以祭天与颁政为中心的礼制性建筑，出发点、落足点都主要是为宗法统治服务的宗教功能。清人阮元《研经室集·明堂论》就指出，古之明堂还没有专门化，"祀上帝则于是，祭先祖则于是，朝诸侯则于是，养老尊贤教国子则于是，飨射献俘馘则于是，治天文告朔则于是，抑且天子寝食恒于是"，明堂就像"大房子"一样既可以用来祭祀自然神和祖先，集会与聚餐，也可以让巫酋寝食。李泽厚采纳考古学界的意见。以明堂近于"大房子"指出，中国的宗教建筑多与生活建筑结合在一起——"大房子"就表现出中国艺术特有的和合性、天人一致性："大概从新石器时代的所谓'大房子'开始，中国的祭拜神灵即在与现实生活紧相联系的世间居住的中心，而不在脱离世俗生活的特别场所。"① 对于原始明堂来说，这也许是基本合适的。但我们更要注意明堂的特殊性。

易学钟对明堂的主要看法是：它原即"祖庙"。

> 从文献考证，我国古代"明堂"建筑的基本点，原是以祖宗世代居住的家屋为依托；夏"世室"当即具有这种意义，象征祖先世居之屋，与少数民族原始部落中之"鬼房"、"大房子"意义相近；进一步又服从祭祀演礼也即观礼的需要，周"明堂"特别体现出这种礼仪功能。②

所以，他以晋宁石寨山古墓群出土三件青铜人物屋宇雕像（M3:64，M6:22，M33:259），谓"井干式"楼屋前开阔的"平座"为明堂。这恐怕不大符合中原文献里明堂的实际。汪宁生指出，这至多像"原始明堂"。中原文献里的礼制与南方民族特有礼俗很难做机械的整合与类比，姑且不说。那众多人物活动或祭祀的地方是否为"鬼堂""大房子"还很难说，而典型的明堂也与民族学家喜欢举出作为参照的"大房子"（或"鬼堂"）大不相同。这里有一连串尚待证明的假设或丐辞，遽作论断实在困难太大。

《礼记·曲礼》说，古人"筑为宫室，设为宗祧，以别亲疏远近"，所谓宗庙主要为了供奉和祭祀祖先，"教民反古复始，不忘其所由生也"；

---

① 李泽厚：《美的历程》，文物出版社1981年版，第63页。
② 易学钟：《石寨山三件人物屋宇雕像考释》，载《考古学报》1991年第1期，第41页。

从而"厚本"并且"尊上"。宗庙价值取向完全是朝着过去，而明堂功能意旨主要凭借上天和祖先面向现在。

光明之向往

巫鸿论述西周宗庙之功能说：

> 社会结构的基础单位是"族"所分裂出的"宗"，而城邦即为"宗"之基地。因此，作为城市核心之祖庙具有双重象征意义：庙中昭、穆反映了晚近时期"宗"内的世系传递，而所奉之远祖则象征了此宗在整个"族"内的地位。实际上，这种宗庙可以称为是一种"始庙"，宗教仪式的主要作用是"返古朔本"。①

明堂虽然也可以用来祭祖告天，但主要体现的是天人关系，表达了对光明与天空的向往；还要在特定时刻凭借"天意"处理与颁布朝政，也许还接受觐见（乃至仪式地"轮居"十二室）。

巫鸿以二里头和陕西凤雏发现的礼制建筑为例（邹衡认为与文献所载三代"宗庙"类同），揭示其为"廊庑环绕的闭合式庭院建筑"，形成独立于外界的"闭合空间"之焦点；是阿希姆（Rudolf Arnheim）所谓"人为空间体系"（extrinsic space），其作用为"控制客体间的相互关系及提供视觉以尺度和标准"②，审美取向是封闭、邃深、幽静、神秘。

明堂虽然也神秘，但更多的是"神圣"。它最初是一种太阳（光明）崇拜，意图在占据宇宙的"中央"，以"亚"形模拟太阳的"十"字结构（向四方发射光明并统驭四方），希冀与宇宙的运行走向和节拍相符，让群团的"代表"融入宇宙的时空，"与天地兮同寿，与日月兮齐光"，从而取得统治的合法性、权威性与神圣性。

---

① 巫鸿：《从"庙"至"墓"——中国古代宗教美术发展中的一个关键问题》，见《庆祝苏秉琦考古五十五年论文集》编辑组编：《庆祝苏秉琦考古五十五年论文集》，文物出版社1989年版，第99页。
② 巫鸿：《从"庙"至"墓"——中国古代宗教美术发展中的一个关键问题》，见《庆祝苏秉琦考古五十五年论文集》编辑组编：《庆祝苏秉琦考古五十五年论文集》，文物出版社1989年版，第99页。

明堂或者有顶无墙，或者有"重屋""楼台"且开出牖窗，希望采纳空气与天光，取向于开放与透明。它将人、天的这种交流，贯注于社会上下尊卑的关系，证明君王的政令与措施全都体现着上天的圣明或意志。王世仁评述古人对明堂名称的两种不同解释云：

> 一种"明"的涵义是"明政教"（《考工记》郑注）、"明诸侯尊卑"（《大戴礼记》），明堂是明辨方位，明辨政事，明辨时序，明辨等级的场所，含有伦理的、时间的意义。另一种"明"的涵义是"取其向明"（《明堂月令论》），"垣高无蔽日之照"（《黄图》），明堂是周围通透，四向八达，外向对称，明朗开敞的建筑物，含有审美的，空间的意义。这种时空交汇的审美观念，早在新石器时代人们的建筑观念里，已经有了萌芽。①

　　前一种解释，显是后儒的望文生义，牵强附会；后一种解释大致妥当，但在特定时空里可以容纳前面所说的某些功能。现代性的研究，还必须挖掘并突出其光明－太阳崇拜的古老内涵。而太阳跟明堂一样是至"大"，是"唯一者"！

　　《逸周书·大匡解》："明堂所以明道。"《周礼·冬官·匠人》汉郑玄注："明堂者，明政教之堂。"《续汉书·礼仪志》晋刘昭注引《新论》："天称明，故命曰'明堂'。"以上这些主要从政治立论。

　　明堂的名称当然由"明"而来，根源就在太阳能放送"光明"。顾颉刚解释明堂因南向而"明"："凡庙与公室必南向，故君曰'南面'，又曰'向明而治'。是以此类屋宇以容积言，谓之'大室'；以方向言，又可谓之'明堂'，《吕氏春秋·慎大览》云'武王胜殷……周明堂外户不闭，亦天下不藏'是也。齐宣所筑室，《骄恣篇》谓之'大室'，而《孟子》书谓之'明堂'，盖由于此。"②这并不妨碍"大室"之居中和为首。

　　汪宁生对古之明堂没有墙壁的制度做了详细探讨，他以为明堂起于公

---

① 王世仁：《明堂形制初探》，见《中国文化研究集刊》第四辑，复旦大学出版社1987年版，第6页。
② 顾颉刚：《史林杂识》，中华书局1979年版，第148页。

共会所,"明堂者,明亮的房子之谓。有些文献释明堂之得名云:'得阳气明朗,谓之明堂。'或:'明者,阳也,光也。向阳受光,故曰明。'这些说法若作上述理解,与事实相去不远"①。汪宁会对笔者等的"太阳之堂"说则深表怀疑:"明堂是否为了崇拜太阳而设,则尚待研究。""明堂"本义为"光明之堂",英译为 Light House;所谓"太阳堂"不过是更精致、更合律的设想罢了。

从以上论述和比较看来,明堂虽然跟祖庙(太庙)有许多共同点,最初也可能"混而为一",但是渐渐有了区别。最重要的,祖庙是"事死如事生",面向过去,"归宗报本","返古复始",体现祖先崇拜;明堂则主要关乎现实政治、祭天、朝日,接受光明与阳气,也为了现实;"天子坐明堂",告朔布历,议论大政,颁发政令,赏功罚罪,"策勋十二转,赏赐百千强",可能还接见诸侯。

它起源于自然(太阳、光明)崇拜。这看起来似乎简单而确定。但许多学者不赞成。他们只承认这是"光明"之堂。殊不知对于远古或上古人类,光明是具体的,主要来自具象的太阳与月亮、星星——后二者的光未免微弱。这种经常举行大型宗教政治活动的"大房子",必须常常接受太阳的光照。张一兵倒是赞成其起于日、月崇拜。②

祖庙更强调封闭性,隐秘性,是人、鬼之间的交流;明堂则注重接纳光明,交通信息,强调透明性或公开性,是人与自然、人与神之间的融通。

日本的天照大御神下凡时住在"天石屋"里。这可能是大石文化里所谓"石棚",那既是酋长坟墓、祖庙,又是太阳崇拜的圣所③,应即"神宫"或"神社"的最早形式。后来日本就有所谓"神幸",指神灵乘驾祥物光临,"人们认为神是从天上穿过山岭、树林或从遥远的大海彼岸驾临的"④,就好像天照大神(太阳)穿云破雾、翻山过海而来一样,中国古人谓之"降",

---

① 汪宁生:《释明堂》,载《文物》1989年第9期,第23页。
② 参见张一兵:《明堂制度研究》,中华书局2005年版,第365页。
③ 参见萧兵:《楚辞新探》,天津古籍出版社1988年。
④ 鲁刚主编:《世界神话辞典》,辽宁人民出版社1989年版,第673页。

"皇剡剡其扬灵兮",而降自天际,"因此才设立临时行宫把神从祭神殿请到这里"①。杨鸿勋就认为,"社"是中国明堂的最早形式。

天照大神为速须佐之男所惊吓,"关上天石屋的门,藏在里面。于是高天原一片漆黑,苇原中原也全都黑暗了,变成了漫漫长夜",这分明是太阳被幽闭的意象(荫翳);他被引出时,"立即天光大亮"。②这"天石屋"表面上是"光明之屋"(明堂)之倒反,其实为日之所居,二者完全一致。

所谓"伊势神宫",是皇大神宫(内宫)和丰受大神宫(外宫)、别宫和摄社、末社的总称(约建于五至六世纪),本是天皇家祭祖先之地,而天皇正是天照大神之苗裔,皇大神宫恰是祖庙兼神社,实质上也是 Light House,太阳神殿,跟明堂之性质有趋同之处。日本之"国家神道以伊势神宫为本宗(相当于佛教的总山),将全国的神社编组为金字塔形,将神宫与神社的祭祀划归一致"③。它的建筑形式特别值得注意。

> 神社建筑的最古形式——伊势神宫的"天地根元造"(唯一神明造),形状是由地面架起的粮仓。④

原来它跟明堂一样也是"唯一者"(太阳、上帝和最高祖灵)的依托或物化形式,是天照大神和大和国魂神(国灵神)的原住地,其神体"八咫镜"⑤正是太阳之意象。

黄铭崇认为,明堂基本上是上古宇宙观的缩影:它把"亚"形大地,四木、圜水等神圣空间元素嵌入月令、传说历史等神圣时间元素,以"明堂位"来确定人间政治秩序的神圣性与合法性。狭义的明堂是宇宙观的建筑模型,广义的明堂则是空间、时间或天、地、人诸向度的神圣综合。⑥这个说法有独特之处,明堂是一种神圣空间性的宇宙符号,它试图贯通神圣时空,将"十"字布局立体化;同时必须突出其向往或尊崇光明的特点,将太阳

---

① 鲁刚主编:《世界神话辞典》,辽宁人民出版社1989年版,第673页。
② [日]安万侣:《古事记》,邹有恒、吕元明译,人民文学出版社1979年版,第20—22页。
③ [日]村上重良:《国家神道》,聂长振译,商务印书馆1992年版,第5页。
④ [日]村上重良:《国家神道》,聂长振译,商务印书馆1992年版,第22页。
⑤ [日]村上重良:《国家神道》,聂长振译,商务印书馆1992年版,第23页。
⑥ 参见黄铭崇:《明堂与中国上古之宇宙观》,载《城市与设计学报》1986年第4期。

崇拜作为其信仰核心,否则它就丧失了个性乃至神圣存在的依据。

传说里的黄帝明堂

为什么有"黄帝明堂"之称呢?我们不妨从这个可信度很差的传说去追溯明堂的远古神话根源。

黄帝是中央之帝,最初实在就是"圆旋"的"混沌"或"原气"(黄帝在五行系统里占据"中央的"地位与之相应)。所以他又称帝鸿,与帝江的(混敦)对位,以后才分化为"父子"或"主从"。黄帝"四面"(或者说"四面化",或者说具有"四象性")实在是混沌"对称分裂"的伊始。黄帝明堂就是"四向 - 对称分裂"的物化形式。杨儒宾说:

> 明堂、八风、九宫反映的当是人类意识结构投影的曼荼罗(Mandala)图像。……或许黄帝的传说更能彰显"四象性"这样的原型象征,也更符合曼荼罗图像内由圆形而对称分裂的均衡构造。①

这也是作为太阳神的黄帝具有四副面孔的根本原因。②

所以,明堂与黄帝对位,而且跟混沌(原气)、太极、太一乃至"道体"对位,居于尚未剖判的"混一"或"中心"。

有的文献为黄帝、尧、舜加上"三代",都构拟出明堂异名。

《尸子》(《唐会要》引)	《三辅黄图》
黄帝——"合宫"	黄帝——"合宫"
	尧——"衢室"
	舜——"总章"
夏人——"总章"	夏后——"世室"
殷人——"阳馆"	殷人——"阳馆"
周人——"明堂"	周人——"明堂"

---

① 杨儒宾:《道家的原始乐园思想》,见李亦园、王秋桂主编:《中国神话与传说学术研讨会论文集》,汉学研究中心 1996 年版,第 29 页。
② 参见萧兵:《"四面神"与"四目神"》,载《寻根》2003 年第 2 期。

《尸子》所载与《汉书·平帝纪》注引应劭说略同，"夏人"作"有虞"。"阳馆"系太阳神殿，"明堂"为光明之室，毫无疑问；"总章"可能是揣拟或假托，"彰"者彰明昭著之谓，也可以理解。唯黄帝"合宫"较难解释。案：合者，聚也，《楚辞·九歌·湘夫人》"合百草兮实庭"可证。桓谭《新论》："明堂，尧谓之五府，聚也。五帝之神聚于此。"（《经义丛抄》）正聚合诸神之义。《史记·封禅书》申公曰："黄帝接万灵明廷。"即在"明廷"（光明神殿）聚合百神之意，"合宫"当即合万灵、聚百神之明堂。所以《黄帝内经·素问序》说："黄帝坐明堂之上，临观八极。"

　　我们反复申论，黄帝或写作"皇帝"，"皇"者太阳神坛，金文"皇"字上面的"白"或作日中有黑子而光芒散射之状。所以"黄（皇）帝"曾是西北方的太阳神，而被托为明堂的创始人。《史记·封禅书》载方士公玉带曾将假托黄帝的明堂图晋献给汉武帝，他可不是完全作伪。

　　从黄帝传说与明堂的密切关系也可窥知，明堂最初为太阳神殿，可能系祭祀"唯一者"太阳的宗教性建筑，这还可以在后世的记载与讨论里发现其痕迹。明堂之"明"取义于光明与光明崇拜，而阳光或后来的"阳气"正是光明及其崇拜的核心。

　　除前引外，许多文献都证明着这一点。汉桓谭《新论》曰："天称明，故名曰明堂。"《玉烛宝典》引汉蔡邕《月令章句》云："明者，阳也，光也，乡阳受光，故曰'明'。"说得最清楚，最准确。又《孝经援神契》解说"宗祀文王于明堂，以配上帝"道："明堂者，上圆下方，八窗四闼，布政之宫，在国之阳。"又说："得阳气明朗谓之明堂。"《明堂月令书》引讲学大夫淳于登说曰："明堂在国之阳，丙巳之地，三里之外，七里之内而祀之，就阳位。上圆下方，八窗四闼，布政之宫，故称明堂；明堂，盛貌。"孙诒让指出，它是据《孝经援神契》而云的。《白虎通义·辟雍篇》《三辅黄图》《汉书·平帝纪》应劭注等并言明堂在国之阳。这也是前举顾颉刚所说明堂得名于"南向"而取阳气的文献依据。

笔者的论文《明堂的秘密》①发表之后，对于其中的太阳崇拜说，汪宁生等是表示怀疑的。何新则较为赞同。他说："中国的帝王所住的王宫叫'明堂'，并且实行十二月导循异室的轮居制，也是对太阳神的模仿。"②叶舒宪的看法也与之部分暗合。

　　我们觉得，目前证成"太阳"理论的证据不太直接与坚强，但要推翻它也缺乏不可辩驳的反证；特别是对于典型明堂的"亚"形五室构造，双方都无力完全给以臧否、证断。

　　杜而未认为，明堂是月亮神殿："上帝演变为月神后，在明堂受祭，明堂是月亮的象征。"③他注意到了《史记·封禅书》载公玉带所进的《黄帝明堂图》，说："他的明堂图只有一殿，殿名昆仑，告诉我们明堂是月亮的象征（昆仑指的月亮）。"案：昆仑虽有"月精""月窟"之称，但在"盖天说"时代，它是圜天或宇宙的模型，绝不仅指月亮。"在明堂只祭帝神。起初只祭一位上帝，只有一个月亮，只有一位帝神。明堂在起始似只有一殿，公玉带的明堂图片定有古代的根据。"④从明堂的由简到繁看，最初的"大房子"式明堂确然只有一间；但太阳不也只有一个吗？太阳不是比月亮更光明，跟初民的生产、生活关系更密切吗？明堂作为光明崇拜的象征，可能跟月亮也有关系；但是应该首先和主要的是接受太阳的温暖、光明和恩泽，并且祭祀这个最辉煌的天体。

明堂的南向

　　《礼记·玉藻》："（天子）玄端而朝日于东门之外，听朔于南门之外。"郑注："明堂在国之阳。"孔疏说："按书传略说云：祀上帝于南郊，即春迎日于东郊。彼谓孟春，与此春分朝日别。……《孝经纬》云：'明堂在国之阳。'又《异义》淳于登说：明堂在三里之外，七里之内，故知

---

① 萧兵：《明堂的秘密：太阳崇拜和轮居制——一个民俗神话学的考察》，见王孝廉主编：《神与神话》，联经出版事业公司1988年版，第97—172页。
② 何新：《中国远古神话与历史新探》，黑龙江教育出版社1988年版，第42页。
③ 杜而未：《中国古代宗教系统》，台湾学生书局1983年版，第108页。
④ 杜而未：《中国古代宗教系统》，台湾学生书局1983年版，第111页。

南门亦谓国城南门也。"

这跟明堂设在国之"南"或面向"南"是完全一致的。这是明堂体现"崇拜太阳"的一个间接证明。

近世考古发现的几处汉唐明堂遗址,不是在南郊,便是南向,如汉长安城南郊明堂,汉魏洛阳城南明堂,山西大同北魏平城南郊明堂。① 其同异及沿革,除详见杨鸿勋的《建筑考古学论文集》、王世仁的《明堂形制初探》外,还可参见张一兵的《明堂制度研究》。

《大戴礼·盛德》卢辩注引《韩诗》说云:"明堂在南方七里之郊。"《诗·大雅·灵台》疏引马融说:"明堂在南郊,就阳位。"《艺文类聚·礼部》引徐虔《明堂议》也说在"国之阳"。《礼记·玉藻》说:"天子听朔于南门之外。"郑注说即在明堂。清人金鹗据以谓:"夫诸侯受朔于天子,天子受朔于天。明堂,祭天之所也。是知听朔于南门外者,必明堂也。……"他以为明堂应在国南三里,"南为阳方,三为阳数也"。孙星衍也据《尸子》"殷曰阳馆"证明堂设在"国阳"。孙诒让《周礼正义》卷八十四并是其说。

顾颉刚《史林杂识》也说明堂的得名于"南向","南向而治"。其所以"南向"者,当然是为了更好地接纳日光和阳气。

唐启翠说,"南向"(就像君主的"南面"那样),跟中国所处地理环境相关。"中华先祖世代繁衍生息于亚洲北温带区域,至迟新石器时代以来的农耕文明形态已经形塑了先民关注日月星辰风雨霜露的变迁与农作的关联,尤其是对太阳升落出入的关注、测量、祭拜和模拟,形成了明堂建筑形制及其地理环境的选择:高台敞亮的向阳建筑,而其最原初的形态则是视野开阔的高处。"②

"南向"或"南面",与今天建房、买房尽可能选择朝南一样,主要为了吸收天光空气,希望冬暖夏凉。

杨鸿勋对五室制明堂南北二室名称的解说尤见精彩:"其南向的内部空间明亮的称'明堂',北向的内部空间较暗的称'玄堂',其实是很符合实际的,本来并不神秘。称'堂'的建筑空间,作成前檐开敞的形式,

---

① 参见王银田:《北魏平城明堂遗址研究》,载《中国史研究》2000年第1期。
② 唐启翠:《礼制文明与神话编码——〈礼记〉的文化阐释》,南方日报出版社2010年版,第174页。

这一点一直延续到晚清,衙署大堂都如是。"①

而从民俗神话学看,这南北二室——或以为最初应是南北二"介"而不是东西二"个"——是作为"唯一者"(或光明或太阳或帝王)的明堂"剖判阴阳"即二分为"两仪"的结果,后来才有四室(象征四季和四方)。

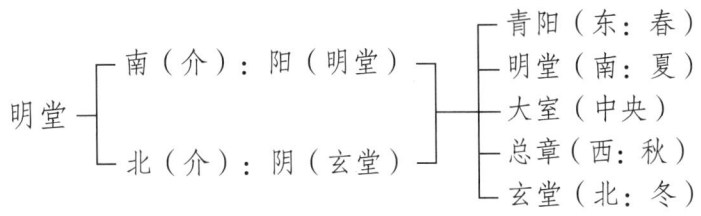

这当然是为了尽可能靠拢政治影响日益强大的阴阳五行学说。

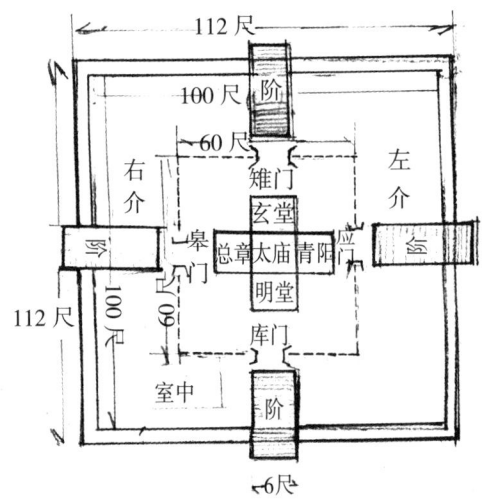

图 7-9 《逸周书·明堂解》明堂结构平面图

(1)中心五室尺寸不明;(2)室户高八尺,广四尺未绘出;(3)堂、室、室中或应有土台,系三级构造,故有阶。

明堂与五行

明堂的繁复建构,主要是汉后,显然跟"五行"以及"五"这个模式数字的出现与发展关系甚密。离开"四方"观念、"五行"思想就无法研究明堂。

---

① 杨鸿勋:《建筑考古学论文集》,文物出版社1987年版,第178页。

汉桓谭《新论·正经篇》说："为四面堂，各从其色，以仿四方。"即指大室之外四向的"堂"，都是按照"方色"布局的。宇文恺《明堂议》引《黄图》云："堂四向五色，法四时五行。"亦即此意。蔡邕《明堂月令论》也说："四乡五色者，法四时五行。"《北史》载李谧说明堂五室之由来最为醒目：

> 夫明堂者，盖所以告月朔，布时令，宗文王，祀五帝者也。……故五室者，合于五帝各居一室之义。且四时之祀，皆据其方之正，又听朔布令，咸得其月之辰，可谓施政及祀，二三俱允。

"五行"的萌芽，虽然可以追溯到殷商，明堂"五室"与"原始五行"更有潜在联系，但是方色之说甚晚，绝不可依。什么时候用颜色来标志五室及所居的"五色帝"，我们还没有找到确凿的证据。

美国学者韦特莱论中国古代建筑布局的专著《四方之轴》就讲到这种"四方"与"中央"对应的五行观，指出，这仍然是小宇宙跟大宇宙交感的宗教观的产物。此观念甚为古老，不能仅仅着眼于五行观。

我们可以从这种"四室"围一"中庭"（或"大室"）的格局里看出中国人的宇宙中心观来。

伊利亚德描述中国人的寰宇观，说他们的世界也是一种"中"和"四"的构造："过去中国人把世界看作是一个中国位于中央的长方形，在其四周分别是四海、四圣山和四蛮族。"[①]这大概指：中央大地和东、南、西、北"四海"，中岳嵩山和东岳泰山、南岳衡山、西岳华山、北岳恒山，中央华夏和东夷、南苗、西戎、北狄。这也是五行思想的产物。如此一来，说明堂五室之制会被推到战国乃至秦汉以后，此非史实。只能说"五室"并非纯依"五行"。中国神圣建筑的许多机制与观念却来源甚早。"中国的城市被建成为一种正方形，每一边有三扇城门，宫殿位于城正中"[②]，它所依据的观念却是较古老的。其形制大概就是明堂式的"镐京图"之类，

---

① ［美］米尔希·埃利亚德：《神秘主义、巫术与文化风尚》，宋立道、鲁奇译，光明日报出版社1990年版，第30页。
② ［美］米尔希·埃利亚德：《神秘主义、巫术与文化风尚》，宋立道、鲁奇译，光明日报出版社1990年版，第30页。

基本上是"十二室"明堂的格局,却较晚起;它与南部亚洲的城市或宫殿群组织一致(他们的"中央"宫殿象征世界大山 Sümeru,即须弥山),而中国明堂中心的"大室"也有一座中心山"泰室",即中岳嵩山与之相应。大室,那正中的宫殿,恰与极星(北辰)相对应。那么,"从这个中心,中国那无所不能的皇帝就能统驭整个的宇宙了"①。这大概就是前引韦特莱所说的大小宇宙相交感了!

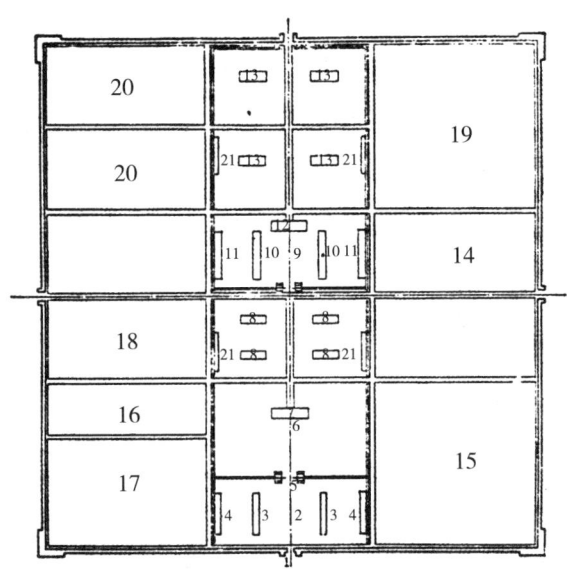

图7-10 宫城规划设想图(采自贺业钜)

(1.应门; 2.治朝; 3.九卿九室; 4.宫正及宫伯等官舍; 5.路门; 6.燕朝; 7.路寝; 8.王燕寝; 9.北宫之朝; 10.九嫔九室; 11.女祝及女史等官舍; 12.后王寝; 13.后小寝; 14.世子宫; 15.王子宫区; 16.官舍区; 17.府库区; 18.膳房区; 19."典妇功"之属作坊区; 20."内司服"、"缝人"及"履人"之属作坊区; 21.服饰库)

这种方正的裁割,不仅是技术的需要。宫城代表大地(或"天下"),愈靠内层愈接近时空的中点,愈富集宇宙之精华。但这已离"亚"形明堂较远了。

《汉书·地理志》说,陕西谷口县,九嵕山上有"天齐公、五床山、仙人五帝祠四所"。近年在三原县嵯峨乡天井岸发现近似的汉代营造遗

---

① [美]米尔希·埃利亚德:《神秘主义、巫术与文化风尚》,宋立道、鲁奇译,光明日报出版社1990年版,第30页。

址，特别是发现巨型盆状圆坑，秦建明等认为这就是"天齐公祠"的主体，汉人用以祭天，"整个基线上的建筑安排，则充分地体现了古代的天人合一的法天意识"①。所谓"天齐"就是天之腹脐，即"宇宙脐"（Cosmic Navel），是中心象征系统的重要意象②，所谓 Navel 本身就既有"肚脐"又有"中间"的意思。

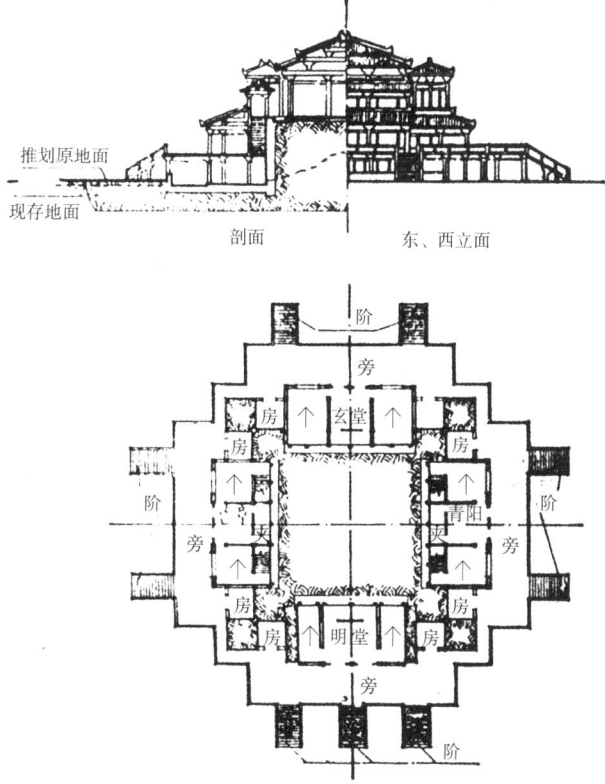

图 7-11 西汉明堂辟雍（采自王世仁）

有人还以为"天脐"与"天极"或"太一"对应。那么，"五帝祠"，自然也是秦汉时空崇拜、五行思想的重要形式和证明。这个"五帝"，较可

---

① 秦建明、张在明、杨政：《陕西发现以汉长安城为中心的西汉南北向超长建筑基线》，载《文物》1995 年第 3 期，第 8、14 页。
② 参见萧兵：《世界中心观》，《庆祝苏雪林教授九秩晋五华诞学术研讨会论文暨诗文集》，文史哲出版社 1996 年版。

能是见于《史记》的五帝，而不是古老一些、象征符号化的"五色帝"（或"五方神"）。

建筑史家注意到了明堂这种"五室"的大框架。杨鸿勋论汉代长安南郊明堂形制时就讲到这一点：

> 汉儒按《孝经》"宗祀文王于明堂，以配上帝"的说法，在"布政之宫"的明堂里，要播五行于四时（详见《淮南子·天文训》）……①

这"五时帝"看来是秦系统的五帝（徐旭生说），所以有"太昊"，而不是《史记》所载源于东部观念的"五帝"，更不是符号化的古"五色帝"。

明堂即按照不同方位，宗祀太昊等五时帝——上帝——的殿堂，这体现了天子与天相通的意思，或再加上后土，即后儒所谓"通神灵，感天地"（《白虎通·辟雍》），并以祖先配祀，教诸侯以孝道。王世仁在绘制明堂（辟雍）的平面图时也尊重其事实上的"亚"形，并肯定了其五方、五时、五材对应的"五室"之制。

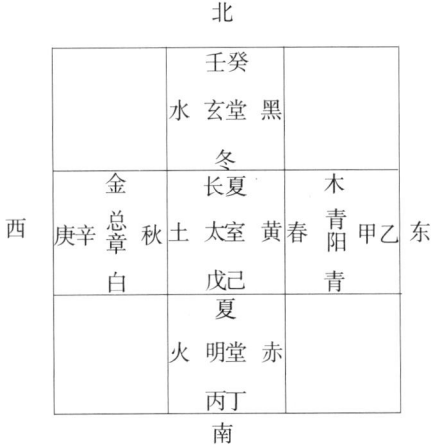

图 7-12　明堂与时序、方位、五材的关系（采自王世仁）

根据《礼记·月令》等，明堂与五行的关系是清楚和明确的。"亚"字形的五室构造严格对应着五方、五时、五材。

现在将诸家所构拟的"亚"形明堂五室专名与五行最重要的义项搭配图解如下，可以跟前面王世仁的图解对照看看。

---

① 杨鸿勋：《建筑考古学论文集》，文物出版社 1987 年版，第 171 页。

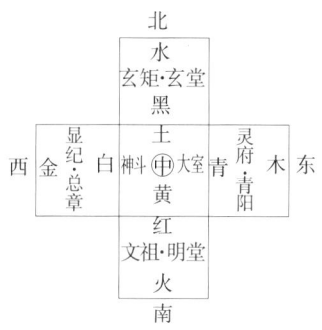

其中，"明堂"、"文祖"（五府）是明堂的"大名""总名"，但又被特别用为南方火室之"小名""专名"。当然，这些名称多是秦汉方士们自拟的。

"五行"或"五大元素"对称性地分裂，均衡地分布在"四向"或"四方"，却与中央元素（土：黄）保持着向心式的联系，这也可以看作它在政治上的修辞策略。那么，它在神圣建筑上的体现，就是代表"四方"（四向/四时/四色）的"四室"拱卫着中心或中央（元素/政府/帝王）的"大室"。

我们曾反复论证，"光明之宫"明堂的这种✚字形结构，既可以看作太阳（宇宙中心）向四方发射它的光芒，又可以视为"四方"对"宇宙中心"的依赖与忠诚。

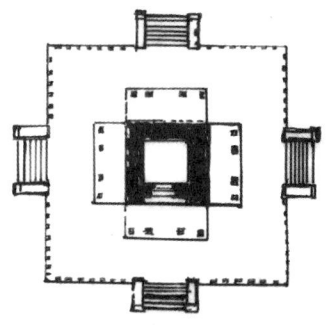

图7-13 毗湿奴神庙布局平面图

这种方形神庙，大方套小方，中心"大庭"或"大室"，四旁有小四室，外方还有"四阶"，可谓"亚"形包"亚"形。其布局与明堂相似。可见"亚"形庙堂并非中国独有。

天室、太室与大室

天室，吴大澂《愙斋集古录释文剩稿》《说文古籀补》、孙诒让《古籀余论》、刘心源《奇觚室吉金文述》，都以为是"太室"。

太室或大室，若就文化史渊源看，应自"大房子"演进而来。"大房子"的"前堂"或"中室"便用于祭祀。但又不仅限于"大房子"。古代天可通大，大可作太，没有抵牾。大室、太室、天室在一定条件下可通用。

柯昌济说"天室"应是"祭天之室",或为"祭室之代称"。"盖古礼载祀天于圜丘,未闻有'天室'之制也。《周礼·大宗伯》以'禋祀'祀昊天上帝,此器云'祀于天室',殆即古郊禋祭天之事。"(《韡华阁》)。《逸周书》等早见有"天室",不必是郊祀,而是明堂的固有要素。

古代祭天可于明堂,而明堂之灵台主要用以祭天,大室或天室自然也可祭天。由此可见,"大室"即"天室",《逸周书·度邑解》说周人营造东都,要近"天室"。《史记·周本纪》略同。

"天室"还见于"天亡毁"(或称"大丰毁")铭文里。这可以作一个代表性的个案来讨论。其铭曰:

乙亥,王又(有)大丰,王凡(汎)三方,王祀于天室,降,天亡又(右)王。衣祀于王不(丕)显考文王,事喜(饎)上帝……①

可见"天室"早见于西周可靠器铭。

"王凡三方",闻一多读"凡"为"汎",若"泛",以为泛舟辟雍。

窃谓《麦尊》纪王在辟雍乘舟为大丰,此亦言大丰,则"凡"疑当读为"汎",传王在辟雍中汎舟也。汎舟而言"三方"者何?……辟雍即泮宫,而《泮水》笺曰:"泮之言半也,半水者,盖东西门以南通水,北无也。"则是辟雍之水亦半圆形之水,水形半圆,故但得三方。②

这是一种解释。窃以为泮宫者半为圆水,半为圜土,若辟雍如璧之圆而有二层似◎也。这里确有可能王仅"泛"三方,北所未至(详见下文)。有水可以肯定,是否"半圆",就很难说了。

刘心源《奇觚室吉金文述》说"天亡"是人名,同于"天无"。郭沫若《两周金文辞大系考释》从之,说"天室"就是"天亡之室"。很难说得通。

闻一多《大丰毁考释》说,室犹"庙"也,"王于天室(天亡之庙)衣祀文王,是'天亡'当与周同姓,且为宗子也"③。这有些道理。因为明堂大室原与"大庙",即太庙,有密切关系。

---

① 括号中释文据孙作云。
② 闻一多:《古典新义》(下册),古籍出版社1956年版,第625页。
③ 闻一多:《古典新义》(下册),古籍出版社1956年版,第605页。

《逸周书》说明堂"大庙"（后来称"大室"）即文王之庙，这说明周初曾在"大室"里祭祀最重要的祖先，后来才把明堂和宗庙剥离开来。

《孝经》说："宗祀文王于明堂，以配上帝。"这也证明明堂中心大室曾用以祭祖享帝。

《大戴礼·明堂》："或以为明堂者，文王之庙也。"

汉许慎《五经异义》引淳于登说："周公祀文王于明堂，以配上帝。……《古周礼》《孝经》说：明堂，文王之庙。"郑玄说淳于登依据的是纬书《考经援神契》："宗祀文王于明堂，以配上帝。"

徐同柏《从古堂款识学》、杨树达《积微居金文说》等都指出，天亡殷铭文中的"天室"就是《逸周书·度邑解》《史记·周本纪》"定天保，依天室"的"天室"。古文献跟出土器铭可以互相印证。

徐同柏据《尚书·洛诰》郑玄注"文祖"即"明堂"，认为这里祭文王的天室"当亦明堂之谓"。由上述可见，早期礼制性建筑比较简单，分工不细，庙堂合一，祭祀神祇也供奉祖灵。

陈梦家《西周铜器断代》说，天室是"祀天的明堂"，而明堂大室便是"辟雍内水中丘上的建筑"。① 我们的看法与此相当接近，此与汉魏明堂辟雍遗迹相合，这里的"大室"（天室）应在明堂中央，跟后世一般宗庙不同。

孙稚雏也引《史记·封禅书》天子明堂云云，说"大室"应指明堂。②

程德琪说，"大室"跟《尚书·召诰》与《尚书·洛诰》所说的"王入太室祼（祼为酒祭的一种，即灌，参见专篇）"的"太室"是一致的。"太室是位于宫庙中央的主室。成王在此祼祭先王的太室，当在京宫中。"③ 他把大室看作"主室"（暗示其隅环有"四小室"），跟我们看法接近。

这些都说明，原来明堂的"大室"曾借以祭祀先王，包括祭祖，与太庙有相似功能。但这仍不能证明明堂与宗庙是一回事。特别在西周后期明堂渐趋成熟时，它跟宗庙是有区别的：宗庙祭祀祖先，明堂除祭神外，还有布政明道、朝觐轮居等繁复功能。

---

① 陈梦家：《西周铜器断代（一）》，载《考古学报》1957年第1期，第152页。
② 孙稚雏：《天亡殷铭文汇释》，见《古文字研究》第3辑，第171页。
③ 程德琪：《〈何尊〉周初分邑说略》，见《活页文史丛刊》第59号，1981年版，第2页。

白川静列举卜辞证明商代"衣祀"多在"天邑商"进行。例如：

乙丑卜，贞：在狱，天邑商公宫，衣，兹夕亡尤，宁。（《前》2.37）

癸巳卜，在狱，天邑商公宫，衣，兹夕亡犬，宁。（《菁》9.1；《林》1.27.8）

他指出："天邑商为殷神圣之都（案：此即'中商'，在大地中心），正相当于周之荣京，尤其是器铭下文曰：'衣祀于王。'衣祀虽非在天室举行，然衣祀前之祀典乃在天室举行者也。"[①]可证"天室"正在王都，亦大地中心，最可能即明堂之中心"大室"。"大室"是相对"四旁"之"四（小）室"而言的，不只是顾颉刚、汪宁生们所说的"大房子"。

大室上的圆形穹顶

尹盛平论"大室"之制曰：

金文中"太室"出现甚多，不但王宫中有，而且王臣宫中也有。太室的用途，一是祭祀祖先与五方帝神，例如《洛诰》说："王宾，杀禋咸格，王入太室裸。"《吕氏春秋·古乐篇》说："荐俘馘于京太室。"剌鼎铭说："王禘，用牲于太室，禘昭王。"二是册命赏赐群臣。金文中的例证甚多，不一一引证。三是作为王的居所，如吴彝铭说："王在周成太室，旦，王格庙。"这是说王夜晚在"周成太室"，天明以后到庙里去，证明"周成太室"与庙不是同一个建筑物。金文中太室与宫既有相通处，又每每有区别。例如颂鼎铭说："王在周康昭宫，王格太室。"这是说王夜里在昭宫，天明后才到太室里去。《汉书·五行志》引《左氏说》："前堂曰太庙，中央曰太室。其上重屋，尊高者也。"[②]

这最后一句话，表明大室是针对"四（小）室"而言，居于"中央"。尹氏所说与宗庙不同的周初"太室"却多与后世所称"明堂大室"的功能

---

① [日]白川静：《金文通释》，林洁明译，见周法高编撰：《金文诂林补》（第五册），"中央研究院"历史语言研究所1982年版。

② 尹盛平：《周原西周宫室制度初探》，载《文物》1981年第9期，第17页。

相似。他举周原西周宫室为证：

> 召陈F3与F5、F8、F2等大型建筑一样，是"四阿顶"。但是，F3又有特殊的地方。它的中室呈方形，以中柱础为圆心画一个圆，可以通过八柱础，而且中柱础特别大，直径达1.9米，很像直通上去的"都柱"，可知F3中室部分在四阿顶之上另有高起一层的圆屋顶，可能就是金文中的太室。①

这种"圆屋顶"很像早期明堂的一种，也许即重屋，基础或布局可能呈四方或"亚"形，中央大室有简单的穹顶，以"法地象天"。但召陈F3是否就是明确具有四小室、一大室的明堂，还有待论证。

世界上也有近似的以"四室"或"四柱"拱卫中心穹顶主室的建筑布局。伊利亚德介绍说：

> 根据Kosmas Indikopleustes的观点，地球是一个矩形，其四面围之以墙，其上覆盖以穹顶。并以教堂内部的四个部分象征着它的四个基本部位。②

这跟他们的宇宙观念是一致的。

> 因为教堂是对宇宙的复制，所以拜占廷时期的教堂不仅是对世界的具体化，同时也是对世界的神圣化。③

这跟明堂四室拱卫大室，大室之上有穹顶重屋，在观念上颇为接近。

以上又可能反过来证明明堂是"太阳神宫"，是"光明之堂"。

《周礼·冬官·匠人》说，明堂"白盛"，盛之言成——"成"就一种涂垩，如《楚辞·九歌·湘夫人》"播芳椒兮成堂"之"成"，以"蜃灰"（牡蛎类贝壳烧成的白灰）来"垩墙"，"所以布成宫室"（《匠人》郑注），只是在垩土时加进象征多子的香椒，如后世的"椒房"罢了。贾疏引《尔雅》"墙谓之垩"，说："垩即白垩，垩之使白也。"明堂就是"亚"室，以白色灰土涂墙使之"白盛"，就构成"亚"之意象，《说文》卷十四谓之"白涂"。明堂是否全要"白垩"，现在已不清楚，但至少有个时期，有一部分必须"垩白"

---

① 尹盛平：《周原西周宫室制度初探》，载《文物》1981年第9期，第17页。
② ［罗］米尔恰·伊利亚德：《神圣与世俗》，王建光译，华夏出版社2002年版，第29页。
③ ［罗］米尔恰·伊利亚德：《神圣与世俗》，王建光译，华夏出版社2002年版，第29页。

的，以象征太阳的明亮光洁。"堊"是个会意字，以（白）土垩涂"亚"形建筑。

在这白色的"亚"形堂室墙上涂饰白色石灰，即"堊"或"白盛"，还可由殷墟考古来证明。徐中舒说："墙用白灰涂饰为堊，殷墟窦窖和竖穴的墙壁，有泥涂和拍打两种，亚有四面台阶，为贵族所居，其墙壁不能即以拍打为足，必须有白灰的涂饰"。[①] 这也是为了炫示"阳光"的白炽与"昌盛"。

阿兹特克人之"墨西哥村"，其原始性的中心建筑，或谓近似中国之明堂、辟雍。它很神妙地位于一个人工湖的中央。其庞大的公共住宅涂满了石膏，发出了耀眼的白光，四面以堤道与外界相通（如中国亚室之"四出"）。[②] 这不也是一种"白盛"吗？

西班牙人入侵的时候所见到特诺切蒂特兰岛的美丽景象是——

> 这个椭圆形的岛屿与陆地相连，有三条堤道通往市中心。这三条堤道与渠道相互交叉，渠道上架有活动桥。岛屿四周是绿色的"浮动花园"，而岛中央则建有闪闪发光的白色房屋；在房屋之间，一片一片四方形的百花园绿草如茵。
>
> 在这片四方形的屋顶群中，几座氏族的庙宇高高矗立，每座庙宇都建在金字塔形截锥平台上。[③]

西方学者考察玛雅蒂卡尔遗址时发现，神庙之类重要公共建筑，都要"涂抹一层闪亮的白色泥灰，这些泥灰由专业泥匠配料、搅拌和涂抹"[④]。他们的居室，有的也经过石灰或石膏涂抹，显得那样"洁白、平滑、光亮，以致西班牙人在远处看去好像是银色的"[⑤]。

瓦伦特也说到库尔华坎的"白灰面"建筑："在这一时代里，居民们

---

① 徐中舒：《徐中舒历史论文选辑》（下），中华书局1998年版，第793页。
② [美]摩尔根：《古代社会》（上册），杨东莼、张栗原、冯汉骥译，生活·读书·新知三联书店1957年版，第196页。
③ [美]乔治·C.洛伦特：《阿兹特克文明》，朱伦、徐世澄译，商务印书馆1999年版，第232页。
④ [美]诺曼·哈蒙德：《寻找玛雅文明》，郑君雷译，浙江人民出版社2000年版，第195页。
⑤ [美]路易斯·H.摩尔根：《印第安人的房屋建筑与家室生活》，秦学圣、汪季琦、顾宪成译，文物出版社1992年版，第270页。

建立了一个巨大广场举行宗教仪式,用毛石建造了一批鳞次栉比的庙宇、祭坛和蹬梯,外表均涂以石灰。"① 玛雅北部建筑则地面多见"白灰",这些是用石灰石基岩表层刮下的灰岩粉末制成的②,跟中国从新石器时代就开始烧制的石灰、蜃灰都不同。

如果再说远一点的话,两河平原乌鲁克文化期(约公元前四世纪中叶),就在"神庙的外墙粉刷着明亮的白色,为此,人们习惯地称它为'白庙'"③。

> 白庙位于一个完全相同的平台上,并被认为是敬奉给众神之父安努的。……寺庙平面为典型的三分式,全部涂抹精细的石灰泥,当时在耀眼的阳光下肯定白得令人目眩。④

这座"白庙"建造在高高的阶梯式坛台之上,祭祀天之神。或说是苏美尔人对远昔住居高山的纪念;而高山最接近天,最便于接受"天赐之光明"。

《楚帛书》的"十"字布局

湖南长沙子弹库出土战国《楚帛书》已用色泽标志季节和方位(还不严格,如秋季神却称"玄"),但是所指方向却是"偏斜"的。也许是因为构图需要,四季神已分置四向,四木只好挤到角隅。但这里也许有我们还不了解的秘义。因为它跟"含山玉版"(或即"原始八卦")的指向方式颇为相似:玉版上已有内圈"八圭"指示八方,外圈又有"四圭"指着东北、东南、西北、西南。

董作宾说:"四方之所以自东始者,实本于四时之自春始",这也因为太阳每天清晨从东方升起;东南西北必然配着春夏秋冬,"是地理与天

---

① [美]乔治·C.瓦伦特:《阿兹特克文明》,朱伦、徐世澄译,商务印书馆1999年版,第101页。
② 蒋祖棣:《玛雅与古代中国》,中国社会科学出版社1993年版,第49页。
③ 于殿利、郑殿华:《巴比伦古文化探研》,江西人民出版社1998年版,第289页。
④ [英]哈里特·克劳福德:《神秘的苏美尔人》,张文立译,浙江人民出版社2000年版,第71—72页。

文之密切联系,亦我古代文化科学与哲学之结晶,历代相承,无敢更易者"。①这大体上是对的,但还无法从理论上解释含山玉版与《楚帛书》"四面八方"指向方式的必要性和目的性。

"中央"与"四方"配置,构成方式有好几种,但最主要的是所谓"亚"形或吕形(后者或称"井"形)。

长沙子弹库出土《楚帛书》,基本上也是一种不标准的"亚"形——张光直巧妙地用一个"亚"形图案把它框套起来,事情就清楚多了。

俞伟超早就猜测它相当于明堂图的性质。它的十二月神(含说明)相当于明堂"十二室"(十二月轮居之所),"四树"则表示"四时""四方",有点像《管子》里的时令书《幼官图》(或《玄宫图》)。②

相当于"太室"(天室)的中间文字成形排列,有如古埃及和美洲常见的"犁耕体"(boustrophedon),体现的是的"太阳"或"原气"(混沌)的永久循环或永恒回归,有如后世八卦中心"太极图"(详见笔者《中庸的文化省察》)。

萧放认为:"明堂最先就是模仿天象的建筑。"明堂首要功能,是"观天文"而察人事、知时政。

明堂或与明堂类似建筑的设立,是基于古人的宇宙观念。古人认为人间万物变化的最后根源在于上天,"观乎天文,以察时变"③。

观天文必须要有固定地点或人工地物,所以要造灵台,明堂可能就是依其扩大的结果(或说明堂、灵台必建于大室之上)。它们兼有祭祀功能。"因此古代观象的灵台与祭祀施政的明堂往往并建于一处,在早期很可能就是同一建筑物。"④那么,明堂或其附属物的布置,就要尽可能模拟天体的运动,并且便于观测其变化。

陈梦家曾指出,《楚帛书》的中央文字,如同一篇《月令》。古人"将天界搬到人间,在地上模拟天图,并通过树立表木,测定日影的方法,以

---

① 董作宾:《论长沙出土之绘书》,载《大陆杂志》1955年第10卷第7期。
② 参见俞伟超:《关于楚文化发展的新探索》,见湖北省社会科学院历史研究所编:《楚文化新探》,湖北人民出版社1981年版,第13页。
③ 萧放:《明堂与月令关系新证》,载《民族艺术》2001年第1期,第79页。
④ 萧放:《明堂与月令关系新证》,载《民族艺术》2001年第1期,第79页。

确定季节变化"。于是，萧放试图把异质同构的明堂、《楚帛书》与古《月令》当作一个整体做统一的考察。

楚帛书是战国时期楚地月令与民间历忌合一的文书，楚帛书将天象的时序变化作了平面的展示，十二月分置四方，作向心的左旋排列，这是古人据"天道尚左"观念的布置。①

他特别重视《楚帛书》四角色彩不同的四棵树。"四木就是古代测定日影的四季表木"，以掌握太阳的季节位移。古人心目中时、空是对应的（如四向与四季的对立），"抽象的时间只能通过具体的空间来表达"。所以陈梦家说，帛书实在就是楚月令（四树功能有待进一步论证）。

它们跟明堂的结构有许多相通的地方，特别是"十二室"与帛书、月令的"十二月"相对应。

天子不仅冬末在明堂"告朔"，（即将一年十二个月的政事赐予诸侯，诸侯受藏于祖庙）并且将十二月分配在十二明堂位中，天子依据时令确定每月的宜忌，在明堂举行不同形式的仪式活动，对国人发布与时令相宜的政令。②

这样，"流动的自然时间，被空间化在天子的祭堂之中，这就是时空合一的'明堂月令'"。表面上，这是"遵行宇宙律令，将人文秩序纳入到自然秩序之下"；实际上，是通过控制自然来掌握人事，"王官控制着时间，也就控制着社会"。③

他确实揭示了上古明堂的一项重要性质或职能，以及与古月令、《楚帛书》的一些相应处。

《管子·幼官图》与"亚"形

《管子》之《幼官篇》及《幼官图》，陈澧以为"有与《月令》相似者"。何如璋以为，"幼官"系"玄宫"之讹（或以为"玄宫""幼官"古可

---

① 萧放：《明堂与月令关系新证》，载《民族艺术》2001年第1期，第79页。
② 萧放：《明堂与月令关系新证》，载《民族艺术》2001年第1期，第83页。
③ 萧放：《明堂与月令关系新证》，载《民族艺术》2001年第1期，第83页。

通转），"盖玄宫时政犹明堂之月令也"。张佩纶则认为，应作"幽宫"，《周礼·媒氏》疏引《管子·时令》有类似文句，"是此篇亦名'时令'。'幽官时令'犹《月令》亦名《明堂月令》、《幼官图》即《明堂图》之类也"。① 陈梦家综采其说："《幼官图》即《玄宫时令》，犹《月令》或称《明堂月令》。因其内容述四时政令，故称《时令》；因其文字排列成明堂之图形，故称《玄宫图》。"② 他还做了恢复已佚原图的尝试。他指出："《玄宫图》虽作为明堂的图形，分别四方四时，它不像秦汉的《月令》安置天子每月居于明堂的某室，故是早期的形式。"应该说，只是那古老的礼制遗失了而已，而且"四季""四室""四方"配伍之制与前述材料全合。

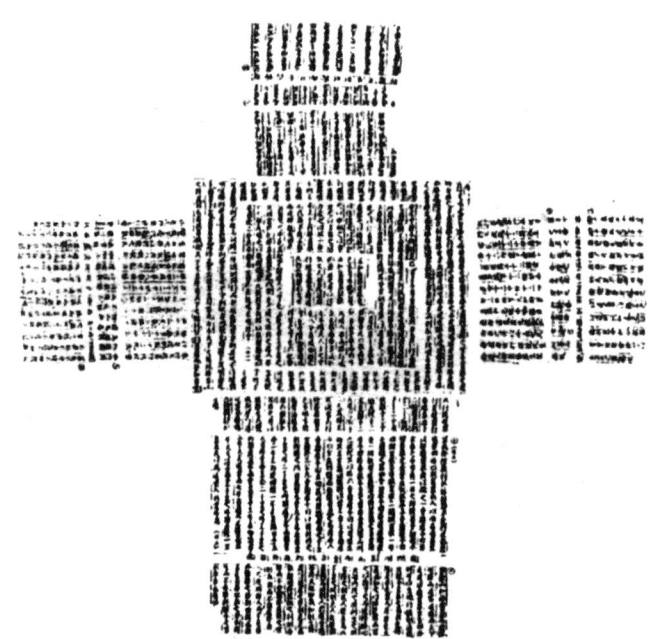

图7-14　《管子》的《玄宫图》（郭沫若复原）

不管复原争论有多大，诸家方案基本上呈✚字形，这跟《明堂图》《楚帛书》等有很大的趋同性。易言之，它们是异质同构的。

---

① 参见郭沫若、闻一多、许维遹：《管子集校》（上册），科学出版社1956年版。
② 陈梦家：《战国楚帛书考》，载《考古学报》1984年第2期，第140—141页。

《管子·幼官图》仅存文字，图绘早佚。然据尹知章注等，五方有本图、有副图：

中方本图　中方副图　东方本图　东方副图

南方本图　南方副图　西方本图　西方副图

北方本图　北方副图

可惜不知道怎样配置。图绘说明也保存不少古意。例如君主四季不仅服色，"味""听""治"等各有不同，连饮水之井也有"色泽"之区别，如中方（中季）要"饮于黄后之井"等等，最初应亦避免常年同饮一水容易受到毒害，可惜语焉不详。郭沫若、陈梦家等都有复原方案。李零也有一种比较独特的复原法[①]，然而排列位次和顺序不管怎么不同，都是呈中形。

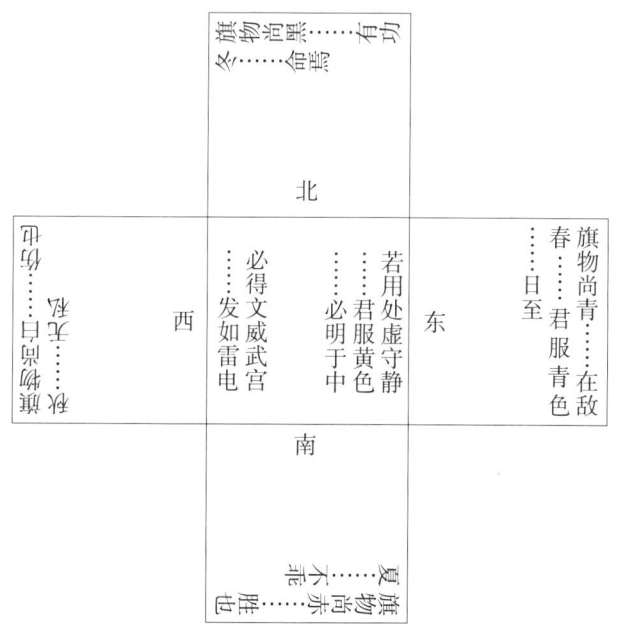

图 7-15　玄宫图（陈梦家构拟）

---

① 参见李零：《长沙子弹库战国楚帛书研究》，中华书局 1988 年版，第 41—42 页。

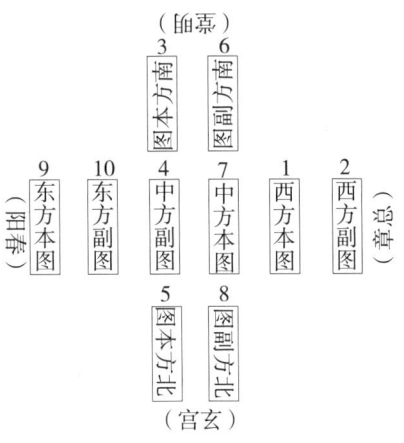

图 7-16　明堂 – 玄宫图（李零构拟）

李零认为，《管子·幼官篇》已佚的图像应该两面读，一面为《玄宫图》，一面为《明堂图》。无论怎样看，它们都是中形。

又，《管子·幼官篇》有"此居图方中"云云，郭沫若等以为是"录书者所注识，非原文所有"①；但不问是正文还是注解，《幼官图》呈中字形，有"中"、有四方则可断定。猪饲彦博说："此'图'中央及四方，各有本副，其数总十，应如后世所传'河图'之方位也。"②本图五方，副图五方，合计为十。张文虎说，《幼官篇》"以政治条目分系中央、四方、盖放（仿）《洪范》九畴而图之左右，以便观览"③。意思一样。

这样，《幼官图》也可视为一种《明堂图》，二者可以相互参证。

美洲明堂式建筑

太平洋彼岸古代玛雅也有这种中形建筑。

王大有把"亚"形与"十"字形的一致性，其作为太阳之象征，说得十分明朗透彻。他甚至认为这是"日崇拜民族"所特有的图腾建筑格局。

盖亚者，祭祀图腾祖先的圣地形，即神社。为何为十字形？

---

① 转引自《郭沫若全集·历史编》（第五卷），人民出版社 1984 年版，第 204 页。
② 转引自《郭沫若全集·历史编》（第五卷），人民出版社 1984 年版，第 204 页。
③ 转引自《郭沫若全集·历史编》（第五卷），人民出版社 1984 年版，第 204 页。

"十"者,日之抽象形。亚者,即于太阳形之变异十字形四边加筑围墙之类而为神社、宗庙。其建筑格局为✚形,是日崇拜民族特有的一种图腾建筑样式。①

十分有趣的是,古代玛雅的金字塔底部正方,四面都有台阶上下,其俯视平面图就是以✚为骨干,与中国的"亚"形明堂如出一模。而古代墨西哥萨波特克文化,"坟墓中分为四个穴洞,呈十字形交叉分布,并有鲜明的绘画装饰"②,有如殷墟大墓。更不用说古代美洲四合院式的"亚"形布局了。

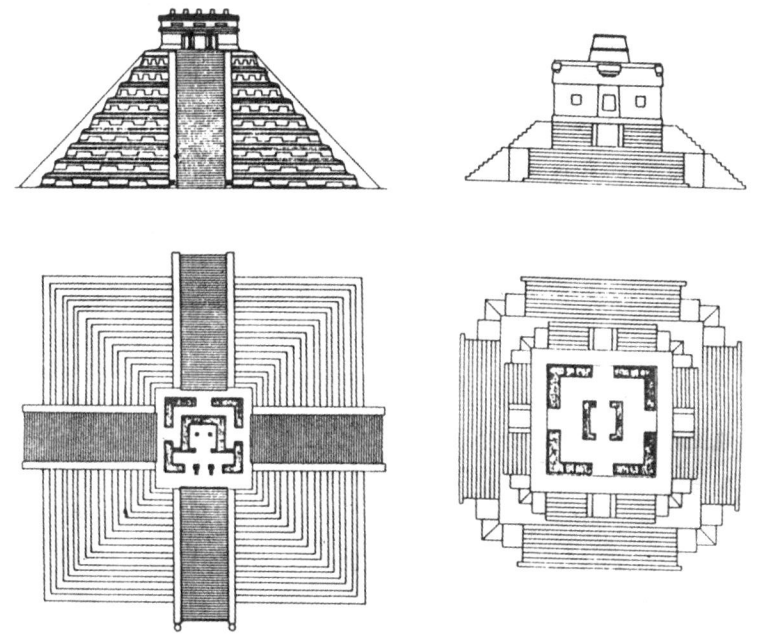

图7-17 美洲平顶金字塔及其"十"字、"亚"字形底部(采自王大有等)

墨西哥前总统洛佩斯·波蒂略的历史小说《羽蛇》,里面描写过太阳神、水神和羽蛇之神凯察尔柯特尔怎样构筑这种"任何一个地方都能看到"的明堂式"大房子"。

---

① 王大有:《龙凤文化源流》,北京工艺美术出版社1987年版,第81页。
② [苏]A.B.叶菲莫夫、C.A.托卡列夫主编:《拉丁美洲各族人民》上册,李毅夫、陈观胜、周为铮等译,生活·读书·新知三联书店1978年版,第91页。

它的中央部分是圆的,向着四个方向各有一幢巨大的侧屋。

这所大房子是适应图拉财富的增加和力量的增强而建造起来的;它全部用磨光的石块建成。上面还有座平台。盖查尔柯亚脱尔(羽蛇之神,即太阳英雄)命令从境内四面八方送来材料,建造房子。他不慌不忙,总是在石块中和饰品中选用四种美丽的颜色。①

叶舒宪也注意到了古代墨西哥这种"准亚形"的王屋。他说:"这座中圆下方,朝向四方各有一室、上有观测平台的神秘建筑,也正是财富和权力的象征,是文化中心的标志,我们在此似乎看到了原始部落时代'明堂'的实况。至于装饰此房屋所用的'四种颜色'的意义,只要了解印第安人惯用四种颜色代表四个空间方位这一事实,就不难理解了。"②

他同样注意到这所房子的主人——羽蛇之神凯察尔柯特尔——兼有"太阳神"的神秘身份。所以,这种美洲式㗊形大房子实质上依然是太阳神殿,是光明之屋。它的"四向"(四屋、四阶或四门)不但代表东南西北四个方位,而且确实象征阳光四射,有如黄帝与大梵天的"四面",象征"四方"对"中央"的忠诚。这也是古人要把明堂托古于黄帝的根本原因。

我们曾多次举出美洲印第安人类五行观念里,"五色"与"五方",或"四色"与"四方"的配搭;但还要注意"其中神灵居住某方,他们亦有区别"③。他们的帐幕和房门像明堂或宫殿、衙门那样"喜欢开向南方"。他们的庙宇、神祇"常与四方或四季有关",并且像"五方帝"那样有其代表颜色。④

这实在是他们的小宇宙。阿歌奎因人(Algonquins)和苏人(Sious)的山林小屋开着四门和四窗,代表宇宙的"四方",也表示一个"年"⑤,是时空交叠的四维空间,同样是"四季"对应"四方"。

阿兹特克人的一个传说不但反映出"墨西哥村"曾以一个大宗族居中

---

① [墨]洛佩斯·波蒂略:《羽蛇》,宁希译,人民文学出版社1978年版,第41—42页。
② 叶舒宪:《中国神话哲学》,中国社会科学出版社1992年版,第164—165页。
③ 徐松石:《华人发现美洲考》(上册),香港东南亚研究所1984年版,第30页。
④ 参见刘敦励:《古代中国与中美马耶人的祈雨与雨神崇拜》,载《"中央研究院"民族学研究所集刊》1957年第4期,第104页。
⑤ [罗]米尔恰·伊利亚德:《神圣与世俗》,王建光译,华夏出版社2002年版,第35页。

统摄四个宗族区的社会组织，而且表现出类似中国早期"五行学说"影响下的明堂建筑思想和机制。

> 艾瑞腊谈到阿兹特克人"用石灰和石块建造一座崇拜偶像的神殿"，他接着说："当这个工程完毕以后，神像命令一位祭司吩咐各个酋长，要他们把自己以及他们的亲属和从人分为四区，把为安置神像所建造的这座堂宇作为中心，每一区的人可以各随其所好去建造他们自己的住宅。这就是墨西城的四区……神像再教导他们把他所指名的诸神按区分配，每一区都选定专门崇奉神祇的地方。"①

据乔治·C.瓦伦特的介绍，美洲三大文明之一的阿兹特克文明的宗教建筑在某些点上跟中国宗庙、明堂有一些相似点（在这方面，玛雅建筑没有太大不同）。

> 太阳金字塔坐落在宽阔的平台上，平台四周有用土坯建造的方形小屋，屋里堆满了古典期开始时的遗物。祭司们的住所，可能就在这些小屋的周围。②

这跟半坡以"大房子"为中心的村庄聚落有些相似，不过后者主要是民用的、世俗的。

蒋祖棣认为，玛雅的原始宗教，是以动植物和女神为重心的多种崇拜，跟龙山期以后的中国宗教观（以祖先崇拜为重心）区别较大，而与仰韶期有些相似。二者的聚落布局——"中心"与普通聚落相辅——也有趋同之处。但是相比玛雅的开放性，中国聚落更重防御和封闭，兴衰与更替频繁，不像玛雅聚落及其所反映的社会组织那样稳定而持续。③二者的建筑，尤其是宗教性建筑虽有一些共同点，但区别更大。

> 玛雅大型建筑追求纵向即垂直的空间发展，层层的台基和长长的阶梯把登临建筑的上层人物和民众分开，顶部的房间开间极

---

① ［美］摩尔根：《古代社会》（上册），杨东莼、马雍、马巨译，商务印书馆1983年版，第198页。
② ［美］乔治·C.瓦伦特：《阿兹特克文明》，朱伦、徐世澄译，商务印书馆1999年版，第61页。
③ 蒋祖棣：《玛雅与古代中国》，中国社会科学出版社1993年版，第170页。

窄，墙体厚重，气氛肃穆庄严，视野极为辽阔。在这样的场合下，上层人物只可能进行宗教仪式或与此相关的天文观测活动。①

而中国，宗教活动往往是跟世俗事务结合进行的。

中国青铜时代的大型建筑追求横向即平面的空间拓展。以堂室、厢、庑、廊、庭、院的组合是一般大型建筑的基本结构，屏、墙、壕、郭是社会分层的界线。这样的建筑格局围绕统治者个人地位和日常起居的需要发展起来。②

这个区别是显然的。但是，我们也必须注意，以"宗庙""社稷"和"明堂"为代表的中国礼制建筑，最大的特点是圣俗融通、天人交汇。玛雅或阿兹特克礼制建筑主要是宗教性的。中国的宗庙飨祭祖先，"社稷"崇祀土地和农稼（继而象征整个政权组织），"明堂"膜拜太阳与天空，却都与世俗的生存秩序或伦理、政治结合得极紧。即令告朔布历的明堂，观象授时的灵台，也是间接地为农业生产服务；即令君王在明堂里起居寝息，却也是一种"宗教行为"。

而玛雅，即令是"观天"，也主要是为了不失时令地祭享、敬神。他们的原始宗教大量使用人牲，"始作俑者，其无后乎！"中国的人祭却较早受到抑制和削弱（人牲与人殉是不同的）。

玛雅当然也盛行"光明崇拜"。截顶或平顶尖塔和梯形山丘式建筑，被称为"太阳金字塔""月亮金字塔"，某些观象测时、祭祀集众功能也跟起源于太阳崇拜的明堂有些相似。他们虽有"不标准的四合院"，但没有那样紧连中心"大室"的标准"亚"字形、表示"四向"的明堂五室建筑。

它们的金字塔形神庙台基很高（中国后世明堂也有代表"方地"的巨大台基，但不太高），阶梯长而陡峭（便于掏心献祭的尸体滚下），一般为四或三个"层面"（不计台基），顶部"祭室"开间极小，不能像宽阔的明堂或明堂大室那样可以召见诸侯或臣工。

然而，如上所举，美洲三大古代文化里确实有少量的台基呈"亚"形

---

① 蒋祖棣：《玛雅与古代中国》，中国社会科学出版社1993年版，第174页。
② 蒋祖棣：《玛雅与古代中国》，中国社会科学出版社1993年版，第175页。

的方正的"截顶金字塔形"神圣建筑。虽然多数为一面台阶,却也有四周阵阶,平面布局为⊕形者,不能不引起注意。

墨西哥阿兹特克那亚利特州(Nayarit)的墨西卡提坦(Mexicaltitan)城市遗址,其平面布局为一个巨大的"十"字,中央是长方形中心建筑,外围为圆形有墙垣的壕沟,跟体现"天圆地方"宇宙模式的中国明堂、辟雍及中心都市遗址十分相似。

王大有等称这座墨西卡提坦为"八卦九宫水流",其描述为:

> 阿斯特克人(Aztecs)营建的八卦九宫城为圆形、南北、东西相交为"十"形,中心成一个"方城",恰成天圆地方。"十"字中心的方城,实际上是"坛",以此为中心筑成金字塔形灵台,上建太阳神庙,四周依次是众神、贵族、平民区。①

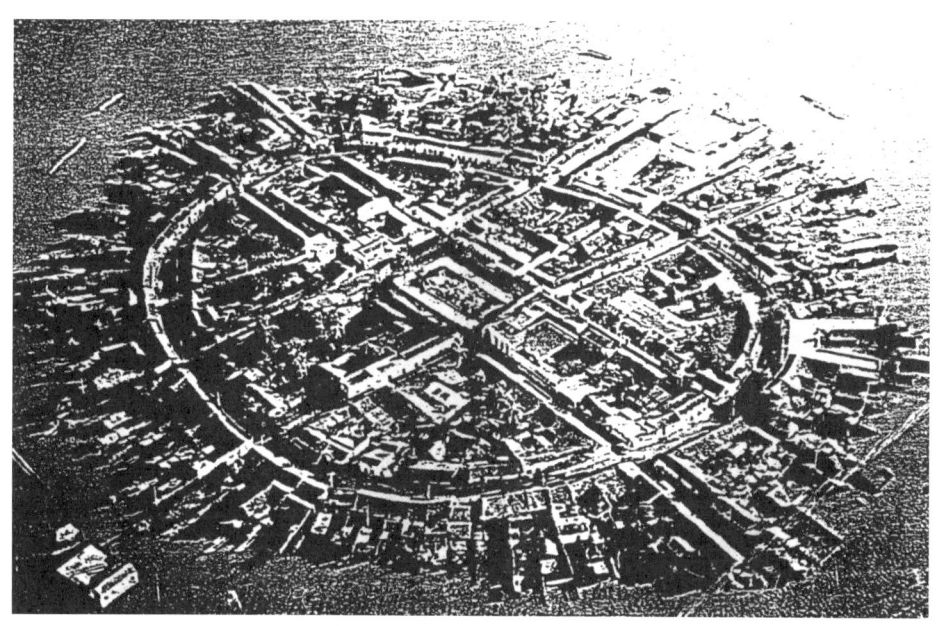

图7-18 古代美洲⊕形城市布局

古代美洲有些城市的布局,看起来是宗教建筑的放大(有人认为城市布局模仿宗教建筑)。城市布局是外圆而内方,有"四向"射出的街道或附属建筑。不能否认其与中国古代某些城市、宗庙或明堂的格局有一些趋同点。

---

① 王大有、王双有:《图说太极宇宙》,人民美术出版社1999年版,第30页。

当然，这不一定是什么"东夷汤谷灵台八卦（九宫）城旧制"，然而跟中国⊕形神圣建筑或某些都市的平面布局确实相似，至少在宇宙模式与人世建筑相对应的观念上有某种共通之处（只是中国都市与宗教建筑平面布局，外围也多取方形）。

约瑟夫·坎贝尔的《千面英雄》，讲到一个印第安"太阳屋"的故事，这里的许多事物都用模式数字"四"组织起来。太阳的孪生子来到"太阳屋"前，"太阳屋"的大门口由两只熊看守（就像保卫昆仑的开明神兽），还有一对蛇——就像《山海经》里守卫四方台坛的"四蛇"。

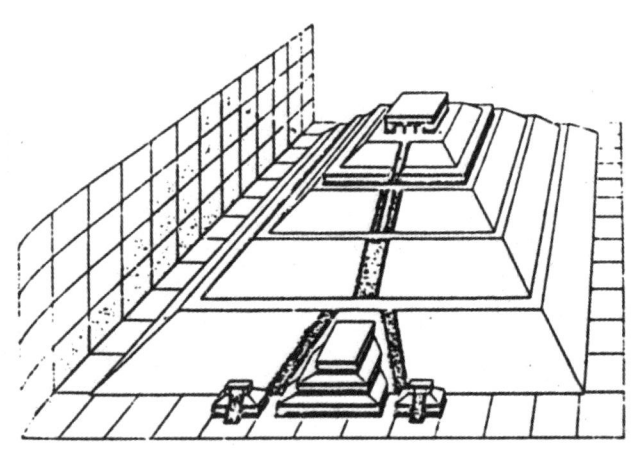

图 7-19 美洲四阶梯"截顶金字塔"

"截顶金字塔"的底层平面基本呈方形，加上"四阶"或者"四出"就有些准明堂的雏形了。

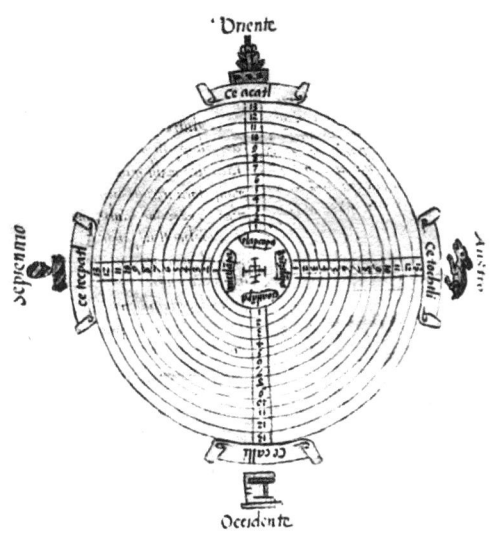

图 7-20　阿兹特克一种"历书"

古代美洲"历书",布局类"亚"形建筑平面图。其"四向"各有一祭祀物:芦苇、祭祀用刀、祠庙、兔子,构成神圣符号。注意其中心符号与"十"十分接近。它跟《楚帛书》的构想也有相似之处。

"太阳屋"用土耳其玉石建成,又大又宽,有"四面",有人站立。

方位	站立的人	装饰物
西	一位女人	螺壳状动物
南	两位英俊男子	绿松石
北	两位秀美姑娘	黑石
东	?	白贝壳大尖钉

其他用"四"来标识的故事片断有:两位姑娘用"四种天色"的布把来访者包裹起来;门上"响尾蛇环"的节尾摆了四次;归来的太阳神向西面的女人四次发问;太阳神解开包裹儿子们的"四色布袍",那是拂晓、蓝天、黄昏和黑色之袍。为什么都是"四"呢?分明因为太阳照亮并控驭四方。

诺曼·哈蒙德描述玛雅著名的蒂卡尔金字塔群的布局、结构与符号象征功能说:"每一建筑群落都有一座大型平台,平台上面建造两座平顶金字塔(每座金字塔设置四条梯道),一座长条形建筑(包括一间房屋和九条门道)和一座封闭式的石碑围院……封闭式围院位于大型平台的北部,设置九条门道的长条形建筑位于南部。"① 这种繁复的布局与中国结构明快、含义确定的明堂当然异大于同。然而最值得注意的是某些学者所探掘的中国神圣建筑构形（如"十""卐""亚"形等），同样被看成一种"宇宙符号"（"明堂辟雍"，也确定地再现"天圆地方"的盖天论图式），而且明白地以"太室"为中心，整体体现出一种强形式的太阳崇拜。

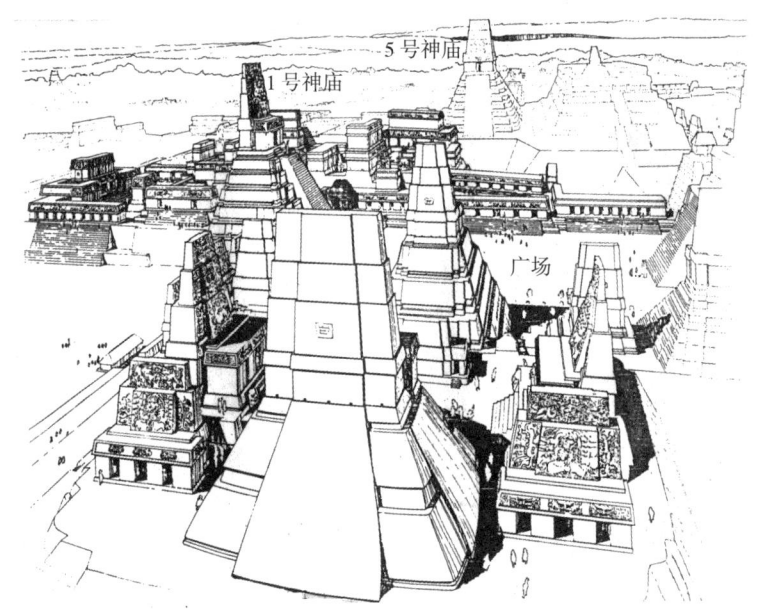

图7-21 墨西哥蒂卡尔遗址中心建筑群（采自蒋祖棣）

这组庞大的神圣建筑群，以"截顶金字塔"（上建神祠）为主，底部为矩形，阶梯多为一面，陡峭高危，跟明堂的平坦、庄肃、平易不同，有些像西亚"坛庙"。

这种由"四小室"加中心大室构成的神圣建筑，世界上古史亦颇常见。尽管布局或有不同，其结构与意义大致趋同。除前举外，古代埃及有一种《巫经》说：

（阿比多斯）有四座生命之宅。……四宅分布四角，塞布（Seb）在上，努（Nu）在下。四方外墙以石砌成。楼有两层，基础为沙，外表为碧玉。一座处南方，一座处北方，一座处西方，另一座处

---

① ［美］诺曼·哈蒙德：《寻找玛雅文明》，郑君雷译，浙江人民出版社2000年版，第213页。

东方。宅第非常隐蔽，无人知道，唯有日盘能看见它。①

"四宅"与"四向"一致，显然据太阳运动定位。这也可供参照。

重屋："原始楼"或"通天台"

与明堂、天窗、中霤等密切相关的还有所谓重屋，这不但涉及中国北方上古建筑史是否有"楼"、是否接受南方"楼居"（干栏式建筑）影响的问题，而且还关联着所谓"无墙屋"或"通天台"的来源，这样它的民俗学意义就更重大了。因为这种通天台不但是所谓"灵台"的原初形式，它还是楼宇化的"宇宙轴"或"天梯"的繁变，后世的天文台、观象台也莫不渊源于此（但，有人把"亚"说成"天梯"象形，则非是）。这是"中央礼制建筑"的重要构成。

《周礼·冬官·考工记》说"殷人重屋"之制颇详，近世学者多不信。实可靠性颇大。刘敦桢《中国古代建筑史》却举出"京""高"等甲文字样证明殷商有"楼"（重屋），是北方型"楼居"建筑。

重屋本是"原始楼"，屋上有屋。如南方干栏式房子，下屋一般空设，为了避免潮湿和虫蚁、野兽的侵害，或者专门饲养牲畜，兼为溷厕，楼上才住人。这又叫"楼居"。

还有一种说法，重屋本只为遮挡屋中通风烟道的雨水，讲究的家室就在中霤之上另盖一小棚防雨漏入，后来发展为"重檐"（扩大一下，就是上小下大的双层屋顶，它自身也可以防水阻热），最后才变成"楼"。

到了殷商，重屋很可能已演进为简单的"二层楼"，不再是"重檐"了。《礼记·明堂位》："大庙，天子明堂"。而"天子之庙饰"有"复庙，重檐"。郑注："复庙，重屋也。"孔疏："复庙者，上下重屋也。"恐怕不是一般的重檐。

《春秋经》文公十三年："大室屋坏。"杜注："大庙之室。"孔疏说，这指明堂中央之"太室"。

> 大室屋坏者，大庙之制，其檐四阿而下，当其室中，又拔出

---

① 芮传明、余太山：《中西纹饰比较》，上海古籍出版社1995年版，第116—117页。

为重屋。《明堂位》云："大庙，天子明堂。复庙重檐，天子之庙饰。"郑云："复庙，重屋也。"是天子之庙，上为重屋。此是大庙当中之室。其上之屋坏，非大庙全坏也。

由此可以推出，明堂中间的大室，其上或有重屋覆盖。《汉书·五行志》引《春秋经》云："前堂为太庙，中央曰太室。屋，其上重者也。"此屋屋顶可能是圆的，有所象征。所以这位于中央的圆穹形"重屋"的象征符号功能并不比一般"大室"小多少。尹盛平说，陕西凤雏周原大型宫室中心有穹帐中柱那样的"主柱"（实质上仍是宇宙轴），可能用来支撑模拟圜天的穹顶（但也可能是较"大室"为小的"方屋"，早期是为了挡雨而又不遮光）。

为什么是圆顶呢？盖以象征"圜天"。

孙诒让《周礼正义》解释《考工记》的殷人"四阿重屋"，着重于它的"上圆下方"的格局：

云"四阿重屋"者，重屋，谓屋有二重，下为四阿者，方屋也；其上重者，则圆屋也。圆屋以覆中央之五室，而盖以茅；方屋以覆外出之四堂，而盖以瓦。此亦殷周之通制。故《大戴礼·盛德篇》（案：应是《明堂篇》）说明堂云："以茅盖屋，上圆下方。"《玉藻》孔疏引淳于登说，《三辅黄图》引《援神契》，《续汉书·祭祀志》刘注引《新论》，《白虎通义·辟雍篇》说，并云"上圆下方"。《月令论》又有堂方及屋圆径之度。诸书所谓"下方"者，兼明堂之基及四阿之屋而也；"上圆"者，指上重高屋，如圆盖形，出四阿之上而言也。

将孙说以图示意，大致是（"四阿"上是否有"四屋"覆之，尚不可晓）。

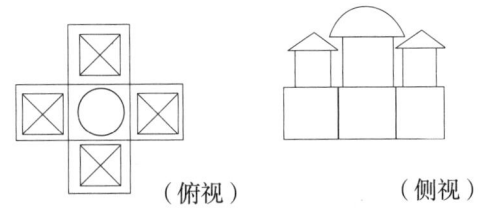

（俯视）　　　（侧视）

明堂（重屋）的顶盖是方还是圆？我们的初步印象是有方也有圆。这里着重论证圆形顶盖。

所谓"天圆地方"的观念萌芽甚早，甚至可以远推到原始社会后期，而无待于"盖天论"的正式建构（那要到春秋战国时代）与成熟（那要到秦汉时代）。安徽含山凌家滩"龟书"玉版"原八卦"图纹里就包含着表示圜天方地及阳光四射的、外有圆圈的中心八角星纹：

《大戴礼·盛德》说："明堂，天法也；礼度，德法也。"《明堂》说："明堂者，古有之也。凡九室，一室而有四户八牖，三十六户，七十二牖。以茅盖屋，上圆下方。"

这证明，明堂－重屋在一定时期确实采用圆顶。至于穹顶的重屋象征"圜天"，方室代表"方地"，这较可能是春秋战国时期"盖天说"宇宙论对明堂布局的改造和解释，但又是对传统的继承。

汉桓谭《新论·正经篇》说："王者造明堂，上圆法天，下方法地。"地有东南西北四向，所以"为四面堂，各从其色，以仿四方"；而"天称明，故名曰明堂"，点出它是光明崇拜的产物。这跟《淮南子·天文训》所说"天道曰圆，地道曰方；方者主幽，圆者主明"，也是相合的。但这是从明堂中室重屋的圆屋顶发展出来的。这种圆顶颇似穹隆式的帐幕。

我们觉得，这种瞭望塔式的小阁楼，可能是祖庙的上层建筑，是"灵堂""魂房"的一种形态；也可能是祭祀天神用的"灵台"的一种形式。它至少证明：殷人有"楼"，亦即"重屋"（简单者如阁楼）；"楼"是高级神圣建筑；明堂、灵台或"通天屋"之类的上部可能采用楼制；"重屋"可能有圆顶者，但也有常见的"人"字顶，乃至平顶（这些目前多属可能性，要靠考古发现与再发现）。

而明堂中央上方之"通天台"或"重屋"后来发展为"楼观"，并且与灵台制度结合起来。《左传》僖五年："公既视朔，遂登观台以望，而书，礼也。凡分、至、启、闭，必书云物，为备故也。"晋杜预注："观台，台上构屋，可以远观者也。"孔疏："《礼》：天子曰灵台，诸侯曰观台。"《诗·大雅·灵台》孔疏："左氏说灵台在太庙之中，雍之灵沼，谓之辟雍。"

明堂跟灵台、辟雍等本来不是一个东西，但是汉人喜欢把它混同起来，组合起来（灵台的一个来源是明堂太室上的重屋，另一个来源是灵沼或泮水的中心建筑辟雍上的台观)。兹略。①

《淮南子·本经训》汉高诱注说明堂"其上可以望氛祥,书云物,谓之灵台;其外圆,似辟雍。诸侯之制,半天子;谓之泮宫"(疑应作"其外,圆似辟。辟雍,诸侯之制,半")。

《诗·大雅·灵台》孔疏引卢植《礼记注》曰:"明堂即大庙也。天子太庙,上可以望气,故谓之灵台;中可以序昭穆,故谓之太庙;圆之以水,似辟(璧),故谓之辟雍。"数者确实有本质联系,所以后来便在礼制建筑上统一起来。

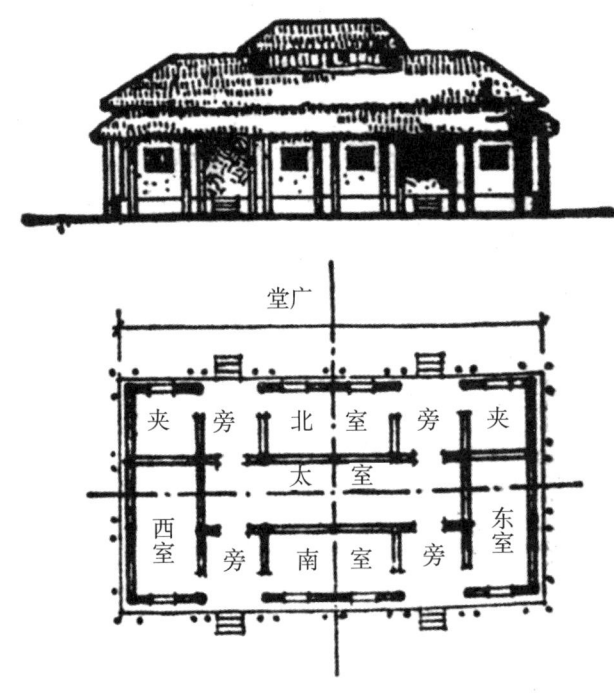

图 7-22 殷人重屋(王世仁构拟)

王世仁举出河南偃师二里头早期宫殿遗址,湖北黄陂盘龙城商代遗址与安阳殷墟所见建筑遗存,说它们"都是基座高不超过 1 米,进深大约 10—13 米的矩形房屋,大体上都符合《考工记》殷人重屋的尺度",这大

---

① 萧兵:《论璧雍、泮宫、灵台起源于水牢——兼释〈诗经〉〈楚辞〉有关疑义》,载《上海师范大学学报》(哲学社会科学版)1984 年第 2 期。

致不差,从此推断"重屋很可能也是一座矩形房屋"[1],则恐非是。但他又说,此类高级建筑"中间'太室'依靠天窗采光通风,突出一个屋顶,是为'重屋'"[2],似乎有条件地承认重屋是一种雏形的小阁楼、小棚屋,近于重檐。

然而有些建筑史家却坚决认为重屋只是重檐而绝不是楼;我们则觉得,"重檐"确实是存在殷商及其前的重要建筑设施,但是到了最高规格之宫殿或明堂,已经发展出了某种原始形式的"楼",这也为一些考古学家所承认。

图7-23 云南大理纳西族"重屋"(王孝廉、铃木健之、鹿忆鹿等正在考察,1996年摄)

纳西族、白族的楼居,已不同于传统干栏式;第二层楼颇低矮,询其为何不盖高些,答云:高了没用。他们一般在底层之上的一层楼生活,第二层只堆些粮食、草料、杂物等等。这倒颇似商周"重屋"(不仅是"重檐")。

笔者觉得,"重屋"(至少有一种"重屋")的形制大概是有顶而无墙的棚子,以便于空气和光线的进入,亦即孙诒让所谓"重屋通天,得纳日光",跟所谓"四面无墙"的祭屋结构用意相同,又是一种沟通天地、交接神人的"通天台",是明堂的特殊样式,或特殊阶段。

---

[1] 王世仁:《明堂形制初探》,见《中国文化研究集刊》第四辑,复旦大学出版社1987年版,第4页。
[2] 王世仁:《明堂形制初探》,见《中国文化研究集刊》第四辑,复旦大学出版社1987年版,第4页。

从建筑学观点看，这是对原始居室采光、通气装置的继承和发展。如前所说，原始居室为了引导火塘的烟气和采纳光线、清风的两便，有时会开天窗，亦即中霤，但是天窗会漏雨，只好再以顶盖遮挡。这就是有顶无墙的重屋的雏形。西安半坡房屋遗址（F3）发现有草筋泥凸棱残段，杨鸿勋推测它"可能是屋盖南坡（背风一面）上排烟通风口的防水边缘"。①他还绘有复原图。这就给原始明堂大室顶部正中"天窗"（特别是解决防雨与室中火塘的矛盾）的设置以启示。

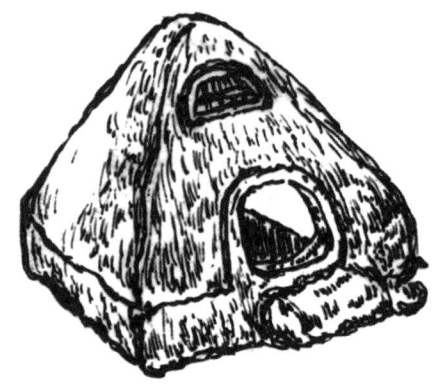

图 7-24　西安半坡有天窗的小屋复原图
（采自杨鸿勋）

天窗上方有突棱防水。它虽然不居正中，却可能是中霤的一种原始形式。从此可能发展出阁楼式的"天窗"以至"重屋"。

这种重屋最初只是为天窗（中霤）挡雨而"不可登临"，但是却启迪了楼房的发明（殷代已有双层建筑，甲文"京""亯""高"字可证），所以《说文》木部又训"重屋"为"楼"。

殷人会建造重屋之类楼房。尽管"比传说中夏禹的'卑宫室'高大不了很多"②。这是因为受了工具（石刀、铜斧之类）、建筑材料与营造方法的限制。因奈何不了巨树，"没有大木，在中国这一系统的建筑中，就不会有高的宫殿了"③。但是他们懂得多层夯土或所谓"版筑术"。"这一方法的建筑，只要有大量的人力，也可以表现一个大的场面。这一场面发展的最高峰，在殷商时代是'台'与'坛'的建筑，以及地下的'陵寝'。"④这样就有了殷商式的明堂与重屋。因为夯土提供了极其牢固的基础。

在安阳殷墟乙区 20 的平台上，石璋如恢复了一对两层楼房建筑。石氏以为它们是"瞭望塔"或"警卫室"。然而其"台基前呈现的宽广的空地

---

① 杨鸿勋：《仰韶文化居住建筑发展问题的探讨》，载《考古学报》1975 年第 1 期，第 57—58 页。
② 张光直、李光谟编：《李济考古学论文选集》，文物出版社 1990 年版，第 301 页。
③ 张光直、李光谟编：《李济考古学论文选集》，文物出版社 1990 年版，第 301 页。
④ 张光直、李光谟编：《李济考古学论文选集》，文物出版社 1990 年版，第 301 页。

表明这里不仅是历史时期的钟鼓楼,而且可能是为供奉至高无上的天神的祭坛的原形"。①李济则暗示,这可能是"一座外观壮丽的祖庙",尽管它们不一定是"明堂"和"重屋"。②

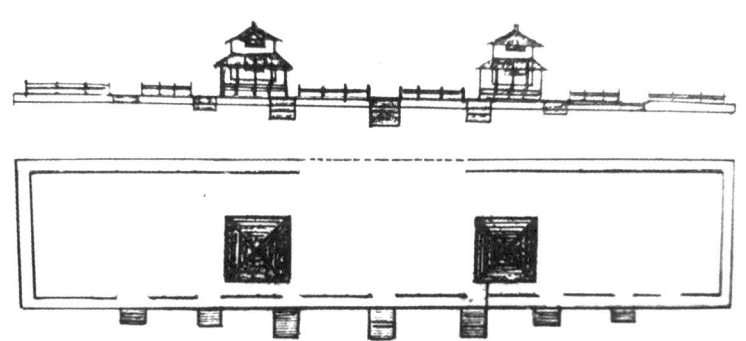

图7-25 殷代楼式建筑(安阳殷墟乙区20地面建筑复原图,采自石璋如、李济)

虽然它并不就是殷商的明堂,但无疑属祭坛之类。它再现了殷商的"楼"式建筑风貌,可窥见"重屋"之一斑。

重屋,至少在某一特定时期是圆顶的,以象征"圜天"。其名"通天",尤值玩味。前引清孙诒让《周礼正义》卷八十三说:

《月令论》说明堂有"通天屋"。宇文恺《明堂议》引《黄图》云"通天台",又引《礼图》云:"于内室之上起通天之观。"并即明堂"重屋"之制。盖当四堂中脊内、五室之上拔起别为崇高之屋,以其可以纳光,故有"通天"之名。

这就不仅为了接受光明了,楼高而近天,无墙以亲天,更重要的,重屋首先要建在大室或中殿之上,成为中心象征,而跟所谓"宇宙轴"或"天梯"相应,所以公玉带名之曰"昆仑",登之便可交通神人,直上高天——这简直就像巴比伦"通天塔"!这可以进一步发展为"望氛祥,书云物"的灵台,使明堂与辟雍、灵台之制紧密结合起来。甚至还跟所谓"大社"之制趋同,所谓"天子大社必受霜露风雨,以达到地之气也"。

---

① 李济:《安阳——殷商古都发现、发掘、复原记》,苏秀菊、聂玉海译,中国社会科学出版社1990年版,第138页。
② 李济:《安阳——殷商古都发现、发掘、复原记》,苏秀菊、聂玉海译,中国社会科学出版社1990年版,第139页。

图 7-26　巴比伦通天塔复原图

这也有助于理解公玉带所谓《黄帝明堂图》，为什么殿上之楼要"命曰昆仑"，而"天子从之入"，便能够方便地"拜祠上帝"。就好像为此做注解似的，《封禅书》还载公孙卿说"仙人好楼居"（高楼跟高山一样较平地更接近天空），汉武帝"乃作通天茎台（索隐案：《汉书·郊祀志》云'茎'字疑衍），将招来仙神人之属"，而"兴通天台"之后便"若见有光云"。之所以能由此见到仙神，就因为它实际上是"中心－宇宙通道"，是人工建筑的准"天梯"。

多层的"通天屋"

汉初方士济南人公玉带曾将假托黄帝的明堂图式献给汉武帝，其中可能保留一些远古的真实。《史记·封禅书》说这幅"《明堂图》中有一殿，四面无壁，以茅盖，通水，圜宫垣为复道。上有楼。从西南入，命曰'昆仑'。天子从之入，以拜祠上帝焉"。

《汉书·郊祀志》略同。近世学者多讥其弄虚作假，实是真假参半，乃至真多于假。

我们注意到：第一，明堂模拟昆仑，象征宇宙或天。所以能够"拜祠上帝"，交通天地，交际人神，本质上是"通天台"。第二，"中有一殿"，也许是说此殿居"中",有如"大室",此室有茅盖而无墙——也许旁边还有"四室"之类。第三,流水而"圜",颇像所谓"辟雍"。所谓"圜宫垣为复道",意思不大明白。似乎是说此水环绕明堂之外的宫墙,宫墙外有"复道"(或者是说,水陆构成"复道",皆可通行)。第四,"上有楼",也许就是那"大殿"茅盖之上有小楼,即"重屋",亦即后来所称的"灵台"。第五,此楼可上下,"从西南入","南"是明堂的朝向,为什么偏于"西南",仍不清楚。第六,又好像是说此楼被命名为"昆仑"(模拟昆仑以便登天)。天子从西南入,"拜祠上帝",以期有日升仙。

高山是登天的捷径。"仙"字就或作"人在山上"之"仚";或作"僊"者,言迁于山、迁于天也。方士言"神仙好楼居",就因为有楼如山,便于升天。"楼居"模拟高山,接近天宇,便于升天,旨在通神。这种观念是世界性的。

据语言学家介绍,斯拉夫语的"山",但同时又是"登天"的意思。古斯拉夫人称神奇大山为"水晶天",就好像藏族人民认为"冈底斯神山"是戴着水晶冠的"天宫"。苏联农村有传说:在世界尽头,天地相接的地方,是一座高山,从那里可以登上凸形的天穹,妇女们常在那里把纺锤和捣衣杵插进云雾里。

斯拉夫人认为,"烟"能够把人"迁到山上去",也就是登上天堂参见上帝。这跟中国"仚""僊"等字汇所反映的观念非常相似。尼拉加瓜最高酋长享受火葬,"他们相信所烧出的烟将'飘至死者灵魂所在的地方'"①。有些像中国的"禋祭"。古羌人采用火葬,目的也在此。

这又是《墨子》等书说的"登遐(霞)",即借助云霞登上天宫——斯拉夫人形容烟也是"没有脚,没有手而登山"——火葬里尸体化烟最容易造成这种信念(闻一多《神仙考》以为火葬与"登遐"信仰来自羌人)。

《封禅书》载公玉带"黄帝明堂"进口有特定方位——"从西南入",王世仁说,"昆仑在中国西南部,故曰'从西南入'"。昆仑实际是在中

---

① [美]路易斯·H.摩尔根:《印第安人的房屋建筑与家室生活》,秦学圣、汪季琦、顾宪成译,文物出版社1992年版,第260页。

国西北——也许从其下方逐渐攀登，更为合理。杨鸿勋的解说虽烦琐而较合理。他说，长安南郊明堂-辟雍的太室，登楼或采木梯，"其位置，有可能按公玉带明堂'从西南入'的说法，设于西南隅靠大台壁处，即在总章后室的暗室布置木梯。入太室的登道设在西南隅，也符合《吕氏春秋·十二纪》木（春）、火（夏）、土（中）、金（秋）、水（冬）的五行顺序，即'中央土'排列在火（夏）与金（秋）之间。在天子临堂使用中，应时按顺序在季夏居南方的明堂右个之后，接中央土，居太室，然后，于孟秋居西方的总章左个。出于这种礼仪实用的要求，入太室的途径也应在西南"①。但依然只是个缺乏实证和说服力的假设。

凌纯声除了认同徐高阮昆仑丘来自西亚塔庙的见解外，更明确提出三点：（1）"昆仑"为 Ziggurat（模拟神山的塔庙）的音译（约在纪元前三千年传入中国）；（2）所谓"悬圃"盖即巴比伦的悬空花园（案：此同小川琢治）；（3）"增城九重"系指扩建的巴比伦大塔。②

登天的中介者为《列子》所谓"化人"。有人怀疑"化人"也来自西亚。"化人"带领周穆王遨游天空，进入"天室"。

笔者注意到，上述西亚矩形或方形建筑坐落于平原，大都象征圣山，但无论是圣山或其摹制品都是指向天空，指向光明。这一点，确实跟中国的昆仑，印度的须弥，埃及的金字塔完全一样。所谓阶台式祭坛或所谓"截顶金字塔"，都表示宇宙层次，表示一步步"升"到天空（它的平顶可能置放神像、庙主或张设祭品）——天空最重要的"光明"实体便是太阳。所以这类方形祭坛最重要的就是太阳祭祀台（例如西亚祭献马尔杜克），越到后来就越明显。

大约成书于魏晋年间，受到佛教文学影响的《列子》，其中《周穆王篇》说其时"西极（或作'西域''西胡'）有化人来"，穆王为之改筑宫室，"其高千仞，临终南之上，号曰中天之台"。这倒很像是巴比伦"通天塔"的翻版。

---

① 杨鸿勋：《建筑考古学论文集》，文物出版社 1987 年版，第 184 页。
② 参见凌纯声：《中国边疆民族与环太平洋文化》（下册），联经事业出版公司 1979 年版，第 1518 页。

王执化人之袪，腾而上者，中天乃止。暨及化人之宫。化人之宫构以金银，络以珠玉；出云雨之上，而不知下之据，望之若屯云焉。耳目所观听，鼻口所纳尝，皆非人间之有。王实以为清都、紫微、钧天、广乐，帝之所居。王俯而视之，其宫榭若累块积苏焉。①

　　御手洗胜指出，这可以与《史记·封禅书》的"通天台"之类相参照。② 凌纯声也注意到二者的联系，说："盖化人为（西亚）祭司或巫师，自西极而来中土，向穆王传教，乃筑中天之台的神坛。"③

　　比较文化史家常常从昆仑"方丘"和方士们构思的《明堂图》，联想到被《旧约·创世纪》所夸饰的可能一直盖到耶和华"天室"的"巴比塔"，即"通天塔"（或说，它本来就是西亚"塔庙"的一种）。

　　《创世纪》说，天下人"为要传扬我们的名，免得我们分散在全地上"，要盖一座塔，"塔顶通天"。上帝就让他们说不同的语言，信息不能沟通，无法协同完成这座伟构。这座塔可能在汉谟拉比时代被拆毁。巴比伦王那波勃莱撒说："那时巴比塔年久失修，因此马尔杜克（太阳神、战神）命我重建。他要我把塔基牢固地建在下界的胸膛上，而它的尖顶要直插云霄。"一百多年前，1899年，德国考古学家罗伯特·科尔德维挖出了据称是"通天塔"的四方形的塔基！这种"曼荼罗"式的构造，又使人觉得这是一个宇宙的模型。

　　这就是建筑在"撒琴"（意为"盘子"，象征大地）地方的"埃特门南基"阶梯塔或塔庙，雅名"天地基础殿堂"，亦即俗称"通天塔"。它是一种层层垒高的方基建筑，异名很多（例如还叫"多层塔祠"）。但是学术界多不承认其即"通天塔"旧址，而只承认其属巴比伦某王的祠庙。

---

① 严北溟、严捷：《列子译注》，上海古籍出版社2016年版，第79页。
② 参见［日］御手洗胜：《中国诸神·附录·邹衍之大九州说与昆仑传说》，东京创文社1984年版，第684页。
③ 凌纯声：《中国边疆民族与环太平洋文化》（下册），联经出版事业公司1979年版，第1518页。

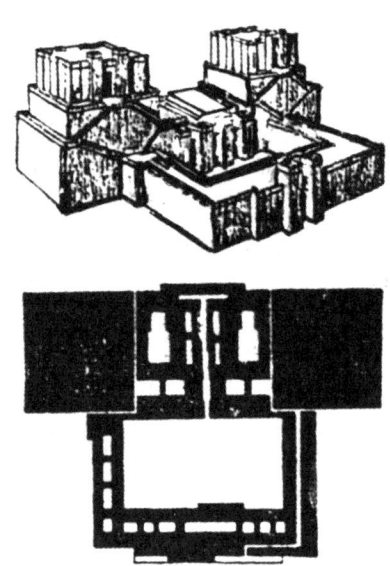

图 7-27 亚述的安奴－阿达神庙复原图

安奴是天之神,阿达是光明神,他们实际上是亚述王国的最高神。他们的神庙犹如中国祭日的"王宫"。其三级构造也值得注意。此建筑除了观测天文的实际功能之外,主要是天人交流信息。

诸家最关注的是昆仑"通天台"、化人"天室"跟西亚巴比塔的相似点。巴比塔或说七层,或说八层,或说加基座九层。

德国考古学家 C.W. 西拉姆介绍这七层巨塔的构建情况说:

通天塔建在一块洼地上,这块地方叫作"撒琴",意思是"盘子"。科尔德维写道:"但我们的撒琴不过是古圣地的现代翻版,'埃特门南基'阶梯塔就建在这块圣地上。'塔特门南基'阶梯塔即'天地基础殿堂',也就是巴别塔。圣地四周建有围墙,还有奉祀马尔杜克神的各种建筑。"

塔基每边 288 英尺,塔和庙总高度也是 288 英尺,第一层高 105.6 英尺,第二层高 57.6 英尺,第三、四、五、六层各高 19.2 英尺,马尔杜克神庙则高 48 英尺。[①]

---

① [德] C.W. 西拉姆:《神祇·坟墓·学者:欧洲考古人的故事》,刘迺元译,生活·读书·新知三联书店 2001 年版,第 307 页。

科尔德维说，仅仅是现存残破的遗迹已令人惊叹不已：

> 通天塔硕大无朋，"旧约"中的犹太人把它看作人类骄傲的标志，四面是僧侣们朝拜的豪华的殿堂，许多宽敞的仓库，连绵的白墙、华丽的铜门、环绕的碉堡，以及林立的一千座敌楼。①

真是人间难以想象的奇迹。它的功能是"通天"，为采取阳气与天光，跟作为"宇宙轴"的明堂－重屋完全一致，殆无可疑。

尼布甲尼撒二世（前605—前562）在光荣的巴比伦城建造这座用蓝色釉砖贴面的塔庙时，声称：

> 取自山上海上的金银珠宝，大量镶在塔里……我在马尔都克神前鞠躬，脱下皇袍，解下国王的徽章，把砖和泥顶在头上运送。……（我）已把塔基建好，并建到约45米高，但还未建塔顶。②

巴比伦城是正方的。"每一面有120斯塔迪昂长，因此它的周围就一共是480斯塔迪昂了。"③在"倍洛斯·宙斯圣域"的中央，就是这令人惊叹的巴比塔了，希罗多德说它的基座也是正方形的，与考古发现不同。

> 圣域的中央，有一个造得非常坚固，长宽各有一斯塔迪昂的塔，塔上又有第二个塔，第二个塔上又有第三个塔，这样一直到第八个塔（案：加上基座，就是"璜台九成"）。④

奇怪的是，希罗多德说，在第八层塔（后称为"神宅"）里没有神像，只有一张巨大而华丽的卧床，床旁有一张黄金桌子，除了一位妇女，没有人在那里过夜，"根据担任这个神的司祭的迦勒底人的说法，这个妇女就是这个神从全体妇女中选出来的"。倍尔或巴尔，作为巴比伦－亚述最高神，也"常常亲自下临到这座圣堂并在这个床上安歇"。塔里的女人在"降神"时"一定要闭在圣堂中过夜"。⑤

---

① ［德］C.W.西拉姆：《神祇·坟墓·学者：欧洲考古人的故事》，刘迺元译，生活·读书·新知三联书店2001年版，第307页。
② 于殿利、郑殿华：《巴比伦古文化探研》，江西人民出版社1998年版，第290—291页。
③ ［古希腊］希罗多德：《历史》（上册），王以铸译，商务印书馆1997年版，第89页。
④ ［古希腊］希罗多德：《历史》（上册），王以铸译，商务印书馆1997年版，第90页。
⑤ ［古希腊］希罗多德：《历史》（上册），王以铸译，商务印书馆1997年版，第91页。

是否有这种"神宅"或"祭室",有争论。这涉及所谓"人神恋爱"型圣婚制度:太阳神马尔杜克像宙斯那样"降"入密室,与圣处女媾和,甚至使其怀孕生子(北亚、中亚也有这类"天光授孕"神话)。古人以为"圣婚是重大的新年节日中的核心仪式"。苏美尔-巴比伦是举行过的。可惜已无法复睹"祭室"其真面。

"有顶无墙"的准明堂

公玉带"明堂",可在汉初典籍中找到一些印证。

《淮南子·主术训》曾讲到神农时代的明堂:

> 昔者神农之治天下也,神不驰于胸中,智不出于四域,怀其仁诚之心,甘雨时降,五谷蕃植,春生夏长,秋收冬藏。月省时考,岁终献功,以时尝谷,祀于明堂。明堂之制,有盖而无四方,风雨不能袭,寒暑不能伤。迁延而入之,养民以公。

这就是说,"神农明堂"虽是四方形的,四面却无墙壁而只有顶盖,但也能做到"风雨不能袭,寒暑不能伤"。杨鸿勋很重视这一段话,分析道:

> 这个最早见于记载的原始明堂,是"有盖而无四方"的一个简单的敞轩或大亭子。其开敞、明亮的形制,正符合"明堂"这一词的原始含义。看来,这一传说是可信的。西周复杂化的明堂,仍然保持至少是前檐开敞的形制。①

清人惠栋《明堂大道录》为这辟解云:

图7-28 "有顶无墙"的祭祀屋

(云南晋宁石寨山出土西汉青铜"贮贝器",器上为"祭祀场面")

"有盖无墙"的祭祀屋,檐下排列着小型铜鼓等祭祀乐器。屋外是忙碌的祭祀人群。可能正在"杀人祭神"。外陈大铜鼓二面,所以有人称其为"铜鼓祭"。

---

① 杨鸿勋:《建筑考古学论文集》,文物出版社1987年版,第178页。

四面无壁，《淮南》所云"有盖而无四方"（案：这一点最真实）。大道既隐，天下为家。夏后氏称"世室"，始有室及牖矣。殷人"重屋"，始有重檐四阿矣。明堂四门外有辟雍，故云水圜宫垣。上有灵台，故云有楼。

这是颇具历史眼光的，明堂本就是由简到繁、从朴到奢的。还应该补充一点：明堂象征昆仑，昆仑是袖珍本宇宙或天，仍是"唯一者"。昆仑本身是混沌，蕴涵着黑暗，开辟出光明，于是对转为明堂。

至于重屋因得纳日光而"通天"，此中的奥秘，汪宁生在论到"有顶无墙"的礼制建筑时有非常精彩的论述。他也引用《史记·封禅书》《汉书·郊祀志》里公玉带所上的《黄帝明堂图》为例："《明堂图》中有一殿，四面无壁，以茅盖，通水。"它跟《淮南子·主术训》所说明堂"有盖而无四方"相合，茅盖也有文献根据。汪氏以为"早期明堂应就是这样'一殿'、'无壁'的建筑"①。这有如上举的"大房子"，但是"大房子"的考古遗址看不出有无墙壁。只有云南晋宁石寨山一件青铜贮贝器盖上，有"四面无壁"的集会房屋模型。国内外后进民族会所却多是如此，"或四面无墙，或两端或一通无墙，或只砌半墙"。特别多见于热带、亚热带和温带地区。他举出好几个例证。现在选择跟明堂形制较为接近、确属"无壁型"的礼制建筑简介如下。

中国台湾马太安阿美人村落中心设会所建筑，"较一般房屋高大，四面无壁，屋顶竹架，前后屋缘伸延甚低"。②

苏门答腊的巴他族（Batak）"公共事务所"一般都设于广场正中，称为soppo，专供议事、集会、宴客及举行仪式之用，还储藏着宗教用品、巫术法具，它也"没有四堵墙壁"。英加佬人（Engano）的四方形"公所"，也"筑在柱子上，没有墙"③。

汪宁生以为它们近于原始明堂："会所之类建筑，由于无墙，室内光

---

① 汪宁生：《释明堂》，载《文物》1989年第9期，第21页。
② 李亦园等：《马太安阿美族的物质文化》，载《"中央研究院"民族学研究所专刊》（二），1962年，第192—195页。
③ E.M.勒布、R.汉·格顿：《苏门答腊民族志》，林惠祥译，载《南洋问题资料译丛》1960年第3期，第82页。

线充足，人们很自然地便以明堂相称。明堂者，明亮的房子之谓。"①他似乎主要从实用层面出发来确定明堂的性质与名称（当然，原始明堂的形制至今还没有文献与实物足征）。他说，"无壁"之制体现着"原始的民主政治具有较多透明度"，虽有些道理，却跟我们所持的"十二室"轮居－隐避制恰恰相反。

《吕氏春秋·慎大览》说："周明堂，外户不闭，示天下不藏也。"清惠栋《明堂大道录》说，这表示"天下为公"；后来，"大道即隐，天下为家"，"始有室及户牖矣"。这是理想主义。室、顶、户、窗，作为"隐奥"的调节，早就有了。

从技术层面或实用功能说，台可无顶而屋不能无顶，尤其在热带、亚热带多雨地区。如果既要有所遮蔽又要使其采纳天气、接受天光，那么最方便的手段就是"有顶而无墙"。这跟美洲的明堂式建筑有意用茅盖顶，其下留出极大通风架构以便接纳光明一样。

如所周知，"遮蔽"与"隐奥"是家室建筑的首要要求，作为其升级版的庙堂殿宫也不例外。但为了透光和通气，就要有门户、窗牖等等。由原始集体会所演进而来的某种明堂或明堂的某一单元（例如大室），在特定时空里，尤其在较为炎热、潮湿或阴暗的环境里，有意"无墙"或者"半墙"，一方面是对传统的继承或纪念，另一方面是实用与信仰的要求。但并非所有明堂都无四壁，标准型明堂之四"旁室"就不一定无墙，当需要仪式轮居时更不会"无墙"。

笔者认为，通光，接受天光（太阳）与阳气是从早期到成熟期的明堂机制的一大要件；但如果像汪宁生那样，仅仅把早期明堂规定为"'一殿'、'无壁'的建筑"，那就未免狭隘了。

---

① 汪宁生：《释明堂》，载《文物》1989年第9期，第23页。

第八章　轮居十二室的秘密

"十二室－十二月"模式中的秘密

太阳崇拜关涉明堂的"十二堂"或"十二室"。《周礼·冬官·匠人》明堂之制之"四旁两夹",已含其意。清孔广森说,明堂四旁,每旁各有"两夹"(即两"个"),加中央大室就是《大戴礼·盛德》的"九堂"。孔诒让云:"孔氏谓两'夹'与八'个'为一制,通四正堂为十二堂。其说甚是。"

《大戴礼·明堂》曰:"明堂,月令。"北周卢辩注:"于明堂之中,施十二月之令。"这跟《吕氏春秋》的"十二纪",《礼记·月令》《淮南子·时则训》等书所说是相符的。

《盛德》又说明堂"九室十二堂"。清王聘珍解诂引汉蔡邕《明堂月令论》云:"明堂制度之数,十二堂以应日辰。"

《北史》载李谧论明堂房室之数,是比较通达明白的。他说,"明堂五室,古今通则",中央太室,四面四室,"四面之室,各有夹房,谓之左右,三十六户七十二牖矣。室、个之形,今之殿前是其遗象耳"。

其他文献除记载明堂十二室外,还透露出此制与太阳运行及所谓"王者轮居"的内在联系。

《淮南子·本经训》曰:"是故古者明堂之制,下之润湿弗能及,上之雾露弗能入，四方之风弗能袭。"汉高诱注：

> 明堂，王者布政之堂。上圆下方，堂四出，各有左右房，谓之"个"。凡十二所。王者月居其房（或作"月居一室"），告朔朝历，颁宣其令（"令"或作"政"）。谓之明堂。

北魏郦道元《水经注》说：

> 谷水又迳明堂北。汉光武中元元年立，寻其基构，上圆下方，九室，重隅十二堂。

汉蔡邕《月令章句》说略同。

沈瓞民说："九堂十二室为是。九堂者，十央大室，所谓九宫是也。十二室者，即《水经注》重隅十二堂，合十二支，以应十二月也。"[①]他把"九堂"解释为"大室"，以符应所谓"九宫"之称，恐非是。

《月令记》云："明堂者，所以明天气，统万物。明堂上通于天，象日辰；故下十二宫，象日辰也。"

前引桓谭《新论》也说，明堂有"十二坐"或"十二室"。孙氏《周礼正义》归纳说：

> 《新论》云："九室法九州，十二坐法十二月。"《白虎通义·辟雍篇》，《汉书·平帝纪》应劭注并同。《明堂月令论》云："九室以象九州，十二宫以应辰。"说亦略同。今考十二堂，即四堂兼两夹之通数。桓、班云十二坐，蔡云十二宫，其实一也。

至于与"十二宫"并存的"九室"，很难理解。有人说《大戴礼》等书"明堂之数，似仿《洛书》"，而且"古代九州、井田、明堂之制，莫不以九为则，似皆仿《洛书》"[②]。春秋战国以后的人当然可能这样捏合，但是这"九室"究何所指，却难判定。

《吕氏春秋·十二纪》《礼记·月令》《淮南子·时则训》说，每一个月，天子要在明堂十二间房屋里住一次，其次序如下：

[①] 沈瓞民：《读吕纪随笔》，见《中华文史论丛》1962年第2辑，第196—197页。
[②] 黄建中：《中国哲学之起源》，载《学原》1947年第1卷第1期，第4页。

孟春正月	青阳左个
仲春二月	青阳太庙
季春三月	青阳右个
孟夏四月	明堂左个
仲夏五月	明堂太庙
季夏六月	明堂右个
孟秋七月	总章左个
仲秋八月	总章太庙
季秋九月	总章右个
孟冬十月	玄堂左个
仲冬十一月	玄堂太庙
季冬十二月	玄堂右个

这个说法是符合一定时期之历史真实的。

《礼记·月令》疏引郑玄《目录》云："名曰《月令》者，以其记十二月政之所行也。本《吕氏春秋·十二月纪》之首章也。"陆氏《释文》说："此是《吕氏春秋·十二纪》之首，后人删合为此记。"孔疏云："此于《别录》，属《明堂阴阳记》。"陈奇猷说："余疑《十二纪》之首篇，系吕氏本之古农书并杂以阴阳家增删而成。"① 其中保存旧俗古说不会太少。《淮南子·时则训》孟春之月，"朝于青阳左个，以出春令"，高注："是月之朔，天子朝日于青阳左个。东向堂，故曰青阳；北头室，故曰左个。个犹隔也。"天子"春朝朝日"于明堂，是岁首在太阳神殿（或其东向第一室）迎接朝阳，合于古礼和后进部落民俗。有的简化为四季（或迁就"五行"，当中增加一"次"）。《御览太平·时序部》引《三礼仪宗说》："天子春居东北之寝，夏居东南之寝，秋居西南之寝，冬居西北之寝；春三月之中居正寝，三月之末土王之日则居中寝，余三时亦如之，以从时气。"

清汪中《明堂通释》据《吕览》《月令》所述，对明堂之十二室做了简明的图说。王国维《观堂集林·明堂庙寝通考》则把五室、四堂、八个、十二堂的关系说得更加清楚：

> 明堂之制，本有四屋四堂相背于外，其左右各有"个"，故亦可谓之十二堂。堂后四室相对于内，中央有太室，是为五室。

---

① 陈奇猷：《吕氏春秋校释》（第1册），学林出版社1984年版，第3页。

太室之上，为圆屋以覆之，而出于四屋之上，是为重屋。

兹附其图如下，室房的月份为笔者所加，以清眉目。

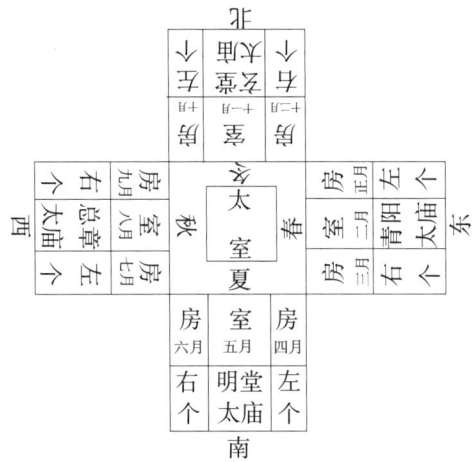

《史记·封禅书》说"黄帝时为五城十二楼"，实在就是对"五室""十二堂"一种近似的模拟，其目的在"以候神人于执期"，跟明堂通天祀神的用意相同，而"命曰迎年"者，正因为"天子"或"黄帝"逐月轮流住满十二楼之后便迎来了新年。从《楚帛书》十二月每月各自有神来看，这十二楼或明堂的十二堂各有"月神"专司（或被专祀），也未可知。

轮居：模拟太阳行程

卫聚贤认为古代美洲有"亚"形房屋，陶器上有"亚"形文，而"亚"字就是明堂外形的俯视图。他说，"换室"之制是因为古代国君于每月初一日早上要到宗庙中祭神，并"告朔"（国君在祭神时"击鼓鸣钟"，人民就知道这一天是"初一日"）。古代国君每一个月祭神，就有一个专房，正月在北房正中的一间，二月在北房东间……明堂院心很大，光线充足，故叫"明堂"。①

然而，这些都没有说清楚君王为什么要每一个月换一间房子住。

顾颉刚则以"五行终始"学说讲述这种轮居制：

---

① 卫聚贤：《中国古代与美洲交通考》（第1册），巨轮出版社1970年版，第81—82页。

天子应当住在一所特别的屋子里，这屋子的总名叫做明堂，东南西北各有一个正厅，又各有两个厢房(案：这样周围就有"十二室")。天子每一个月应当换住一地方，穿这一个月应穿的衣，吃这一个月吃的饭，听这一个月应听的音乐，祭这一个月应祭的神祇，办理这一个月应行的时政；满十二个月转完这一道圈子。这大院子的中间又有一个厅，是天子在季夏之月(案：或者"闰月")里去住的。①

他指出："这把方向的'东、南、中、西、北'和时令的'春、夏、□、秋、冬'相配，使天子按着'木、火、土、金、水'的运行去做'天人相应'的工作，真是五行思想最具体的表现。"②

人间的最高统治者必须与宇宙汇通，按照宇宙的时空活动作息，从而掌握、认同自然的节奏，确定人间的秩序。这是在开发其"合法性"的时令资源。

丁山曾根据殷墟卜辞里记载的多种寝庙指出，这种随着季节时令"轮居"的制度很可能早在殷商时期便实行，明堂"五堂"或"十二室"之制，绝非秦汉方士所能悬想得出来。他说：

> （君王）十月至十二月祭于寇寝，寇寝自可拟于月令的"玄堂太庙"；二月，宅东寝，东寝自可拟于月令的"青阳大庙"；七月、九月祭于盟室，盟室自可拟于月令的"总章大庙"；而南室，顾名思义，自可拟于月令的"明堂太庙"了。明堂月令言，天子春居青阳，夏居明堂，秋居总章，冬居玄堂。随着时令推迁而异其居室的方位，近世学者多疑出晚周阴阳家言；今以甲骨文证之，知周王随时异室的制度，正自商王春宅于东寝，夏㘽（案：祊）于南室，秋告于盟室，冬出（案：佑）于寇寝的祭仪演变而成，这就是"周因于殷礼"的一端。③

这种整合、对应固有可商和待证之处，但商王有多种室、寝，在不同

---

① 顾颉刚：《秦汉的方士与儒生》，上海古籍出版社1978年版，第4页。
② 顾颉刚：《秦汉的方士与儒生》，上海古籍出版社1978年版，第4—5页。
③ 丁山：《中国古代宗教与神话考》，龙门联合书局1961年版，第161页。

时节移居总是事实。这至少应该看作明堂轮居制的一种初始形式。

天子"日游一宫",或"月游一宫",邢文认为,其"遍居明堂各室",是因为"为君之道,必须与天道时节相顺随";因为"遵从天道、顺应天时以布恩施政,是明堂思想的核心"①。这就是《灵枢》经里太一终而复始"游宫"的人间投影。《灵枢》九宫为,北:叶蛰;东北:天留;东:仓门;东南:阴洛;南:上天;西南:玄委;西:仓果;西北:新洛;中央:招摇。其轮留为:"太一日游,以冬至之日,居叶蛰之宫,数所在日,从一处,至九日,复反于一,常如是无已,终而复始。"

邢文独特地认为:"在传统的五行学说之中,五行生胜的观念,实际上就是游宫思想的反映。……生胜关系,在本质上就是五行的轮流居王,或曰'五行休王'的关系。而'王位'的轮流替休,就是'游宫'。"②这见于《淮南子》的《天文训》和《地形训》。马王堆出土帛书《周易》云:"内卦八卦,各为一'宫';内卦所在,'王位'所在。内卦依次'游居'八宫,与'五行休王'、'太一游宫'同一旨趣。"③简单地说,"神圣者"必须顺应天时,依次"游宫",终而复始,跟十二月轮宫制本质相同。

与明堂略似,古代玛雅有一种九门道的圆屋,象征天宫,有围院,有门道。有些学者提出,这种建筑群落表示的是宇宙图案——封闭式围院代表着天空,九条门道代表着"地狱九王"和黑夜,对称金字塔代表着太阳神在天空中自东向西的运行轨迹。④

中国明堂则以太室圆顶象征天空,口形或"亚"形底座代表方地,四阼阶表示四方(或说表示射向四方的太阳光线)。"四堂"(四季)或"十二室"(十二月)的轮居则体现太阳一年中的行程。乔治·吉耶曼认为,

---

① 邢文:《马王堆帛书〈周易〉与五行说》,见艾兰、汪涛、范毓周主编:《中国古代思维模式与阴阳五行说探源》,江苏古籍出版社1998年版,第335页。
② 邢文:《马王堆帛书〈周易〉与五行说》,见艾兰、汪涛、范毓周主编:《中国古代思维模式与阴阳五行说探源》,江苏古籍出版社1998年版,第336页。
③ 邢文:《马王堆帛书〈周易〉与五行说》,见艾兰、汪涛、范毓周主编:《中国古代思维模式与阴阳五行说探源》,江苏古籍出版社1998年版,第337页。
④ [美]诺曼·哈蒙德:《寻找玛雅文明》,郑君雷译,浙江人民出版社2000年版,第213页。

玛雅金字塔通道上的台阶数目,还可能"被用来象征十三层天堂(案:中国明堂十二室加中央太室为十三室,闰年时第十三个月王居门中)和九层地狱,这种复合结构显然蕴含着神秘的宗教礼仪观念。在统治者看来,他光辉的历程也是一条时间通道,而统治者本人似乎就等同于太阳神了"①。君,日也。当天子住到明堂里并且每室轮居时,他就像太阳一样在天下巡行。

明堂十二月(堂)轮居,也可以简省为四季(堂)轮宿。《魏书·张寔传》:

骏筑南城,起谦光殿于其中,穷珍极巧。又四面各起一殿,东曰宜阳青殿,南曰朱阳赤殿,西曰正德白殿,北曰玄武黑殿。服章器物皆依色,随四时居之。

这基本上是对"亚"字形明堂的僭越性模拟,"随四时居之"当然也是对象征天时运行的轮居制的简单袭用。"谦光"应"明堂"之"明"。"宜阳"如"青阳","朱阳"近"朱明","玄武"犹"玄堂",唯"正德"古怪耳。

《后汉书·西域传》所载大秦国(东罗马帝国)亦有分置之五宫(可惜不知其排列方式):

所居城邑,周围百余里,城中有五宫,相去各十里。宫室皆以水精为柱,食器亦然。其王日游一宫,听事五日而后遍。常使一人持囊随王车,人有言事者,即以书投囊中,王至宫发省,理其枉直。

这种简化的(也许是更早期的)"四(五)季轮居"之制,跟"闰"而王居门中也不冲突。《太平御览·时序部》引《三礼义宗》说:

天子春居东北之寝,夏居东南之寝,秋居西南之寝,冬居西北之寝。春三月之中居正寝,三月之末"土"王之日则居中寝(案:这是五季轮居,以符五行之数),余三时亦如之,以从时气。

这里有些话意思不明,四季所居之"寝"也不一定尽合古制。但四季轮居可"挤"出"春三月"来居正寝以应"土"之气,亦即占据"中心"

---

① [美]诺曼·哈蒙德:《寻找玛雅文明》,郑君雷译,浙江人民出版社2000年版,第214页。

来交感宇宙之正。十二月轮居则无法安排"中"室，只好在闰月时让王居门内——实际上是进入"中心"——以作补偿。

从君主与宇宙的对应来说，"日，君也"，君王或酋长就是太阳。他像太阳那样巡游十二月，不但"以从时气"，体现了阳光雨露等自然恩泽的普遍性，而且从此获得世俗权威的合法性。

中国和墨西哥古代不但可能都有"亚"室，而且十二月的月相有近似之处。邓少琴说："据《吕氏春秋》所载，一年有春夏秋冬四季，每季又分为孟仲季三个月，合为十二个月。其所述气候，与印第安月相多数相合；其不合之处，盖由中美居地不尽相同，寒暑亦有早迟之别。"①

《梁书》里的扶桑，或说指古代墨西哥，此虽不必是，但《扶桑传》所载，其"国王行有鼓角导从，其衣色随年更易：甲乙年青，丙丁年赤，戊己年黄，庚辛年白，壬癸年黑"，如邓先生所揭示，与《吕氏春秋》十二纪等书所载"更衣制"全同，只是后者称"其日甲乙"云云而已。兹排列如下。请注意其衣饰色泽与季节轮换的对应性。

《吕氏春秋》	春，甲乙日青衣青玉	夏，丙丁日赤衣赤玉	中央土，戊己日黄衣黄玉	秋，庚辛日白衣白玉	冬，壬癸日黑衣黑玉
《梁书·扶桑传》	甲乙年青衣	丙丁年赤衣	戊己年黄衣	庚辛年白衣	壬癸年黑衣

宋人聂崇义《三礼图》所构拟的周王城，中央为王宫，四面也有十二殿。这多被认为是假想和附会，但它极可能是文献里的明堂十二室的放大（伊利亚德所说中国天子都城和宫殿的构造主要据此）。甚至这种构拟还有坚强的证据，带有信仰和宗教的意味。它跟《楚帛书》十二月神的布局也极其相似。

非常奇怪的是，美国普林斯顿大学图书馆珍藏有一幅新耶路撒冷圣城建造计划图。它也是一个正方形，每边也有三个门，共十二门。其中心方形框格里是"生命树"，它汩汩流下的生命之水，可供众人洗涤。中间方形向四方"放射"路道，又俨然构成"亚"形。这跟中国的十二室"亚"

---

① 邓少琴：《从北美印第安人之"月相"、慧深所说"扶桑国"之礼俗谈到古代中国人东渡美洲》，载《重庆师院学报》（哲学社会科学版）1983年第3期，第71—72页。

形明堂实在颇为相似。可惜匆促间未及复制，现在只能示意，供有识者进一步发掘和比较。

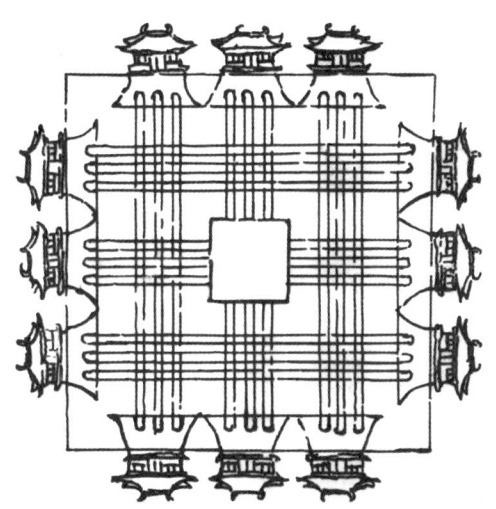

图 8-1　宋人《三礼图》中的周王城

这座猜想中的"周王城"平面投影图像明堂"十二室"的格局。

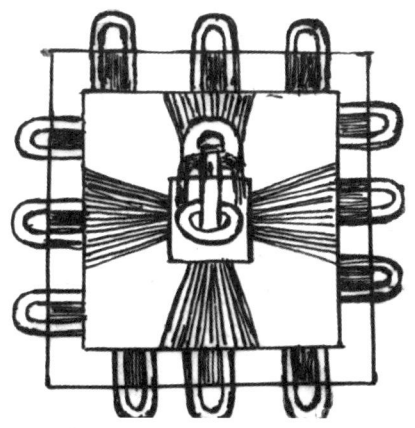

图 8-2　新耶路撒冷圣城规划图（原件藏普林斯顿大学图书馆，此为速写简图）

这座理想中的圣城，中央是生命树，喷射着生命之水供众人沐浴，涤罪。它的方形十二门布局极像周王城和十二室明堂。

如前所说，明堂曾是告朔布政的神圣场所。《周礼·春官·大史》："正岁年以序事，颁之于官府及都鄙，颁告朔于邦国。"郑注云："天子颁朔于诸侯，诸侯藏之祖庙，至朔朝于庙告而受行之。"《淮南子·本经训》

高注说:"王者月居其房,告朔朝历,颁宣其令,谓之明堂。"

"告朔"和"布政"是一致的,都带着相当的神圣性和神秘性。它绝不限于颁布历法细节、天象变化等等,也具有极强的政治性。《太平御览·礼仪部》引《五经异义》云:"诸侯岁遣大臣之京师,受十二月之政,还藏于太庙。"又引《礼纬·含文嘉注》云:

> 天子孟春上辛于南郊,总受十二月之政,还藏于祖庙,月取一政,班于明堂也。诸侯以孟春之月,朝于天子,受十二月之政,藏于祖庙,月取一政行之。

这似乎是说,天子受政于天,然后才逐月颁布于明堂。蔡邕《明堂月令论》说"古者朝正于天子,受月令以归,而藏诸庙中;天子藏之于明堂,每月告朔朝庙而行之",虽然含糊些,但天子在明堂逐月颁布政令(即政治性的"月令")则无疑。

"告朔"或颁布月令、规定历法,是"神王",尤其"太阳王"的重要特权。他参与并且规定、调谐宇宙的秩序。"天无二日,国无二主。"从部落领袖、邦酋到王、君主、皇帝,往往以自比为太阳。在原始观念中,他代表太阳光、力、热诸能量,行云布雨,调风顺气,所以要敬授天时,谨遵节令,行为也力求与太阳同步,模拟太阳的行程。非洲也有类似观念。

> 由太后和人民选出的(阿散蒂)国王是民众的代表或太阳的儿子。他那充满太阳活力的灵魂是生命和国家幸福的源泉。作为太阳的儿子,国王被称为"宣告时令开始的人"。国王还自称"吾乃世界之中心,世上万物皆绕吾而转"。[①]

明堂十二月"轮居制"的出现可能与古人所想象的太阳行程有关系。古代天文学家把周天360°十二等分以符日月每年相会十二次之数,如《礼记·月令》郑注所说:"日月之行,岁十二会,圣王因其而分之,以为大数焉。"所以东西方都有所谓"黄道十二宫"。《吕氏春秋·十二纪》和《礼记·月令》还根据太阳在天空的相对位置,逐月标出日所在星座的名称,具体如下:营室、奎、胃、毕、东井、柳、张、角、氐、心、斗、婺女。

---

① [英]帕林德:《非洲传统宗教》,张治强译,商务印书馆1999年版,第74—75页。

"天子"自比为"太阳"。"时日曷丧,予及汝偕亡。"太阳往往是王者(尤其崇拜太阳的部落集群的酋长)的象征,王者成为太阳或天的代表。所以王者的居迁必须跟太阳的行止一致或同步。

世界古老民族普遍地崇拜太阳,关于太阳及其运行的神话、传说、仪式、民俗有极多的趋同和对应点。① 这里仅举跟"十二月"相关者略加介绍。古代埃及人把一天分为二十四小时,日间十二时太阳在赤道旅行,晚上十二时则在地府巡游。"地府的面积,分为十二段,相当于黄道十二宫,每段的距离不同,旅途的难易不同。"② 死者的灵魂如果搭上太阳神"拉"(Ra)的大船,就可以比较顺利地通过地下世界的十二个区域,免受守卫关卡的妖魔的侵害、神灵的盘阻,从而安达乐园。

如果"四季"(十二月)轮流住居各室,也就经历了一个神圣之"年","年"也是"宇宙生命"的周期循环。因为宇宙每"年"都要更新一次。

伊利亚德指出:

> 在古代文化中的宗教徒看来,世界每年都要被重生一次(案:代表"世界"的天子,每年都要经历或模拟这种重生)。换言之,每一年它都会重新恢复它曾经具有的元始神圣性,这种神圣性是当其从造物主手中诞生出来时就具有了的。③

神圣空间以神圣时间出现,神圣时间也体现于神圣空间。

> 它的象征意义就清晰表现在古代圣殿(案:如明堂)的建筑结构中。因为这种圣殿同时就是非凡无比的(par excellence)圣地,而且也是世界的样式,所以它使全部宇宙得以圣化,并且也使宇宙生命完成圣化。宇宙的这种生命被想象成以一个周而复始的过程来表现的,这就是一年。年是一个封闭的圆圈,它有起点和终点,但是它也有着一种能以"新"年的形式被重生的特性。④

巴比伦人也早就把太阳运行的轨道划为黄道十二宫,把一年划分为

---

① 参见萧兵:《中国文化的精英——太阳英雄神话比较研究》,上海文艺出版社1989年版。
② 黄石:《神话研究》,开明书店1931年版,第97页。
③ [罗]米尔恰·伊利亚德:《神圣与世俗》,王建光译,华夏出版社2002年版,第37页。
④ [罗]米尔恰·伊利亚德:《神圣与世俗》,王建光译,华夏出版社2002年版,第37页。

十二月,将一天划为十二辰。郭沫若《甲骨文字研究·释支干》还试图将中国历法、年岁和月辰的命名,同巴比伦的黄道十二宫进行整合。这虽然没有得到多数中国学者的赞同,却在"十二"的划分上提供了一个有趣的比较文化学例证。

据弗雷泽《〈旧约〉中的民俗》介绍,英国东方学家罗林逊推测,记载巴比伦《吉尔伽美什史诗》的十二块泥版恰好与黄道十二宫对应,史诗有序地讲述暗含着太阳一年十二月的行程。[1] 叶舒宪据以认为:"这种来自天象历法的十二进位制在史诗中出现得十分频繁。尤其值得注意的是恩启都恰恰在生病后十二天死去,而吉尔伽美什虽没有明确写出他的死,却也恰在第十二块泥版结束了他的必死生涯的故事。可以断定,同史诗中另一个神秘数字'七'一样,十二这个数字的用法是被赋有象征意义的。从日常的经验观察来看,太阳每天或每年一次的行程周期呈现为一种先上升、后下降的曲线……在这次旅程中,出现了许多与太阳有关的意象来暗示主人公的命运,并有一处向读者点明,英雄是'沿着太阳的路前进'的。"[2] 这样,太阳英雄吉尔伽美什在十二块泥版(最可能对应着黄道十二宫)的经历、停留、动作,基本上与太阳的"十二时"运行同步。

吉尔伽美什呼喊道:

> 请让我的眼睛看到太阳吧,使我浑身广被光泽;
> 那有光的地方,黑暗便告退,
> 让我仰沐太阳神舍马什的光辉,将死亡给予那些死者![3]

吉尔伽美什其实正是太阳的化身。他的"灵魂其所以不死,因它同不死的太阳走的是同一路线"[4]。英雄、酋长们生命历程与太阳同步,对十二月君王轮居制启迪极大。

---

[1] 参见[英]弗雷泽:《〈旧约〉中的民俗》,童炜钢译,复旦大学出版社2010年版,第64—65页。
[2] 叶舒宪:《英雄与太阳——中国上古史诗的原型重构》,陕西人民出版社2005年版,第56—57页。
[3] 《吉尔伽美什》,赵乐甡译,辽宁人民出版社1981年版,第77页。
[4] 叶舒宪:《英雄与太阳——〈吉尔伽美什史诗〉的原型结构》,载《民间文学论坛》1986年第1期,第39页。

叶舒宪进一步依据巴比伦的"黄道十二宫"和中国人的"十二月"历法，力图揭开王者十二月轮居明堂十二室的民俗文化史秘密。

依十二个月的顺序居住明堂十二室的礼俗要晚于商代帝王四时易居的礼俗，其天文学基础便是十二次观念的成熟。按照"人法天"的逻辑，太阳在不同时节经行十二次，那么人间的小太阳——帝王，也自然要效法天道，在十二个不同的空间中依次循环而居处，如《礼记·月令》郑注所说："日月之行，岁十二会，圣王因其而分之，以为大数焉。"这正是古老仪式历法在封建国家中发展了的新形式，与之相伴随，明堂建筑也就日趋复杂化，变成了政教合一的统治中心。①

模拟太阳行程，顺应宇宙秩序以证明自身的合法性与权威性，是王者十二月轮居明堂"十二室"的首要宗教政治意图。

叶舒宪还试图用"道"像太阳那样循行并不断返回自身（"逝"曰"返"）的本质特征②，来阐释明堂的轮居制是"小宇宙"（人）模拟"大宇宙"（首先是太阳）的运行。他说：

由于天道的原生形态就是太阳的运行，那么天子——人间的小太阳——在人工的太阳堂中效法太阳的运行，也就毫不足怪了。③

他以兼为"太阳"的墨西哥羽蛇之神凯察尔柯特尔居住在一所"中圆下方，朝向四方各有一室，上有观测平台"的准"亚"形建筑里，并且为人民带来富饶、美丽的故事为例证，揭示："人类社会的幸福和秩序取决于由太阳运行所代表的宇宙时空的秩序，为了明确宇宙的这种神圣秩序，必须由宇宙自然同人类社会之间的中介者在某个被认为是天下中心的地方建造一座象征宇宙秩序的神圣建筑，它的构成便是宇宙与社会之间的沟通，同时也是中介者（天子）确认统治权的明证。"④

犹太教、基督教的教义和习俗中也有这种对神圣时空的模拟。

---

① 叶舒宪：《中国神话哲学》，陕西人民出版社2005年版，第181—182页。
② 参见萧兵、叶舒宪：《老子的文化解读——性与神话学的研究》，前篇，第三、四章（叶舒宪执笔），湖北人民出版社1993年版。
③ 叶舒宪：《中国神话哲学》，陕西人民出版社2005年版，第176页。
④ 叶舒宪：《中国神话哲学》，陕西人民出版社2005年版，第178页。

前举新耶路撒冷圣城的规划中也有这种以方城的"十二门"对应一年"十二月"的构拟。"正像耶路撒冷神庙具有的宇宙生成的部分象征意义一样，我们将发现时间也有这种相似的象征意义。"①伊利亚德援引约瑟法斯的说法："餐桌上的十二块面包象征着一年中的十二个月，七十个枝的枝形大烛台代表着把七大行星分成十个黄道区域（decans）。圣殿就是一个小宇宙，它坐落在世界的中心，坐落在耶路撒冷。"②这正像明堂坐落在镐京、洛阳或长安等国都（世界中心）一样。"它所圣化的并不仅仅是整个宇宙，而且还圣化了宇宙的生命——时间。"③

除了前举羽蛇之神居住在明堂式、准"亚"形的中圆四向的神圣建筑之外，在所谓"众神之城"的陶蒂华康，曾出土一座宫殿，被称为"译夸那"，面积约四千平方米，"内有一个宏伟的大门，一座私人专用的庙，还有一个大方院，四边围着几个门廊和十二个天井"④。未见遗址，不知门廊如何状，到底几个，天井所指。但是院落方而四边有门廊，当与"亚"形相近，十二个天井更可能是"十二室"的一种变态。

在陶蒂华康，"可能有一种宗教仪式，学成的祭师在指定的时刻，走上黄泉大道，沿着以各种庙宇把全程分为若干段的路，逐段前进"，这跟古埃及的亡魂搭乘太阳神"拉"的太阳船经历黄道十二宫十分相似。⑤美洲的祭师最后也要"攀登通往太阳塔的陡峭台阶，进入塔内"。

《楚帛书》的十二月神

前面说过，长沙子弹库《楚帛书》也有十二月神的布置，跟明堂有十二室与十二月相应的结构基本一致。陈梦家说，《楚帛书》的"十二神象的首部各朝中央，足朝边缘；四木之根似亦朝边，如青木根朝东，黄木

---

① ［罗］米尔恰·伊利亚德：《神圣与世俗》，王建光译，华夏出版社2002年版，第36页。
② ［罗］米尔恰·伊利亚德：《神圣与世俗》，王建光译，华夏出版社2002年版，第36页。
③ ［罗］米尔恰·伊利亚德：《神圣与世俗》，王建光译，华夏出版社2002年版，第36页。
④ 张树柏主编：《读者文摘·古文明之谜》，远东公司1979年版，第116页。
⑤ R.A.Jairazbhoy, *Acient Egyptians and Chinese in America*（《古代埃及人和中国人在美洲》），London，1974，p.15，p.60.

根朝西。如此安置，则中央方形四边代表东西南北和春夏秋冬四季，方形内代表日月与四时的阴阳相错"①。所以，他认为："如此以四色、四方、十二神象与四季、十二月相配合的组合，乃是较后的《吕氏春秋》十二纪、《礼记·月令》及《淮南子·时则篇》所从来。"②这也可以证明明堂"十二室"之制至迟在春秋战国间已经确立，而且南方、北方都有类似的表现。

如果把《楚帛书》四角的树木略去，那么，如上所说，中央方块文字相当于明堂的太室，四周的十二月、月神则与明堂从"青阳左个"到"玄堂右个"的十二室相当，而且其顺序完全与前述汪中、王国维等所拟一致。无怪乎俞伟超要把《楚帛书》看成楚国的明堂图了。

《楚帛书》里有一段讲到"四时"（即"四季"）的名称，文字讹夺难辨，诸家译释有异。现在根据饶宗颐等先生的释文③，并且以《尸子·仁意》《尔雅·释天》的四季名为参照，与明堂四季之堂名称进行比较，可以看出它们之间确有对应之点。

	东	南	西	北
明堂堂名	青阳	明堂	总章	玄堂
《楚帛书》	青阳	朱四□	黄难	□墨
《尸子·仁意》	青阳	朱明	白藏	玄英
《尔雅·释天》	青阳	朱明	白藏	玄英
	春	夏	秋	冬

东方青阳，南方朱明（明堂），北堂玄英，都与太阳相关，还点出了色彩；唯秋季迥异耳。

山东临淄东周殉人墓（时代约在春秋战国之际）石椁中出土漆器数十件。其中一件圆形漆器（M1:54），图案内外二层，中心圆形里有三只"角兽"盘旋，圆外有"亚"形屋宇，"四宇"又分隔为"十二室"，其中或有人物形象，或有窗棂形纹。特别重要的是，"四宇"所夹的四角各有"嘉禾"似的神树——其基本格局跟《楚帛书》一样。曹春平说：

---

① 陈梦家：《战国楚帛书考》，载《考古学报》1984年第2期，第138页。
② 陈梦家：《战国楚帛书考》，载《考古学报》1984年第2期，第138页。
③ 饶宗颐：《长沙楚墓时占神物图卷考释》，载《东方文化》1954年第1卷第1期, 第82页；
  饶宗颐：《楚绘书十二月名》，载《大陆杂志》1965年第30卷第1期，第3页。

此四座结构完全相同的房屋在柱上安装有曲栾形斗拱,大约也非一般建筑所拥有。它应是明堂图的一个缩影——四座房屋与中间的圆形图案构成了一幅明堂亚形,同时反映出天圆地方的思想,四座房屋面各三间共十二间,同上述《楚帛书》中的春夏秋冬的十二月神相对应,而十二间室用户牖间隔,似乎又表示了十二月明暗交错的阴阳变化的观念。①

闰:第十三月王居门中

十二月轮居之制还可以从"闰月"(中国人很早就发明闰月,殷墟卜辞已有"十三月"之记)和"闰"字的形构得到证实。《礼记·玉藻》说:"(天子)玄端而朝日于东门之外,听朔于南门之外。闰月,则阖门左扉,立于其中。"郑注:"天子庙及路寝皆如明堂制。明堂在国之阳,每月就其时之堂而听朔焉。卒事反宿路寝亦如之。"十二月,每月居一堂。闰月,天子无堂可居,只好居门中。孔疏说:

> 闰非常月,无恒居之处,故在明堂门中。按《大史》云:"闰月诏王居门终月。"是"还处路寝门终月",谓终竟一月所听之事于一月中耳,于寻常则居燕寝也。故郑注《大史》云:"于文:王在'门'谓之闰。"是闰月听朔于明堂门,反居路寝门。皇氏云:明堂有四门,即路寝亦有四门,闰月各居其时当方之门,义或然也。

孙诒让《周礼正义》卷五十一曾详论王者十二月在十二堂告朔之礼,但他认为明堂跟"路寝"有别,跟"宗庙"也不同。但这主要是就成熟而典型的庙寝堂室制度立论,我们则集中讨论"轮居"。反过来,弄清了君王十二月轮居之制,闰月之"闰"的结构即迎刃而解。案:《说文解字》卷一王部:"闰,余分之月,五岁再闰。告朔之礼,天子居宗庙,闰月居门中。从王在门中。《周礼》曰:'闰月,王居门中终月也。'"宋徐锴注:"周制明堂十有二室,天子每月听政,各居一室。至闰月,则阖门之左扉,止其中终月。不制室者,十二月之余分耳,明非正月。"此略据《说

---

① 曹春平:《明堂初探》,载《东南文化》1994年第6期,第78页。

文》所引《周礼·春官·大史》为说。案:《大史》云:"闰月,诏王居门,终月。"郑玄注:"门谓路寝门也。"郑众云:"《月令》十二月分在青阳、明堂、总章、玄堂左右之位,惟闰月无所居,居于门,故于文:王在门谓之闰。"贾疏讲得很清楚:

> 明堂、路寝及宗庙,皆有五室、十二堂、四门。十二月听朔于十二堂,闰月各于时之门。……闰月王在门中,故制文字亦王在门中,谓之闰也。

这里先儒有个争论:明堂与路寝是否有不同。我们无法介入,感觉二者是有区别的:明堂主要在白日布政,路寝主要是晚夕眠息。但在某一时候,君王或酋长肯定要轮流居住。工作于四时之室或十二月之堂以应天时,以避恶气。不然典籍上就不会有如此明确的轮居记载。

王国维认为十二堂之设与天子每月"听朔布政"之制有关。王氏撮引诸说云:

> 听朔之为古制,亦可由文字上旁证之。于文,"王"居"门"中为"闰"。《周礼·春官·大史》:"闰月诏王居门终月。"《玉藻》:"闰月则阖门左扉,立于其中。"先郑注《周礼》云:"《月令》十二月分在青阳、明堂、总章、玄堂、左右之位,惟闰月无所居,居于门。故于文:'王'在'门'中为'闰'。"《说文》亦云:"告朔之礼,天子居宗庙,闰月,居门中。闰,从王在门中。"《周礼》、《玉藻》之说,虽有可存疑之处,然文字之证据不可诬也。要之,明堂为古宫室之通制,未必为听朔、布政而设,而其四堂、八个,适符十二月之数。先王因之而月异其居,以听朔、布政焉。此自然之数也。[①]

"隐避"造成神秘感

轮居制还有更深一层的背景或原因。学者一般都只注意到轮居的积极性,即"模拟巫术"性质与交感心理,多忽略了它可能还带有消极性的"禁

[①] 方麟选编:《王国维文存》,江苏人民出版社2014年版,第498—499页。

避巫术"(charm magic)特质或"禁忌"(taboo)消解功能。

带着原始性社会身份和意识的人类群团首领往往被视为"神",至少也是宇宙与社会、神与人的中介。他们一般不能暴露自己跟普通人一样——要吃饭、睡觉、交合或排泄——的"肉体人"真面目。他们至少必须深居简出、行踪无定,以证明和加强自己的神圣性与神秘性。

中国史书对此也有所反映。例如《后汉书·西域传》载大秦或犁鞬(轩),"所居城邑,周围百余里,城中有五宫,相去各十里","其王日游一宫,听事五日而后遍"。可惜不知道这"五宫"是否亦作"亚"形布置。

非洲德兰士瓦洛维杜族"司雨女王"是绝对的神圣,她不能生病(她的病是部落的灾难),生病就得死:归天或升天。"女王可能从不生病,百病不侵,只是最后才第一次得病。到了老年,女王要举行仪式自杀,这样就把她提高到了神的地位,因为她不是因病身故,而是自愿归天的。女王的安危牵系着国家的存亡。人们称女王为'土地'。女王一旦亡故,国家就会与之同归于尽。此时许多人逃离故土,因为他们认为女王去世后将会出现饥荒。"①

西非朱昆人的王是半神,"他的手或没有穿鞋的脚决不可以碰着土地,不然庄稼就会受灾毁掉"②。

一位葡萄牙领港员在 1540 年写到几内亚沿海,尤其贝宁与刚果时,说:

>(国王)被认为是从天上来的。……许多国王从来不在人前进食,以免破坏臣民们关于他们不用食物就能生存的信仰。他们崇拜太阳,并且相信灵魂不灭。死后,他们的灵魂就上升到太阳那里去。③

轮居避免伤害

作为太阳王、太阳神的人间代表,"秘鲁印加人统治者则坐在封闭的

---

① [英]帕林德:《非洲传统宗教》,张治强译,商务印书馆 1999 年版,第 73 页。
② [英]塞利格曼:《非洲的种族》,费孝通译,商务印书馆 1982 年版,第 60 页。
③ [英]巴兹尔·戴维逊:《古老非洲的再发现》,屠尔康、葛佶译,生活·读书·新知三联书店 1973 年版,第 213—214 页。

担架中旅行，他是这样的'神圣'，甚至不许其臣民看见自己的面孔，为了保护他神一般的面貌，担架前后有人跑步相随，为他清除路上行人。'王座之前垂帘'源于同样的概念，是埃及、阿比西尼亚和非洲其他地区一直到最南端的潘格威人的神圣传统"①。这种以"隐匿"或"回避"来避害或"示圣"的风俗有多种形式。

美洲印第安人的黑足（Black foot）部落，"每一季节都要改换一个名字。每当一个黑足人成就了一件功名或事业时，也就改换一个名字"②。其目的在于避免因重复使用而被敌人掌握名字或符号，从而控制其实体与魂灵。特别是"太阳的子孙"或"天子"，高级神权与君权的承担者，从肉体到穿着，再到名讳、面容，都受繁复的"塔布"（禁忌）和"回避"制度的束缚与限制，因为只有这样才能维护团体的巩固、宇宙的有序、天象的稳定、社会的平衡和自身的安全。

《淮南子·泰族训》说五帝三王"立明堂之制，行明堂之令"，目的在"以调阴阳之气，以和四时之节（这是积极的），以避疾病之灾（这是消极的）"，就多少含着这种意思。尽管越到后来越淡化，越形式化和仪节化，轮居制的消极目的总不外于"隐避"——为了安全，更为了维护君主的神圣性。某些神王或巫酋，作为某种自然力（例如太阳）的化身，必须保持绝对的"平静"与"节律"，偶有越轨，便可能导致混乱与灾难。"在下几内亚，他们的僧王Kukulu独居在森林里，人们禁止他接触妇女或离开房间；事实上，他甚至于不能离开座椅而只能坐着睡觉。因为，人们认为只要他躺下来，那么，风将静止而航行也将停顿了。他主司调节气候，通常他总是使大气压力保持一个正常而舒适的状况。"③这一切的心理基础仍然是大小宇宙互动的"天人合一"。隐藏就是安全。

《后汉书·东夷传·倭》说卑弥呼女王有侍婢千人，而"少有见者"，她必须"隐避"，"唯有男子一人给饮食，传辞语"。

---

① ［德］Julinus.E.利普斯：《事物的起源》，汪宁生译，四川民族出版社1982年版，第177页。
② 郑振铎：《郑振铎文学研究法》，当代世界出版社2017年版，第89页。
③ ［奥］佛洛伊德：《图腾与禁忌》，杨庸一译，志文出版社1975年版，第63页。

甚至在太平天国王府内，天王、东王和他们的妃嫔都是不容臣民随便窥视的——这不能仅仅用绝对专制化来说明——他们都是"半神"，都是上帝的嫡亲子（媳）。天国颁发的《天命诏旨书》就说："后宫面永不准臣下见，臣下宜低头垂眼。臣下有敢起眼窥看后宫面者，斩不赦也。"

《忠王李秀成自传别录》载："伪天王不喜见人……虽其子僭称幼主者，亦不得见。伪宫人言：三十岁矣，未见过天王。"他是神，怎能轻易让人窥见？

洪秀全入天京后，基本足不出户，能见者近侍外数王而已。老百姓甚至讹传天王只是个"木偶"。例如涤浮道人《金陵杂记》云，天王府"加砌高墙，从未一出，令人窥见面貌。故从前曾有讹传洪逆本系木偶，并无其人"。谢炳《金陵癸甲纪事略》说洪进城时坐黄轿，护拥甚众，"令路人跪迎，不许仰视"。

向荣奏稿《覆奏洪秀全杨秀清形貌片》说，洪进城时，"以三十六人舁一大轿'，四面蔽以黄绫，道旁居民皆令俯伏，不准仰视"。这都不仅是"摆架子"或保卫工作的需要。访问南京的外国人麦华化和鲍林也给弄得糊里糊涂，报告说："像太平王这样一人是否存在，是有重大疑问的事情。"

《吕氏春秋》十二纪和《礼记·月令》里还保存着王者或贵者居止方面的一些禁忌，提供了轮居制的某些民俗背景。例如《吕氏春秋·仲夏纪》"君子斋戒，处必掩，身欲静无躁"；《礼记·月令》作"处必掩，身毋躁"，或断为"处必掩身，毋躁"，而"可以居高明"，"可以处台榭"。《礼记·月令》郑注说："掩犹隐翳也。"孔疏引蔡云："处犹居也。掩，隐翳也。阴既始萌，故君子居处不显露，恐干阴也。"就是怕暴露会触遭阴气和恶害。《吕览》仲冬之月，"命阉尹，申宫令，审门闾，谨房室，必重闭"。郑注《月令》云："重闭，外内闭也。"关闭内外门户便包含抵御室外敌害妖魅之目的。《月令》仲秋之月，郑注引《王居明堂礼》曰："仲秋，命庶民毕入于室，日时杀（煞）将至，毋罹其灾。" 一定时候，要躲在家里，以免遭遇凶鬼恶煞和灾异，意思更明白。季春、季冬之月的"九门磔攘"，也是驱除室内妖害的禁咒巫术。《月令》季春之月郑注引《王居明堂礼》说："季春，出疫于郊，以攘春气。"这便是"替罪羊"或"送瘟神"之礼，同于殴傩逐疫。① 这些都是或消极或积极的"隐避",都是轮居制的补充和佐证。

禁制与隐匿,不仅仅要"轮居"

非洲乌干达的干达人(the Ganda of Uganda),他们的国王不能随便让人看。"神圣的灵光围绕着他的身体,任何人不能看见他吃东西,侍候他的妻子都要转过身去"②。因为"食色"都是普通人做的平凡而又"见不得人"的事情。

这有点像太平天国《天命诏旨书》规定的,"臣下有敢起眼窥看后宫面者,斩不赦也"。非洲达荷美王的嫔妃"严禁与男子接触",并有全副武装的女兵监护,"所有的男子在路上遇见宫中的妇女出行都要奔入林中或先行回避"③,否则就要被杀掉。

《管子》所谓"幼官"(或说应作玄宫或幽宫)反映,似乎连水井都要四(五)季轮流换用。例如,《幼官篇》:"囷囻圀饮于黄后之井。"(闻一多说"黄后"即"黄帝")《幼官图》:"君服黄色……用五数,饮于黄后之井,以倮兽之火爨。"这不仅是怕人在固定使用的水井里下毒,而且是顺应"五时"以汲取不同的水土之气,并规避"不合时宜"的井水或恶气。

王者乘车也要"变色"或"轮换",以达成"禁避"。秦汉天子乘驾有"副车"之制,张良击秦始皇所误中的车即副车。《隋书·礼仪志》:"案蔡邕《独断》,五辂之外,乃复设五色安车、立车各一乘,皆驾四马。是为五时副车。俗人名曰'五帝车'者,盖副车也。"车而有副,原也是为了躲避现实的或幻想的敌人。

《史记·封禅书》载齐人少翁说汉武帝曰:"上即欲与神通,宫室被服非象神,神物不至。"神物的一大特征就是形貌、被服、居室等常常变

---

① 参见萧兵:《傩蜡之风——长江流域宗教戏剧文化》,江苏人民出版社1992年版。
② [美]乔治·彼得·穆达克:《我们当代的原始民族》,童恩正译,四川民族出版社1980年版,第334页。
③ [美]乔治·彼得·穆达克:《我们当代的原始民族》,童恩正译,四川民族出版社1980年版,第368页。

换;人类和妖鬼都无法捉摸。汉武"乃作画云气车,及各以胜日驾车避恶鬼",模拟神仙变换车驾以辟除敌害。索隐引乐产云:"谓画青车以甲乙,画赤车丙丁,画玄车壬癸,画白车庚辛,画黄车戊己。将有水事则乘黄车,故下云'驾车避恶鬼'是也。"这跟前引史籍按天变换服饰颜色完全一样。按五行配备色物,只是衣饰换了车饰而已,其目的当亦相通,就是让敌人搞不清要伤害的对象在哪里。

不但寝宫要逐季或逐月变换,就连王者的陪宿女人也要如此这般地更换"颜色"。《淮南子·时则训》天子四季所宿如下:春,东宫御女青色,衣青采;夏,南宫御女赤色,衣赤采;秋,西宫御女白色,衣白采;冬,北宫御女黑色,衣黑采。

这一方面是害怕久不变换的侍宿者会伤害或克妨王者,另一方面也跟氏族社会末期或奴隶社会初期实行原始多妻制的酋长"轮宿制"有关。

长屋,作为酋长(及其妻子们)的居所,用于轮居极为便捷。

居住在中国西藏自治区东南部察隅县和杜莱曲流域的僜人,或采取"一夫多妻制",保存着"轮宿制"的非典型形式。

一夫多妻的家庭中,妻子们一般都居住在丈夫的长屋里,丈夫如再买到妻子,可把长屋续盖一两间,或另修新的长屋居住。但是并不组成统一的生产和消费单位,而是每个妻子各住一两间,各有自己的灶塘,分别种植丈夫开垦后交给的土地,各有仓库分别保管自己种植的土地上的收获物,分别抚育自己所生的子女。[1] 男人便像国王轮居各宫一样轮流到妻屋里去。

丈夫对每个妻子都有最高的权力,他可以随意到各个妻子那里食宿。只要把自己的挎包(比较贵重的是熊皮作的挎包)挂在某个妻子那里,就表示他当晚要到这里来住宿。在丈夫居住期间,妻子要像招待客人那样准备酒肉等好的饭食。[2]

---

[1] 中国社会科学院民族研究所编:《僜人社会历史调查》,云南人民出版社1990年版,第158页。

[2] 中国社会科学院民族研究所编:《僜人社会历史调查》,云南人民出版社1990年版,第158页。

在纪录片《僜人》里，那位多妻的小酋长几乎是每一个晚上"轮宿"一个妻子（包括由父亲那里"继承"即"转房"来的后母）。这种"轮宿"很可能以"痕迹构造"的形式转变为天子的明堂"轮居制"（当然这只是一种"源"或"因"）。

在哪里睡，就把挎包挂在哪里，这跟"大红灯笼高高挂"的意趣完全一样。

僜人这种可接续的由众妻分室分灶（在泰国等处是分水缸）居住的"长房子"启示我们，有一种轮居制不采用"圆形轮转"或明堂"亚"形12房轮居，而是由头到尾，再由尾到头，终而复始。这种方式同样可以体现宇宙人生的永久循环或者太阳的朝升暮落。

《北史·波斯传》只有简单记载："（波斯）王于其国内别有小牙十余所，犹中国之离宫也。每年四月出游处之，十月仍还。"但在波斯有名的传奇《七王妃的故事》里，萨珊王朝的大王巴菲拉姆按照七大行星的特点，建造了黑、红、白、绿、蓝、黄和白檀色的七座圆形宫寝，让他来自波斯、中国、罗马、突尼斯、印度、中亚、斯拉夫的七位王妃分别居住。他每天晚上穿上与某一塔宫颜色相同的衣服到该寝宫里与一位王妃欢聚。这也是按照天体规律性分布而实行的轮居制。

如上所说，"太阳的子孙"或"太阳的化身"必须像太阳那样占据宇宙中心，体现太阳运行之道，所以也要模拟太阳的行程，逐月地在象征黄道十二宫的十二间宫室里居住。甚至每个晚上都要由部从抬着他的床铺像"夜间"的太阳那样不断移动，象征太阳在地底或水中的夜游。当然后来也可能仪式化或象征化，不必那样麻烦或严格，但某种"轮居""夜行"肯定是存在的。

我们缺乏材料论证天子是否真的如此夜夜轮居明堂各室。在某种特定时期，可能如此。但据常识判断，君主拥有非宗教性的前堂后寝，特别是不可能每夜都到远在南郊或东南郊八里（或八十里）的明堂辟雍去居住，只可能每月以特定夜晚居住在明堂各室，或以某种仪式或象征方式来表示他的"轮居"。书阙有间，学识简陋，只能留待通人。

《史记·秦始皇本纪》载，卢生说秦始皇帝"隐避"之重要性曰："愿上所居宫毋令人知，然后不死之药殆可得也。"因为"仙真人"也是缥缈忽恍，不使人知其确切面目。"行所幸，有言其处者，罪死。"稍有泄漏，杀无赦。"自是后莫知行之所在。"这绝不能看作专制君主的自我封闭与孤立。不确定性产生神秘感，神秘感能强化权威与神圣性。而这些都有民俗学之依据。

这种种"隐避"或"轮居"的习惯与制度，在后世仍有残余。例如，《汉书·王莽传》说："（莽）常翳云母屏面，非亲近莫得见也。"《三国志·吴书·陆凯传》云："孙皓性不好人视己，群臣侍见，皆莫敢近。凯说皓曰：'夫君臣无不相识之道。'"

秦二世也颇行始皇故策。钱锺书指出，赵高说秦二世"天子称朕，固不闻声"，"常居禁中"而"公卿希得朝见"。这是统治术的"隐"与"匿"。① 这也可以视为回避、禁忌和轮居制在政治上的一种弱形式表现。

《春秋繁露·离合根篇》说人主"法天之行"，跟天或天体（首先是太阳）的运行同步。"天高其位而下其施，藏其形而见其光。"这是由《礼记·礼运》"政者，君之所以藏身也"，郑注"谓辉光于外而形体不见"发挥出来的。

同样崇拜太阳的印第安人也有隐蔽自己的独特风俗，"一个人（有时候同时数人）隐居起来同外界完全隔离，绝对避免同其他人往来，自己唯独专心于为村落和它的居民祈祷。隐居生活历时十八个月，在此时间内他由一个亲信使者每天供应少量食物，仅仅足以维持他的生命，甚至不得询问使者或由使者告诉他关于他的妻子或孩子的情况，尽管使者也许知道其中有些人在患病或已死去"②。他似乎在表演一次死亡（等到停止"隐居"后"再生"）。据称，"此种宗教性隐居是为表示对太阳的敬意而进行的"。可惜不知道这种"敬意"表达的具体含义与目的。太阳也有隐居（夜晚）和复出（清晨），不知道为什么仪式地再现竟要用上十八个月。

对于君王的"隐避"，《韩非子·奸劫弑臣篇》则予以现实化的解释："明主者……身在深宫之中，而明照四海之内，而天下弗能蔽，弗能欺。"子书里有许多类似的说法，虽然大多像韩非子那样用政理来述说，却都有

---

① 钱锺书：《管锥编》（第一册），中华书局1979年版，第266页。
② ［美］路易斯·H.摩尔根：《印第安人的房屋建筑与家室生活》，秦学圣、汪季琦、顾宪成译，文物出版社1992年版，第188页。

很深邃的民俗文化背景。例如：

> 为君者藏（一作"灭"）形匿影，群下无私。（《邓析子·无厚篇》）
>
> 圣人之制道，在隐与匿。（《鬼谷子·谋篇》）
>
> 随而不见其后，迎而不见其首。（《老子》）
>
> 成功遂事，莫知其状。……故圣人贵夜行。（《鹖冠子·夜行篇》）
>
> 上固闭内扃，从室视庭，参咫尺已具，皆之其处。（《韩非子·扬权篇》）

钱锺书援引西方政教文章风俗说之：

> 莎士比亚剧（《亨利四世》）中英王训太子，谓无使臣民轻易瞻仰，见稀，则偶出而众皆惊悚；柏克谈艺，论晦幽能起畏怖，亦举君主深居九重为证；波沃尔（D.Bouhours）谓帝王尊严亦颇由于隐秘，故有以日藏云后为纹章示意者。①

其他材料，略举数条。

元周达观《真腊风土记·国主出入》条说："闻在先国主，辙迹未尝离户，盖亦防有不测之变也。"②

阿拉伯旅行家写的《中国印度闻见录》写到中国皇帝时说："至于皇帝，每十个月方能见到一次。他说：'如果老百姓都见到我，我就不会受到尊敬。威信只有通过傲慢才能维持。普通的百姓，根本不懂道理，因此，对他们应该表现得非常高傲，方能让他们尊敬自己。'"③法译者索瓦杰（Jean Sauvaget）注道："实际上，皇帝与世隔绝有种种原因，比如，皇帝贵为天子，九五之尊，'由于他的居住，他的生活，他的行为等'，都使他与世人隔绝"④。有意"隐避"是个重要原因。甚至连戴高乐将军都曾坦率地谈论这种有意隐匿与回避所造成的距离感与神秘感。

> "首要地，"他声称，"没有神秘就不可能有名望。因为亲

---

① 钱锺书：《管锥编》（第一册），中华书局1979年版，第266—267页。
② 夏鼐：《真腊风土记校注》，中华书局1981年版，第177页。
③ 《中国印度见闻录》，穆根来、汶江、黄倬汉译，中华书局1983年版，第17页。
④ 《中国印度见闻录》，穆根来、汶江、黄倬汉译，中华书局1983年版，第74页。

近滋长轻视。所有的宗教都有它们的神龛,任何人在他的贴身侍仆眼里都成不了什么英雄"。①

"仆从眼里无英雄。"这位伟大政治家是非常了解和钦羡拿破仑的。后者常说:脏衬衣必须放在家里洗!所以,戴高乐再次强调:"没有名望就没有权威;而不保持一定距离,也就不可能有名望。"

汲取能量,更新自我的生命

以上多从消极的防避立论。也许轮居还有一重积极意图。

一种解释是:君王按照太阳一年的运行模式,在十二室里轮居,不但是模拟宇宙的秩序,而且是想在这种永久的循环里获得新的力量——一年一度,君王跟巡游的太阳一样都能更新或者重获生命。

(非洲)斯威士(Swazi)族认为,太阳每年在空中由南向北(案:在亚洲是由东向西)旅行,太阳在一年中(十二个月)——临近最南端,它的力量就变弱了;太阳到达冬至点时精疲力尽,在"自己的家里"休息。随后,太阳再次恢复了新的活力,开始了新的一年的运行,祭祀在冬至这天开始举行。②

祭祀,或者模拟太阳运行的种种仪轨,不但能保证衰老的太阳重获热力或生命,而且也让模拟者在轮居中更新并加强自我。"国王及其臣民将太阳的新活力作为自己的力量,迎接新的一年。"③

喀麦隆北部的法里人(Fali)也有四季轮居制,"其家庭成员要根据不同的季节、一天的时间,以及他们的家庭与社会地位的改变来变换他们在其屋室中的位置"④。他们的"房屋象征符号"被赋予宇宙观的意义:"他

---

① [美]尼克松:《领袖们》,刘湖等译,世界知识出版社1985年版,第69页。
② [日]吉田祯吾:《宗教人类学》,王子今、周苏平译,陕西人民教育出版社1991年版,第93页。
③ [日]吉田祯吾:《宗教人类学》,王子今、周苏平译,陕西人民教育出版社1991年版,第93页。
④ [美]米尔希·埃利亚德:《神秘主义、巫术与文化风尚》,宋立道、鲁奇译,光明日报出版社1990年版,第33页。

们的房屋就是宇宙的形象，也就是人表现出来的微观宇宙；但它却在同时也反映出了宇宙论神话的各个阶段。换句话说，他们的房屋不单是一个固定建筑，而且还蕴含着一种与宇宙起源过程各个不同阶段相适应的'运动'。各单独单元（中心柱、墙壁、屋顶的方位），以及工具与家具的位置都与居住人的运动和他们在房屋中所处位置有关。"①中国那在一定时期实行轮居制的明堂，当然也是一种微观宇宙，一种象征符号。它反映自然的周期与节律，规定人世的行为和规则。"天之子"当然要顺应这种时气或节律，以便汇入宇宙之时空，跟太阳一起"更新"自我。

这种有意识的、政治目的的"隐匿"，仅就其背景而言，仍然是明堂轮居制之类禁避巫术的发展与变形。潜隐，本来是对体现、代表自然力的巫酋的禁制，避免来自异己力量的侵害，并保证宇宙力量的正常运作而不致造成反常和灾难；其积极的运用，则是通过保护、隐匿、回避、幽处造成神秘感和敬畏感，甚至是借原始宗教和民族来制造人间的神圣性和绝对的威权性，从而实现圣俗的互动与交流。

要之，汇入宇宙时空的方式或目的有"积极"与"消极"两种。积极的是顺应、把握自然的节奏，汲取宇宙之正气或精华，以便"与天地兮同寿，与日月兮齐光"，从而来规定和掌握人间的秩序。

作为"天之子""人之父"的君王仅仅享有世俗的合法性是远远不足以建立权威的，他必须汇入宇宙以获取超自然的神圣性与神秘性来加强世俗的合法性，这样才能建构真正的政治实力或权威。所以，他要铸鼎，要封禅，要巡狩，要祭天，要择中……要建造并居住明堂。而其消极的目的就是"隐避"（隐避又能反过来加强神秘和威灵）。

---

① ［美］米尔希·埃利亚德：《神秘主义、巫术与文化风尚》，宋立道、鲁奇译，光明日报出版社1990年版，第33页。

第九章 三位一体的灵台、辟雍、泮宫

灵台观象是君主的特权

我们知道，观测天文星象是天子的特权，是"圣"的行为。

《诗·大雅·灵台》小序汉郑玄笺说："天子有灵台者，所以观祲象，察气之妖祥也。"《白虎通义》说："天子立明堂者，所以通神灵，感天地，正四时，出教化，宗有德，重有道，显有能，褒有行者也。"

那时，周是"邦酋"或侯国之长，是没有资格建造明堂或灵台的。《灵台》孔疏引《公羊说》讲得非常清楚："诸侯卑，不得观天文，无灵台。""非天子不得作灵台。"然则相传姬昌（后之文王）在灭商以前就建灵台，辟泮宫，造辟雍，设明堂。这是僭越，暴露了其政治野心。

江晓原说："灵台是观星察气、占卜吉凶之所，也即专职通天巫觋仰测天意、交通天人的神圣坛场，有着重大的象征意义。"[①] 那么，姬昌为什么要建造灵台呢？

  周文王对商天子已起了不臣之心，他倚仗自己的实力，以"不得观天文"之诸侯的身份而公然擅自建造灵台，目的在于打破商天

---

① 江晓原：《天学真原》，译林出版社2011年版，第89页。

子对通天手段的垄断，进而染指按理只有商天子独占的政治权威。①

"知识就是权力。"（培根原话或本意）认知是掌控的前提。观测到天象及其变化，就掌握了宇宙的秘密；掌握宇宙的秘密，就有可能代表天意，控制天下，统治万民。除了"天的儿子"或者"天帝的代表"，谁有资格这样"奉天承运"呢？所以建造灵台，"通神灵，感天地，正四时"等云云，只能是君主的特权。

当然这只是一种意见。至于灵台、辟雍、泮宫的形制、功能，三者的位置、关系分工，出现的时间、地点、条件，学者有不同见解。这里只介绍一般看法。

作为明堂的附属建筑，灵台一般建造在辟雍、泮宫之上，三位一体。论述辟雍、泮宫形制及沿革者极多。这里只简介其与明堂的同异，着重其民俗与象征符号功能。什么时候有这些建筑了呢？西周重器"天亡毁"（或"大丰毁"）铭文涉及明堂与泮宫、辟雍之制。最要紧的是："王凡三方，王祀于天室。"闻一多《大丰毁考释》云，此记王在辟雍、泮宫泛舟，可见其有水。或说古明堂无环水之制。但天室跟明堂关系很大。泛舟而后祀于天室，可知此天室周遭有水。

如果天室确即明堂"大室"的话，那么较成熟的明堂制度已有西周金文的证明，晚不到东周。

孙作云略采闻氏之说，很正确地把泮宫、辟雍、灵台（灵沼）与明堂当作统一的整体来把握和认识，说辟雍就是文王所作"灵沼"（沼中有台曰"灵台"），亦即"大池"。周穆王时代的遹毁说王在莽京，"乎（呼）渔于大池"，静毁说，"射于大池"。"古代王者祭祀，多亲射牲，荐鱼殆亦如此。'王汎三方'，可能是指武王在璧雍中射鱼，以供祭献之用。"②他又指出，这些都是明堂总体建筑的一部分，下文武王所宗祀的"天室"就是"明堂大室"。

灵台亦称"明堂"，周人祀文王于明堂，即此处。又周人祭祀文王，同时兼祀上帝。《史记·封禅书》综合《毛诗序》及《孝经》曰："天下曰明堂、辟雍，诸侯曰泮宫。周公既相成王，郊祀后稷以配天，

---

① 江晓原：《天学真原》，译林出版社2014年版，第92页。
② 孙作云：《诗经与周代社会研究》，中华书局1966年版，第60页。

宗祀文王于明堂以配上帝。"本铭祭祀文王与上帝在"王汎三方（指璧雍）"之后，知此"天（大）室"亦即"明堂"若"灵台"。①其说颇为透辟（明堂等等早已有之，不必文王创建也），但有怀疑者。

灵台，《诗·大雅》毛传说，"所以观祲象，察气之妖祥也"，就是观象台、通天台。《国语·楚语》，伍举用来跟章华台对照的葫芦形的"匏居之台"，其高"不过望国氛"。可以借"章华"而窥知灵台的功能与形制。同样，章华台也可用来"观祲象，察气之妖祥"。

这些都不仅是天文气象的技术性观察，而且关系着国运民生。王克陵以楚吴越建高台为例，说它们共同的目的就是"望国氛""察天气"；他认为"望祲气"的周人灵台之"灵"应该训为"巫"，"灵台"就是"巫台"，同样是"望云观气的迷信，而北台低，南台高，说明南方之台高有着更多的宗教意义"②。证明之一是汉陆贾《新语》说，楚灵王的"乾谿之台"，有"百仞之高"，是为了"澄浮云窥天文"，尽可能接近天。这些都可以看作中原或两周天子级灵台的参照系。

《诗·大雅·灵台》小序孔疏引东汉卢植《礼记注》说："明堂即太庙也（案：二者后来有区别）。天子太庙，上可以望气，故谓之'灵台'；中可以序昭穆，故谓之'太庙'；圆之以水，似璧，故谓之'辟雍'。古法皆同一处，近世殊异，分为三耳。"

很多学者认为这是汉人的整合，不大可靠。早期的制度与设施比较简陋，在祭祀祖先与神祇之所观测天文，乃至训导士卒，后来一分为三，也是可能的。最初只有祭坛，渐建明堂，既模拟天象，反映太阳的时空运动，又能观天文、察星象——是否周初已称"灵台"，就不清楚了。

一般说，明堂、辟雍、泮宫形态原皆有别，功能也不相同，后来合而又分，分而又合，分分合合，当代学者已在努力缕清其次序或关系，可以参看张一兵的《明堂制度研究》等书，此不赘述。笔者侧重讲它们的结构与功能。

《诗·大雅·灵台》孔疏说，"以天象在上，须登台望之，故作台以

---

① 孙作云：《诗经与周代社会研究》，中华书局1966年版，第60—61页。
② 王克陵：《云·气——楚文艺形象与符号母题》，见《楚文艺论集》，湖北美术出版社1991年版，第85页。

观天也"。就像后世的天文台。"韩诗说：辟雍者，天子之学，圆如璧。雍之以水，示圆，……所以教天下。春射秋飨，尊事三老五更在南方七里之内，立明堂于中。"在一定时期，辟雍可能跟明堂同建，灵台亦是如此。孔疏接着说：

> 左氏说天子灵台在太庙之中，雍之灵沼，谓之辟雍；诸侯有观台，亦在庙中：皆以望嘉祥也。……《大雅·灵台》一篇之诗，有灵台、有灵囿、有灵沼、有辟雍；其如是也，则辟雍及三灵皆同处在郊矣。

这是证明辟雍与灵台同处；在郊、在庙，则因时代及制度变迁所致，暂不说它。而辟雍又曾与明堂并置。

《大戴礼·盛德》云："明堂所以明诸侯尊卑也。外水名曰辟雍。"《政穆》云："大学，明堂之东序也。"如此文，则辟雍、明堂同处矣。西安郊外西汉末年明堂辟雍、洛阳东汉明堂辟雍和大同（平城）北魏明堂辟雍的布局都基本如此，方基的"明堂"建在圜形的"辟雍"中间。

《诗》疏所引蔡邕《明堂月令论》，说法也大体一样：

> 取其宗庙之清貌，则曰"清庙"；取其正室之貌，则曰"太庙"；取其堂，则曰"明堂"；取其四门之学，则曰"太学"；取其周水圆如璧，则曰"辟雍"：异名而同耳，其实一也。

尽管它们的来源、属性和形制，在初期可能各不相侔，但在一定时期、一定条件下，确也可能一室多用，曾经如此"异名而同"焉。当然，在某些历史时期里，它们又有所区别，尤其是在其成熟期。在研究时不能不加以区分，做相对独立的标本分析。

清胡承珙《毛诗后笺》释《灵台》说："郑氏据《王制》'天子出征，执有罪，反，释奠于学，以讯馘告'，合之《鲁颂》'在泮献囚'，知辟雍（与灵台、泮宫）同义。"

清金鹗《求古录礼说·明堂考》考之更详，进一步证明了明堂与辟雍、灵台的统一性或可能的一体化：

> 天子曰辟雍，诸侯曰頖（泮）宫。辟雍为大学，在郊明矣。《诗》咏《灵台》并及辟雍。《三辅黄图》谓文王灵台、辟雍皆在长安西北四十里，则灵台与辟雍同处可知。

他又说:

> 《甘氏星经》谓灵台三星在明堂之西。《舜典》"舜格于文祖"之下即云"璿玑玉衡,以齐七政"。文祖即明堂(本郑氏注)。玑衡在灵台,则灵台在明堂甚明。灵台在明堂,则辟雍亦在明堂矣。

他再次强调辟雍象征圆天:

> 《大戴礼》云:"明堂外水为辟雍。"盖明堂法天(案:法天不必象天而圆),故外周以水,象天之转运;明堂基址及宫垣皆四方,而外水则圜,圜内容方,以象天包地外也。辟雍义取乎璧(《白虎通》云:"辟者璧也。象璧圜,以法天也。"),其外水亦必圜。又可知辟雍必在明堂内矣。

他的基本看法是:有辟雍(灵沼)的明堂略如⊙形,象征"圜天"覆盖"方地"。而此种礼制建筑,灵台、辟雍同在明堂之内,说明它们的原始形态本质相同,又并与水有关。但明堂是更正规、更高级的礼制建筑,其规模、形态、功用当然远远超过早期的均台、重泉、辟雍,严整的"外圆内方,象天法地",这是春秋战国时期"天圆地方"的盖天说宇宙模式理论成熟以后的产物(尽管神话思维和文物里早就有"天圆地方"的萌芽),所以明堂之制又跟作为"天地之中""袖珍宇宙"的昆仑黏合起来。《汉书·郊祀志》载:

> 上(汉武帝)欲治明堂,奉高旁未晓其制度。济南人公玉带上黄帝时《明堂图》。中有一殿,四面无壁,以茅盖。通水,水圜宫,恒为复道。上有楼,从西南入,名曰"昆仑"。天子从之入,以拜祀上帝焉。于是上命奉高作明堂汶上,如带图。

这当然是战国秦汉方士儒生惯玩的小把戏,然而就是这个半伪托的《明堂图》,也还保留了"水圜宫""辟雍""均台"的水牢式旧制。其中必有一"楼",象征"天地之中"的昆仑山。清惠栋《明堂大道录》说:"明堂四门外有辟雍,故云'水圜宫';垣上有灵台,故云有楼。"如果那中心楼确是"灵台"的话,那么这灵台便象征昆仑,象征天。可见,即便到汉代,辟雍、灵台、明堂还是三位一体。前引钱穆说:"因封禅而有明堂,明堂在野，其制近穹庐，故有辟雍，则幕野者挖四沟以避雨水也。"[①] 这是从某种明堂圆形而环水推论出来的，却不知道其制实可溯源于圆形水牢，而辟雍也不一定源于明堂。

图9-1　江苏扬州瘦西湖五亭桥

《诗·大雅·文王有声》说："镐京辟雍，自西自东，自南自北，无思不服。"它是周天子向四方炫示自己威力强大的礼制性建筑。朱熹集传引张子曰："灵台辟雍，文王之学也；镐京辟雍，武王之学也。"它又是皇家学府。

而《诗·大雅·灵台》之称"于乐辟雍"（毛传："水旋丘如璧，曰辟雍，以节观者。"），则又把灵台跟辟雍直接联系起来。辟雍，从水滨到中心建筑半径相等，所谓"均之"便是此意，所以辟雍就是"均台"。

灵台是均台的尊化和雅化，是辟雍的高级形式。朱熹云："国之有台，所以望氛祲，察灾祥，时观游，节劳佚也。"它跟泮宫、辟雍、均台一样辟有水池，名曰"灵沼"。这水池，不管叫泮水、圆水还是灵沼，都是水牢的遗迹。清戴震《毛郑诗考正》说经典或单言"辟"，或单言"雍"（实皆省称），"其曰辟上、雍上，则以名池，名泽，而作宫其上，宫因水为名也"。

---

① 钱穆：《唐虞禅让说释疑》，见《古史辨》（第7卷下册），上海古籍出版社1982年版，第295页。

马瑞辰《毛诗传笺通释》论灵台之发展与体制更详，可供查验：

> 服虔《左传》注："天子曰灵台，诸侯曰观台。"自是周制。当文王时，未必有天子、诸侯之别。许慎《五经异义》又引《公羊说》："天子三，诸侯二。天子有灵台以观天文，有'时台'以观四时施化，有'囿台'以观鸟兽鱼鳖。诸侯当有时台、囿台，诸侯卑，不得观天文、无灵台。"按：《公羊说》所谓"时台"即观台也，亦据周制言之。文王时未必有三台之别。《诗》言灵台而继以灵沼、灵囿，郑笺又以灵台即观台，是文王望氛祲及苑囿之乐，统于灵台乎备之。

马氏指出周代立国之前灵台之制并没有那样复杂的功能和分工，是颇有历史眼光的。至于灵台跟辟雍、泮宫的密切关系，或竟名二实一，及其作为明堂的一个有机组成部分，古代学者也早已触及。

汉唐明堂辟雍遗址

1956至1957年，考古学家在陕西省西安市西郊大土门村，亦即汉长安城南郊安门外大道东，发掘出毁于大火的汉代明堂辟雍遗址[①]，为我们提供了较为近古的重要礼制建筑标本。

《太平御览》卷五三三引汉蔡邕《礼乐志》说："武帝封禅，始立明堂于泰山，犹不见京师。元始中王莽辅政，庶绩复古，乃起明堂辟雍。"《汉书·平帝纪》："元始四年二月，安汉公（王莽）奏立明堂辟雍。"《王莽传》略同。新莽初铜镜，铭有"更作辟雍治校官""新兴辟雍建明堂"等语。

所以学者们多以为西汉礼制建筑便是此明堂辟雍。[②]

[①] 参见刘致平：《西安西北郊古代建筑遗址勘查初记》，载《文物参考资料》1957年第3期；唐金裕：《西安西郊汉代建筑遗址发掘报告》，载《考古学报》1959年第2期；黄展岳、张建民：《汉长安城南郊礼制建筑遗址发掘简报》，载《考古》1960年第7期。

[②] 参见刘敦桢主编：《中国古代建筑史》，中国建筑工业出版社1980年版，第45页；杨鸿勋：《建筑考古学论文集》，文物出版社1987年版，第170页。

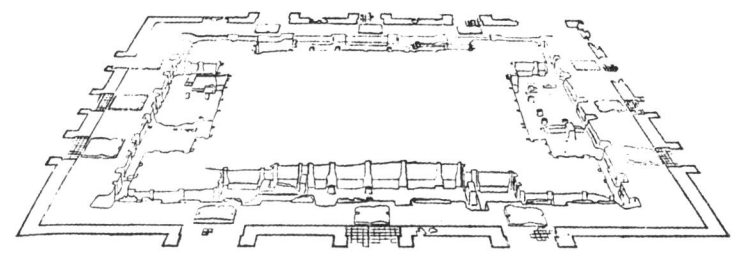

图 9-2　汉代长安城南郊礼制建筑第 3 号复原图（采自黄展岳）

汉长安城南郊所发现的是一组建筑，"由十一个大小相仿的'回'字形建筑所组成"，外有围墙。紧靠墙南正中还有一个比它们大一倍的建筑（N.12）。这组遗址在大土门"辟雍"遗址之西。每一个建筑都由中心建筑、围墙、四门和墙隅曲尺形配房组成。

中心建筑有略如亚形的高大台基，高出四周厅堂地面约 2 米。此中心之"中心"为太室，四面各有一个厅堂如明堂之制。"四堂内部的右边有一个'厢房'，左边有一堵'隔墙'，是为左右'个'。"[①]

黄展岳为其定名为"王莽九庙"。"安门东南七里的明堂辟雍，就是这组建筑群东边的大土门遗址。这个遗址有圜水沟，其引水渠当即昆明故渠"[②]。

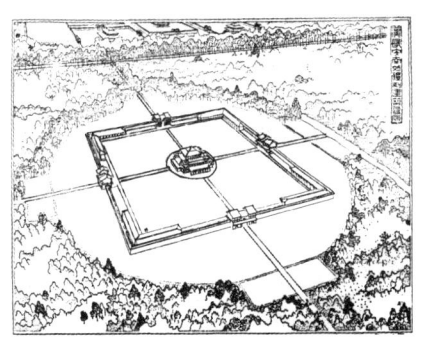

图 9-3　汉长安南郊礼制建筑总体复原图（采自刘敦桢）

中心是"亚"形楼殿式建筑，置于圆形平台上；四周是宫垣，方形，象地；四面开门，四角有曲尺形配房；外面的环形水沟，自然是辟雍或仿辟雍无疑了。

[①] 黄展岳：《关于王莽九庙的问题——汉长安城南郊一组建筑遗址的定名》，载《考古》1989 年第 5 期，第 261 页。

[②] 黄展岳：《关于王莽九庙的问题——汉长安城南郊一组建筑遗址的定名》，载《考古》1989 年第 5 期，第 264 页。

这个遗址虽遭破坏，但是平面布局还是很清楚的。经过专家的整理、勘测、研究和恢复①，其基本面目已可窥见，在大节上争议也不大。它的主要建筑为方形高台式楼殿，四面设堂、室，略如"亚"形，建造在圆形地基上；中庭地坪整个抬高为大台状，四周有方形宫垣，四隅有曲尺式配房，四面辟门高宫垣外是圆形水沟。

1957年，刘致平据勘测，曾试拟一幅平面图，其中很突出地有"十二室"②，遗憾的是后来的发掘和研究没有证实这一点，只能留供参考。

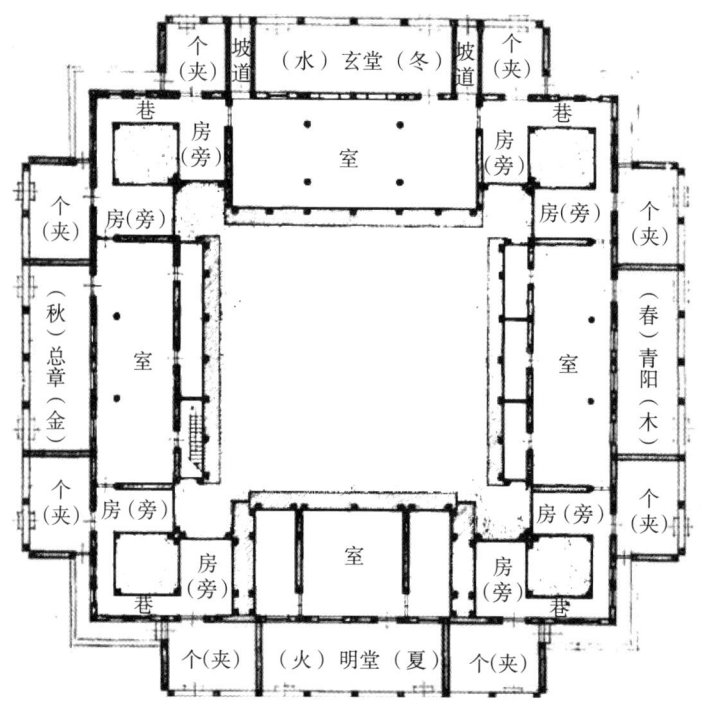

图9-4　汉代长安明堂－辟雍一层平面图（采自杨鸿勋）

按照这个复杂的平面图，汉代明堂为亚形无疑，中央大室为"土"，四方按春、夏、秋、冬时序分别为青阳（木）、明堂（火）、总章（金）、玄堂（水）。加上八座"夹"（个），便是"十二室"。如果将中央大室与四周的室、堂合计就是"九室"，以应"九宫"之数。

---

① 参见黄展岳：《汉长安城南郊礼制建筑的位置及其有关问题》，载《考古》1960年第9期；王世仁：《汉长安城南郊礼制建筑（大土门村遗址）原状的推测》，载《考古》1963年第9期（作者后来有所修正）。

② 参见刘致平：《西安西北郊古代建筑遗址勘查初记》，载《文物参考资料》1957年第3期。

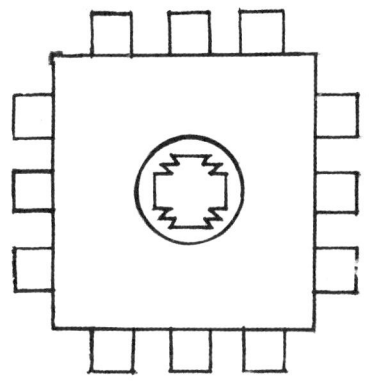

图 9-5 汉代长安明堂辟雍平面之构拟（采自刘致平、姜亮夫）

按照刘敦桢所绘（图9-3），汉长安南郊礼制建筑的平面布局该有三个圆（中心建筑外圆平台、宫垣、圜水），怎么解释呢？"无论西汉还是以后，都没有相反的'上方下圆'的说法，然而后儒却有'中方外圆'的解释（《明堂大道灵》引《淮南子·十二纪》注：'青阳者，明堂也，中方外圆，通达四出。'）。遗址所见方形重隅的明堂外围，正是作圆形的基座；同时明堂方形宫垣的外围，又是有圆形的水沟。'中方外圆'或者也体现在太室本身的布局上。譬如外檐廊柱共呈圆形，檐柱位为了构造上的方便，仍作方形布置。这或即《大戴礼》所谓的'圜盖方载'。"①

这样的三个圆相套如◎，莫非象征天数之"三"或宇宙层次之"三成"？日本群马县前桥市古社是用内、中、外三圈水围起来的，应加注意。遗憾的是，我们仍然不知道长安南郊明堂是否有"三"个圆，这三个"圆"是否有所象征，以及象征什么。迈克尔·罗维对此构造的解释是："建筑群的外沿呈圆形，正中是用于典礼和祭祀的一座方形建筑。一些早期的铜镜上也有相同的图案……铜镜带有'规矩'纹样，目的是要把人的命运同宇宙的永恒存在联为一体。"②可供参考。

---

① 杨鸿勋：《建筑考古学论文集》，文物出版社1987年版，第183页。
② ［英］迈克尔·罗维：《宇宙·神谕与人伦——中国古典信念》，郭净、孙澄译，辽宁教育出版社1991年版，第51页。

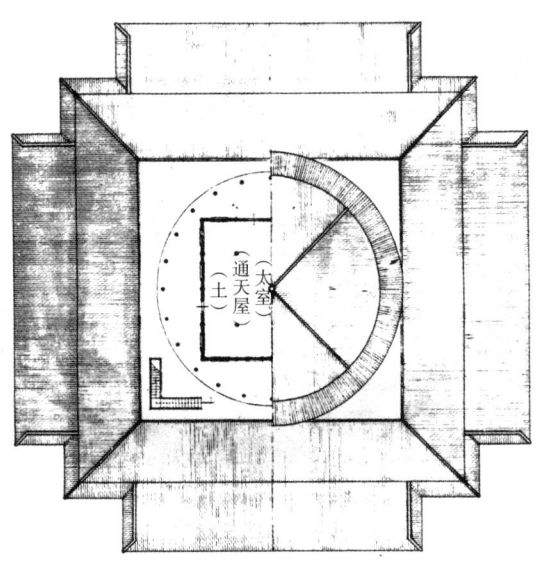

图 9-6　汉代长安明堂-辟雍二层平面图（采自杨鸿勋）

中央太室之上的"重屋"，或即所谓"通天楼"，杨鸿勋认为它是圆形的，象征圜天。

1955 年，山西大同发现北魏都城平城明堂辟雍遗址。其平面呈圆形，直径达 290 米，占地近百亩——这分明是辟雍之"圜内"。主体建筑处在中央，台基为方形，夯土，边长约 43 米，被判断为辟雍内的明堂。最外围是圆形水沟，周长约 900 米，宽 15 米，深 1.4 米，是辟雍的一种形制（沟壁石砌，自可容水泛舟）。沟内侧有东、南、西、北四门，与中央的明堂四向相应，也是"亚"字形构的遗留。其位置、形制表明，这就是《水经注》《魏书》《北史》《南齐书》《隋书》《资治通鉴》等所载北魏孝文帝太和十五年（491）冬十月建造的明堂辟雍遗址。"平城明堂'不依古制'，明堂辟雍之上出灵台，集祭祀、布政、观象台三位一体。"[①] 这就是我们上面讲的一体化的辟雍、灵台、明堂。

---

① 《大同发现北魏明堂辟雍遗址》，载《中国文物报》1998 年 1 月 21 日。

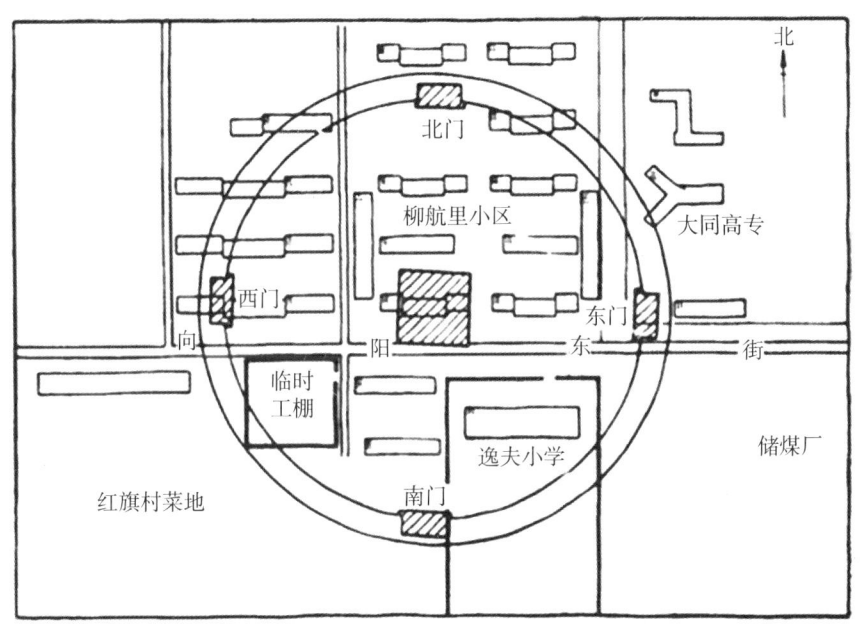

图 9-7 大同北魏明堂辟雍位置与平面图

这个明堂结构颇为复杂。但如果撇开那些打乱遗址的坟墓、工棚不顾,还可以看出外圆内方且有四小"室"的格局(除"圜水"外,实体建筑均用斜线体标示)。

古代动物园与观象台之"灵沼"

灵沼后来成了动物园。梁惠王在灵沼上看鸿雁麋鹿,问孟子高兴不高兴。孟子说:"贤者而后乐此,不贤者,虽有而不乐也。"《诗·大雅·灵台》曰:

经始灵台,经之营之。

庶民攻之,不日成之。

经始勿亟,庶民子来。

王在灵囿,麋鹿攸伏。

麋鹿濯濯,白鸟翯翯。

原诗还提到辟雍:"虡业维枞,贲鼓维镛,于论鼓钟,于乐辟雍。"

据说"灵沼–动物园"之制有利于君民同乐,人兽同乐,是"天人同乐"理想的一种体现。

《孟子·梁惠王篇》	《毛诗小序》
文王以民力为台为沼，而民欢乐之，谓其台曰"灵台"，谓其沼曰"灵沼"；乐其有麋鹿鱼鳖。古之人与民偕乐，故能乐也。	灵台，民始附也。文王受命，而民乐其有灵德，以及鸟兽昆虫焉。

古代人对待动物的态度与后世不同。儒家以为"泽被禽兽"，仁义施及自然生物，又可与民同乐，是太平盛世之象征。远方贡物、珍禽异兽充实于灵沼，可以证明天子恩及远方、政无不达，中央王权合法性、神圣性为天下所承认。

灵台观天，可以象征圜天；灵沼有水，蓄养动物，代表万物欣荣的大地，亦即所谓"球面生物层"。"鹰击长空，鱼翔浅底，万类霜天竞自由。"这样，人尤其是作为人的"精华"或"代表"的君主，就能居中而与天地同在，与万物共存了！这可能就是《毛诗小序》所说"文王受命，而民乐其有灵德，以及鸟兽昆虫"的深层意蕴，而与天子有"通天达地"的德行、权威相一致。

灵台的形制如何，现在还没有实物的证据。但就其从灵沼（泮水或辟雍）和重屋发展而来这一点来看，其顶部或上部可能是圆形的，在"盖天论"宇宙模式理论系统里，是模拟"圜天"的。

《诗·大雅》有《灵台篇》小序说，这不但体现"民始附"，而且"灵德"及于"鸟兽昆虫"。这大概是因为《诗》写到鸟兽的欢跃，把"灵台－灵囿"仅仅看成古代的动物园。郑笺："天子有灵台者，所以观祲象，察气之妖祥也。文王受命而作邑于丰，立灵台。"灵台是"受天命"而建的京都纪念性建筑物，直接的用途是观象授时，多少有点像后来立于"地中"的周公观象测日台。所以郑笺引《春秋传》曰："公既视朔，遂登观台以望，而书云物为备故也。"

"明堂"跟"穹庐"在象征符号功能上有近似之处。如前所说，游牧民族的"穹庐"象征"圜天"，其"中心柱"曾被视如"宇宙轴"；明堂在一定程度上也是"法天"，但主要是标志或模拟太阳行程。如果说明堂在一定时期也曾标示着神话性的宇宙模式的话，那可能采用两种形式。

一种是"亚"形之中有圆形或圆形设施，如⌂。公玉带所谓明堂，其中殿无壁，似乎殿上还有一楼（象征"昆仑""圜天"，惠栋谓即"灵台"），就近于此式。

一是四外环水（灵沼——泮宫——辟雍），如 ☉。辟雍象征"圜天"，明堂底座便是"方地"。

世界各地也颇见类似的建筑布局。除美洲外，最明显的就是建设于公元前一世纪的印度"桑契"（Sanchi）大圆塔，即"窣堵坡"（Stupa）。它是一个巨大的半圆，其上为方形"楼屋"，四周为圆形矮垣，辟有四门。

图 9-8　日本群马县前桥市鸟羽弥生晚期"社"遗址平面复原图（采自杨鸿勋等）

中心"大社"呈方形，环之以水（其外是木骨泥筑"宫垣"），再以二重水沟环之，一共三圈水沟（图中波纹线）。此可为辟雍环水之辅证（只是它并非严格的圆形）。

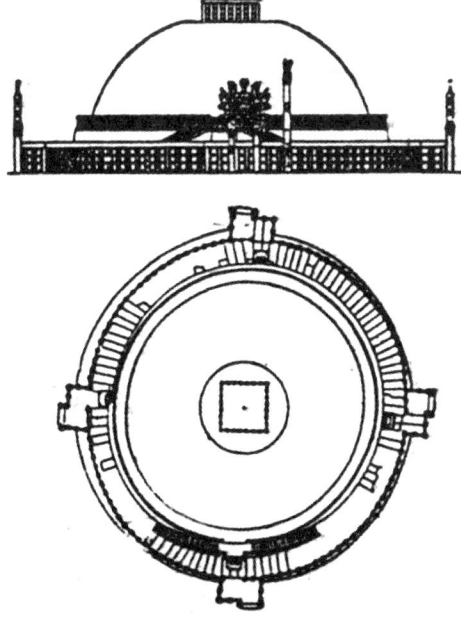

图 9-9　印度桑契大圆塔及其平面图

如所周知,明堂、辟雍一类礼制建筑最重要的性质便是象天法地,实现天地人的交通,大小宇宙的交感。《淮南子·泰族训》说得最为全面而精到:

> 昔者,五帝三王之莅政施教,必用参五。何谓参五?仰取象于天,俯取度于地,中取法于人,乃立明堂之朝,行明堂之令(高注:"明堂,布令之宫,有十二月之政令也。"),以调阴阳之气,以和四时之节,以辟疾病之灾。

要之,明堂(尤其它的重屋),或上圆下方,或外圆内方,仿天象地,调燮阴阳,交际天人;辟雍则更明确地以圜象天,以方法地。它们都是以居住与仪式空间体现"小宇宙"(或小周天)与"大宇宙"(大周天)的对流,体现占居中央(大室)的君王(天子)跟宇宙意志、宇宙生命的交融。

阿兹特克人的墨西哥村是神妙地建造在一个人工湖的中央。

姜亮夫把"明堂"和"圜水""辟雍"等联系起来,认为"此盖由湖居之制,蜕变而来"。①《封禅书》公玉带所上《黄帝明堂图》,"水环宫垣,上有楼",就是"湖居之遗意,后世惟存其圜水之制于辟雍"②。案:湖居制最典型的是瑞士新石器时代的"湖上房屋"(lake dwelling),一般发现于水网河泽地区;还有就是所谓"干栏居屋"(pile dwelling),多分布于潮湿地带③,跟西北、中原的情形不大一样。姜先生举出殷墟小屯,东面、北面都临着漳河,那也不过是傍水建都,便于交通供给而已。辟雍、泮宫、均台、圜土等最初极可能发源于禁囚奴虏的圆形水牢。④后来才跟明堂联系起来(这在汉代较为清楚),以体现"天圆地方"的宇宙模式理论。

---

① 姜亮夫:《楚辞通故》第二辑,齐鲁书社1985年版,第690页。
② 姜亮夫:《楚辞通故》第二辑,齐鲁书社1985年版,第690页。
③ 参见芮逸夫主编:《人类学》,台湾"商务印书馆"1975年版,第17页。
④ 参见萧兵:《论璧雍、泮宫、灵台起源于水牢——兼释〈诗经〉〈楚辞〉有关疑义》,载《上海师范大学学报》(哲学社会科学版)1984年第2期。

图 9-10 瑞士新石器时期环水的湖居

或以为"辟雍-灵沼"环水而建之制源自"湖居"。但我们更注重环形建筑的宗教哲学功能——象征圜天或"天中",其下每设水牢,以威慑四方。

对"泮宫"比较独特的解说,是陈炳良的"增殖仪式场"说,有如禖社。他说:

> 泮宫即辟雍……我们只知道它们都是最少一半环水。我以为泮宫或辟雍亦是社一类的地方。《绵》说古公亶父建国时,"乃立冢土(即大社)"。而文王亦建灵台及灵沼,也即是辟雍(见《灵台》、《文王有声》)。而这些又和后世的圜丘或脽丘一样,都象㕣,代表男女交合。①

前文中,我们曾证明"社土"是母腹的象征,禖社是繁殖所。我们觉得,汉人的"脽丘"(《汉书·郊祀志》及颜注),与上古象征太阳或圜天的"圜丘"不大一样。辟雍、泮宫、灵台,目前还找不到明确的证据证明它们跟男女交媾之禖宫相关。陈氏在他的著作增订本(1986年)序言中引用笔者"泮宫"源起"水牢"的理论,以为助成其仪式说;但仪式有多种,并不都与增殖、蕃育相关。古代的"社",体现土地崇拜,被看作蕃育的力量,有时确与男女活动相关。明堂、辟雍、泮宫跟社乃至高禖庙寝趋同,可比之处甚多,

---

① 陈炳良:《神话·仪式·文学》,联经出版事业公司 1985 年版,第 102 页。

但究竟有所不同。

再就是何新辟雍、泮宫为"男子公所"的学说。他根据《大戴礼·保傅》所谓男孩"八岁而出就外舍"等记载，认为"内而不也"的"学宫"是"同性宿舍"。但泮宫并不就是学宫，学宫也不止于辟雍。他说"辟雍也就是'避宫'，也就是防避与异性接触的男性宿舍"①；然而，"辟"应是"璧"，原意是形圆如"璧"，后来还可能象征"圜天"或女性，但到了西周后期，男女之防已经趋严，根本用不着专门给男孩子盖"俱乐部"，女孩早就大门不出、二门不迈了。

汪宁生在他有关"大房子"和"明堂"的几篇论文里曾说过，明堂可能起于集体宿舍或"男子俱乐部"，但他没有把辟雍、泮宫等同于明堂。何新则说："所谓'明堂'，其实就是高大而明亮的集体宿舍。而这种宿舍之所以必须选择有水环绕的地点建筑，目的正是为了便于实行男女间的隔离。"②

这种隔离更可能是为了防避敌人如异部落乃至洪水猛兽的袭击，有如半坡所见，后来则为了便于囚禁"罪犯"。"男子俱乐部"在原始时期确然存在，但既然称为"光明之堂"，"公所"之说便很难说通。

献俘杀人之所

前文说，明堂中心有神圣之"大室"，与天亡殷的"天室"大体一致。《礼记·乐记》载"武王伐殷，为俘馘于京大室"。《后汉书·祭祀志》刘昭注引汉蔡邕《明堂论》云："京，镐京也。大室，辟雍之中明堂大室也。与诸侯泮宫俱献馘焉，即《王制》所谓'以讯馘告也。'"清焦循《群经宫室图》曰："以此推之，辟雍即大学献馘之地也。"虢季子白盘铭云："献馘于王。"小盂鼎铭云："获馘四千八百十二馘……以人馘入门。"皆献俘之谓。

---

① 何新：《诸神的起源——中国远古神话与历史》，生活·读书·新知三联书店1986年版，第150页。
② 何新：《诸神的起源——中国远古神话与历史》，生活·读书·新知三联书店1986年版，第150页。

《乐记》的说法非常明白：武王献俘于镐京的"大室"。如前所说，"大室"就是中形明堂的"世室"，即居于正中的屋室。《逸周书·明堂解》称之为"太庙"，证明最初的明堂与宗庙、祖祠是相通的，合用的。

《逸周书·世俘解》则说武王"乃以先馘入，燎于周庙"。这庙，笼统地说就是周人的祖庙、社庙。"燎"是用火烧牲于柴架之上，殷墟卜辞所见燎祭对象多为天、天帝或著名先公。武王燎于周庙，简直就是把俘虏活活烧死，至少是把房尸当牲肉来燔燎。燔燎如在庙社或明堂内进行，一般只能在中庭（亦即无顶或无墙的"中室"），或后来的"天井"，否则烟不能上达于天（这种燔燎于中庭、天井之俗，还见于福州除夕夜的"烧火爆柴"）。

《世俘解》下文提到"誓社"。《史记·周本纪》没有明确地说献俘的事，只说斩纣的次日，"除道、修社及商纣宫"。下文紧接着便说，"及期，百夫荷罕旗以先驱"，是宗室夹护武王祝告于"天皇上帝"的祭祀仪式。看来献俘是在新修的周社。

一会儿说大室，一会儿说周庙，一会儿说新社，这可能是因为史阙有间，传闻异辞。但是综合各种材料来看，献俘或以战俘为牺牲来告天祭祖，是在中央大室或庙室中央进行的。因为社应在国之"中"，大室应该在社之"中"，祭坛应该在大室之"中"。唯其在"中"，才能通天达地；唯其在"中"，才能把杀俘献牲祭祀跟祝捷扬威镇敌紧密地结合起来。"中"还具有"镇厌"功能，如同"推到午门外斩首"。

因为"中"标志着权威，标志着新的统治者跟天地建立了联系。然而文献记载，献俘一般应在辟雍或泮宫举行。例如《诗·鲁颂·泮水》载鲁侯在泮宫献俘："矫矫虎臣，在泮献馘；淑问如皋陶，在泮献囚。"这当然也是为了建立权威话语，威慑敌人，即所谓"既作泮宫，淮夷攸服"。似乎除了献祭之外，泮宫还是审问重要俘虏的地方。

古代的学府不但要习德学文，而且要练武，六艺礼乐之下、书数之上便是射御。学生往往就是征伐有功的小贵族武士，辟雍、泮宫作为学校多少有点像现代各国的军事院校。这里的士，主要是军士；学，首先是武学。"在泮献功"，一方面，是庆贺将士们斩获敌人的勋业；"屈此群丑"，炫耀掳掠的宝货，"元龟象齿，大赂南金"；一方面，向祖先、神祇等等汇报战绩，"思乐泮水，薄采其藻"，表示谢忱；另一方面，又借以鼓励"军官生"们继续努力学习武艺，以期再建殊勋。这和《礼记·王制》所说完全相合："出征，执有罪，反（返），释奠于学，以讯馘告。"郑注："释菜、奠币，礼先师也。"

这既是对过去征战驰逐风貌的追忆，对祖先或"军神"的感谢，又暗示未来的学习内容。在此意义上，《泮水》诗颇像一首军事学院开学典礼唱的校歌。而其制度、规格、内涵，定然渊源有自，绝非东周时代新创。

泮宫是"诸侯之学"。《大戴礼》也说，大学在郊，天子曰辟雍，诸侯曰頖（泮）宫。泮水，毛传曰："泮水，泮宫之水也。天子璧雍，诸侯泮宫。"这似乎是后人对它们的识别，起初泮宫跟辟雍的形制基本一样，都是四周环水的政治性建筑。毛传："泮，半也，半有水、半无水也。"这"半"本来不是对开一切两半，如⊖，而是有水、无水部分各约占总面积的一半，内半无水，外半有水。辟雍者，中心为圆形建筑物，四周有水环之，形如玉璧——◎。《礼记·王制》："璧雍圆如璧，雍以水，内如覆，外如偃盘也。诸侯，泮宫，半有水，半有宫也。"《周颂·振鹭》："振鹭于飞，于彼西雍。"毛传："雍，泽也。"而既然是"圆"，就必然有个圆心——圆璧像圜天，那么其圆心便是天之"中"！

《白虎通义·辟雍章》说："辟者璧也，象璧圆，又以法天。于雍则像教化流行也。"这跟某种明堂以中央穹顶"法天"一致，都竭力向"宇宙模型"靠拢。

辟雍与泮宫形状都如璧，中心是宫，周围环水。何以知有水也？

《诗》曰："息乐泮水，薄采其茆。"诗训曰：水圆如璧。《诗·灵台》孔疏引北周卢植《礼记注》说："（明堂）圜之以水，似璧，故谓之辟雍。"引蔡邕《明堂月令论》："取其周水圆如璧，则曰辟雍。"周水，即周围有水，如环"如璧"，是圆形的水渠或水沟，是◎，"内"是土地，"外"是水。绝不是一个圆，中分为二如⊖，半有水、半无水也。

《大戴礼·明堂》虽未及此，但说明堂在近郊三十里（但也有说在郊外三里，东南位的），汉之明堂、辟雍与之颇近。

辟雍象征圆璧、圜天，古人还有言及者。例如汉桓谭《新论·正经篇》："王者作圆池如璧形，实水其中，以环雍之，故曰辟雍。言其上承天地，以班教令，流转王道，周而复始。"郑笺也说："璧雍者，筑土雍水，之外圆如璧。四方来观者，均之。"（郑氏解释泮宫，"半水者，盖东西门以南通水，北无也"，恐非旧制）辟雍之水就好像环绕圆形城堡的护城河。至少在有水池这一点上，辟雍和泮宫是一致的。

总之，笔者要强调的就是，古制所谓"泮水"，是内外皆圆，略如◎形，总面积大约是外"水"一半，内"宫"一半，如璧一般；绝不是◐那样由当中一分为二，更不是前方池后圆室。这样，周围距离才能均等，可称"均台"。

其制在日本群马县前桥市鸟羽弥生晚期"社"遗址上犹可见到（它的中心建筑为方形，外有三圈水沟，只是不很圆）。

金文"璧"字作：

（金文字形）。

作册麦尊铭有"才（在）璧盪"之文，唐兰先生以为这是金文仅见"璧雍"之铭，"这里所说的'莽京'的辟雍，也就是镐京璧雍（参见《诗·文王有声》）"。他据《白虎通义》之说论述道："辟雍的池子是圆的，象玉璧的形状。辟雍的建筑是在池中央的陆地上，即璧孔处。"

至于辟雍在郊或在庙，有不同看法。

《毛诗·灵台》正义引许慎《五经异义》："《左氏》说：天子灵台在太庙之中，雍之灵沼，谓之辟雍。"郑玄《驳五经异义》认为，"辟雍及三灵，皆同处在郊"，说"众家之说，各不昭晢，虽然，于郊差近之耳，在庙则远矣"。按作册麦尊铭上说"合莽京酒祀"，紧接着说，"雩若翌日，在辟雍"，可见辟雍是和太庙在一起。所以祭之明日复祭，可以仍在这里。《五经异义》又引《韩诗说》："辟雍者，天子之学……所以教天下，春射秋飨，尊事三老五更。"《续汉书·礼仪志》："（明帝）帅群臣躬养三老五更于辟雍，行大射之礼。"大丰毁铭下文说："王乘于舟，为大丰，王射大莽禽。"那么，辟雍确是可以举行飨礼和射礼的场所。《韩诗》的说法是有一定根据的。[①]

[①] 唐兰：《论周昭王时代的青铜器铭刻》（上篇），见《古文字研究》第2辑，第59页。

这跟前文说的"王凡（泛）三方""王射大池"等等是一致的。因为灵台之下有皇家动物园，灵沼兼为水族（禽鱼）馆，王可以在此射"大麋禽"，或举行"射鱼"典礼。

日本学者白川静亦说，古代文献中，辟雍、灵台、泮宫是相互联系的，属于广义的明堂系统。他说：

> "辟雍"亦有谓乃由于其为环绕灵台之大水而得名者也。《诗·灵台》"于乐辟雍"传："水旋如璧，曰辟雍。"《白虎通》亦曰："水圆如璧。"《诗》正义引《韩诗说》曰："天子之学圆如璧。"又据《大戴礼·盛德篇》"明堂者，所以明诸侯尊卑，外水曰辟雍"等，则似乎所谓明堂其形乃作圆形（案：上引并无此义），因而围绕于其外之"外水"亦为圆形。①

这是说一种进步形式的明堂（明堂仍为"亚"形），外水圆如璧，称为辟雍（参见前文汉之明堂建筑遗迹）。

应该说，起初，明堂与辟雍、泮宫是分别或分处的，后来（至迟秦汉）把它们整合在了一起。

水牢：灵台、均台、夏台与重泉、圜土

灵台的前身是均台，均台是辟雍、泮宫较原始的形式。如前所述，均者言其"圜水"，周边到中心建筑物（即圆心）的距离相等，因为灵台有灵沼，均台亦必有池沼环绕，不然这个"均"字就没有着落。

均台也写作"钧台"，均、钧古通。清惠栋《左传补注》引《魏大飨碑》"夏启均台之享"，云"均，古钧字"。传说，我国第一个奴隶主头子夏启时期便设有作为祭祀和飨宴、聚会场所的"钧台"。②

《左传》昭四年："夏启有钧台之享。"杜注："启，禹子也。河南阳翟县有钧台陂，盖启享诸侯于此。"

---

① ［日］白川静：《金文通释》，林洁明译，见周法高编撰：《金文诂林补》（第五册），"中央研究院"历史语言研究所1982年版，第2950页。
② 参见萧兵：《从神话传说看夏王朝之建立》，载《徐州师范学院学报》1981年第2期。

今本《竹书纪年》："（帝启）元年癸亥，帝即位于夏邑。大飨诸侯于钧台。"

《太平御览》卷八二引《归藏·启筮》："昔夏后氏启筮，享神于大陵而上钧台。枚占，皋陶曰：不吉。"

《文选·曲水诗序》："至如夏后，二龙戏驱璿台之上。"李注引《易·归藏》："昔者夏后启筮，享神于晋之墟，作为璿台，于水之阳。"（璿、钧一言之转）

《水经·颍水注》："启享神于大陵之上，即钧台也。"（引《左传》及杜注）

因为夏启享神于钧台，钧台便叫作夏台。而此夏台或钧（均）台正是夏代监狱的名称。传说商汤曾经被囚禁在这里。

《御览》卷六四三引《周礼》曰：三王始有狱，夏曰夏台，言不害人，若游观之台，桀拘汤是也。殷曰羑里，言不害人，若于闾里，纣拘文王是也。周曰囹圄，令囚举也，言人幽闭思愆，改恶为善，因原之也。某些引申性解说，自是昏话。但"夏台"原为了"观"象、"观"鱼倒是不错的。

夏狱，有时径称"均台"。可见，夏台之为牢狱，殆可无疑。

《礼记·月令》孔疏引郑氏《崇精问》云："狱，周曰圜土，殷曰羑里，夏曰均台。"

汉蔡邕《独断》曰："夏曰均台，殷曰牖里，周曰囹圄，汉曰狱。"

宴享诸侯、祭祀神祇之所跟囚禁虏奴之狱，竟同称"均台"，这实在出乎意表，发人深思。而且，这里还是明堂、辟雍之类的中心建筑，所谓"中心之中心"，神圣性、权威性、威慑性，统一在一起。

就好像灵台之有灵沼、辟雍之有圜池、泮宫之有泮水一样，疑夏台、均台初亦环水，原为水牢。

《史记·夏本纪》说："夏桀不务德而武伤百姓，百姓弗堪。乃召汤而囚之夏台，已而释之。"前引《周礼》也说桀拘汤于夏台。《楚辞·天问》却说桀囚汤于重泉："汤出重泉，夫何罪尤？不胜心伐帝，夫谁使挑之？"

清蒋骥《山带阁注楚辞》引《太公金匮》就合"均台"与"重泉"而言之："桀怒汤，用赵梁计，召而囚之均台，置之重泉。"这暗示"重泉"（水牢）在"均台"之内，或"均台"实即"重泉"。朱季海先生说：

地名重泉，毋亦因于水次？《墨子·三辩篇》："汤放桀于大水。"岂非重泉之囚，实启其心！①

这是很有见地的。"重泉"大概就是牢中有水或牢外环水之意。②当中是土牢或小岛，周环之以水，以防囚虏逃跑。所以作为监狱的均台或重泉，又称"圜土"。今本《竹书纪年》说夏时已有圜土："（帝芬）三十六年，作圜土"。注："圜土者，狱城也。聚罢民于其中，困苦以教之为善也。"

《墨子·尚贤篇》说："昔者，傅说居北海之洲，圜土之上，衣褐带索，庸筑于傅岩之城。"这"圜土"便设在洲中小岛之上，四周有水，是超大型的水牢，清毕沅据《尚书》疏引《尸子》曰："傅说在北海之洲。"可见洲上还有强制犯人进行筑城劳动的规矩，此城说不定就是狱城。俘虏和囚犯必须为自己在水牢四周建造不得逾越的高墙。清孙诒让《墨子闲诂》说："据此书，则殷时已有圜土之名，不自周始矣。"吕思勉指出：

《墨子·尚贤篇》下言傅说居北海之洲、圜土之上，则古放逐人，固有于水中洲上者。《左氏》哀公八年，吴囚邾子于楼台，浍之以棘，则夏台即在亭山之上，正洲之上圜土也。（《天问》："汤出重泉，夫何罪尤？"则桀囚汤于水中。）③

有人以为，那些具体而微的水牢"重泉""圜土""均台"之类是模拟这种四面环水的洲上土牢而建造的；但是也可能，这种环水之洲由于其自然条件，既适宜于囚禁罪犯，又跟礼制、神秘性的"中心狱室"相似，略施改造，便加利用。

《周礼·地官·大司徒》："凡万民之不服教，而有狱讼者，与有地治者听而断之，其附于刑者归于土。"郑注："或谓归于圜土。圜土，谓狱也。狱城圜。"这里很明白地提示，所谓狱城是圆形的。监狱为什么也要跟祭天、象天的圜丘一样是圆形的呢？孙诒让《周礼正义》试图集纳故书来说明它的象征功能。

---

① 朱季海：《楚辞解故》，上海古籍出版社1980年版，第127页。
② 参见萧兵：《〈天问〉新解二则》，载《山西大学学报》（哲学社会科学版）1979年第4期。
③ 吕思勉：《论汤放桀地域考》，见《古史辨》（第7卷下册），开明书店1941年版，第291页。

《初学记·政理部》引《春秋元命包》云："为狱圆者，象斗运合。"《释名·释宫室》云："狱，确也，言实确人情伪也。"……《月令》："仲春，省囹圄。"注云："囹圄所以禁守系者，若今别狱矣。"《白虎通义·烛典》及《玉烛宝典》引《风俗通》并云："狱，周曰囹圄。"明圜土非周狱之正名。又《墨子·尚贤》下篇说，傅说居圜土之上，则殷狱羑里之外，亦别有圜土，其制不始于周。郑记《崇精问》似谓周凡狱通名圜土，殊失考。

虽然三代之狱并不通称"圜土"，然而确实有称为"圜土"并为圆形者——这个名称和形制实在是太奇怪了！

可能周承夏殷之制，其狱或仿四周环水之水牢而仍袭旧称，而在《周礼》里反映了出来。

《周礼·地官·大司徒·比长》："若无授无节，则唯圜土内之。"郑注："乡中无授，出乡无节，过所则呵问，系之圜土，考辟之也。圜土者，狱城也。"

《周礼·地官·大司徒·司救》："莫有过失者，三让而罚，三罚而归于圜土。"郑注："圜土，狱城也。"

《周礼·秋官·大司寇》："以圜土聚教罢民。"郑注："圜土，狱城也。聚罢民其中，困苦以教之为善也。民不愍作劳，有似于罢（疲）。"

《周礼·秋官·大司寇·司圜》："司圜掌收教罢民。……能改者，上罪三年而舍，中罪二年而舍，下罪一年而舍；其不能改而出圜土者，杀。"

不但明堂、均台、圜土有血缘关系，原始的宫室也跟重泉、辟雍有千丝万缕的联系。甲骨文有从二"○"或二"□"作的╒╗╗╘字，或有"宀"，有人释为宫。罗振玉《殷契书契考释》说它"象数室之状"，"象此室达于彼室之状，皆象形也"。杨树达《积微居小学术林》也说它"象房屋"。马叙伦《读金器刻词·王母鬲》说"宫"是"吕"的后起字，作二"○"形者系其异文（案：○实是初文，甲文虽有圆笔，然契刻难，多改为方折之文）；《说文》未录，而见于邕字之籀文："古之辟雍，即璧宫，《宰辟父敦》'王在辟宫'，其证也。"金文有吕字，诸家多释"吕"，马氏亦释为宫之异文。方浚益《缀遗斋彝器款识考释》则释为"邕"，云《说文》邕之籀文及一些金文关系字俱从吕，"篆文变8为邑，经典作雝，俗作雍"。

这个"雍"便是辟雍之雍。

《说文解字》卷十一川部："邕，四方有水，自邕城池者。从川从邑。"籀文即从川从吕。邕或从隹，即经典常见辟雍之"雍"。金文有此字，多从水从口（或二口），从隹。"王在雍居""在璧雍"（见《两周金文辞大系》），证明经籍所谓"璧雍"是可信的。刘心源《奇觚室吉金文述·盂鼎》条云："案邕即雍之正字，8象池形，巛即川，古刻从水，与川同意。此铭省水。"此字的从川、从水，证明辟雍之有环流、灵台之有灵沼、泮宫之有泮水，与水牢有不可分割的牵连。罗振玉《殷契书契考释》就从此字的诠解触及辟雍和圜土的构成："从巛（即水字），从口，从隹，古辟雍字如此，辟雍有环流，故从巛；或从⌒，乃巛省也。口象圜土形，外为环流，中斯为圜土矣。"其作口者原作圆形（○），正是圜土（环水土牢）和辟雍的象形；其从二"○"或二"口"者，疑初作◎，亦原始环水土牢之状；或即"重泉"之形，言其"环流"非只一处，或竟"土"外有"水"，"水"外有"围"，"围"外复有"水"，重叠环卫，使囚房不得逃逸，瘐死狱中，累累白骨，缕缕冤魂，不像成汤、文王等"高级人士"得以贿免。所以文王造灵台，初掘池沼，便见尸骸；泮宫新成，亦需献馘。灵台之制，来自均台（夏台），启于牖里（地牢）；辟雍泮宫，仿之重泉，原是水牢。甚至从仰韶文化到殷商遗址所发现的圆形祭祀坑都可能是最早的"圜土"、均台，至于它们跟地"中"、明堂的关系，就需要更广泛的考古发掘和更深入的研究来论定了。

圜土囚人利用"中"的威力

"圜丘"祀天、象天、通天，"圜土"却囚奴、拘俘、杀人，这个矛盾怎么才能调和起来呢？

原来，原始和原始性群团不但往往认为自己先验地居于"天地之中"，而且要用各种自然物或人工物来标识并强化这个"天地之中"。唯其居"中"，方能大，有力，正确。"中"就是力量，"中"就是正统，"中"就是权威。"中"，不但能上通天而下达地，而且能度其势而治其人。"中"能以神秘的凝聚力团结部众，也能以强大的巫术力震慑四方。所以，建高台以通天，筑亚室以纳阳，还要设水（土）牢以制胜。唯其是祭享上帝的神坛，威慑诸侯的宴席，才能关押、厌胜、制服、镇压"可恶的"俘虏、叛奴和强敌。桀囚汤于重泉，纣拘文王于羑里（可能是上有天窗的地牢），侯王献俘于泮宫，都是为了借"天"来制敌，以"中"来威吓"四方"。笔者在《中庸的文化省察》中曾论述，"国中立市，市中为社"，而杀人叫作"弃市"，也恰恰要在"国市"或"市中"（那里说不定还竖着"中杆"），而且往往要在一日之"中"的午时三刻，原因也就在于"中"具有无限的神性和灵力！

"国之大事，惟祀与戎。"现实地说来，如果在重泉、圜土、泮宫之上建立祭祀的台坛，把国家机器的暴力镇压与宣传欺骗功能结合起来，便会有"均台"（夏台）、"灵台"的出现。将战俘或奴隶作为牺牲来祭祀祖先或神祇，这在古代埃及、巴比伦、印度、希腊、波斯和中国都是常见的事。这里特别值得注意的是一种原始社会末期就已出现的所谓"圆形祭祀坑"（或称圆墓，或称窖穴）。这种"圆坑"，较早的可能是"圜土"的某种初型；较晚者，则有可能是"圜土"的某种遗存或模拟。

> 在半坡仰韶文化遗址中，有两座圆形窖穴内发现埋葬屈肢状的人躯。这种形式的人祭遗迹，相继在陕县庙底沟、郑州大河村发现十余座。同葬的还有猪、狗。……在邯郸涧沟发现的多座圆形灰坑、窖穴和废井中，埋葬了数十具男女老少，西安客省庄的龙山文化遗存中，发现的六座圆形人畜（狗）埋葬坑，尤为典型。此外，在洛阳王湾、矬李、孟津小潘沟等处龙山文化遗址中，也相继发现具有同样形制、内容和埋葬特征的人祭遗迹。①

考古学家认为："这种人畜埋葬坑，从仰韶到商代是连续的，并具有相同的形制和葬式，说明它是原始宗教自然崇拜。"②

1959年5月，在安阳后冈南坡发现一个殷商"圆坑墓"（或称殉葬坑，编号为59AHGH10），此后陆续发现人骨54具，这些人架，"有的俯身跪扑，有的仰身跪卧，有的双手抱头，有的经过捆绑，有的前额还有刀痕，全部

---

① 王克林：《试论我国人祭和人殉的起源》，载《文物》1982年第2期，第69页。
② 王克林：《试论我国人祭和人殉的起源》，载《文物》1982年第2期，第70页。

当系属于杀殉的奴隶"①。

1976年，"共发现了250座商代祭祀坑，发掘了其中的191座，坑中被屠杀的奴隶骨架计1178具"②。

现在还不能说这种圆形祭祀坑或殉葬坑跟囚禁俘虏奴隶的圜土、重泉、均台在体制上有什么联系。但是这种圆形的礼制兼政治性的建筑物出现较早，而且确实具有一种历史的延续性。专家们提醒，应该注意甘肃永靖秦魏家齐家文化墓地发现的"石圆圈"遗迹（F1）。它"位于南部墓地的东北边。用天然的砾石排列而成，直径约4米。其中有几块砾石的上面还遗有赭石粉末的痕迹。从它与墓葬的位置上看，当属于原始宗教性的一种建筑遗存"③。

诸如此类的圆形建筑的意义和象征还要进一步探讨。它跟后来的圜土、圜丘之类不但在形式上有类似之处，而且在用以杀人祭祀这一本质上相同。禁闭在圜土、重泉里的囚犯，一旦需要，就可以拉到均台上杀戮以祭献。这就是这种礼制性建筑文武两面的有机结合，强制性和欺骗性的对立统一。所以夏启要"享神于大陵而上钧台"，所以灵台可以观天象、望氛祲、祷神祇，所以辟雍具有"自西自东，自南自北，无思不服"的精神威力，而《泮水》也表明泮宫扬威颂祖的功能："穆穆鲁侯，敬明其德。敬慎威仪，维民之则。允文允武，昭假烈祖。"夏启在钧台上宴飨诸侯，那筵席上就摆着奴隶或战俘的血肉，借以向诸侯炫示其作为最高统治者的威福，其精神与灵台、辟雍之"无思不服"，"泮水"的"既作泮宫，淮夷攸服"完全一致。唯其如此，均台、圜土、辟雍、泮宫才有可能成为神秘莫测、神圣无比、至高无上的政治建筑——明堂，或成为其有机组成部分。然而，究其原始，示其现实面，它们却不过是囚禁俘虏、奴隶、"乱民"的水牢（不一定牢中必有水，主要是有水环绕的监狱）。

这些庄严雄伟的建筑是在奴隶或囚房的白骨之上营造起来的。这绝不

---

① 胡厚宜：《中国奴隶社会的人殉和人祭》（上篇），载《考古》1974年第7期，第78页。
② 杨锡璋、杨宝成：《从商代祭祀坑看商代奴隶社会的人牲》，载《考古》1977年第1期，第13页。
③ 中国科学院考古研究所甘肃工作队《甘肃永靖秦魏家齐家文化墓地》，载《考古学报》1975年第2期，第59页。

仅仅是文学的譬喻。请看铁证。

《太平御览》卷二三四引《新序》："周文王作灵台及池沼（案：即泮宫、辟雍之类），掘得死人骨。吏以闻于文王。文王曰：更葬之。"

《淮南子·人间训》："文王葬死人之骸，而九夷归之。"高注："文王治灵台，得死人之骨，夜梦人呼而请葬。于是，文王反葬以五大夫之礼。"

这暗示先周或早周时期曾在以往的类均台或圜土旧址之上重新建造更正规、更高级的、兼有镇压和欺骗双重功能的灵台，所以才发现奴隶或俘虏的尸骨。

卫聚贤《古史研究》第三册介绍说，山西万泉县（今万荣县）荆村新石器时代遗址亦发埋有人骨的土穴。他认为应为囚俘之地。又说：殷圩为方穴，所以甲骨文"囚"字写若"丼"，纣王囚武王的牖里或羑里，就是这样的方形地牢，但是也可能是上开"天窗"以应"天中"，借天力以厌敌的土牢。

《周易·需》云，"需于血，出自穴"云云。赖和光认为，这是一种"大方井"式的窑洞（即从平地垂直下掘方穴至七米左右，再水平掘进的地穴），可用以囚人。"照爻辞文气看，在穴之人是俘囚。周时还存在以人为牲的风俗。俘囚出穴，可能去作祭品，则须在进出路上把手足捆绑扎实，避免反抗；去搞临时劳动，则必点查人数，对正人名，或在身上扎绳子，防备逃跑；顺服了，改作奴隶。"①这可以与辟雍、泮宫、灵台为地牢之说相参照，还可以证明房囚是从此拉去做牺牲的。

《太平御览》卷五三四引《六韬》说："文王既出羑里，召周王旦筑为灵台。"表面上好像是周文王才逃出暴力的机关，便兴建和平的祭坛；其实可以理解为周人模拟商人的土牢（羑里一作牖里，牖或指上面所开的天窗），在周人自己的根据地的"中心点"建造起更完备、更高级的监狱兼祭坛的灵台，上可通天，下能达地，中可制人。现在将夏商周三代的牢狱比较如下：

---

① 赖和光：《周易的"穴"解》，载《求索》1982年第1期，第93页。

朝代	土牢（台）	水牢（水）	囚房	备注
夏	夏台（均台、圜土）	重泉	汤等	均台或作钧台
商	圜土	北海	傅说等	
		大水	桀等	
	牖（羑）里		文王姬昌等	可能为有天窗的地牢
周	圜土、灵台、囹圄	泮宫、辟雍、灵沼	戚、囚	

可惜我们除了泮宫、圜土或灵台之外，不知道还有哪些确实是建造在地中，以及跟明堂有什么具体联系。

作为参照物的圆形台坛

我们在介绍世界性的神秘祠庙台坛时，曾提到被称为"沼泽地中的祭坛"的拉文塔遗址，那也是圜丘式的圆形土墩。这是美洲相当古老的祭祀中心，出土遗物特别引人注目。

在拉文塔祭祀中心（圆形）土墩下发现有成堆的石斧埋藏地下，似乎是祭品。福特(Ford)在他的《美洲文化形成时期的比较》里，认为这种斧是蛇纹岩制的，证明并不是把它们当作斧头用的，可以把它们称作"假斧"（案：即"礼器"，有如中国之玉戚、玉钺）。此外，在祭祀中心下藏有六个假斧和十六个玉石或蛇纹岩的雕像作为祭品。这些雕像的头部似乎都是有意制成畸形的。色泽有的暗些，为首的似乎用一种完全不同的材料雕成，其他雕像围成半圆形，似乎作某种仪式的集会。雕像面型看来是中国人的样子。[①]

这些雕像的长颅属于所谓"人工头型畸变"是没有多大疑问的。中国东部、东北部也有"拉长头"和"睡扁头"的古俗。东北夷先祖颛顼头型奇特，其父韩流（寒流）"擢首"，即"拔引其头使之长"（清人郝懿行语），

---

① 刘道一：《欧美学者对古代中国人到美洲问题的研究》，载《中国史研究动态》1981年第1期，第14页。

与环太平洋文化里的"拔长头"古俗相关。① 拉文塔祭司们确实像东方人，但是古代印第安人的祖先本来就是蒙古人（种）从白令海峡大陆桥上迁徙过去的，至今犹似黄色人种的变异型。很难遽定拉文塔人是否古中国人。中国的圜土或均台既是监狱，又是祭坛，其下可能埋藏着作为祭祀牺牲的人的尸骸（"灵台"下有人骨可证）；拉文塔圆墩下的某些雕像也可能是牺牲者的代表，有如中国的"俑"。

图 9-11　拉文塔祭祀中心圆形土墩下层出土的头部人工畸变的玉石俑

许多学者认为，著名的奥尔梅克文明的勃然兴起，与外来影响有关。其出现的时间相当于殷人逃亡的年代，即公元前第二个一千年间。或说，拉文塔土墩中挖出的石雕，以及至今保存在危地马拉博物馆中的奥尔梅克赤陶头像，都是中国人的面型。②

这值得进一步钩稽与比较。

---

① 参见萧兵:《东北夷传说的再发现——由人类学发掘颛顼史迹》，载《吉林师范大学学报》（人文社会科学版）2005 年第 1 期。
② 房仲甫:《扬帆美洲三千年——殷人跨越太平洋初探》，载《人民日报》1981 年 12 月 5 日。